徘徊於天人之際

海德格的哲學思路

關子尹

著

徘徊於天人之際：海德格的哲學思路

2021年7月初版 　　　　　　　　　　　　　定價：新臺幣680元
2023年7月初版第三刷
有著作權·翻印必究
Printed in Taiwan.

著　者	關	子	尹
叢書主編	沙	淑	芬
校　對	王	中	奇
內文排版	菩	薩	蠻
封面設計	沈	佳	德

出　版　者	聯經出版事業股份有限公司	副總編輯	陳	逸	華
地　址	新北市汐止區大同路一段369號1樓	總編輯	涂	豐	恩
叢書主編電話	(02)86925588轉5310	總經理	陳	芝	宇
台北聯經書房	台北市新生南路三段94號	社　長	羅	國	俊
電　話	(02)23620308	發行人	林	載	爵
郵政劃撥帳戶第0100559-3號
郵撥電話	(02)23620308
印　刷　者	世和印製企業有限公司
總　經　銷	聯合發行股份有限公司
發　行　所	新北市新店區寶橋路235巷6弄6號2樓
電　話	(02)29178022

行政院新聞局出版事業登記證局版臺業字第0130號

本書如有缺頁，破損，倒裝請寄回台北聯經書房更換。　　ISBN　978-957-08-5829-7 (平裝)
聯經網址：www.linkingbooks.com.tw
電子信箱：linking@udngroup.com

國家圖書館出版品預行編目資料

徘徊於天人之際：海德格的哲學思路/關子尹著.初版.
新北市.聯經.2021年7月.624面.14.8×21公分
ISBN　978-957-08-5829-7 (平裝)
[2023年7月初版第三刷]

1.海德格爾（Heidegger, Martin, 1889-1976）2.學術思想 3.哲學

147.72　　　　　　　　　　　　　　　　110007010

獻給吾師

勞思光教授
蒲格勒教授

Meinen Lehrern in Dankbarkeit gewidmet
Lao Sze-kwang（1927-2012）
Otto Pöggeler（1928-2014）

然則蘋果樹不會議論蘋果，而只負載之，待到秋熟，便讓它們墜下來。（GA-97: 222）

凡例

一、本書徵引海德格著作，均以德國 Klostermann 出版社出版的海德格全集 Martin Heidegger Gesamtausgabe（略稱 GA）為準。有關 Gesamtausgabe 計劃共 102 冊之完整表列，附於本書之後，另可參見出版社網頁如下：https://www.klostermann.de/epages/63574303.sf/de_DE/?ObjectPath=/Shops/63574303/Categories/Buecher/Philosophie/%22Martin%20Heidegger%22/Editionsplan

二、唯海德格主要著作《存在與時間》一書，由於出版較早，且歷來已廣被討論，故徵引該書時沿用由 Niemeyer 出版社如下的通行版本：*Sein und Zeit*, zwölfte, unveränderte Auflage（Tübingen: Niemeyer, 1972），徵引時略稱 SZ，並附頁碼。

三、 如不涉及於腳注解釋之需要，徵引海德格全集時的卷帙及頁數一般均直接以括號附於所引原文之後。

四、本書徵引之其他著作，只於腳注中交代，不再另設書目。

五、 本書所收文章前後跨越數十年，早期由於海德格全集尚未齊備，故徵引其著作時曾使用 Niemeyer, Neske, Klostermann, Francke 等多種版本，是次結集彙編過程中，除上述 *Sein und Zeit* 一書外，所有徵引海德格文本之版頁資料，均改以 Gesamtausgabe 為準。格式為「GA-卷次: 頁碼」。同卷的不同頁

碼以逗號分隔，多卷同時徵引時，以分號分隔。

六、所有舊刊篇章，於本書彙編過程中，均經過重校，唯篇章結構，除一二例外基本上不予改動。

七、 海德格存世文獻博雜繁多，為方便理解，本書中較早寫的諸篇於徵引其原文時，曾酌量提及所引出自何書，又或會於徵引時附以文本之簡稱（如 Hw, MAL, ID）等。這些簡稱是次重編時盡量保留。

八、 本書引用之所有海德格原文，均由作者從德文原本譯出，其中若有關鍵術語，會把德文本原字置於括號中，術語的英文譯法，由於各譯家並無統一方式，一般不會列出（有解釋上的需要者除外）。譯文如有特別艱澀者，偶會把德文原句於腳注列出，以利查考。至於其他外語文獻引述之中譯，除註明有關譯者之一二情況外，亦一概由作者自行翻譯。

九、本書備有詳細目錄；其中除篇名外，附有每篇中章節之小題。

十、 本書所收文章大致按寫作及出版之先後排列，但亦考慮內容的銜接而有調整。寫作年份（＊）及出版年份均附於詳細目錄中各標題之後。

十一、本書卷末附有後記、各篇原始出處說明，並備有「人名」、「概念」、「希臘文及其他外語」，及「本書徵引海德格的主要著作」等多種索引。

序

我也參與了接生的工作

楊儒賓　清華大學哲學研究所講座教授

　　在當代社會，學術作為一種職業與學者作為一種公共身分基本上已定型了，知識的生產與知識生產者的製造都是組織嚴密的知識產業的組成因素。任何人進入這個產業鏈都不能有太大的自由，沒有取得學位，沒有拿到研究計畫，沒有期刊論文，幾乎可以確定就沒有學界的位置。學者沒有一些耀眼的經歷，沒有一點頭銜，幾乎可以確定他在學界很可能會活得變成多餘的人。政治與學術的抗爭張力是永恆的，但政治對學術的控制從來沒有像二十一世紀這麼有效過，秦始皇、朱元璋、希特勒、史達林做不到的事，現代的學術體制自然而然地就做到了，業績點數抹平了一切質的差別，而且還不太有民主國家與共產國家之分。

　　拉了這麼大的布幕，引了這麼長的文字，只是要表示子尹兄和我輩都面臨了類似的學術處境，他在學界能夠迴旋的空間並不比我輩大，但在地窄人擠溽暑的狹窄島嶼，他卻撐開了海天遼闊的知識空間。學界朋友大概都聽過如下的故事。當中文大學當局蓄意要壓抑中文的學術地位，只准英文授課時，子尹兄挺身而出，他以強而有力的文字宣示了中文是文化心靈的器官，思想與文字泯不可分的立場，而且還廣泛參與討論，舌戰群雄，戰火從

校園一路燃燒到大眾媒體，終於取得校園內部與香港社會的認同，校方撤回提案。第二個故事，他在授課講學之餘，因個人發心，兩三位學生的幫助，窮數年之力，居然開發出《漢語多功能字庫》的網頁，成為島民及海內外華人廣泛使用的網路字典。這是部可以媲美康熙皇帝推動的康熙字典或中華人民共和國教育部推動的簡體字字表的工程，但子尹兄意在透過文字保留文化傳統的精神，他的工作反應了赫德、洪堡特的古典情懷，比起政治人物的政治用心，此字庫的意義大多了。

子尹兄的學術志業遠不是他在香港的學術位置所能拘囿，他翱翔在一個獨特的精神高空。香港是個奇特的城邦，這個曾割讓出去的島嶼是個典型的工商都會，國際的金融中心，名媛與大媽群聚的購物天堂。但這個曾長期被視為化外之區的島嶼卻是孵化近代中國思維的金雞，從早期的王韜、孫中山、蔡元培以至戰後唐君毅、牟宗三、勞思光，他們都是在這個華夷雜處的地區醞釀出他們的哲思的。我佩服的深具古典情懷的朋友中即多香港人，而子尹兄就是其中傑出的一位。《世說新語》記載裴僕射「善談名理，混混有雅致。」子尹兄論理，即有此韻致。不管在香港或在台北，每聽完子尹兄一席話，走出屋外，頓覺空氣清新，星月也特別明亮，這個印象也許是相當主觀性的，但也是一種心理的真實。

子尹兄的古典情懷也反應在他對著作謙沖自抑的態度上，他出書慎重，三蒸九餾，不顧學界生存的現實利害，真是異類。而他自認自己的著作多一本少一本對天地不會起作用，對學術不會有增損，他的招供尤讓聽者驚訝。唐君毅先生生前嘗言：天壤間有不可缺之書，如聖賢之書；有可有可無之書，如現代的一些學術之書，唐先生很誠懇地自居為後一種類型。唐先生走後，不意

中文大學竟有人躡其武，繼其意。但子尹兄對歐陸哲學造詣之深，同道間皆有共識。他的著作不算少，而且幾乎篇篇皆具卓識，這也是許多合格的讀者共同的想法。以子尹兄之大才，及其學問之切於今日，他的出書豈只能是他個人之事！他的學生、朋友們關懷此事，鼓譟其耳，又豈只是私人之情懷而已。

子尹兄此書即是眾人逼出的產物，承子尹兄雅意，索序於我。海德格是二十世紀名氣與影響皆極為巨大的哲學家，他有可能是中國改革開放新時期以來，最受華人學者重視的歐陸哲人。海德格的思想深奧，造語奇特，造歐陸哲學傳統的反造得極深，掀西方現代化工程之底掀得極徹底。我雖曾迷其學，但淺嚐即止，豈有能力摸其底，遑論論其學。海內外學者比我有資格述其學者，可謂過江之鯽，子尹兄就是其中最有資格的一位。但賢者之命，義不敢違，而且我之受益於子尹兄確實多少與海德格有關，就此而言，此序之作或許仍有私誼以外的意義。

海德格是位謎樣的哲人，他的公共形象除了是位深奧的哲學家外，最彰顯於世的，莫過於他與納粹德國的關聯；其次，他與鄂蘭（Hannah Arendt）的情史在戰後也廣為人知。由於納粹德國的興亡是二十世紀重要的歷史事件，而海德格、鄂蘭這兩位重量級學者的知識分量合起來是如此的渾重，因此，這兩樁政治事件與私情事件在後世大概還會繼續流傳下去，嚴肅的討論與街頭巷議的八卦都在所難免。但就活在一個對哲人有崇高期待的異文化價值體系者的眼光看來，這兩樁事件確實不能只以私德視之。我最淺顯但也極不易解的迷惑即在此處，何以種族屠滅這麼明顯的人道罪惡，智慧如海的哲人海德格竟然看不懂？受害的猶太人中，有多少是他親近的師友，何以他的存在情境的分析中沒有分析出販夫走卒、老弱婦孺都會有的惻隱、共感、悲憫之情？何況

猶太受害者中，還有與他關係親密的學生鄂蘭。鄂蘭又是樁令人費解的事，何以海德格這位偉大的哲學先知面對著剛入學的這位年輕貌美的猶太裔大學生時，沒有考慮少女的情感承載能力？沒有考慮師生關係的職場規範？也沒有考慮她除了有青春的肉體外也流動著猶太人的血液？

　　也許政治的誤判與情感的迷航無關賢智不肖，人皆有之。但我之所以對海德格的行為有如許的疑惑或說震撼，和我多少受益過海德格的觀點有關。猶記初讀《存在與時間》此部有名的費解之書時，碰到「此在」（Dasein）、「在世界中存在」（In-der-Welt-sein）的觀念時，似覺心有靈犀，此書或許不是傳說中那麼難以入門的天書。在中國三教文化下成長的學者很容易接受宇宙心之類的無限心的概念，這種透明的、直上直下的宇宙性心靈在華嚴宗的性起系統、王龍溪先天學處有極典型的發揮，也極吸引人。但我後來讀孟子、莊子，逐漸形成形氣哲學的想法，形氣哲學建立在形氣神的身體觀以及心氣一體的意識論上。在形氣哲學的架構下，意識總是連著氣，氣總是連著身體，也連著社會、連著自然一起呈現，所以只要是形氣哲學下的主體在本質上一定是形體性的，而且與世共感的，他的身心的深層中有與世界共滲共化的構造；他的主體也是曖昧不明的，因為主體中總會有意識所不及的無名的社會性與自然性。我覺得我對孟、莊哲學的解讀並不特別，但當時卻頗傷孤伶，和者不多，不意在海德格的「在世界中存在」的分析處，自認為找到呼應之處。和辻哲郎在《風土論》此書中，曾主張海德格論人的存有，只重時間性，而忽略空間性，所以他要以人的風土性補足之。竊以為海德格論及「此在」處也是有生活世界的意涵在內的，他的《存在與時間》也可以寫成《存在與空間》或《存在與場所》的，這當然是外行人的

浮思遐想，外行話作不得準的。

　　海德格是二十世紀二戰後中國學界的顯學，我聞風而預其流，雖然所得實淺，但隨緣漫讀，仍頗受啟發。他對表象思維的批判，也可以說對西方現代性的徹底批判；他對語言、天地人神的四重性的主張，也可說回到三才共構的太初之人的基源存有論的主張；讀到這些帶著詩意的文字時，真是開了天眼。我後來在《儒門內的莊子》論莊子的技藝與遊的概念時，即有與海氏 Eject 概念曲徑暗通的管道。撰寫《五行原論》時，除多受耶律亞德與榮格的啟示外，隱約之間，讀者或許也可讀出天地人神四合的消息。這些連結當然都只能歸類在粗淺的讀者反應理論的層次，印象式的連結雖真實，卻不夠嚴謹，所以亟需開導。

　　子尹兄即扮演了解惑者的角色，海德格吸引人與迷惑人都如是之深，每向子尹兄請教，總可以從他那邊得到頗有說服力的啟示。聽他談起海德格同一性思維的魅力以及魅力所帶來的道德意識、理智意識在其思想系統中的無力，總覺得似乎有一種更合理的海德格的聲音從耳朵響起。我常想如果海德格有機會聽到子尹兄的忠諫之聲，他不知會如何回應，結果會像《林中路》所收〈與一位日本哲學家的對話〉中的西谷啟治的例子一樣，只會多出一位東方的仰慕者的紀錄嗎？還是他會像中國儒家的哲人一樣，傾耳細聽，洗心澄懷，重新出發？以海德格的倔強自雄，睥睨千古，我們或許很難期待他的轉變。前幾年海德格《黑色筆記本》出版，海德格之謎的謎團果然一樣的濃密，濃得化不開。「海粉」多年盼望的某種翻動，結果仍是八風吹不動，風還在空中呼嘯，他們期待的答案可能永遠不會到來。

　　據說蘇格拉底認為哲學思維就像產婆，它幫助原已懷胎的婦人誕生寧馨兒，可見知識生產也是需要一點他律道德的。子尹兄

的腹笥甚廣，仿效海氏的語言講，誰能使他的**豐饒豐饒**化呢？泰然任之（Gelassenheit）可能只是理念的，催生著作多少要些小暴力，不能太順其自然。值此新書出版之際，不能不感謝子尹兄的學生多年來的咬牙切齒，不離不棄，逼他就範。而我有機會居間穿針引線，配合布局，名為「友直」，實同共犯。以法觀之，雖不免有妨礙人身自由之嫌；以道觀之，損友淑世，催生出這部學界期待已久的書，深覺與有榮焉。

2020 年 7 月 21 日序於新竹

I. 海德格之謎

　　海德格思想雖早已成為顯學，但其學說之隱晦，其意向之難明，向來於學界被引為憾事。業師勞思光教授在生時，每論及海德格，都提及所謂「海德格之謎」，以比況其學說之費解。先生身後的一次紀念會中，「海德格之謎」甚至曾被列作討論議題之一。查「海德格之謎」這一種講法，並非勞先生所首創，而實乃先生早年的《存在主義哲學》一書中引述德國天主教學者烏斯特（Peter Wust）"Sphinx 'Heidegger'"的講法。[1] 當年烏斯特所以有「海德格之謎」的慨嘆，完全因為他甫讀海氏新著《存在與時間》感到茫無頭緒使然。烏斯特最感困惑的，是海德格對當世所有對他底學說的理解與定性（如視之為「存在主義」）都予否定，儼如一大「啞謎」（ein großes Rätsel）。因此烏氏發於有感，說受

1　見勞思光著，張燦輝、劉國英編，《存在主義哲學新編》（香港：中文大學出版社，2001），頁 48。烏斯特（Peter Wust）原文見其致 F. Heinemann 的信函，Peter Wust, *Gesammelte Werke*, Band 4（ed.）Wilhelm Vernekohl（Münster: Regensberg, 1969）, p. 457. 此外，參見 Karl Kardinal Lehmann, *Vom Ursprung und Sinn der Seinsfrage im Denken Martin Heideggers*, Band 1. Freiburg i.Br. Universitätsbibliothek. URL: http://www.freidok.uni-freiburg.de/volltexte/7/pdf/seinsfrage1.pdf。

「海德格之謎」困擾的，非獨只他一人，實廣及德國整個學術圈子云云。

海氏學說之所以有如一道謎語，主要有兩個理由：首先是號稱為《存在與時間》一書主題的「存在問題」（Seinsfrage）根本未曾有清楚的陳構，反而原定只居協從地位的「此在」問題（也可說是某一意義的「人性」問題）卻喧賓奪主地占據了討論的焦點。其之如此，正如海氏自己後來多番坦白承認，是這期間他的學說還處於醞釀與蛻變之中，並實還未掌握如何正確地鋪陳問題的方式。若作者自己也猶豫若此，則學者覺得海德格學說撲朔迷離，其實完全可理解。

海德格學說難懂的另一個原因是其用語艱深，其所謂艱深，又可分幾個層次來看。其一是他偏好自創新詞，且往往不止於單獨語詞的製造，而是一列列彼此掛勾、成群成族的「語詞場」（Wortfelder）的締建。[2] 其二是他創制的新詞不單只有對象語言的地位，而且一經創制，便立即可當作「操作語言」使用，即席投入其反思申論之中，讓不知就裡者讀起來，像在揣度一些非外人能懂的江湖暗語。其三是海德格熱衷於把德文字串連起來，構成特長的結構。瑞士語言學家布勒（Karl Bühler）即指出海德格許多串起來的術語，如 In-der-Welt-sein, Sein-zum-Tode 等，根本很難翻譯為歐洲的標準拉丁語。[3] 這三種特點更交纏在一起，彼

2　參見關子尹，〈從語詞場域理論看哲學經典的漢語翻譯問題〉，發表於「現象學漢語翻譯問題工作坊」，13-15 December 2006, 刊於《現象學與當代哲學》第二期（*Journal of Phenomenology & Contemporary Philosophy*），Taipei, Vol. 2, 2008.12, pp. 131-168。

3　參見 Karl Bühler, *Sprachtheorie. Die Darstellungsfunktion der Sprache*（Stuttgart: Fischer-Verlag, 1982）, p. 311。

此助長，其整體後果，對於不熟習其用法的讀者，肯定會構成很大的閱讀困難，即使是操德語為母語的讀者，霎時間要了解也是莫大的挑戰。最諷刺的事情，莫如海德格 1934 年試圖申請柏林教席時，一位納粹官員曾提出要對海德格予以全面檢查，包括他的「德語水平」。[4] 納粹官員看不懂海氏著作固不稀奇，唯這種「語言障礙」似乎連哲學同行亦不能免。一些外國學者如賴爾（Gilbert Ryle）[5]和柏提耶夫（N. Berdyaev）曾對海德格過於刻意的語詞創新甚不以為然，至於操德語和也是哲學出身的波柏（Karl Popper）更挖苦海德格「向來都連篇累牘地寫一些不能明白的東西」。[6] 最後連海德格的老師胡塞爾也坦言海德格的哲學用語簡直是「文字把戲」（Wort-Zauberei）。[7] 如果作為現象學鼻祖的胡塞爾也有這種困惑，則海德格用語的「異類」與「出規」的嚴重程度可以想見。事實上，直到現在，德國人談論海德格思想時，還常常打趣說他們讀海德格的書需要一個「德文譯本」！

以上言及海德格著述之艱澀難懂，指的主要是其早期的力作《存在與時間》，但時至今天，海德格各階段的所有作品即將陸續出齊，在這許多材料的烘托與補充下，海德格之謎理應已不太

---

4 參見 Safranski, *Ein Meister aus Deutschland: Heidegger und seine Zeit*（München: Hanser, 1994），p. 326。

5 參見 Ryle 對《存在與時間》極盡嘲諷的書評：Gilbert Ryle, "Review of Heidegger's *Sein und Zeit*," *Mind*, New Series, Vol. 38, No. 151, July, 1929, pp. 355-370。

6 見波柏接受德國報刊 *Die Welt* 1990 年 1 月 29 日的訪問。後錄於 Karl Popper, *"Ich weiß, daß ich nichts weiß – und kaum das": Karl Popper im Gespräch über Politik, Physik und Philosophie*（Frankfurt/Main: Die Welt, 1992），pp. 95-96。

7 參見 Dorion Cairns, *Conversations with Husserl and Fink*（Den Haag: Nijhoff, 1976），p. 107。

難破解。但事實上看，在這許多年後，海德格思想整體而言的晦澀難懂，似乎與大半世紀之前沒有太大改善，甚至更有過之。首先就內容而言，材料雖然多了，但其議題反而更為雜亂，而且與早期學說相比，海氏後期學說更跡近奧密，並不容易循常理推求可得，而得假定讀者的一些極深刻的體會；其次就用語而言，《存在與時間》的原定著作計劃中止以後，其後期著作中新締建的用語卻不斷推陳出新，而其神祕色彩更甚於前期。總的而言，用海氏自己的講法，其後期學說可稱之為一種「同一性思維」（tautologisches Denken），他甚至認為這是「現象學的最根本意義」。後期海德格零星地出現於不同短篇論文中的許多用語，如「本然」（Ereignis）、「開顯」（Lichtung）、「真相」（Wahrheit）和「帶出」（Austrag）等，這些名相表面上駁雜紛陳，且各有深刻意旨，但追根究柢，都只在從不同角度講論同一套大道理。而且，早期已在醞釀的，以新締造的對象語言投入操作語言之列的作風簡直變本加厲，到了一個跡近自說自話的地步（esoterism!）。其極端到了一個地步，讀者只剩下兩個選擇，一是自命已能深契海氏思想，閱其著作信手拈來盡能絲絲入扣；二是無論如何苦苦揣度，均感其說扞格難懂如墜五里霧中。[8]

　　誠然，海德格思想無論有多宏大，其學說總是可以批評的。但我始終認為，任何批評要實有所指，都必須以恰當的理解為前提。海德格「謎」一般的思想，「神」一般的用語，要深度掌握誠非易事。筆者研習海德格雖有一段日子，但自問亦未把海德格

8　有關海德格後期的「同一性思維」的理論和用語，可參見關子尹著，〈海德格的「同一性」思維與道家哲學〉，《現象學與人文科學》（*Phenomenology & the Human Sciences*），第二期（台北：城邦，2005），頁 211-259。

所有重大議題全數覆蓋，本書以疏解為主，在關鍵處會側及一些
批評，但力求對讀者負責之餘也能對海德格做到公允。

II. 徘徊於天人之際

查「天人之際」或「究天人之際」等語，固分別出於漢代董
仲舒的《春秋繁露》和司馬遷的《太史公自序》，但廣義的天人
合論，認為人道與天道之間存在著某一種聯繫或相應的想法，實
可追溯到先秦的儒、道兩家，並下開中國哲學宋明以後的許多討
論，和成為中國文學與藝術的共同精神元素。而且，廣義的天人
相應的問題也不是中國文化專有，而實早已於古希臘先蘇格拉底
哲人中如阿納芝曼德、赫拉克利特等思想中醞釀。[9]本書標題言
及「天人之際」，最重要的理由，是認為海德格的學問即使名相
與方法都與中國哲學迥異，但卻與天人相應之說遙相呼應。從這
一角度切入，或最能透顯出海德格思想的終極關懷。

海德格思想長久以來，給人的印象極盡玄祕固如前述。但我
始終認為，儘管海氏思想前後幾經蛻變，只要能掌握其立說的基
本關懷，或者說，只要能鎖定其思想的「基源問題」，則種種難
題自有解決之途……。多年以來，我就海德格思想的基本關懷所
得的解悟是：人於天地萬物之間應如何了解自身的位置的問題。
如眾周知，海德格的同道舍勒（Max Scheler）的經典名著正是
以「人在宇宙中的位置」（Die Stellung des Menschen im Kosmos）
為標題。海德格雖不同意舍勒建立哲學人類學的進路，但認為

9　見關子尹，〈虛己以遊世──早期希臘哲學的非自然哲學解讀〉，《中山大學
學報（社會科學版）》，2010 年第 4 期（總第 226 期），頁 124-150。

「人類學也可以是哲學的」，和認為「若哲學的目的是要開展出一套世界觀，則這一意義的〔哲學〕人類學的職志就是要規劃出『人在宇宙中的位置』。」（*KPM*, GA-03: 211）事實上，若單從文獻的角度看，「人在…中的位置」或 "Stellung des Menschen…" 這樣的句式於海德格不同時期的文本多處出現，無論與人相對的參照是「存在」，是「存在者整體」，是「真相」，或是「世界」。由此可見人於天地萬有中的地位問題是如何歷久地盤旋於海德格的思緒之中。本書命名中「天人之際」一語之採納，亦由此而起。

不過，這個基本關懷雖然早在蘊釀，但這問題應以甚麼方式去處理，對發展中的海德格來說，卻並非自開始即完全清晰通透。這種情況尤以《存在與時間》一書撰作以前的階段為甚。但隨著「天人之際」這基本關懷日漸明朗，和在這份關懷的呼召下，海德格乃不斷嘗試開啟不同的理論平台，甚至締建不同的哲學用語，以推動有關的論述。因而，所謂「天」與「人」，隨著海德格的不同階段，隨著討論平台的改變，乃有著不同的所指。

或謂，以「天人之際」當作海德格的基源問題，會不會東方味太重而失諸穿鑿？我認為不必持這樣狹隘的眼光去看！撇開「天人之際」實可於舍勒甚至海德格的文本中找到依據，和於前後期海德格思想中都實有所指這些因素外，「天人之際」其實更可視為人類跨文化的共同的終極關懷，以「天人之際」為海德格思想定位，除了對理解海德格有幫助之外，還有助於東西哲學關鍵性的會通。事實上，君不見中後期的海德格不斷嘗試與中國的道家思想尋求接軌的可能嗎？其之如此，實亦廣義的「天人之際」之念力使然。

本書以「徘徊」二字形容海德格的思想道路，最初其實是想

表達作者對海德格學問帶一定批評意味的觀感，但後來終於發覺，「徘徊」二字之於海德格，實有文本上的根據。如用海德格自己的講法，就是「迴盪」（Gegenschwung），而且，此用語是在說明存在和與存在有同等理論地位的「本然」時提出的。在中後期力作《哲學論集》中，海德格一方面明言「存在是需要人類」方能得以「漫衍」（Wesung）（GA-65: 44）；但另一方面又指稱，人必須「從屬」於存在，才可活出人之「此在」。遂指稱這「需要」與這「從屬」之「相對迴盪正道出了存在作為本然的真諦」（GA-65: 251）。此中的相對迴盪一語，於《哲學論集》書中一再出場，除了用於存在與此在的關係上（Gegenschwung von Seyn und Dasein）（GA-65: 286-7）之外，還用於人與神的關係上（GA-65: 263）。在以「迴盪」去說明「本然」時，海德格補充說：參與迴盪的存在與人兩方「都不是既成的端點，而只是純粹的迴盪的進行」。此中得見存在與人一方面難以切割，另一方面又無因可喻，其關係可謂撲朔迷離。

關於天人之際的問題，莊子〈山木篇〉中主張「人與天一也」，但這一意義的「天人合一」並非天人之間「等價」而無區別意義的「合一」，故補充說：「有人，天也，有天，亦天也。」這意味著人之為人必無可遁形地要存活於天地之間，而天人之際，天永遠都居於上位，真正的參照系統，永遠只可以是天。然而，話雖如此，天人二者，如果完全撇開了人，天便已不是那同一回事的天。此中，人顯然要扮演某種不可替代的角色，但若過當地重視人到了一個僭越的地步，無疑是倒過來誤把人視為天地萬物的參照系統或定位點。海德格曾警惕不要把人抬舉成為萬物的「關係中心點」（Bezugsmitte），良有以也！故天人之際的最終定位問題，真的痛癢攸關，否則天人之一體與和諧亦不復存，

因此莊子才勸說曰：「無以人滅天」。

對海德格來說，天人之間的真正分位應如何定奪， 直是一個充滿挑戰的難題。其中孰重孰輕，正就是問題所在。我們明白了海德格思想深層那一種「迴盪」的性格後，便不難發現，同樣的迴盪其實曾以不同方式出現在他的思想之中，而且涉及許多不同的對立之間的關係。

那麼具體地說，海德格思想中的這些對立面是甚麼呢？所謂「徘徊」，可從好幾個層面談論。首先，除了上面曾提及的天人之間的迴盪外，在海德格出道之初，就是以神為本的「神學」和以人為本的「哲學」之間的取捨問題，這個對立困擾了海德格足有一輩子，而且漸漸在變調，從開始時較單純的對宗教信仰或對哲學理性的忠誠問題，到後來去問到底是哲學「目中無神」抑或是神學才真的「目中無神」這個對一般人匪夷所思的駁議。本書〈海德格思想與神學之間的轇轕〉一文即就這問題試作交代。到了撰寫《存在與時間》的階段，海德格面臨的，主要是「存在」（Sein）與「此在」（Sein / Dasein）之間的對立，從理論布局上看，又可表之為「存在」與「時間」的對立。如眾周知，海德格《存在與時間》一書的著作計劃結果沒有完成，理由是海德格漸漸認為，這個循「此在」之途以追索「存在」底意涵的方法只會把他根本未能清楚釐定的「存在」進一步掩蓋和曲解。有關問題，本書篇幅最長的〈存在類比與海德格《存在與時間》著作計劃的廢止──兼論《存在與時間》的理論布局〉一文即嘗試作一全面的勘察。此中，我們面對的難題是：雖然海德格一再宣稱「存在」問題的首要性，並以之為「基本問題」（Fundamentalfrage）（SZ: 5），但由於海德格對西方傳統歷來對存在的處理不能接受，乃退而以具備「存在理解」

（Seinsverständnis）為特點的「此在」（即人）作為討論的出發點，從而開發了「此在分析」（Daseinsanalytik）的談論。由於此在分析是切入存在問題的門徑，所以也稱之為「基本存在論」（Fundamentalontologie）。然而在整個著作的開展中，「此在」的討論愈演愈繁，完全凌駕了「存在」的討論。相對而言，「存在」的意義由於一直無法作正面的說明，故只落得一席虛位，即只能用以限制關於「此在」的談論只不過是一項「預備討論」而已。

單從《存在與時間》的書名去看，與「存在」並列的「時間」，其所指的，其實正是人的存活所展現的「時間性」，故時間的議題其實也就是「人性」的議題，而把存在與時間並列，便猶如把人與存在並列。由於這階段的海德格一再強調無法以傳統的形而上學語言對「存在」予以正面表述，而得假「此在」的時間性之途去討論，故《存在與時間》書名中的「與」（und）字，無論從卷頭語上看，或是從全書中止前的「結論」上看，都顯出了一項明確的理論意圖——就是要以人的時間性去說明存在。首先是卷首語把時間解釋為「一切有關存在的理解的可能界域」（SZ: 1）。而全書最後一句話則以一語帶猶豫的詰問方式提出：「原初時間是否有一條通道可通往存在的意涵？時間自身能否顯示為存在的界域？」（SZ: 437）此中海德格《存在與時間》的著作目的，可謂溢於言表。當然，此中所謂「時間為存在理解的可能界域」到底是怎樣的一回事，正是一亟待說明的難題……

讀海德格《存在與時間》一書最大的諷刺是，當讀者讀完該書，並自信開始對全書的用心有一些掌握的同時，隨即發現作者本來還有待完成的著作計劃倏然中止。這引出海德格思想前後期廣為人知的「迴轉」問題（Kehre）。所謂「迴轉」，其實不外是「迴盪」的餘緒而已。為了要對《存在與時間》著作中止的原因

作深入解釋，筆者於上引〈存在類比〉一文提出了幾個層面的解釋：首先，從全書結構上看，筆者指出了《存在與時間》一書以「此在」的時間性作為存在解釋界域的理論構想，實出自傳統哲學的「存在類比」架構。其二，從理論發展上看，海德格對「存在類比」（Analogie des Seins）這個概念的理論價值和解釋效力的看法，從早期的寄予厚望，到一度顯得猶豫，到最後甚至是完全失望，前後經歷了很大的變化。其三，從精神層次上看，海德格先是認為「此在」只應當作有待深究的「存在」問題的「引子」，但著作過程中，逐漸發覺「此在分析」下「時間性」或「人」的地位在「存在類比」理論的引導下，不啻已成為類比模式中的「主導概念」，從而已踰越了人的有限性和反客為主地凌駕了「存在」，而這一理論發展已違背了他自己著作的初衷。在後來的一些回顧中，海德格甚至認為「存在類比」其實就是西方傳統形而上學的一條僵化了的公式，其影響之悠長與頑固，直把《存在與時間》的作者（即他自己）都「禁錮在一死局之中」。在這一處境下，海德格乃必須立下決心，急流勇退，中止著述計劃。他後來的「迴轉」，其實是把討論重點從人（此在）回歸於存在，而迴轉也成為海德格之學的「迴盪」或「徘徊」的最鮮明案例。

在積極參與政治運動期間，本來稍為淡出了的「此在」問題，從早前指向個人存活意義的「此在」一變而為具有群體意味的「一個民族的此在」（Dasein eines Volkes），甚至更具體的「德意志此在」，而早前的「存在」則更被海德格演繹為「一民族的存有」（Sein/Seyn eines Volkes）（GA-39: 146; GA-94: 157）。於是，早前的兩極對立，一轉而成為民族或國家與個人之間的議題。對於仍醉心於一理想的納粹精神的海德格來說，民族與個人二者之間，他明顯地向前者傾斜。不過，海德格的納粹夢做不多

久便夢醒了，海德格於事後的一些「反思」中，從先前對「民族」的寄望一改而為對「民族」理念大力鞭笞。但最諷刺的是海德格這一番鞭撻的對象，重點並不是德國民族自身，反而是世上以美國為首的主要列強，而猶太民族則被目為導致人世間各種族互相攫奪的「算計精神」的始作俑者，而這些算計卻又被海德格認為是內在於現代文明發展規律背後的形而上基礎之中。這一條思路，引出了海德格令人側目的反猶言論。問題是，海德格之反猶會不會早已超越了歐洲古已有之的「傳統反猶」，而跡近某一意義的「形而上反猶」。所謂形而上反猶，其可怕和可恨的地方，是藉著把一切矛盾和從來對猶太民族的敵意和指責都「升格」到所謂「存在」的層次去，即認為猶太人的算計只不過把歐洲人內在自大而外向攫奪的文明最極致地發揮出來而已。藉著把這一切追溯到根業遠種的整個歐洲文明，海德格乃把問題「大而化之」，使人覺得廁身其中顯得無可奈何，從而把作為啟釁者的德國的一些直接的罪責都輕易搪塞過去，甚至反把德國人刻劃為受害者！凡此歪理，作者於本書〈海德格的納粹往跡及其「反猶」爭議〉即嘗試作出分析。

更難堪的是，海德格似乎要把像民族矛盾、世界大戰、技術掣肘等他認為令世界分崩離析的種種不利條件都以他後期極為重視的「同一性思維」的套路去處理，即把一切都納入他所謂的「存在史」和「機栝」的冉冉漫衍本身。而人於存在史中的真正角色又再度成為重大疑問。對海德格來說，現代文明宣揚的技術理性背後，隱藏著的是現代人靈魂深處的「捕獵獸」（Raubtier）本質。而理性開出的自然科學使一切都顯得可量度、可理解和可支配。這使得自然原本的神祕面紗被揭除，人類乃再不覺得自然像既往一般可親、可敬和可畏了；由此而發展出的技術文明，更

把廣袤自然，包括大地、天空、江海，乃至人類同儕都當作吾人可予「擺布」和「處置」的資源。這一切又可集中於海德格對作為現代文明焦點的「主體性」的全面否定之上。而作為讀者的我們對海德格接受與否，即對他思想歸趨的同一性思維的或取或捨，於此亦到了臨界點。凡此有關議題，可見本書〈海德格的文化批判——存在史、科技機栝，及文明的桎梏〉一文之分疏。

到了海德格對納粹運動的政治幻想終於幻滅後，他一轉而退回一思想的維度，乃提出「退後一步」（Der Schritt zurück），和「無視存在者以思考存在」（Sein ohne das Seiende denken）等應變之策以徐圖再舉。但經過與現代哲學殿軍的尼采思想進行了慘烈的搏鬥後，他對傳統的形而上語言已完全失去了信心，乃轉向荷爾德林的「詩化」的語言去尋求其對「存有」或「存在」的重新表達，而這時候，他放棄已久的「神」又再登場，但這「神」已非基督教的「上帝」，而近乎希臘遺風的「諸神」。在 1936 年在羅馬論荷爾德林的演說中，海德格即有如下寓意極深的說明：「詩人自己處身於諸神與民族二者之間，他被拋棄、被投擲到一間隙之中，也就是諸神與人之間的間隙之中。」（*EH*, GA-04: 47）不過，海德格對希臘的憧憬畢竟只止於憧憬而已，他言下的「諸神」其實不是從希臘如單照抄過來的天神，而乃一宛如造化一般冉冉而來的和無因可以言喻的「神化」（das Göttern），乃有後來他於《哲學論集》中「存在／存有乃神化所帶來的震撼」（GA-65: 239）之說。而就在這一部號稱是海德格於《存在與時間》之外的另一鉅著中，和其他有關「天地人神」組成的「四合」的思慮中，和勸告世人當準備聆聽「終極神明的邁過」等論述中，人神關係這一老問題又再以一非宗教、非哲學，卻近乎藝術的方式重新展開。

　　海德格思想中的「轉向」或「徘徊」並非一個往而不復的單向旅程，也不是一個對轉向以前的思想成素全面揚棄的發展。相反地，海德格雖學凡數變，而且思想重點、甚至關鍵術語亦隨著時間不斷更改，然而他自始至終都懷抱著一些持續的基本關懷。事實上，五〇年代的海德格，便在《何謂思想？》一課程中清楚道明：「每一個思想家只思考一個唯一的思想。」（WhD, GA-08: 53）海德格並且認為，思想家不同於科學家一般要不斷廣納種種外在的材料，思想家要面對的最大的挑戰，是要：「清楚地辨識這唯一的一個思想，並把它作為他所唯一需要思量的思想好好的去把握，和把這一個思想作為同一回事（das Selbe）去考量，並從這同一的思想出發說相關的話！」（WhD, GA-08: 53）當然，這項對於思想家海德格的挑戰，對於海德格研究者來說，其挑戰性便來得更嚴峻了！對我輩而言，最大的挑戰在於：怎樣在海德格張羅得宛若迷宮一般的用語當中，清楚地辨識他那一基本關懷，但又能免於被海德格這份關懷背後的迷執完全支配。換言之，如何在參悟「海德格之謎」時不被其迷惑！

　　「存在」、「存有」這兩個先後提出的關鍵名目，就概念內容而言儘管稍有不同，但就問題而言，卻出自同一份終極關懷。只不過前者在《存在與時間》階段只徒具名目和只能虛立，而必須等到海德格思想經歷了「迴轉」以後，其作為覆蓋一切的天地「造化」的意涵才漸漸展現。至於後者，其實是這重新解讀後的「存在」的正名。即已被正視為一雖不能以理論清楚言詮，但仍對一切包括吾人作為此在全面涵蓋的奧祕。「存在」和「存有」，甚至其他如「真相」、「本然」等用語，在海德格後期的同一性思維套路下，是「同出而異名」，都指向海德格畢生唯一關注的、吾人所以仰給的「存在奧祕」。儘管幾經波折，海德格在去

世前六週，在為美國芝加哥舉行的研討會寫歡迎詞的場合中，還留下了如下的一句話「在這個飽受科技制約的世界文明中，存在的遺忘無疑是對我們要處理的存在問題的一種很特別的壓抑。」（GA-16: 747）

至於「天人之際」四字之上加上了「徘徊」二字以構成主題這一番構思，作者其實亦已醞釀多年。一言以蔽之，所謂「徘徊於天人之際」，指的是海德格畢生在追尋「人生天地間」這終極議題的思想旅途中的多次猶豫，而且這些猶豫涉及的是其思想中的一些十分對立的成素之間的張力，至使其思想終於要面臨重大的轉捩和取捨。就是這些內在的危機，讓海德格思想曾要改弦易轍，並重新整頓。對於我輩而言，海德格的這些徘徊，也便構成了我們的接受性（Rezeption）的危機。這即是說：我們若掌握了海德格學說的中心議題後，也必須相應地作出取捨。平心而論，海德格對現代文明潛藏的危機的洞燭的確有其智慧，但正由於海德格思想的「同一性」歸趨，這些智慧遂與其對危機極帶偏執的回應捆綁在一起。這使我們的取捨甚至要提升到一個更極端的層面：我們是要跟隨他於一些兩極之間徘徊下去嗎？抑要對他的整個論題（如存在史）和方法（如同一性思維）作根本的放棄？作者閱讀海德格愈久，便愈對他的整個存在問題作為一個值得吾人持恆深究的論題不存寄望，至於他用以探索這一論題的「同一性」方法，更認為學者愈早能看清楚其內在的困難，便愈有助於讓已被海德格宣判為「終了」的哲學重回正軌。

III.「群賢薈萃情堪慰，累牘蹉跎事可嗤」

這本關於海德格思想的論集，基本上根據作者多年來已發表

的部分文章，加上幾篇近年新作且仍未發表的論文結集而成的。
說來慚愧，此書本應許多年前已經要出版的了，所以蹉跎至今，
有客觀的因素，也有主觀的緣由。從客觀情況上看，作者自執教
以還，因學術會議、課堂講論等機緣雖寫了不少關於海德格的論
文，但大都成稿較早，而當時海德格全集中許多材料尚未面世。
但隨著時間的飛逝，海德格全集多卷陸續出版，故相對之下，筆
者早出的論述於材料覆蓋上看，便漸有不足之憾。此外，海德格
思想今天已成為了漢語哲學界的顯學，例如 2013 年年底，作者
走訪德國弗萊堡大學作演講時，便風聞在德國治海德格思想的中
國留學生，只弗萊堡一地便多達十二人之譜。隨著海德格研究愈
益普及，四海內外治海德格哲學的華裔學者亦人才輩出，對海德
格思想有大發明的中文著作，亦陸續面世，其中不乏作者愧不能
為的佳作（包括一些作者「指導」下完成的論文）。由於海德格
之學範圍駁雜，有關著述於珠玉紛陳之餘，亦漸顯得千頭萬緒，
在這一發展下，作者相對地早出的文章是否結集出版，亦已顯得
不重要！

　　再從個人的主觀態度看，作者自從於波鴻大學完成了以海德
格為題的博士論文（德文撰寫）以後，對海氏學問的長短自信已
有基本掌握。由於嗣後自己的學術興趣變得愈來愈廣，相對而
言，對海德格的關注乃愈趨淡漠，加上作者後來全心於開發一建
基於古文字研究的「漢語多功能字庫」，需要投入大量的精神與
時間。關於這個全新的學問板塊，作者除了從實踐角度致力於資
料庫的建立外，還於理論層面發現了哲學（特別是現象學）與漢
語漢字之間的一些跨域的新研究向度，而一系列與「漢語抽象概
念建構」、「漢語認知」、「六書學說的現象學詮釋」甚至「古文
字部件與身體理論」等有關的研究焦點乃相繼出現，這個發展的

結果，當然是作者對海德格思想研究進一步的「疏離」。這些年來，我經常對自己說：海德格的研究在漢語學界已蔚然成風，我這要出的書多一本不嫌多，少一本不嫌少，但關於現象學與漢語語言文字的邊緣研究，環顧中外，能肩負有關論題之發展者，除三、兩同道以外，卻是「捨我其誰」！作者對自己的能力雖從無自矜之意，唯獨要為這一新領域略盡綿力卻是責無旁貸；在這一背景下，把與海德格相關的論文結集一事，在自己看來，便更顯得不重要了。所以，作者多年來雖有把拙作中與海德格思想相關的文字結集出書的想法和機會，但都沒有認真地進行。

那麼，今天作者終於決定把這些往日舊稿加上數篇近年新作結集付梓，又有何機緣呢？說到最後，除了出於對於師友經年勉勵的回饋外，還有的是難拂生員求玉成此書的摯誠與美意。

早在三十年前，當作者首度以中文寫出第一篇論海德格思想的文章〈從別人的獨裁到存活的獨我〉時，先師勞思光先生即對作者鼓勵再三，很清楚記得當年先生的講法是：「講論海德格能講得如此清楚明白，是極難得的，而你是做到了。」先生自此便一再敦促作者應以出版一本討論海德格思想的書為己任。由於是老師的囑咐，故作者儘管生性疏懶，和要克服興趣日寬，旁騖愈雜的習性，基本上還是陸續地朝著完成這個目標的方向走。如是許多年後，先生有一回問起作者的工作進度，由於當時一篇一篇的有關論述已相繼脫稿，而且心中已擬訂了假若真的出書，會以「徘徊於天人之際」一語命名，先生既然問及，作者乃直言相告。先生聽後顯得很興奮，並笑道：「你這題目可真是皮裡陽秋！」先生這一勾畫，可謂一言中的，因為我選用這個題目，除了以最簡約的言詞道出海德格思想的終極關懷外（故言「天人」），其實正已隱藏了對其學問予以批評之判斷（故言「徘

徊」）。勞先生高興之餘，還很快便為這本才只是一個構想的書名題字。勞先生的墨寶，作者藏起來許多年了，一直珍而重之。年屆 2007 年，當其時也，作者把多篇討論各種另類議題的論文結集，並以《語默無常：尋找定向中的哲學反思》為名出版。蒙先生厚愛，該書亦獲先生賜序賜字；而在序言中，先生除了就《語默》一書點題外，竟然還逕自「宣布」作者一本論海德格思想的文集業已編就，並將於「年底即可問世」云，先生對作者論海德格書期待之殷切，可以想見。但很慚愧的說，作者論海德格一書雖仍在計劃中，但所謂「年底即可問世」，實無其事，先生序中此語，或可視作一份督促吧！如是者，到了 2012 年年中，勞先生又再提起此事，並且加了一句話：「我真的很希望看到你這本書，你如果趕快把書完成，說不定我還能給你寫序，不然我恐怕來不及看了。」結果，先生同年十月捐館，是一語成讖！現在這本書終於要出版了，但作者愧對先生的期待，已成為此生無法彌補的遺憾！

另一方面，本書的出版也要感謝好幾位學生從旁協力，特別是黃浩麒和劉保禧兩位。事緣 2012 年夏天，浩麒知道作者有意完成本書，便毛遂自薦，於技術上代為籌劃。他首先召集了三、四位同樣樂意效力的同學，和我初步洽談，並讓我列就已發表和可資結集的論文的清單（包括兩篇只有英文文本的論文），和提交所有相關的電腦檔案。我和生員們先一起釐定了篇章大致的次序，便由他們進行初步編校。由於各篇的文本出自不同時期，故其中的徵引方式、使用版本、不同階段的術語、譯詞等於都必須劃一，甚至前後的論述如有重複者，亦必須刪節、疏理、潤飾等……凡此種種，都在浩麒的統籌和一位工讀生馮顯峰的協作下全部校了一通。

　　至於〈海德格的生命圖式程序理論〉及〈海德格和黑格爾──兩種不同形態的同一性思維〉這兩篇原稿是英文的文章，則主要由劉保禧君負責統籌翻譯。他先聯繫了婁振業、楊德立、李康廷、謝昭銳、伍一勤等幾位大都已畢業、並分布於德國、英國和香港各地的研究生，給各人分配篇章，以便分頭合作，從英文譯成中文，而所有未能分配的稿分，都由保禧先譯，當各部分譯稿齊集後，還是由保禧先整理一通，並把所有他認為有疑問的譯法標示。由於畢竟出自多枝譯筆，故作者其後幾乎是在生員的初譯上作了逐句逐字的斟酌，但這樣的修訂工作，畢竟比全文由作者自己翻譯省事得多。訂稿時隨時碰到的難題，也更讓作者體會生員為此事曾花費的心力。當浩麒到律師事務所履新後，保禧又接手承擔起全書編排和各種規範格式的統籌工作，最後纔把全部書稿的電子文本交給我。總而言之，生員們對於本書的出版，簡直比我還要着急，我除了感動，也更加深了遲遲未出版本書的愧疚。

　　本書從慢慢醞釀，到一再蹉跎，到終於決定出版，除了上述來自老師和生員的因素外，另一股關鍵力量來自好友楊儒賓兄。楊兄十年前曾到香港中文大學哲學系訪問半年，他的辦公室與我比鄰，這段期間，我們彼此看了不少對方的著述，楊兄的博學融通，心思縝密，固讓我得益匪淺；另一方面，楊兄似乎對拙著中關於海德格和關於語言文字的論文都特別厚愛，並一再催促我要分別出書。他並非只是說說而已，而是很快便為我聯絡了出版社，並幾乎要代我訂定出版日程。更有進者，在本書終於決定結集以後，由於仍一再蹉跎，期間每次與儒賓兄晤面，他都不厭其煩地提起這事。2014 年，他到中大參加朱熹哲學會議，藉此又得暢聚，會後他於來函中即又有以下一段諍言：「星期五晚上因

參加另一場聚會，錯過再向吾兄請益的機會，實在抱歉！但你大概也知道，我還是會想如何逼你將文章集結起來，早一點面世。吾兄雖常言主觀上對自己尚未滿意；但旁觀者清，應該已到秋熟階段了。不為己謀，也當為人謀，早點想辦法把著作當公共財，讓它們進入學術社群，它們會有獨立生命的。」回想起來，本書終於面世，除了勞先生的諄諄敦促和眾生員的勠力同心，還真要感謝楊兄最後推了這關鍵的一把。

作者對於出版之事，包括何時出版和何處出版，從來都懶於仔細規劃，偶或有所撰述，亦只隨緣投擲，但求把胸中點滴吐露，以逞一己之快。至於本書結集出版之緣由，一如前述。慚愧的是，自從收到生員代為輯校的稿本，還是要再等了多年的時間，書稿才真正修輯到可以付梓的程度。期間，由於課業和其他研究的同步進行，加上《漢語多功能字庫》要按期限正式完成推出，作者只能斷斷續續地為全稿看了兩通，在文字上再予修飾，和在關節上作了一些補充。儘管如此，自己還是覺得有許多不滿意的地方。為了對一些意猶未盡的課題加以澄清，在幾年前便計劃加幾篇論述，如「海德格與神學的轇轕」、「海德格的納粹往跡及其反猶爭議」、「海德格的文化批判——存在史、科技機栝及文明的桎梏」等篇即是。而撰寫工作一稍蹉跎，很「不幸」地，海德格引起舉世爭議的《黑色筆記本》終於陸續出版面世了……由於作者總算治海氏之學有年，總不能自己出版有關專書而對新面世的重要材料置若罔聞吧！於是本來要殺青的書稿，又得要擱置下來，斷續地抽空對新材料跟進，並於重要關節上增訂，甚至重寫、再寫……就因為這樣諸種原因，整個訂書計劃乃又進一步蹉跎了一段頗長的光景，直到今天。

近月借歐遊之便，完成了最後一篇新寫論文和全書總序外，

對擱置多時的書稿作了又一次校勘，覺得實在沒有再耽擱的時間了。海德格的學問作者雖早就失去了興趣，但畢竟確曾下過苦功，書稿若無法進一步改善，是江郎才盡使然，是力所未逮故也。各方讀者治海德格之學於廣納諸家高論之餘，讀拙作如仍可獲一得之見者，誠可欣幸；看後如發覺浪費了光陰，唯請依從蘇格蘭哲學家休謨所言「付之於炬」，並乞海涵，是為序。

2019 年 12 月　於德國柏林旅次

2020 年 8 月　再訂

1

海德格論「別人的獨裁」
與「存活的獨我」
（1990*/1991）

> ……正如水果生長於樹上需要時
> 日的蘊釀才變得甜美，吾人存活
> 於世上又何嘗不需要歲月的歷練
> 才能變得圓熟呢！

一、引論

「世界」這個概念顯示了很重要的哲學問題：人類無論從事經驗、或對環境進行認知，均表現一種自然傾向，要把其經驗或認識的領域，納入一有秩序、組織或結構的布局中予以理解。這個問題我們從語源學的角度亦看得到一點端倪，希臘文解作「世界」的 κόσμος 一詞，最初本來是「飾物」、「裝飾品」的意思。裝飾之美除了透過飾物的點綴外，尚可透過「清理整頓」，透過把東西整理得井井有條而達成。基於這個理由，κόσμος 乃帶有了另外一個意涵：秩序（order）。[1]事實上，在先蘇格拉底時期，κόσμος 許多時候是解作「秩序」的。這個字後來兼解作「世界」，便正顯示了希臘人眼底下的「世界」，其實正是一套秩序的縮影。

從理論的觀點看，所謂「世界」嚴格而言並不是一個我們可以具體地指述的事物或對象，也不指全部事物的集合，因為我們人類的知覺能力，無論在廣度或在深度上，都是無法掌握「全部事物」的。儘管如此，世人似乎莫不知道「世界」這個語詞的用法。正如許多同樣地諱莫如深的概念（如「事物」、「存在」等）一般，「世界」這個概念引起了現代哲學研究的注意。作者於較早前的一篇文章中曾介紹德國現象學家胡塞爾對這個問題的處理方法。[2]胡塞爾一生對這個概念曾作過很不同層面的處理，但總

---

1 現代英語 cosmetics（化妝品）一詞最能保留古希臘 κόσμος 一詞的原意。關於 κόσμος 一詞意義的轉化問題，可參見 Walter Bröcker, *Die Geschichte der Philosophie vor Sokrates*（Frankfurt/M: Klostermann, 1965），p. 18。

2 參見關子尹，〈胡塞爾的「世界界域」理論——從現象學觀點看世界〉，《從哲學的觀點看》（台北：東大圖書公司，1994），頁 129-155。此外，有關胡

的而言，對胡塞爾來說，「世界」實指吾人藉以知覺於空間中伸延的事物及其彼此間之空間配置關係的一個「普遍界域」。一般人談論的「世界」，雖以「空間」意義為主，但嚴格而言，仍是不能抽離時間去理解的。事實上，我們知覺事物的，是沒有不占時間的空間這一回事的。因此胡塞爾在申論其所謂世界此一涵攝一切的「普遍界域」時，稱之為「那唯一的時空界域」（the one spatio-temporal horizon）。然而這一個毫無具體指涉可言的概念，於使用上到底有何功能可言呢？胡塞爾的回答是：「世界」作為一具有時空向度的「普遍界域」，為人類的一切知覺內容提供了「定向」（Orientierung）的功能。使一切發生於吾人知覺範圍內的事情得以連貫而有組織地，有層次地為人類所理解，而不致於成為一些支離破碎的片段。

「世界」既非一可實指之對象，因此亦無可實指之內容。胡塞爾便曾把「世界」視為一「虛空界域」，其中的主要含意就是：世界的內容並不是封閉的，而是開放的。作為一「包羅萬象」的虛空界域，世界的內容除了可由觀察者的觀察角度所決定外，更可因觀察者的基本興趣而異。事實上，一旦抽離了人類的觀察與解釋因素的話，「世界」是難以構成一有意義的論域的。人類透過觀察與解釋，為其所接觸到的種種事象賦與意義，並加以組織、開發、經營。因此，「世界」與其說是一具有固定內容的經驗，不如說只反映了人類意識活動的關注方向，及循此一關注所能組織的經驗內容。

塞爾「界域」概念的更詳盡的討論，可另參見 Tze-wan Kwan, "Husserl's Concept of Horizon: An attempt at Reappraisal," in *Analecta Husserliana*, Vol. XXXI（Dordrecht: Kluwer, 1990），pp. 361-399。

　　明白了「世界」與人類觀察條件之間的關係後，我們便不難理解，何以近世哲學和語言學都不約而同地把「世界」概念的討論，自外在意義的「存在世界」朝向人類意識活動的深層結構尋求進一步的了解。胡塞爾晚年提出的所謂「生活世界」（Lebenswelt），即明顯地是要把「世界」一概念中本來較為隱晦的，和易為人忽略的意識成素予以明顯地標示。除了「生活世界」此一廣為人知的概念外，胡塞爾晚期的「界域」理論，亦充分的顯示了這一個發展方向。在較早階段時，胡塞爾所謂「世界界域」、「存在界域」、「內在界域」、「時空界域」等概念，基本上只涉及事物於時間空間中的「定向」問題（Orientierung）而已。但是到了後來，胡塞爾筆下的「界域」概念的意涵也愈來愈顯得「意識化」和「生命化」了，最後形成胡塞爾的所謂「意識界域」（Bewusstseinshorizont）和「生命界域」（Lebenshorizont）等概念。這一個轉變的最大特點，就是把世界從較為單純的「知覺對象領域」向內轉化為人類的「意識活動領域」，「世界」所指者再不單只為一般所謂「外在世界」，[3]而且還顯示為人類的「內心世界」乃至「意念世界」等。誠如史密斯和麥肯泰（Smith and McIntyre）二氏所指，胡塞爾的「界域」一詞，從作為「對象界域」（object horizon）發展而為人類意識的「活動界域」（act horizon）。[4]

　　近代哲學中，繼胡塞爾這一方向的發展大勢而最能把「世

3　在上引文中，作者提出：「外在世界」一詞實有強弱兩種不同用法，前者涉及一「實在論」的立場，而後者則代表一日常經驗的觀點。而此中我們談論「外在世界」，是兩義兼指的。

4　David Woodruff Smith and Ronald McIntyre, *Husserl and Intentionality. A Study of Mind, Meaning and Language*（Dordrecht: Reidel, 1982），p. 229.

界」及「界域」這兩組概念透徹地分析和進一步發揮的，要數海
德格了。在海德格筆下，「世界」作為吾人類生命實踐總域的意
義得到了充分的揭示。而其所謂世界界域的「定向」功能遂再不
只限於為吾人提供對外界事物的「時空定向」，而更於吾人的生
活實踐歷程中為吾人提供一涉及抉擇取捨的「生命定向」。

二、存活理論與生命世界

(1)從「範疇論」到「存活論」

　　總的而言，海德格把「世界」的最根本意義歸本溯源為人類
的一種「存活格式」（Existential）。然而什麼叫做存活格式呢？
從《存在與時間》（*Sein und Zeit*）一書中，我們很清楚地可以看
出，海德格的所謂「存活格式」，一方面是依據西方歷來的所謂
「範疇」（Kategorie）而提出的，而範疇理論乃是西方歷來一切
存有論於語言上的描述基礎。正如康德曾意圖把傳統的存有論
（Ontology）納入人類的理解「範疇」及其有關的先驗原則的「超
驗分析」之中予以解決一般，早期的海德格亦很明顯地希望透過
所謂「存活分析」（Existential analytic of Dasein）去取代亞里斯
多德以來的存有論乃至康德的範疇論。[5]

　　此中，海德格的基本態度是：歷來的範疇論（甚至包括康德
的範疇論）的主要職志，不外是要提供一有關外在對象世界之說
明；然而與此同時，卻不能把存有論或範疇論問題與人類生命實

5　有關這方面的問題，作者嘗於〈從比較觀點看「範疇論」問題〉一文加以論
　　列，見《從哲學的觀點看》，同上，頁 157-218。

踐所具體開展出來的「生命世界」充分關聯起來。於是乃提出以「存活格式」去取代「範疇」，或以「存活論」去取代「範疇論」的想法。海德格這一種構想，從理論問題的構成上看，其實濫觴自十九世紀末德國哲學家狄爾泰（Wilhelm Dilthey）所謂「生命範疇」（Kategorien des Lebens）理論。[6]不過，自從 1985 年，海德格於二〇年代初於弗萊堡的講稿陸續面世後，上述這種推測得到更充分的支持。在 1921-22 年的《亞里斯多德的現象學解釋》講稿中，海德格便首次使用「基本生命範疇」一概念去概括他後來強調的所謂「存活格式」。[7]

(2)「存活」(Existenz)與「存活格式」(Existenzialien)

「存活格式」的問題是從「存活」Existenz（existence）的問題引申出來的。Existenz 一概念無論在德語抑或在其他歐洲語言中看，都是一個很容易引起誤會的名詞，正如一般漢譯「存在」一詞所給人的字面印象一樣，Existenz 在西方向來的使用習慣上，多指「客觀實有」，也即所謂 objective existence 之意。然而，在海德格的哲學思想中，這個語詞被重新賦予意義。

海德格著述向以艱澀見稱。除了不斷創造新詞外，海德格還常常為一些沿用已久的概念賦予「嶄新」的意義。其中 Dasein 和 Existenz 這兩個用語便是最好的例子。在海德格筆下，這兩個

6　參見狄爾泰 W. Dilthey, *Der Aufbau der geschichtlichen Welt in den Geisteswissenschaften*（Stuttgart: Suhrkamp, 1970），pp. 235-237, 281ff。

7　見海德格早期講集：《亞里斯多德的現象學解釋》，Heidegger, *Phänomenologische Interpretationen zu Aristoteles. Einführung in die phänomenologische Forschung*, Wintersemester 1921/22, hrsg. von Walter Bröcker und Käte Bröcker-Oltmanns（Frankfurt/M: Klostermann, 1985），GA-61: 84ff。

語詞其實都是用來描述「人之為人」這個現象的。這兩個語詞的選用，其實都帶有很深刻的喻意。其中 Dasein（可譯為「此在」或「躬在」）一詞的根本意義涉及人與存在的掛搭問題，需另為文討論。現在先就 Existenz 一詞說明如下：一言以蔽之，對海德格來說，Existenz 並不是事物的存在屬性，而是活生生的人的活動屬性；嚴格而言，Existenz 甚至根本不是人類的一靜態的、可待觀察的屬性，而是實踐中的、和行動中的吾人的生命現象本身。為求與一般意義的「存在」辨別，我們在漢語中，可以把海德格此中所謂 Existence 叫做「存活」。[8]

所謂「存活」，其實是海德格用以刻劃其所謂「此在」（Dasein）這一個生命踐行現象的專門用語。海德格於《存在與時間》書中便說：「此在之『本質』即在其存活」。[9]為求區別他所謂的「存活」與中世紀以來的所謂存在（*existentia*），海德格乃指出，前者涉及的是「誰」（Wer）的問題，而後者則涉及的是「什麼」（Was）的問題。[10]到了三〇年代以後，為了避免誤會，海德格乃進而另外鑄造了 Ek-sistenz 一字以防混淆。[11]此外，海德格還多次指出，這一大堆相關的語詞（包括拉丁文的

8　作為一種生命範疇，Existenz 國內學者一般譯作「生存」，今之所以譯作「存活」，是兼取了「生存」和「生活」兩重意義的，特別是後者。

9　見海德格，《存在與時間》，*Sein und Zeit*, 12. unveränderte Auflage（Tübingen: Niemeyer, 1972），SZ: 42, 231, 318, 323.

10　SZ: 45.

11　參見海德格，《論「人文主義」書簡》，*Brief über den "Humanismus"*（Bern/München: Francke, 1975），p. 67ff, GA-09: 324ff。所不同者，是 Ek-sistenz 突顯了人「站立」於存在中之意。

existentia）最後都是來自希臘文 ἐκστατικόν[12]這一個概念的。從這裡我們可以看到，海德格之所以要用 Ex-或 Ek-sistenz 去描劃「人」，即在於要強調人之生命實踐乃是一種「站（*sistere*）出（*ex-*）」。此中所謂「站出」，當然是一隱喻式的講法。「站出」實指一「朝自己以外踊出」（Aus-sich-heraus）。海德格在許多場合都曾表示過，「存活」乃是人的獨有性相。一塊石頭如果是三尺丁方的話，它便「不外」是三尺丁方。石頭永無所謂「站出去」這回事，一塊石頭是冥頑不靈的，它絕不會向「外」探視，它絕不會在乎它「身」旁是否有另一塊石頭，更不會關注「自己」和另一塊石頭「彼此」間的關係和它「自己」的命運。石頭根本無所謂處境，無所謂世界。但是存活的人卻大為不同了，人絕對不只是一密封了的臭皮囊，人生而具有對外注視的傾向。他是被廁身於一定的環境之中的，他是 Situative 的，並不斷在這處境中探問每事每物的意義的。用現象學的術語講，他是具有意向性（Intentionalität）的。

人類這一種對一己以外的事物與事態的關懷與理解，海德格曾先後用過許多不同的「形式標示」（Formale Anzeige）予以刻劃之：包括所謂「衝動」（Drang）、「踊出範式」（Ekstasis）、「超越」（Transzendenz）、「舒張」（Erstreckung）、「舒張性」（Erstrecktheit）或「綻放」（Entrückung）等。而這許多不同的「標示」，其實都不約而同地是在環繞著人「存活」的根本意義——「站出」——而奠立的。為求對人自身這種存活現象作一總持的刻劃，海德格把生命現象之基本特質稱作「關注」（Sorge, cura,

---

12　《存在與時間》，SZ: 329。

care），[13]而「關注」乃至於各種涉及人之「存活」結構的特質，海德格都稱之為「存活格式」（Existentials）。而「世界」正就是其中的一項了。

(3)「世界」作為一「存活格式」──「界域」與「踰出範圍」

海德格在其早期著作中，多次指出「世界」基本上乃一「存活格式」，這正是要說，一旦離開了人此一存活現象，則根本無所謂世界。在《存在與時間》書中，海德格乾脆宣稱：「倘若沒有此在〔人〕在存活，則也便沒有世界在那裡了。」[14]這句話驟聽起來，好像距離我們的常識很遠，但如果我們緊扣「世界」一字的嚴格意涵，則亦不難了解海德格的用意。借用本文較早的一些觀念區分去觀察：一所謂獨立於人類認識之外的、帶實有論色彩的「外在世界」根本無以構成為有意義的課題，而大凡吾人言及之所謂「世界」，則必定是由某一種觀察條件所構成的，而此中的觀察條件，直接或間接地，最後均由人而來。所以說，如果沒有人的存活和關注，則根本沒有「世界」此一具有意義內容的

---

13 《存在與時間》，SZ: 180ff。海德格其實早已於 1919 年間即有如此之構想，只不過他那時候不大用 Sorge 一字而用「關心」（Bekümmerung）一字。參見海德格，〈雅斯培《世界觀心理學》發微〉（"Anmerkungen zu Karl Jaspers 'Psychologie der Weltanschauungen（1919/21）'"）, *Wegmarken*（即學界通譯為《路標》的文集），GA-09: 1-44。

14 《存在與時間》，SZ: 365. 原文為："Wenn kein Dasein existiert, ist auch keine Welt 'da'"。此外，海德格就「此在」與「存在」之間的問題，亦表示了同樣的態度。在《現象學的基本問題》一講集中，海德格便說："Sein gibt es nur, wenn Wahrheit, d.h. wenn Dasein existiert." 參見 *Die Grundprobleme der Phänomenologie*, Gesamtausgabe, Band 24（Frankfurt/Main: Klostermann, 1976），略稱 *GP*, GA-24: 25。

「論域」可以產生。

胡塞爾晚期雖謂已蘊釀出「意識界域」和「生命界域」等概念，但是總的來說，「世界界域」對胡塞爾而言，主要還是指人類經驗「外在世界」時用作定向的「普遍界域」。誠然，胡塞爾把世界「界域化」，其實已充分地申明一種要求：一切有關「世界」的談論，最終必須回溯於某一定的觀察角度。只是，就論域而言，胡塞爾的「世界」畢竟是以某一意義的「外在世界」為主的。相對之下，海德格的「世界」觀念的最大的特點就是直指人類生命實踐中所開啟的生命境域。「世界」的意義從一般意義的現象世界進而涉及所謂的「生命境界」。在《亞里斯多德的現象學解釋》講集中，海德格即把「時間」正式界定為「生命現象底具體意義之基本範疇」。[15]這一論點若依傳統西方重智文化的角度看，驟似有些奇怪，但如果我們借用其他傳統的角度觀察，則其實並不難理解。例如印度唯識佛學中的〈百法明門論〉，便可以把各種心識所緣之「色」，各種「心所」之境界（如諸「善」、諸「煩惱」及「隨煩惱」），乃至各種寂滅過程中的「無為法」等通通都納入「百法」之列，便是最好的例證了。

吾人日常所謂的「外在世界」，其實正是笛卡兒所謂的那廣延於時空中的 res extensa 的意思。對海德格而言，這一意義的世界觀念乃是從人類存活之際的關注所導生出來的。[16]為了要把此一導生的存在世界與生命開展出來的「世界」區別，海德格自二〇年代初的〈雅斯培《世界觀心理學》發微〉一文開始即提出：

15　《亞里斯多德的現象學解釋》，GA-61: 86。

16　這一個問題可參見海德格就笛卡兒 res extensa 概念的分析。見《存在與時間》，第 89 節，SZ: 89ff。

世界有 Gehalt 意義、Bezug 意義與 Vollzug 意義的分別。[17]前者
是指「內容」（content），次者是指「關係」（Relation），後者則
指「踐行」（Execution）。此中所謂「關係」和「內容」，其實是
分別就西方現代哲學的所謂主客分裂（Subject-object Dichotomy）
及此一對立關係下的「對象領域」而言的。海德格提出「踐行」
的觀點，其實是有回溯主客分裂所由出的源頭之意，並且要指
出，世界之為世界的意義根源，最後是來自人的生命實踐的。海
德格提出的這一個基本觀點，結果成為日後現象學發展過程的一
項重要共識。[18]

　　「世界」的基本份位乃是生命對「外」關注所開展的境域。
而由於生命的開展必涉及一定的踐行歷程，所以海德格特別強調
「時間」的作用。就這個問題而言，其實康德的《純粹理性之批
判》早已在海德格的《存在與時間》之前走了很長的一段「接力」
路程了。從哲學史的觀點看，康德的時間和空間理論是同時針對
牛頓和萊布尼茲的。康德於牛頓的「實在」觀點和萊布尼茲的
「關係」觀點之外，提出時間（和空間）基本上乃是人類直覺活
動的形式（模式）的說法。勞思光先生在講論此一課題時，常把
牛頓的時空比作「名詞」，把萊布尼茲的時空比作「形容詞」，
和把康德的時空比作「副詞」。從語法的觀點看，副詞的運用是

17　〈雅斯培《世界觀心理學》發微〉，GA-09: 22f。

18　這一個問題可參見：Oskar Becker, *Mathematische Existenz. Untersuchungen zur
　　Logik und Ontologie mathematischer Phänomene*（1927），2. Auflage（Stuttgart:
　　Niemeyer, 1973），p. 186ff；Otto Pöggeler, "Sein als Ereignis," in *Zeitschrift für
　　philosophische Forschung*, 13, 1959, p. 604; Pöggeler, *Der Denkweg Martin
　　Heideggers*（Pfullingen, Neske, 1963），p. 37; Ernst Tugendhat, *Der Wahrheitsbegriff
　　bei Husserl und bei Heidegger*（Berlin: de Gruyter, 1970），p. 265ff。

依動詞（活動）而立的，這一比喻的主要目的，是要指出時空於康德哲學系統中具有直覺活動的形式的地位。依同樣的比論，我們實可進一步設想，時空對海德格來說甚至具有「動詞」的地位。就這一點而言，海德格於《存在與時間》一書中關於時間的討論其實已吸納了康德的觀點。所不同者，康德的「時間」乃是人類直覺的先驗形式，而對海德格而言，「時間」已被升格成為人類生命踐行「歷程」的開展本身。直接的講，「時間」對海德格來說，簡直就是生命的「搏動」本身，借用中國先哲的說法，就是「生生」。就術語而言，海德格首先標出「時間性」（Zeitlichkeit）作為「此在」（也即是人）的寫照（SZ: 17）。由於人本已解作一存活的生命踐行現象，故為求突顯此在的踐行性格，乃又進一步提出「時間性之時化」（Zeitigung der Zeitlichkeit）（SZ: 235, 331ff）去解釋「此在」底生命世界之開展綻放（Entrückung）本身。此中 Zeitigung 這個動名詞其實根本出自 zeitigen 這個海德格常常用到的徹頭徹尾的動詞。事實上，Zeitlichkeit, zeitigen 等用語於當代德語中雖幾絕跡，但其實並非由海德格所創，而實可追溯到中古高地德語的 "zîten" 和 "zîtigen"，其意為某物（例如水果）之「變得成熟」（reifen/reif sein 或 reif werden）。[19] 至於 Zeitlichkeit 一詞在中古德語文獻如艾克哈特師長 Meister Eckhart 的著作中亦早有用度。[20]今海德格把這些與時間有關的古舊語詞重新起用，用以指謂人生命之搏動，可謂用心良苦。

---

19 參見 Jacob Grimm and Wilhelm Grimm, *Deutsches Wörterbuch*, Band 31, cc. 580-595（網絡版: http://germazope.uni-trier.de/Projects/DWB. 或 http://woerterbuchnetz. de/DWB/）。

20 參見 Rudolf Eucken, *Geschichte der philosophischen Terminologie im Umriss*（Hildesheim: Olms, 1964, Nachdruck von 1879）, pp. 116-117。

　　在《存在與時間》書中，海德格初步分析了吾人「存活」的各層結構之後，便嘗試從時間性的角度把既有的分析重複一次，以期更清楚地就存活結構作一統一而普遍的陳述。海德格說：「時間性當要……在此在〔Dasein〕基本構造的所有主要結構中得到驗證。」[21]本來的「存活分析」於是可進一步稱作「存活──時間分析」（Existenzial-zeitliche Analyse）[22]了。就理論架構的建立而言，海德格一方面承襲了許多前人的存有論觀念，另一方面又糅進一些自己始創的觀念。前者主要有圖式（Schema）、界域（Horizont）等觀念，而後者則以踰出範式（Ekstasis）和踰出範圍（Ekstema）為最重要。海德格首先視乎人存活之際到底是在充分自己掌握自己的命運抑或是迷失至於不能自主，而把生命大分為「本真性」（Eigentlichkeit）和「非本真性」（Uneigentlichkeit）這兩種生命情態或模式（Modi）。就時間性結構而言，這兩種情態又各可區別出「未來」、「現在」、「曾經／過去」三個向度。這三種向度海德格稱為時間性的「踰出範式」（Ekstasen），與兩情態相乘起來共構成六個踰出範式。這些範式各有特別名稱（後詳）。每一踰出範式代表了人存活時的一種特別方向的關注，循此一特定的關注方向，「存活」的人乃揭示出其生命於該情態及向度下所能揭示的象限，也即其「生命世界」的某一個面相（Weltsphäre）。

　　從哲學史的角度看，這一種讓某一意義的「時間」和「圖式」、「界域」等概念並列而談的作風，亦於康德的範疇理論中見其先例。在《純粹理性之批判》一書中，康德於列舉了範疇表

21　《存在與時間》，SZ: 332。

22　《存在與時間》，SZ: 333, p. 436。

和完成了所謂「超驗推述」之工作後，引進了所謂「圖式程序理論」（Schematismus）。其中，康德的工作是要說明本作為超驗純粹理解概念的範疇如何能對來自感取的直覺有約制的能力。對康德來說，解決這一困難的方法，就是於範疇和直覺兩者之間，找尋一聯接的中介……，而此一中介正就是時間（內感形式）。換另一種說法，康德於「圖式程序理論」中的主要工作，其實可說是把十二範疇透過「時間」概念去重新表達或重寫（rewrite）一次，以得出十二圖式。經過此一重寫步驟，十二範疇便取得了時間「向度」的統一普遍意義了。

海德格承襲「圖式」一概念，充分顯示了其所面對的課題，和康德乃至傳統哲學的課題之間是有割不斷的關連的。一如康德的理論進路一般，海德格於枚舉了時間性的各種「踰出範式」（某一意義的「生命範疇」）之餘，亦提出了所謂「界域圖式」（das horizontale Schema）。[23]由於「存活」的原意本來就是建立在「對外關注探視」或前文所謂的「站出去」或「踰出」這個意念之上的，從純粹形式上看，所謂「踰出範式」其實就是存活者存活之際「心神外馳」（entrücken）的模式了。而每一時間樣式於外馳時，必定使存活者朝向某一特別的方向「神往」，而使存活者藉此為自己展開某一特別的生活經驗的界域。時間性底踰出範式的這一個「外馳的趣向」（Wohin den Entrückung）[24]即就是海德格的所謂界域圖式了。如果界域圖式是踰出範式的外馳的「趣向」

---

23 《存在與時間》，SZ: 365。

24 同上，原文是： "Die Ekstasen sind nicht einfach Entrückungen zu…Vielmehr gehört zur Ekstase ein ‚Wohin' der Entrückung. Dieses Wohin der Ekstase nennen wir das horizontale Schema."

的話，則界域就是存活者循此一趣向而自行開闢、並躬身沐浴其中（das Wohinein）的生命領域。[25]這些生命領域合起來就是一般人所謂的「世界」了。

《存在與時間》一書完成後兩年（1928），海德格在一項討論萊布尼茲的課程的講習中，就人類存活的時化活動結構作了進一步的補充。除了一貫使用的 Ekstasis、horizontales Schema 和 Horizont 等概念外，還引進了 Ekstema 這個概念。此中，海德格是仿照希臘文 σύστασις 或 σύνθεσις 和 σύστημα 或 σύνθημα 之間的關係，以類比的方法從 Ekstasis（ἔκστασις）一概念推導出 Ekstema 一概念。[26]如果 Ekstasis 所指的是「踰出範式」此一外馳開展活動的話，則 Ekstema 所指的，便正是此一外馳開展活動所揭示的領域，我們姑且可以把這一意義的 Ekstema 譯為「踰出範圍」。

由是觀之，「踰出範圍」其實不過是「界域」的替換語。海德格之所以特別鑄造這個字，一方面固然要加強「界域」一詞的解釋，另一方面其實主要是希望讓 Ekstema 與作為其早期學說中心觀念的 Ekstasis〔按：Ekstasis 與 Ek-sistenz/Existenz 亦為一義之轉〕建立一名相上的對應，以引出更深的寓意：人或「此在」

---

25 《現象學的基本問題》，*Die Grundprobleme der Phänomenologie*, GP, GA-24: 378。

26 參見海德格，《邏輯學的形而上基礎》，*Metaphysische Anfangsgründe der Logik im Ausgang von Leibniz*（Frankfurt/M: Klostermann, 1978），略稱 MAL, GA-26: 269。希臘文自亞里斯多德以來固有用 ἔκστασις 一詞，但卻從未有 ἔκστημα 一語，故德文 Ekstema 一詞完全是海德格按類比原則憑空杜撰出來的結果。參見 Liddell-Scott, *A Greek-English Lexicon*, 9th Edition（Oxford: Clarendon Press, 1996）, p. 520f。

（Human Dasein）這個存活現象，一方面固涉及一對「外」踰出關注的實踐活動，而另一方面此一對外的踰出活動關注之所及者，即同時建構出所謂「世界」。換言之，「人」或「此在」這個存活現象即主即客，既是活動，亦是活動所構成之意義領域。二者是同一現象（時間性之時化）之兩面。海德格於 1928 年同一課程的講稿中即稱：「所謂界域……根本不『是』一回事，反而言之，它時化其自身。界域於踰出範式之中和與踰出範式一起顯現其自己，它乃是踰出範式的踰出範圍（Der Horizont zeigt sich in und mit der Ekstasis, er ist ihr Ekstema）。」[27]

《存在與時間》一書中，海德格曾把「世界」這一個現象於存有論上的可能條件歸於他所謂「踰出範式統一性」（ekstatische Einheit）。[28]在提出了「踰出範圍」一概念後，海德格便進一步說：「時間性底界域的踰出範圍統一性（ekstematische Einheit）不外就是『世界』底時間向度的可能條件。」[29]這兩種「統一性」從字面上看雖然好像是分殊的。但是細看之下，「踰出範式」和「踰出範圍」不過是人之為人這同一個存活現象的兩面。因為，人類秉其存活上的關注，必須揭示出一對之具有意義的「世界」而後已，而此一具有意義的世界亦必須依於人之關注始可成立，一若「兩束草蘆，互倚不倒」。所謂兩種統一性可說是從這同一個存活現象的不同構成層面去考慮而已。因此，海德格有時會把上述兩種統一性合起來稱為「踰出範式 —— 界域統一性」

27　同上。

28　《存在與時間》，SZ: 350, 365。

29　《邏輯學的形而上基礎》，GA-26: 269。

（ekstatisch-horizontale Einheit）。[30]於是，「人」與「世界」這兩個常識上是相對分立的現象，乃於海德格的現象學中被統一起來。西方哲學歷來的所謂「主客對立問題」（subject-object dichotomy），於海德格的存活分析中得到了新的紓解。人之主體不再成為一理論上「純粹」的、「無世界的自我」（weltloses Ich），而作為一意義結構而言的「世界」，從此乃可明確地被理解為人類存活現象的一個不可分割的部分。

三、世界界域之建構與生命之導向

(1)「自我掌握」與「自我迷失」

　　透過上面的分析，海德格的存活理論無疑是有回應西方歷來的存有論的意圖的。這一點，我們可從「存活論」與傳統「範疇論」於理論層面及名相結構上的強烈對應得見端倪。一般人談到「存有論」（ontology）或「範疇論」，很容易產生一種想法，以為「存有論」只是一些高度抽象的理論。然而，如果我們細心溯求存有論的基礎時，實不難發覺，主要足以傳世的存有論都直接或間接地要對人類的終極關懷問題作出回應。海德格自己便曾說：「哲學如果只是一些與生命割斷的純智構造的話，則便是無力的」。[31]在這觀點下，亞里斯多德的「範疇論」其實除了是一套說明人類語言與事物之關係的「理論」外，還為人類經驗界的

30　《存在與時間》，SZ: 366；《現象學的基本問題》，GA-24: 429, 437。

31　海德格著，*Die Kategorien- und Bedeutungslehre des Duns Scotus*（1916）。收錄於：*Frühe Schriften*（Frankfurt/M: Klostermann, 1972），p. 346. GA-01: 410。

個別特殊事象〔相對於柏拉圖而言〕作出了肯定。斯賓諾莎的「泛神論」除了是一套以絕對實體〔上帝〕為中心的存有理論之外，還為世人開闢出一條把世俗的心思提升到一「永恆」的層面去，俾得以看破一切世上得失榮辱的道路（per essentiam humanae mentis...sub specie aeternitatis consideratam）。[32]而康德的範疇論配合起他的直覺理論及理性學說，為人類心智運作的條件及其限制作了嚴格的界定，從而奠定了和深化了人類對自我的認識。

今觀海德格以存活論取代範疇論，與其只是提出另一套純理論性的概念建築，不若說是希望透過對人類存活結構的描述，顯示人類於實況存活中（faktische Existenz）如何地揭示出一幅幅的世界圖像，並且如何地活於其自己一手所揭示出的世界之中。

如果我們說胡塞爾的「世界界域」概念說明了並且為人類的經驗知覺活動提供了一「空間（時空）定向」的功能的話，則海德格的「世界」理論可說進一步地為人類生命中的行為實踐和抉擇取向提供了一「存活定向」（existential orientation）的功能。換言之，透過存活時間性的分析，我們將更能認識到我們自己每一個人的生命狀態和存活處境，為我們於生命的歷程中定出方向，讓我們於真正需要作出重大考慮的關鍵上，踐行自己的抉擇。

我們上一節曾經指出，海德格視乎人類的存活到底是處於一「本真」（Eigentlich）的或「非本真」（Uneigentlich）的狀態而把「時化」這個「現象」大分為本真的時間性與非本真的時間性

---

32 參見斯賓諾莎著，《倫理學》Spinoza, *Die Ethik.* Lateinisch/Deutsch（Stuttgart: Reclam, 1977），p. 682. Pars V, Propositio 36.

兩大系列。此中所謂「本真」與「非本真」，其實主要指人生存活之際能夠充分地在自己掌握自己的可能性，抑或是處於一迷失自己的境域而言。與海德格份屬同輩的另一位現象學者貝克（Oskar Becker）便把這兩種生命狀態分別稱為「自我掌握」和（Selbsthabe）和「自我迷失」（Selbstverlorenheit），[33]可說把海氏此一區分發揮得淋漓盡致。「自我掌握」和「自我迷失」兩種生命狀態固然可各自再分化為三種「踰出範式」（Ekstasen）。分別是真實自我掌握中的「曾經」、「現在」與「未來」，和非本真底迷失下的「過去」、「現在」與「未來」。為求更清楚刻劃其個別的特質，海德格把前三者進一步描述為「回省」、「當機」與「（死亡的）預計」；而把後三者描述為「遺忘／記憶」、「呈現」與「觀望」。這六種「踰出範式模態」（ekstatische Modi）彼此之間的關連，我們可以用如下的方式表解排列之：

海德格論時間性的踰出範式

Zeitlichkeit 時間性 Ekstasen 踰出範式 Modi 生命模態	Gewesenheit/ - Vergangenheit （Having been/ By-gone） 過去／曾經	Gegenwart （Present） 現在	Zukunft （Future） 未來

---

33 Oskar Becker, „Para-Existenz: Menschliches Dasein und Dawesen（1943）", in: *Dasein und Dawesen. Gesammelte philosophische Aufsätze*（Pfullingen: Neske, 1963）, p. 89.

Eigentlichkeit（authenticity）本真性	Wiederholung（repetition）回省	Augenblick（instant）當機	Vorlaufen（anticipation）預計
Uneigentlichkeit（inauthenticity）非本真性	Vergessen/Behalten（forgetting/retaining）遺忘／記憶	Gegenwärtigen（enpresenting）當前	Gewärtigen（await）觀望

　　這些「踰出範式」的排列，很清楚地顯出了海德格所謂以「存活論」取代傳統的「範疇論」的意圖。[34]各個「踰出範式模態」其實可說是一些「生命範疇」。而所謂有人存活這一個現象，其實就指一生命實踐之歷程。在此一歷程裡，視乎存活者的生命是處於一自我掌握或自我迷失的情態中，其各有關的時間踰出範式亦相應地為該存活者揭示出或開展出（erschlossen）他的所謂世界。對海德格來說，「世界」最根本而言，並不是客觀的實有，而是每一個別存活者於存活之際對「外」關注探視下自己為自己開拓出來的意義網絡。正如對胡塞爾一般，「世界」之於海德格

---

34 康德於《純粹理性之批判》中列出「範疇表」是學者所熟知的。海德格雖要以存活論代替範疇論，且前後於《存在與時間》及《現象學的基本問題》（GA-24）講集中就一些細節討論，但卻從未有如康德一樣列出一「存活格式表」或一「踰出範式表」。這裡列出的「踰出範式表」是吾師蒲格勒（Otto Pöggeler）於 1977 年在魯爾大學講授 Der Zeitbegriff bei Kant und Heidegger 一課程時於課堂中提出的，這一項處理工作，給作者留下了非常深刻的印象。Pöggeler 除了列出此表外，還列出「界域圖式表」。然而，此兩表卻未見於 Pöggeler 已發表之著作中，特此說明。

並不在乎有什麼特殊的具體內容。如胡塞爾一般，海德格亦把
「世界」視為「界域」。海德格說：「世界之所以是可能，其於存
活論上及時間上的條件（existenzial-zeitliche Bedingung）乃是：
時間性作為一踰出統一性而言具有一界域。」[35]此中所謂「界域」
並不代表某些特殊的、曾經發生的生命經歷；相反地，界域是一
些生命中的可能經歷（possible life experiences）的一個普遍稱
謂。用海德格的自己的說法：「整體時間性的界域決定了實際存
活著的人到底向何處（Woraufhin）開展揭示。」[36]由於生命可有
兩種情態，而每情態又可分三種「踰出範式」，因此，存活者的
開展揭示出來的可能界域亦有相應的分別，「三種踰出範式中每
一種的踰出界域（ekstatischer Horizont）是不同的。」「實存的
此在於未來的界域中投射了一『可以是』（ein Seinkönnen
entworfen），在曾經的界域中揭示了其『已然』（das "Schon sein"
erschlossen），在現在的界域中發見了他所要為之煩忙的顧慮。」[37]
換言之，視乎存活者的生命情態和該情態下的三個時化範式如何
關連，該存活者生命踐行而體驗到的世界亦相配合地被建構出
來。

(2) 生命中的「本真性」與「自我持恆性」

　　生命歷程中的所謂「本真性」（Eigentlichkeit），海德格又稱
之為「自我持恆性」（Selbst-ständigkeit），[38]而「自我持恆性」從

35　《存在與時間》，SZ: 365。
36　同上。
37　同上。
38　《存在與時間》，SZ: 322。

存活論的角度看不外是「預計的決意性」（vorlaufende Entschlossenheit）。[39]此中的所謂自我持恆，是說一個人於存活中能夠對自己的所去所從有一充分的掌握，對自己的行動形成一自己能為之負責的原則，而且能「穩站」腳步，擇善而固守之的這一種生命情態而言的。這一種狀態海德格稱之為「立場之既取」（Standgewonnenhaben） 和「 經 常 的 固 守 」（beständige Standfestigkeit）。[40]至於「預計的決意性」，其實可說是海德格的存活論中的一個較為關鍵性的概念，其意義可作如下的分析：

在自我掌握生命情態的三個時態中，海德格認為「未來」是居於一主導性的地位，而自我掌握下的未來亦即就是所謂「預計」這個踰出範式模態。所謂預計（Vorlaufen），是說人除了當下存活之外，不斷地跑在當下的前面，向自己未來作出種種期望、籌劃和預算。當人類認真的去預算自己的未來的時候，自然地會正視一個問題：未來的自己可以是「如此」，也可以是「這般」。自己的未來雖然具有許多許多可能性或「可以是」（Seinkönnen）；但是在一切可能性都只是不確定的當兒，有一個可能性對每一個存活者而言都是最確實不過的，就是人最後必定會死亡。而死亡這一現象將意味著一個存活者生命的所有可能性的終結。世人看見別人的死，較親近的固然顯得憂戚，較疏遠的卻往往變得麻木，而對自己的死亡，許多時都有一種忌諱，不願正視。然而，海德格指出，當吾人真正嚴肅地去籌劃自己的未來的時候，死亡是不能不正視的，因為預計根本是一種「死亡的預

---

39 同上。
40 同上。

計」（Vorlaufen zum Tode）。[41]在死亡的預計下，人將猛然醒覺到，自己未來的「可能性」，理論上雖然無窮，但在有限的歲月中，只有很有限的可能性終將成為事實。邏輯上，每個人「將來」既可以是很有成就（不同可能的成就），也可以是一事無成。如果存活者嚴肅地期望自己未來能實踐某一種自己希望實踐的可能性的話，則他便要決意地（entschlossen）去為此一可能性作出籌劃或投射（entwerfen）。只有在為未來作決意的預計和投射的條件之下，吾人才能「當機」（Augenblick）立斷，吾人當下的存活才會是充實和不迷失方向的。在未來的指引之下，存活者從前「曾經」經驗過的事情，遂成為吾人時刻珍惜緊記的經歷（Erlebnis），被吾人不斷「回省」（Wiederholung），引為當下抉擇之殷鑑。換言之，在「本真」的生命情態中，未來〔預計〕、現在〔當機〕和曾經〔回省〕在未來的指引下連成一氣，存活者的生命充分表現一種自我的定向，和這一定向的貫徹。

(3) 生命中的「非本真性」與「非自我持恆性」

至於所謂「非本真性」（Uneigentlichkeit），海德格又稱為「非自我持恆性」（Unselbst-ständigkeit），[42]而非自我持恆實即一種「缺乏決意性的沉淪」（Unentschlossenes Verfallen）。[43]對海德格而言，非本真或非自我持恆，是指人類於存活之際，根本不能充分掌握自己的去向，只能無目的地，隨著來自環境的許多偶然因素的呈現而不斷隨波逐流的這一種生命情態。海德格認為，人

41　《存在與時間》，SZ: 267。
42　《存在與時間》，SZ: 322, 332。
43　《存在與時間》，SZ: 322。

類的生命「首先而且通常地」（zunächst und zumeist）都是處於非本真這種情態之中的。換言之，非本真可以說是人類生命底日常性（Alltäglichkeit）的一個寫照。

海德格指出，在非本真的三個時態中，「現在」是最有決定性的。非本真的現在就是所謂「當前」（Gegenwärtigen）這個踰出範式模態。海德格認為，從純粹形式角度觀察，一切「現在」的事情，無論是本真的或非本真的，都必涉及當前事物事態之呈現。然而並非一切的「現在」都是「當機」的。因為所謂「當機」，是只就自我掌握的生命存活情態下那些以未來之投射為繩墨而掌握的現在而言的。換言之，「當機」乃是以未來為定向的，是本真的和有決意性的。相比之下，「當前」（假如不作進一步的註明的話）則正指那非本真的、無涉未來的、無方向性的、和那無所決定的「現在」。這種無目的的當前，正是人類自我迷失之所在。在非本真的生命情態中，世人只爭朝夕，只顧當前。人們對當前可達到的都表示好奇（Neugier），但卻不一定決意去珍惜之、經營之。因為，他們眼中根本無視長遠的未來。在非本真的生命中，所謂未來，只是許許多多邏輯上的可能性。人們不知如何投射設計自己的明天，而只會「觀望」（Gewärtigen）明天的自然來臨，換言之，只知讓無數的明天，轉眼成為當前。於是所謂未來，根本不是一有取向的投射，而只是無數當前（今朝）的次第堆積。人們不知如何預計地塑造未來的可能性，而只會讓無數個當前的實在性連接地把未來本來可以很豐碩的可能性一個一個地取代、擠壓、吞噬。人們從不去誠實地面對自己最不可由人代替的死亡，直到所有的「當前」於不知不覺間都活完以後，死亡便把他們吞噬。

至於非本真生命中的「過去」亦與本真生命中的「曾經」有

顯著分別。我們上面曾指出，本真的「曾經」代表了吾人對從前發生的事情的珍惜和不斷回省重溫的心態。換言之，「曾經」顯示了自我掌握下的生命對自己從前的思想言行的高度警覺與責任；也即對自己的根業所造成的處境的體認。相對之下，所謂「過去」，就字面上說，即表示非本真生命情態之下，人們往往把從前的事情視為一些「已經過去了」（vergangen）的事情。海德格把「過去」的踰出範式模態定為「遺忘」（das Vergessen），此中所謂遺忘，正是相對於「曾經」底踰出範式模態——「回省」而言的。人們所遺忘的，正就是一己的真正實況。所以海德格也把「過去」稱為「非本真的曾經」。[44]嚴格而言，遺忘並不單只是記憶之失效，而甚至可以是對一己的「曾經」的正面的抹煞。從前的事情，最多只不過是遺忘以後對一些外在枝節的偶然的「記憶」（das Behalten）而已。在這一種心境下，人們當然談不上對過去擔負什麼責任了。如是，非本真的生命處處只管當前，只知觀望許多的明天也輾轉成為「當前」，而對今天的事情，也根本談不上真正的投入與責任。因為今天過後，今天的一切便從此跌進一個與活著的當前彷彿再無瓜葛可言的、相繼被吾人遺忘了的淵藪之中。於是，那非本真的存活者，雖然一天一天都像活在一個世界之中，但他的生命世界卻是毫無定向可言的。他既不能預計未來，也無法承擔過往，自始至終掌握不到一可持之以恆的生命指標，只得無根飄泊，迷途於當前種種無法自己掌握的偶遇條件之中。

---

44 《存在與時間》，SZ: 339。

四、生命世界之異化與重建 —— 從「別人的獨裁」到「存活的獨我」

(1) 「別人」(das Man)作為一社群現象

依上面的觀察，「非本真性」所要表達的，主要是人類個別存活之際，生命缺乏方向，以至進退失據，無以自持的這種迷失境況。這一種現象，以日常的語言去描述，固然可以說是一種處事優柔寡斷，不能獨立自主以從事抉擇的性格。這性格海德格有時稱之為「不自主狀態」（Unselbständigkeit）。然而除了這一種解釋之外，海德格更指出，所謂「非本真性」除了關乎個人不自主這一素質外，還涉及許多關乎人類社群層面的問題。海德格指出，所謂 Unselbst-ständigkeit（嚴格而言應該譯為「非自我——持恆」，[45]）這一現象，除了是反面地指人無法掌握把持自己外，還進一步正面地指有某一意義的「非自我」（Unselbst）在不斷地把持著一切。這個問題涉及海德格《存在與時間》一書中一個非常怪異的概念——「別人」（das Man）。

Das Man 這個概念其實是海德格自己締創的。標準的現代德語中，海德格所謂的 das Man 一字根本不存在。德語要麼只有 der Mann（解「男人」），不然就只有小寫的代詞 man。而 man 一詞大概相當於英文中的不確定代詞 one。然而德文 man 一字之內涵卻比英文的 one 遠為含蓄曖昧。例如 Schöffler-Weis 的德英字典就把 man 一字同時翻譯為 one、we、you、they、people 等

---

45 應注意 Unselbst-ständigkeit 比起 Unselbständigkeit，除多了一 hyphen 外，拼寫法也不同。

代詞。我個人認為這許多可能的解釋中，應以 people 或 they 為最基本，這也即指現代漢語口語中的所謂「人家」或「別人」；而其他幾個意義都是從「別人」導生的。[46]

　　要說明 man 一字的用意，我們可以做以下幾個思想實驗：例如說，一雙情侶在一個不太隱私的場合在忘形親暱時，其中一方很可能猛然講一句：Vorsicht, man sieht das（小心，別人會看見），此中的 man 是典型的 people 的意思。又例如當有幾個人三五成群地不知如何打發日子的時候，如果有人提出一個「不合時尚」的建議的話，固很容易於人群中遭逢異口同聲的否決；但如果有人提出一個「時下流行」的主意的話〔譬如今之「卡拉OK」〕，則其他人很可能會不約而同地講一句 Ja, das kann man machen。而此中的 man，其實已變了（inclusive）we（我們）的意思。因為在這場合，這一講法和講 Ja, das können wir machen 意思上是完全一樣的。而此中本解作「別人」的 man 之所以變為「我們」，正反映了這三五成群的幾個「自我」都甘願放棄自行抉擇的自由，而向「別人」認同。又例如某甲做了一件使得某乙很看不慣的事情，則某乙很可能會講一句 Ach! das tut man nicht。此中某乙其實在說「你不應該這樣子做」；而此中「別人」又兼具了某一意義的「你」的意思，這是因為某乙以「別人」這個「權威」向某甲（即某乙口中的「你」）責成，要求某甲予以認同。由是觀之，man 之意涵雖多，但始終以「別人」這意義最

46　見 Schöffler-Weis, *Deutsch-English Wörterbuch*（Stuttgart: Klett, 1983），"man" 條。此外，das Man 一詞雖謂是海德格自創，但嚴格而言在傳統德語中還是存在的。不過，das Man 只有一很古老的用法，就是解作古波斯的一種重量單位。這一意義的 das Man 與海德格提到的 das Man 概念根本毫無關係可言，而且前者根本不是來自德語本源，因此可以不理。

為基本。在標準德語中，man 本來只是代詞而非實詞，這是因為 man 本不指任何一個「個體」，今海德格破格把 man 實詞化為 das Man，其哲學上的用意是藉以指出：本來並不代表某一人的那 impersonal 的 man，潛在地卻完全駕馭了活生生的人群，這即是下文「別人的獨裁」之所指。[47]

因此，所謂「別人」實指我以外「不確定」的其他人解。此一「別人」處處對於「我」構成一種無形的威脅和影響。如前所述，在本真的生命情態中，存活者固顯現出充分的自我掌握。相對地，在非本真的生命情態中，存活者既缺乏一主動的、對未來的投射，亦缺乏對當下判斷與行動上的「取向」。由於根本談不上有甚麼方向與計劃，於是在「當前」真的需要作一些決定的時候，世人一般都樂於放棄自己作抉擇的自由而只跟隨時下的潮流。其背後的心態就是向大家所認同的認同。從存活分析的角度觀察，世人與「別人」的關係其實是非常微妙的。在一般情況中和大多數條件下，世人都偏向欣賞「別人」所欣賞的；「別人」對什麼東西感到憤疾的，我們也容易感到憤疾。在這一切中，別人釐定了一切價值，裁定了一切得失成敗，別人表現出一種無形的權威，直把世人的日常生活（Alltäglichkeit）給塑造出來了。在一群體社會中，大家都因怕遭「別人」物議而甘願固守一「公共意見」（Öffentlichkeit）。於是焉，許多潛在地本來是很獨特的、和很有創造性的個人意見都可能被「別人」的「公共意見」所壓抑、被無聲無息地「平整」下來（Einebnung, Nivelierung）。[48] 人群集體動向之所趨，就是一種所謂「平庸性格」

---

47 有關 das Man 的論述，詳見《存在與時間》一書，§27, SZ: 126ff。

48 《存在與時間》，SZ: 127-128。

（Durchschnittlichkeit）。這一社會現象海德格總稱之為「別人的獨裁」[49]或「公共意見的獨裁」（Diktatur der Öffentlichkeit）。[50]

然而，「別人」與世人的關係亦不是完全對立的。從存活分析的角度看，世人於生命歷程中，一般均怠於運用自己的抉擇自由向未來高瞻遠矚，因為抉擇往往是很痛苦的。於是焉，世人都樂於以「別人」的意見為己見。藉著接納「別人」的意見，世人一方面「如釋重負」一般，得以「卸除」了為自己未來以甚麼方式存在作投射的重擔（Seinsentlastung）。另一方面，世人於「彼此」的因循中，得到了其所需求的「安逸」（Zuhause）。此中所謂「別人」，與其說是與我們完全對立，不如說根本是世人所共同認同的一個逃避場所。由於再不需要事事自己操心，世人處事待人，乃覺得「輕易」（leichtnehmen）得多了。「別人」羽翼下的安逸，遂成為世人趨之若鶩的一種「誘人的安撫」（versucherische Beruhigung, tempting tranquillization）。[51]而這正就是世人所甘願沉湎（verfallen）的所在。

(2) 生命世界之「異化」——「迷失於別人中」(Verlorenheit in das Man)

在整個討論中，我們可以見到，「別人」對世人產生了極大的感染力和影響力。但是「別人」到底是「誰」（Wer）呢？在回應這一問題時，海德格運用了「異化」（Entfremdung）[52]這一

---

49 《存在與時間》，SZ: 126。
50 《論「人文主義」書簡》，*Wegmarken*, GA-09: 317。
51 《存在與時間》，SZ: 177-178。
52 《存在與時間》，SZ: 178, 347。

概念作為解釋。從存活分析的角度看，別人本非具體的某人或某些人。「別人」之所以構成，是由於世人一方面要逃避面對自己，但要活下去卻又不能不有所取決的當兒，便對自己說：「別人都是這樣那樣做的！」由此，把本來可以由自己安排掌握的生命世界假託於一彼此認為其他他人都接受的「別人」身上。因此，「別人」歸根究柢而言，實不外是世人生命世界底「異化」的結果。在這異化的過程中，世人成功地把自己關閉於其本真自我的可能性之外，也因而得以「豁免」於種種存活的當機抉擇。此一「異化」的結果，世上許許多多的「自我」從此變為一群共同享有一「平庸性格」的「非自我」（Unselbst）。一旦把自己關到「真我」之外，世人便等如喪失了自我掌握下的自我身分，於是只有「喋喋不休地稱兄道弟」起來（redselige Verbrüderung, talkative fraternizing）。[53]眾多非本真的自我彼此倚傍，締結成某一意義的神聖同盟。

在一社群中，「別人」成為大多數「非自我」底取捨愛惡、判斷行止的代理人。群體動力所趨，人群中興起了一波一波的潮流。一個潮流興起時，一套短暫的價值便馬上風靡了人群。為了取得「別人」的認同，許多不甘後人的「非自我」會力求能「趕上別人」（aufholen, catch up）；另外許多「非自我」卻甚至可能要把別人「拋在後頭」（niederhalten, suppress）。[54]此外，海德格還提到，在「別人」底誘人的安撫下，「非自我」很可能會不盡止地對許多新奇事物產生興趣與好奇（Neugier），好為自己做成一種「什麼都懂」的假象，但對於自己真的懂什麼一問題，卻蒙

53　《存在與時間》，SZ: 298。

54　《存在與時間》，SZ: 126。

昧不已。在現代資訊與傳媒日益發達，加上知識技術日趨商品化的今天，世人的好奇與日俱增，但卻往往迷失於眾多新奇事物之中，而沒有任何真正的歸屬。世人許多時一輩子沉湎於「別人」的價值裡，一天到晚為了「別人」而忙碌，儼然「為人」而活，簡直有如被捲入一沉湎的旋渦（Wirbel）[55]中，完全失去了自己。這一個現象，海德格一針見血地稱為「迷失於別人中」（Verlorenheit in das Man）。[56]

　　對海德格來說，「沉湎」或所謂「迷失於別人中」嚴格而言，是人存活的一個存有論上的（ontologisch）寫照，一個存活論上的結構，而並不像「墮落」（Verderbnis, in status corruptionis）一般是一個對人底存有狀態的（ontisch）描述。[57]換言之，「沉湎」並不是直接地是一個對經驗上的人底墮落狀態的一項指責。然而，如果我們有一種覺得他人或自己在「墮落」的感覺的話，則我們如要對這一種指責作一概念上的理解，便一定要回溯到「沉湎」或「迷失」、「別人」這些存活論的結構上去。從存活論的角度看，道出人世間之「沉湎」嚴格言亦無所謂是或不是一項指責。因為，「於別人中之沉湎」這一種「眾生相」本來就是人類社會的一種日常性的事實，正如海德格說：「事實上，自我首先和通常地都是非本真的，都是『別人自身』（Man-selbst）。」[58]又或常說：「別人乃是一個存活格式（Existential），而且是一個涉及此在（Dasein）底正面結構的原始現象。」[59]

55　《存在與時間》，SZ: 178。

56　《存在與時間》，SZ: 274。

57　《存在與時間》，SZ: 180, 306。

58　《存在與時間》，SZ: 181。

59　《存在與時間》，SZ: 129。

　　更有進者，沉湎之特性，正在於其使人喪失一貫的自持能力，散渙（zerstreut）於「別人」之中，而又完全看不到自己有為自己的可能性負責之可能性。這樣的一種境況，海德格稱之為「掩蓋」（Verdeckung）、「蒙昧」（Verdunkelung）或「拘執」（Verfängnis）。[60]總言之，在「別人」中的沉湎乃是一普遍存在於人群社會中的事實。是人「存活」的一個最日常化的生活寫照。這事實顯示了人類存活之際，最直接的傾向，就是看不到人對自己的主宰性，而都自我異化為一不代表任何個體的「普遍」的別人，讓這「別人」去承擔起一切責任。藉此「卸卻」與「交託」，世人乃得以活於一種表面上十分愜意的生命世界中。

(3) 生命世界之重建──憂虞心境與存活的獨我

　　我們以上的討論，先後談過所謂「非本真」和「本真」兩種生命情態的特性。這兩種生命情態之間到底存在著一種怎樣的關係呢？就這一問題，海德格的態度是很明顯的：所謂本真或自我掌握的生命情態是與非本真或自我迷失的情態相對而言的。而如果自我迷失乃是世人存活的一個最日常化的、最實際的普遍事實的話，則自我掌握便是從自我迷失轉化而成的。海德格說：「那真實的自我並非只是主體從別人游離出來的一個例外狀態，而是作為一本質上的存活格式的別人的一個存活上的轉變（eine existentielle Modifikation des Man）。」[61]此中的所謂「別人的存活上的轉變」的具體內容是什麼呢？要知，別人之所以成為世人迷失之所，是因為別人無形地為世人卸卻自我選擇（Wahl）的責

60　《存在與時間》，SZ: 129, 178。

61　《存在與時間》，SZ: 130, 181。

任，因此，海德格乃指出：「要從別人的禁錮下抽身而出
（Sichzurückholen），便必要補做（Nachhholen）某一種選擇；就
是要選擇離開對『別人』的依傍，從此就自己的存在可能性作出
真正出於自己的選擇。」[62]然而，我們曾指出，別人之為別人是
具有一強頑的拘執與蒙昧的，從自我迷失到自我掌握之途有賴於
重新撿拾起自我選擇的權利這一點於道理上固甚明顯，但是具體
的轉變到底涉及哪些可能條件呢？就這問題，海德格指出：世人
的許多基本「切身感受」中有「憂危」或「憂虞」（Angst）這一
種現象。

　　所謂「切身感受」（Befindlichkeit）是何解呢？ Befindlichkeit
一概念很明顯地是來自 befinden 一動詞。查德語中 befinden 如用
作不及物動詞時，可解作「判斷」或「認識」，而用作反身動詞
（reflexive verb）（即 sich befinden）的話，則可分別解為當事者
的「身之所處」和何謂「生命感受」（Lebensgefühl）。一般經驗
上所謂的情緒或心境莫不是由「切身感受」所決定的。切身感受
對存活者而言，一方面揭示了其真正的處境，另一方面還進一步
決定了存活者在這種切身感受之下所觀解的世界到底是一個什麼
意義的世界。當然，此中的「處境」，乃是生命的處境，也即海
德格所謂「所在」（Da）或「被投擲性」（Geworfenheit）。而此
中的「世界」，實乃指「生命世界」的意思。海德格還指出，切
身感受這個現象，往往非世人所能主動駕馭的。特別是自我迷失
的切身感受，對迷亂中的世人而言，簡直有如一項「襲擊」
（Überfallensein, assail）。[63]

62　《存在與時間》，SZ: 268。

63　《存在與時間》，SZ: 136, 195。

在多種切身感受中，海德格特別強調「憂虞」（Angst）和「懼怕」（Furcht）兩者。[64]海德格認為「懼怕」正正便是自我迷失這生命情態下世人的切身感受。[65]在懼怕襲擊之下，世人往往揭示了人類無法逃避死亡的命運，也揭示了人自己一生之功過與自己每一刻的抉擇之關係。然而懼怕之為懼怕之最基本特性，就是它會使人走上逃避（Flucht）的方向。海德格因此說：「切身感受對此在的被投擲性〔生命處境〕之揭示，首先和通常地是以一閃避著的背離（ausweichender Abkehr）的方式進行的……那『純粹的情緒』把〔生命處境的〕所在揭示得更為原始的同時，卻相應地把它封鎖成為一最頑固的『視若無睹』（Nicht-wahrnehmen）。」[66]正由於這原因，世人雖然莫不知道和莫不恐懼人有一次不可由人代替的死亡，卻都對自己的「死」諱莫如深，緘口不言！世人都一定程度地知道前路有許多不確定的可能性，而且知道這些可能性的掌握最後得靠一己之裁決（Überlassenheit an es selbst）。[67]然而對這些問題都不欲躬親面對之，但求當下於花花世界中找尋大家都認同的慰藉。在懼怕這一種切身感受的驅動下，世人之切身感受轉入一種普遍的壓抑（Gedrücktheit）和迷亂（Verwirrung）之中；[68]懼怕使人失去自持能力，在可怕的事情當前，不敢面對，又不能毫無對策之餘，往往便手足無措地、不顧一切地（kopflos），隨手抓緊一些當前可以找到的、任意可能的事情以作搪塞，猶如一火宅逃生的人，信

---

64 《存在與時間》，SZ: 140ff。

65 《存在與時間》，SZ: 341。

66 《存在與時間》，SZ: 136。

67 《存在與時間》，SZ: 141。

68 《存在與時間》，SZ: 342。

手拿一件不關痛癢的事物往外便跑一樣。[69]

在一人群社會中，世人於面臨自我抉擇時通常都不大願意採取「面對」（Ankehr）、而寧可採取「背離」（Abkehr）的態度。人與人之間出現了「閒談」（Gerede）、「好奇」（Neugier）和「〔模棱〕兩可」（Zweideutigkeit）等現象。生命惶惑無奈之前，世人慣於把自己異化為「別人」。讓別人的價值和別人的選擇所織成的「煩忙世界」（besorgte Welt）使自己一天一天地去忙碌（besorgen），讓自己在這些不自主的忙碌中不暇對自己的切身問題深思。

至於「憂虞」則是與「懼怕」迥異的，海德格把「憂虞」視為一種本真的、而且是非常突出的基本切身感受。更有甚者，相對於「懼怕」而言，「憂虞」乃一更為基本的現象。「憂虞」與「懼怕」固然都是人類存活的切身感受，但是如果說「懼怕」導人於對生命的逃避與迷失的話，則憂虞卻使人迷途知返，進而自己掌握自己。

自我迷失或沉湎於別人之中既然是一種籠罩著整個人類存活的頑強現象，則所謂自我掌握到底怎樣可能呢？我們終於又要回到這個問題上了。就這個問題，海德格先指出：沉湎和迷失固可說是人群社會的一個存活上的特徵，而且是個很頑固的特徵，但我們卻不應只孤立地著眼於這些特徵，而忘記了為這些特徵尋找一存有論和存活論上的解釋。[70]此中海德格是說：於「別人」之中尋找沉湎逃遁之所是人類存活現象的一些外部表現，也可說只是整個存活現象的一部分。沉湎之所以稱為沉湎，逃遁之所以稱

---

69 同上。

70 《存在與時間》，SZ: 184。

為逃遁，都是相對於另一種可能的生命情態而言的。海德格說：
「從存活角度觀察，自我存在底本真性雖然被沉湎封鎖了、擠開
了，但這種封鎖狀態（Verschlossenheit）只是一種揭示狀態
（Erschlossenheit）的缺乏（Privation）而已；此中的所謂缺乏關
係，於現象上亦可從以下一點看見：此在的逃遁乃是在它本身面
前的逃遁。在逃遁的『何所面臨』（Wovor der Flucht）中，此在
正好走在它自己的後面。從存有論的觀點看，正因為此在本質上
被本來屬於他的揭示狀態置於它自己之前，它才可以在它面前逃
遁。」[71]換言之，「我們可以把此在於別人中和於煩忙『世界』中
之沉湎稱為在自己面前的逃遁。」[72]

　　這番表面上十分晦澀的文字其實要說明的道理非常簡單：逃
遁之為逃遁，是因為人要逃避一些事情——自己；而且，世人正
是因為當下隨時有可能揭示出自我，才會生逃遁之心。在一切逃
遁或迷失的背後，都有一個被蒙蔽著的自我。而海德格乃指出，
人雖然傾向於逃遁，但只要順著「逃遁所要逃避者（也即所謂
『何所面臨』（Wovor））」這一個問題去自質，則那藏匿著的「自
我」自然非重新現身不可。而「憂虞」或「憂危」，便正是一種
促使世人於一迷失的心境中顯示自我、重拾自我的基本切身感
受。

　　懼怕與憂虞最大的分別是前者有一定的懼怕對象，而後者卻
無一特定的對象。前者的懼怕對象往往是世界上的一些事物。其
所以如此，是因為在迷失的心境下，人為了要忘記存活的自我抉
擇，往往把自己的注意力轉移到一些當前的事物之上，並於這些

71　同上。

72　《存在與時間》，SZ: 185。

事物上費煞心機。海德格指出，在本真的生命情態下，人所憂虞的，相反地不是世界中某些特殊的或特定的事物，而是每人最切身的生命境況。人自己的「生命趣向」、「生命抉擇」、「生命世界」和「生命意義」同時是憂虞的「何所面臨」（Wovor）和「但為之故」（Worum）。換言之，人在要面對真正的自我時，必定要為了自己之故〔Worum〕而憂虞自己〔Wovor〕。這一切顯出，只有自己才能為自己的一切擔負責任。當然，在多數情況下，這一坦蕩蕩、無可依附的心境一旦呈現，世人通常便馬上寧願攀附「別人」，逃避面對自己而把自己的注意力轉移到煩忙的世界上去，並沉淪其中。因此，海德格乃指出：「沉淪的背離其實是建立在憂虞之上，其實是有了憂虞，懼怕才成為可能。」[73]

　　一如佛學中「染」、「淨」二境一般，在海德格的構想下，所謂非本真與本真、自我迷失與自我掌握亦是互倚而生的，而且兩者之間，往往只是一線之隔。非本真與本真，自我迷失與自我掌握都是人類站在自我面前的兩個可能取向──要麼面對自己（Ankehr），要麼背離自己（Abkehr）。誠如海德格說：懼怕的心境充斥於人際，而真正的憂虞心境卻是鳳毛麟角的。[74]然而，世人即使一般都陷入沉淪之境，但是沉淪中的人群始終還不至於是冥頑不靈之物。即使是在沉淪中，世人還是有其存活性格的，所以海德格說：「世人雖都沉淪，但是憂虞心境還是潛在地一直在決定了世人，懼怕其實乃是沉淪於『世界』中的非本真的憂虞，也因此，這意義的懼怕其實是被淹沒了的憂虞。」[75]別人的勢力

73　《存在與時間》，SZ: 186。

74　《存在與時間》，SZ: 190。

75　《存在與時間》，SZ: 189。

雖然充斥，世人之沉淪雖然一定地強頑，但是，迷失中的自我其實正如一些沉睡中的憂虞心魂，是隨時都有醒覺的可能的。由於每一個迷失的心魂背後永遠躲著一個但求逃避的自我，因此，在世人日常的表面安逸之背後，亦永遠「有一種不自在的感受（Unheimlichkeit）在無時無刻地尾隨著此在，並且威脅著（雖然只是潛在地）它於別人中的日常性迷失。」[76]

基於此一潛在的原由，海德格乃指出，憂虞雖然在一般情況下都處於被淹沒的狀態，但它卻可以於「最無關痛癢的情況中倏然浮現」。[77]而正面促成醒覺的可能性，海德格稱之為呼召（Ruf）。所謂呼召，其實是自我把自己異化到「別人」中的種種承擔重新展現在自己眼前。在沉淪中，世人慣於生活於一彼此依附的言語世界中，於「稱兄道弟」之間讓自己迷醉於與「別人」的閑談（Gerede）之中，並享受閑談所帶來的一些平庸的日常性的安逸感（Zuhause-sein）。然而，除了「閑談」之外，廣義而言的言談（Rede）尚可以有另一種進行方式，就是「靜默」（Schweigen）。[78]海德格認為在「靜默」中，世人往往得到「慎獨」的機會，教人得以排開「別人」所提供之安逸，從而使自己重新面對本來不想面對的自己，重新經歷自己面對自己的那種坦蕩蕩、無可依附的「不安逸感」（Unzuhause）、「不自在感」（das Unheimliche）。此一從靜默中讓自我重新撿拾自我的歷程就是所謂「呼召」。在此呼召之下，被蒙蔽了的憂虞心境豁然重現，那迷失了的自我亦豁然喚醒。

---

76 同上。

77 同上。

78 《存在與時間》，SZ: 296。

自我一旦從自我迷失轉回自我掌握，存活中的自我及其「世界」亦同時轉化（abwandeln）。首先，本來自我迷失之所以稱為自我迷失，是因為自我把自己異化，好讓自己「消散」於別人之中，讓「別人」承擔一切自我本要承認的抉擇與責任。迷失中的人群，只有「公共」的個性，個人的獨特性備受壓抑。今海德格乃指出：憂虞的呼召，使本已消散於公共人群中的自我，重新被個體化出來（vereinzeln）：「憂虞把此在個體化出來，並且把此在揭示為『獨我』。」[79]自我這一種從迷失的境域中重新尋獲自身的境遇，就是海德格的所謂「存活『獨我論』」了（existenzialer "Solipsismus"）。[80]

五、一般的「獨我論」與海德格的「存活獨我論」之分別

一談到「獨我論」，許多人都有一種傾向，把它與傳統哲學知識論中的一些極端的主體論（subjectivism）混為一談。而這正是我們在了解海德格所謂「存活獨我論」之前首先要排除的誤解。誠然，主體論與一般所謂獨我論的確於理論上有許多共通點。然而，海德格所謂的存活獨我論卻與歷來一般的獨我論有著極大的分別。一般所謂「獨我論」與「主體論」的理論關係其實是非常微妙的。自笛卡兒開啟了從普遍懷疑而回溯「自我」的方向後，西方哲學展開了熱熾的主體論哲學。而歷來西方「主體論」的訂立原委，主要在求於一切存有諸法之中，舉出不同意義

---

79 《存在與時間》，SZ: 188。

80 同上。

的「自我」（ego, Ich, Subjekt...）作為一切存有與認知之樞紐與根據。相對於中世紀強調神權和以上帝超越存有為萬法準則的士林傳統而言，主體論代表了西方人文精神的抬頭。

然而，主體論一旦強調以自我為認知乃至存有之基礎，便很自然地要面對一理論上無可逃避的疑惑——「自我」會不會成為萬法中「獨一」具有這般真確地位的存有呢？這一種考慮就引出一般所謂的「獨我論」了。很明顯地，從理論構成的角度看，如果不提出主體論，則這個疑惑是無必要產生的。而從哲學史上觀察，所謂「獨我論」的問題，亦只在笛卡兒以後才成為一逼切的課題。由是觀之，一般所謂「獨我論」，放之於理論上固可說是「主體性」的一項附件，然而，這卻是一項很不受歡迎的附件。換言之，與其說主體論同時「主張」獨我論或「獨我主義」，不如說：獨我論乃是「主體論」系統中產生出來的一項既不能不接受，但卻有待克服的理論困難。近世西方哲學討論及「獨我論」時，無不是要把它當作一項理論困難般求解決。在海德格眼中，西方最後一位和最有代表性的主體論者就是胡塞爾。胡塞爾全面提出其「超驗主體性」之後，「獨我論」的挑戰也來得最為逼切。[81]為了要使他底主體性理論從「獨我」的疑惑中解脫，胡塞爾提出了所謂「交互主體性」（Inter-Subjektivität）的觀念。然而，所謂「交互主體性」是什麼一回事呢？從理論的角度看，「交互主體性」嚴格而言還是在「主體性」的基礎上構成的，與其說真的是

---

81 胡塞爾幾乎在所有主要著作中皆處理了這一問題。於其留下的遺稿中，更有許多論及所謂「交互主體性」的。這些遺稿後由 Iso Kern 輯錄成書，凡三大卷。見 Edmund Husserl, *Zur Phänomenologie der Intersubjektivität. Texte aus dem Nachlass*. 3 Volumes（Den Haag: Nijhoff, 1973）.

對「獨我論」的一項解決，不如說代表了西方主體論傳統面對「獨我論」的挑戰下的一項最無可奈何的反響。

回看海德格，如眾所共知，海德格一生不斷對西方近世的主體論施以嚴厲批判。海德格認為主體論傳統不必要地把人的地位高舉，以至造成獨我論的困境。[82]從早期的「存活分析」到後期的所謂「同一性思維」（tautological thinking），[83]海德格一直嘗試給「人」這個現象作重新的刻劃與定位，其中早期與晚期的主張雖然有許多理論上的改變，但海德格自始至終堅守一項宗旨，就是不應該渲染人於宇宙萬法中的「中心」地位以至於踰越了人的有限性的地步。由於根本不接受主體論傳統的緣故，海德格嚴格而言根本不必面對主體性哲學陰影下的那種獨我論。

雖然海德格與胡塞爾同躋身於當代現象學家之列，但當胡塞爾得努力去談論「交互主體性」之餘，海德格卻可以絕口不提這個問題。[84]正如前所申論，「獨我論」對於主體論傳統而言，是一個有待克服的困難；今觀海德格，其於批判主體論之餘，另一方面竟主動地提出「存活的獨我論」，而且不但不把這「獨我」視為一有待克服的理論困難，反而對此一「獨我」作出極度之肯

---

82 參 見 Tze-wan Kwan, "Heidegger's Quest for the Essence of Man," in *Analecta Husserliana*, Vol.XVII, Ed. A.-T. Tymieniecka（Dordrecht: Reidel, 1984）, pp. 47-64。

83 參見 Tze-wan Kwan, *Die hermeneutische Phänomenologie und das tautologische Denken Heideggers*（Bonn: Bouvier-Verlag, 1982）, p. 102ff。

84 海德格於《存在與時間》一書中完全沒有用過 Intersubjektivität 一詞。這一點可以 Rainer A. Bast, Heinrich P. Delfosse（ed.）*Handbuch zum Textstudium von Martin Heideggers 'Sein und Zeit'*（Stuttgart: Frommann-Holzboog, 1979）為證明。

定。海德格的「存活獨我論」和傳統一般「獨我論」涉及共通的問題，但卻有著完全不同的理論基點。首先於問題上著手。一般而言，「獨我」一旦成為一項考慮，便立即出現兩個問題：

(1) 獨我以外的世界是怎樣一個世界？此我和世界之關係是如何的？

(2) 獨我以外的他者是怎樣的一些「其他自我」（alter ego）？而我和這些其他「自我」的關係是如何的？

　　這兩個問題，都是海德格和主體論傳統所共同關心的問題。而再從理論基點上看：一般的「獨我論」之所以是一項困難，是因為主體一旦被訂定為一切存有之「中心」，則「世界」和「其他自我」的存有地位相對地受到了嚴重的挑戰，因此才構成所謂「困難」。海德格在批判主體論傳統時，便多次指出，在主體「獨尊」的局面之下，現代文明引出了種種危機，其中最逼切、最嚴峻的就是：

(1) 主體儼如一「缺乏世界的自我」（weltloses Ich），[85]主體與世界成為一外在的對立。在對立之下，世界成為了被主體認識乃至利用的「對象」（Objekt），成為了「資源」，從此，人與世界的原始和諧受到破壞。人類乃一步一步求征服、駕馭、乃至破壞和摧殘自然。[86]

85　「缺乏世界的自我」這一問題可參見《存在與時間》，SZ: 55, 110, 206。

86　笛卡兒固然是近世的主體性哲學傳統的揭櫫者，而在他的《沉思錄》中，笛卡兒於建立了主體（ego）之餘，即立刻表現出對自然求征服的態度： "But as soon as I had acquired some general notions concerning Physics, and as, beginning to make use of them... knowing the force and action of fire, water, air, the stars, heavens and all other bodies that environ us, as distinctly as we know the different crafts of our artisans, we can in the same way employ them in all those

(2) 主體之為主體，並不單只解作那相對於外在世界而言的人類一般，而是「每一個」主體個人。於是個人以外的他者也得要被對象化，他人都成為每一個人認識和利用的對象，人類於是彼此把對方對象化、物化，人群社會的和諧秩序從此更為渺茫。[87]

海德格的「存活獨我論」的基點與傳統「獨我論」最大的分別在於前者並不以人獨尊，並處處扣緊人本身的有限性（Endlichkeit）去立論。因此，並不因「獨我」之立而就「我與世界」與「我與其他自我」這兩個基本問題構成上述的對立。相反地，「存活獨我」的展現，正正就「我與世界」和「我與其他自我」這兩個問題，作出了新的回答。以下我們試透過分析海德格的「存活獨我論」就這兩基本問題的回答結束本文。

六、存活獨我論所揭示的生命世界與人群關係

(1)「存活獨我」及其「世界」

主體論哲學傳統引出的「獨我」，基本上是指對象認知關係（Bezug）中的自我，此獨我儼如萬法中獨尊的「關係中心」

---

uses to which they are adapted, and thus render ourselves the masters and possessors of nature." 參見：Rene Descartes, *Discourse on the Method of Rightly Conducting the Reason*. in *Philosophical Works of Descartes*（Cambridge: Cambridge University Press, 1955），p. 119。

87 關於主體性哲學與人類社會之間的關係，海德格在 "Die Zeit des Weltbildes" 一文中有很詳細的討論。見《林中路》*Holzwege*（Frankfurt/M: Klostermann, 1972），pp. 69-104. GA-05: 75-113。

（Bezugsmitte），而且號稱乃萬法得以確立之前首先可以卓然自立者。換言之，主體論下的「獨我」之所以稱為「獨」（Solus），是指獨立於我以外的一切法（即世界）而言的。然而「存活獨我」的情況則大大不同。

　　首先，存活的獨我並非對象認知關係中的自我，而是前文所謂生命踐行（Vollzug）中的自我。海德格從不認為人存活（也即「此在」）這一現象是可以獨立於「世界」而成立的，因此，他乾脆把人類之「存活」界定為「作為在世界中存在的此在」（Dasein als In-der-welt-sein）。當然，此中所謂世界其實乃是對存活者的生命踐行構成意義的意義網絡，也即存活者所關注的一個生命踐行「界域」。換言之，一個人如果完全無所關注，則他〔它〕便根本不是一個存活者了。由是看，對海德格而言，人的存活從根本上看並非一個主體論意義下的獨我。

　　其次，海德格「存活獨我」之所以稱為「獨」，並非相對於「我」以外的一切法而言，而是相對於非人格化了的（impersonalized）「別人」而言的。換言之，是相對於毫無個人抉擇趣向的公眾意見而言的。對海德格來說：迷失於別人中的世人其實亦有其關注的世界，只不過沉湎在別人中的世人卻往往捨本逐末地，把本來如自我責任和抉擇等踐行世界的關心轉移為對一些煩瑣喧鬧的「世中事」（Innerweltliches）或所謂「煩忙世界」的關心，是之謂逃遁。在這個意義下，所謂存活獨我正好把這一「逃遁」的積習給回轉過來。在從「別人」的迷失中把自己重新個體化（vereinzelt）的過程中，「獨我論」反而把吾人本應該關懷的自我生命踐行世界重新展列於前。因此，海德格才說：「此一存活獨我論並非把一個被孤立的主體物（Subjektding）置於一個無關痛癢的、而且沒有世界的空洞境遇之中，在一個極端的意

義下，這一〔存活〕獨我論恰恰把此在〔人存活〕帶到他的世界
之為世界的面前，並因此把他帶到作為在世界中存在的他自己面
前。」[88]換言之，存活者從「背離」自我轉而「面對」自我，個
體化下的存活獨我不單止沒有失去任何世界，反而把失去了的自
我生命踐行世界重新尋獲、重新掌握。

　　存活獨我的「世界」與一般人所了解的「世界」顯然是有著
極為不同的意思的。上面的討論中，我們多次指出了，存活獨我
的「世界」基本上不是一般意義的「事物世界」，而是生命踐行
的界域。就這一點我們可以稍作一點補充：

　　一般人談論「世界」，固從對象界中的實有之總和去了解，
這一個構想，自胡塞爾提出「界域」一概念後，實在需要重估
了。「界域」的一個最大的特性就是其開放性，換言之，界域並
非現成事物或事態的總集，而包含了可不斷「增編」的無限可
能。只因這樣，世界作為一「世界界域」才能對人類日新月異、
不斷更替的經驗發揮指導和定向（Orientation）的作用。今海德
格繼晚期胡塞爾之後，進一步把世界構想為實踐中的生命世界，
則此所謂「踐行世界」亦同時應從其具有「開放性」這一點去考
慮。

　　對海德格來說，構成一個存活者生命踐行世界底意義的，主
要不在於他事實上「是什麼」，而在於他「可以是什麼」。此中
的「可以是」，海德格稱之為 Seinkönnen。這個 Seinkönnen（can
be），其實是哲學上一般所謂的「可能性」（Möglichkeit,
possibility）於生命實踐歷程上的表達方式。海德格說：「此在並
非一個附帶地還可以是如此或這般的現成存在，它基本上是可能

88　《存在與時間》，SZ: 188。

的存在。此在於任何情況下都是他的『可以是什麼』和他的『可能性是什麼』」。[89] 常言道「後生可畏」，粵俗亦有謂「寧欺白鬚公，莫欺少年童」，背後的道理亦在於人的年紀愈少，其終將「可以是」甚麼便最難以估量。

　　談到可能性，當先要指出，海德格的處理方式與傳統其他學者迥異。海德格自己的說法是：在傳統哲學中，可能性主要被視為是客觀存有的一種存有狀態，或即一種模態範疇（modale Kategorie）。在這意義下，可能性不過是「尚未實在」和「根本不必」的意思。某一意義而言，是比實在性和必然性的等位低一些的。然而，對於海德格來說，可能性除了可被視為一模態範疇外，還可被視為一存活格式。而作為一存活格式而言，可能性是涉及人底生命實踐的。一個人「可以是什麼」這一個問題，絕對不是「邏輯上的空洞的可能性」，[90]不是一無關痛癢的「隨意的不在乎」（libertas indifferentiae）。[91]在生命經歷中，存活者端的廁身於一些可能性或「可以是」之中，但這些可能性卻可以是一些他輕忽錯過的可能性，又可以是一些他不斷地追求，時而掌握到，時而掌握不到的可能性。換言之，作為存活格式而言，可能性對人是痛癢攸關的，嚴格而言，比人實際上是什麼來得還要重要。這一關鍵，即使對於去日無多的長者來說亦不應忽略，何況乎對於充滿可塑性的青年人呢？為了這個原故，海德格乃宣稱：「可能性高於實在性」[92]。

89　《存在與時間》，SZ: 143。

90　同上。

91　《存在與時間》，SZ: 144。

92　《存在與時間》，SZ: 38。

　　在由可能性編織而成的生命布局中，存活中的個體顯得處處要為自己負責。因為存活就是被投擲於一種非要為自己未來的可能作籌劃不可的境遇之中。正如以上的討論指出，存活可有自我迷失和自我掌握兩種情態。在迷失之中，當然，這種為自己未來籌劃的自我鞭策力是被掩蓋下來，人的生命遂仿如日復一日的「實在性」的盲目堆疊，直到有一天「死亡」這不可避免的可能性亦成為實在性為止。這樣的生命確是顧名思義地迷失方向的。

　　存活中的自我一旦在憂虞的鞭策下從別人之中個體化、獨我化之後，生命世界的真正的可能性展現了。就這問題海德格說出了《存在與時間》一書最發人深省的一句話：「憂虞赤裸裸地把生命的最本真的可能性基本而具體地揭示出來。這就是說：生命既可以是本真的，也可以是非本真的〔可以是自我掌握的，也可以是自我迷失的〕；這兩個『可以是』之間，人類是有〔取抉的〕自由的。」[93] 換言之，生命中最大的選擇就是「淨」、「染」這個「兩可」。正如佛學中「一心開二門」所透顯的道理一般，獨化後的自我嚴格而言並不能保證從此便一定能自我掌握，他其實隨時有掉頭逃遁入「別人」中的可能的。但是這種「不確定性」正好使得一個人可以「先立其大」，並警惕一己成為一真正可以作自由抉擇的人。

　　在吾人生命的歷程中，無論吾人是在沉淪抑能「慎獨」，未來永遠是開放的。然而，沉淪下的未來與慎獨下的未來是兩個迥異的生命世界。沉淪下的未來雖然也有許多可能性，但這些可能性卻真的是完全「開放」的、是放任的、隨機的和無法控制的（因無籌劃故）；是不折不扣的 libertas indifferentiae。沉淪的世

93　《存在與時間》，SZ: 191。

人只活於當前的一個非人格的、無責任的現實之中。其所謂的未來生命界域只有被無情的現實踐踏，終至於湮滅的這種可能。相對而言，慎獨下的未來世界的開放性是容許存活者自己去籌劃、承擔、期待與塑成的。正如胡塞爾的「世界界域」為人類的種種可能經驗活動提供時空定向一般，存活的獨我面對了和承擔了自己的生命世界，並在這世界中揭示了種種開放的可能性，透過這些可能性的揭示，為自己作出了生命實踐取捨上的存活定向。

(2)「存活獨我」與人際關係

正如上文所說，對海德格而言，主體論的最大理論困難在於把認知的自我過於絕對化。在主體論的理論布局下，每一個個別的主體乃是唯一具有存有論上確實基礎的存在。而我以外的其他「心靈」（alter ego），嚴格而言都只如其他事物一樣，是主體的對象而已。我們之所以把其他心靈也視為主體，其實亦只是一種代入的（Einfühlung）或類比的說法而已。在這種條件下，人與人之間的關係基本上是對立的，而人際溝通之共同基礎亦是難以得到理論上的充分保證的。

《存在與時間》一書中，海德格指出，人基本上不應被視為主體。他認為主體論中的主體都被實體化為一「現成在手」的實體。這樣的主體相對於世界而言固為一 weltloses Ich，而相對於它以外的人群而言則便成為一個「沒有他人的孤立的自我」（isoliertes Ich ohne die Anderen）。[94]海德格遂指出，人類的存活其實根本是不能離開其「與共存在」（Mitsein）這一性格去談論的。作為生命歷程開展的踐行現象而言，每一個存活者於關注其

---

94 《存在與時間》，SZ: 116。

整個環境的當兒，當然地也一定關注他人。對他人的關注乃是整個存活結構中的一個不可分割的環節。

在主體論的理論布局下，「他人」（die Andere）與「主體」的存有論意義是迥異的。因為只有每一個內省中的自我才可以成為嚴格意義的「主體」，而任何他人都只可能成為對象認識下的「彼端」（the other pole），反之亦然。人我之間的這種形同「對立」的關係卻並不盡適用於海德格的存活論。

由於人類存活「首先和通常」是處於自我迷失的境遇之中的，所以就讓我們先就這迷失的境遇去分析人我關係。在迷失的生命情態下，世人都沉湎於「別人」的安逸之中。這也即是說，世人都甘於放棄自我而把自己「別人化」。在這種條件下，世人通常不但不會傾向於把自己從自己以外的其他人中突顯和標榜出來予以區別，相反地，世人都甘願覺得自己和他人沒有什麼分別，甘願也成為他人〔也同時是別人〕之中的一份子，只要自己不至「落單」，便都甘願和他人「進退與共」，分有一與共的煩忙世界和此世界中的價值愛惡。由於人的存活或「在世界中存在」具有這種獨特的「與共性格」（mithaft），海德格乃可以把人的世界稱為一「與共世界」（Mitwelt）。[95]顧名思義，這一「與共世界」就是每一個存活者與他人共同分有的世界。就從這一點觀察，我們即可了解，何以海德格所謂的人存活絕對不會有如主體論中的「主體」一樣成為一「沒有他人」的自我。換言之，存活論是不會像主體論一樣地陷入傳統的「獨我論」的困難的。

最有興趣的，海德格不單不必迴避上述的獨我論，反而還主動提出「存活的獨我論」。在上一節我們已提出，「存活的獨我」

95　《存在與時間》，SZ: 118, 125, 129。

乃是「本真」的生命情態下自別人的沉湎中醒覺過來，重新掌握
自己的生命趣向的自我。那麼，在自我掌握的條件下，存活者的
人我關係又是如何的呢？

海德格把人存活的特性總稱為「關注」（Sorge, cura）。而涉
及人際「與共」方面的關注，海德格特稱之為「關懷」
（Fürsorge）。[96]問題是，由於生命情態的種種變化，人際的關懷
可以表現為許多不同的方式。「互相贊同」、「互相反對」、「互
不理睬」、「相逢陌路」、「互不相干」等都是一些常見的「關懷」
方式。[97]上述這些現象一般來說，代表了世人平庸性格與日常存
活下的一些殘缺的關懷方式。由是可見，迷失在別人中的世人，
雖然一方面不願缺少他人的存在，但另一方面與他人的日常關係
卻不見得一定是親切的。因此，在一個「單面」的社會裡，一群
人一方面可以大家風靡同一種平庸的價值，另一方面，在這同一
的價值的追求下（例如：金錢），彼此之間又可以不聞不問，可
以爭相效尤，可以相與比拼，甚至可以互相踐踏。反正大家共同
的目的就是於一「與共世界」中為一些合於當前所需的事物作張
羅（besorgen）。

在種種殘缺的關懷方式中，海德格提到一種很極端的方式：
就是處處強代他人出頭，插手（einspringen）於他人的日常事
務。[98]表面看來，似乎在替他人把一切必需的事情都張羅好，但
其實透過插手實現了一己的權威性格，也把他人駕馭了。這種駕
馭關係，固常產生於朋輩同儕之間，在極端的情況下，甚至可以

96　《存在與時間》，SZ: 121ff。

97　《存在與時間》，SZ: 121。

98　《存在與時間》，SZ: 122。

產生於至親如夫婦父子兄弟之間！

　　與這一種「插手」式的關懷形成最強烈對比的，就是所謂「提點」式（vorausspringen）的關懷，[99]所謂提點其實就是一醒覺了的「獨我」於領略到「慎獨」對於生命趣向掌握的重要之後的一種對待他人的態度。提點就是不隨便插手，而只在旁邊預先（提前）點醒他人存活上的可能性。所謂「己欲立而立人，己欲達而達人」（《論語・雍也》），「存活的獨我」不但不會隨便替他人卸除憂慮，反而把憂慮交還他人手中，讓他人自己去面對問題。插手式的關懷但求逞一己之強而代他人張羅好一切，而「提點」的主要目的卻是出於「體察」（Rücksicht）地幫助他人也從「別人」的沉淪回歸，重新洞察（durchsichtig）自己的存活可能，從而成一個自主自決的人。

　　由是看，正如個體生命可有本真與非本真的差別，社群中人與人之間的關係亦可有本真與非本真兩種可能面相。在世人普遍地沉淪的泥淖中，個別存活者的「個體化」與「獨化」乃是群體中衷誠關係的重要支柱。「立人」之先固先要「立己」，海德格同樣地亦強調說：「個體化乃是此在和此在之間底原始群體聯繫的先決條件。」[100]換言之，只當人彼此都以一獨我的身分去關懷他人的時候，真正有意義的群體生活才成為可能。

　　總而言之，對於海德格來說，在存活論之中，「只有我而無他人」這意義的獨我論的困難是不存在的，但這並不表示人際關係之疏離這問題也不存在。事實上，海德格的想法是：正因為人類本質上是一存活現象，而存活現象又一定要涉及一「與共」的

99　同上。

100　《邏輯學的形而上基礎》，*MAL*, GA-26: 270。

考慮，因此才有人際關係是親切或疏離的差別。例如，所謂親切或疏離之衡量是不可能出現在兩塊石頭之間的關係上，而只能出現在兩個人之間的關係上的。從海德格的觀點看，揭示人存活現象中的「與共性格」乃是吾人得以對人際現象作合理解釋的不二法門。透過世人於一沉淪的與共世界中的種種表現，吾人才得以了解人際關係的種種殘缺面；同樣地，透過存活獨我對他人的提點和解放，我們才能對人我關係中崇高的一面予以揭示。

在生命存活的踐行歷程中，世人莫不有沉溺於別人之時刻，失去了自主之餘，彼此卻往往缺乏出自真誠和責任的關懷。人們表面上擠得很近，但心靈卻往往極度疏遠。人海之中，世人熱鬧地擁簇在一起，追求平庸的安逸，卻往往揮不掉內心深處的惶惑與孤單。為什麼這樣呢？大概這就是每一個迷失的自我背後都有一個憂虞的魂魄在夢魘中悸動的緣故吧。憂虞驚醒之後，世人才能重拾失落了的心靈，只有透過存活中的「獨化」，生命的趣向才能自「別人」的專制下脫穎而出。個體化後的「獨我」，誠然得重新領略面對自己時的孤獨與無助，不過這些孤獨卻帶出一自我掌握的生命趣向。掌握了自己生命的定向，才有可能幫助他人取得定向。此「存活獨我」與彼「存活獨我」之間的等位相交，才是別人獨裁以外真正的人際關係基礎，才是康德所謂「目的王國」（Reich der Zwecke）的真正體現。

七、結語

綜觀海德格畢生之學，其思路歷程轉接再三，然其各階段的學說之間卻不乏一中心之關懷和一以貫之主題。其用心之極，有謂是「存在之意義」問題（Sinn von Sein），亦有謂是「真相作

為造化冉冉揭露自身」的問題（Wahrheit als Unverborgenheit）。然而海德格各階段學說於處理這些中心課題之餘，卻從不缺乏對「人」這一存活現象作相應的處理。[101]不過，我們得指出：海德格從來不會把「人之為人」的問題當作一獨立自足的課題去構思，而一直把「人」的現象看作為其所謂「存在」或他時而改稱的「存有」（Seyn）問題，或帶有「造化」意義的「本然」（Ereignis）問題的一個從屬的環節。其背後的考慮，是因為海德格不接納近世主體性哲學傳統無限制地表揚人於宇宙中的優越地位，並認為人底有限性之僭越，蘊釀而成現代以至今天西方社會的種種文化危機。海德格這一番構思代表了西方人自內而發出的文化檢討運動的開始。日後西方社會的所謂「現代性」問題的提出，是不能離開海德格去談論的。

　　後期的海德格一方面力陳人的有限性，[102]另一方面在論及與「存有」、「本然」等有關的問題時，表現出濃厚的神祕色彩。但歸根究柢而言，海德格似不外要表達一簡單的見地：儘管我們可以為經驗上許多事象溯求一定的原因（Ursache），但是造化之漫衍，整體而言，是一項最無因可喻的原始事實（Ur-sache）或原始現象（Urphänomen）。[103]對晚期的海德格而言，若造化本亦無因，則相對之下，人類求揣度原因之認識心焉可無止境地得以滿足！以此故，海德格提出：人類在存有之前，除了近世哲學所強調的「象表」之知（Vorstellen）之外，還應有一「領受」之知

---

101 此中的「人」是指一存活現象，而非一「現成在手」（Vorhandenes）的存在。
102 從《康德與形而上學的問題》一書開始，人類有限性問題即成為海德格著述中的一項主要題材。
103 參 *Zur Sache des Denkens*, GA-14: 81。

（Vernehmen）。[104]前者代表了人類的一種帶有征服意味的精神，而後者則代表了一種虛懷和承受的態度。前者把人類自身置於萬法之「關係中心」。對晚期的海德格來說，人類本著其特有的心智語言能力，於萬法中當然仍享有一特別的地位。但是人類這些能力，卻只足使人類成為「存有的牧者」或作為「存有的守護者」。人的地位再不是「中心」，而是所謂一偏心圓焦點。[105]從這裡看來，人之為人的問題還是不能離開存有的問題單獨去理解的。

　　人和存有之間這些微妙的關係，若印之於《存在與時間》一書之理論結構，則顯然還沒有很清楚的說明。如眾所知，《存在與時間》一方面幾經波折而未能完成；另一方面，在完成了的一部分中，主題的分布可謂完全失去了比例。本來列明為主題的「存在」問題最後並沒有得到明確的處理；反而本來擬訂為「預備性討論」的「存活分析」卻擴展至幾乎成為全書的「主題」。由於存活分析處理的主要還是人的生活世界問題，這使得對於許多人來說，《存在與時間》儼如一部某一意義的「人性論」。從讀者的角度而言，《存在與時間》一書雖然有厚重的「人性論」色彩，但礙於該書奇怪的理論布局，[106]在人（此在）與存在的關

---

104 海德格 Vorstellen 與 Vernehmen 相對論列，可以《同一與分別》一書為代表 *Identität und Differenz*（Pfullingen: Neske, 1957），GA-11。

105 「偏心圓焦點的」（Exzentrisch）這個用語是海德格後來用以刻劃人的特殊地位的比喻。這一個概念，以作者所見，最早見於海德格於 1943/44 年的講集（GA-55: 206），其後許多討論「現代性」問題的文獻皆不乏見。此外，參見 Max Müller, *Existenzphilosophie im geistigen Leben der Gegenwart*, 2. Auflage（Heidelberg: Kerle Verlag, 1958）, p. 43。

106 關於《存在與時間》一書的理論布局問題，作者幾年前曾著有專文，於此不

係還不是太清楚的條件下，讀者於閱讀理解或嘗試作理論評價時，都很容易產生無所適從的感覺。事實上，《存在與時間》一書自面世以來，對於神學、社會學、乃至心理分析都產生了極大的影響。至於在二十世紀影響足有數十年的以沙特（Sartre）為代表的「存在主義」（Existentialism），海德格因其太重視主體性而堅稱己說不與之同流，這是可以理解的。但若從列維納斯（Lévinas）旁觀者清的角度看，則海德格《存在與時間》對存在主義立說之鉅大影響卻是不爭之事實。[107]

談到《存在與時間》一書的評價問題，海德格後來多次表明，其日後的「思維」於當時只在蘊釀而未得澄清。[108]海德格本人尚有此困惑，何況讀者呢？我覺得到了今天，《存在與時間》一書的讀者應該重新取回自己的理解與評價的權利了。特別對於一些無意或不願意接納海德格後期的「同一性思維」的讀者而言，這一分權利更是應該爭取的。

回顧本文的討論，主要固然是關於人類於生命踐行中所開展的世界。其中許多問題對於實況（Faktizität）中存活的每一個人來說，都是饒有意義的。許多學者鑑於海德格自己一再申明其中的討論「只出於存有論的考慮而無道德倫理乃至『文化哲學』的

贅（按：該文後已發表，今亦已收入本書）。

107 Emmanuel Lévinas, "Bewunderung und Enttäuschung," *Antwort. Heidegger im Gespräch*（hrsg.）Günther Neske, Emil Kettering（Pfullingen: Neske, 1988），p. 165.

108 參見海德格，《通往語言之路》*Unterwegs zur Sprache*（Pfullingen: Neske, 1959），p. 93。此外，海德格在成於三〇年代中期，但八〇年代才出版的《哲學論集》中亦如此聲明。參見 *Beiträge zur Philosophie（Vom Ereignis）*, Gesamtausgabe Band 65（Frankfurt/M: Klostermann, 1989），GA-65: 295。

意圖」，[109]所以往往力持《存在與時間》中的討論不涉及倫理上的問題。就這一點而言，我覺得今天亦有商榷的餘地了。

就討論的題材而言，儘管《存在與時間》一書的書名與倫理學扯不上甚麼直接關連，但其中的許多細部討論（特別是與存活分析有關者）卻又很難擺脫倫理學問題的色彩。更有進者，存活分析中的許多課題，幾乎都可與儒家哲學的一些基本觀念相印。舉如說「群居終日，言不及義，好行小慧，難矣哉」（《論語・衛靈公》），說「毋自欺」（《大學》），說「古之學者為己，其終至於成物；今之學者為人，其終至於喪己」（《程朱註論語・憲問》），說「君子求諸己，小人求諸人」（《論語・衛靈公》），豈不正道出了海德格所謂「迷失於『別人』中」這一種非本真的生命境況嗎？而說「作易者其有憂患乎」，說「悔吝者，憂虞之象也」（《周易・繫辭上》），豈不表達了海德格所謂「憂虞」（Angst）的這種切身感受嗎？其說「生於憂患，死於安樂」（《孟子・告子上》），豈不正說盡了海德格所謂世人耽於「安逸」（Zuhause）的傾向和存活獨我所必須擔負的「不自在感」（Unheimlichkeit）嗎？其說「君子慎其獨」（《中庸》），豈不正遙指向海德格的存活獨我問題嗎？又若說「己欲立而立人，己欲達而達人」（《論語・雍也》），說「唯仁者能好人能惡人」（《論語・里仁》），豈不涉及海德格所謂獨我化後的人際關懷與責求嗎？

再就討論的影響而言，《存在與時間》一書無疑已成為反映當代人類文明的一個經典性的「文本」（Text），也因此成為當代人類共有的精神資產。誠然，在海德格本身的構思下，《存在與

---

109 《存在與時間》，SZ: 167。此外，參見《哲學論集》，GA-65: 302。

時間》中許多看起來像涉及道德倫理的課題（如「本真／非本真」、「罪責」、「良知」、「召喚」……）都只不過是為存在問題作「預備」的存活分析。然而，《存在與時間》中的存活分析於理論設計上乃作為存在問題的預備性或「過渡性」討論是一回事，[110]但存活分析獨立而言對於不同從業的讀者可以具有甚麼意義與啟示卻是完全另外一回事。

《存在與時間》一書從不宣揚甚麼是內在價值，也更沒有提出任何勸導世人的道德規範。就這一點而言，確實不能算作一套價值學說或一套規範倫理學。然而，正以此故，《存在與時間》一書於「不說教」的條件下，把人之為人的實況赤裸裸地披露於世人眼前，讓世人於此實況中自行取捨抉擇，其對讀者所造成的震撼，往往比一套規範倫理學更有過之。存活分析不求建立任何普遍的行為格準，也不求樹立任何完美的人格典範，而只求揭示出生命世界的不可替代的「各自性」（Jemeinigkeit）。[111]存活分析揭露了吾人生命被投擲於許多選擇之前，揭露了吾人生命種種「可能性」與這些選擇之「向背」的關係。

世人就像不愛聽父母教誨的孩子，愈多的規則與勸勉往往只會帶來愈大的反叛。只有當世人經歷過世俗的泥淖，猛然發現自己對自己的責任後，才會真正的成長，和開展生命世界新的一頁。在這一關鍵上，海德格「時化」（zeitigen）這個詞解「變得成熟」的古義又再顯出其深意。因為，正如水果生長於樹上需要時日的蘊釀才變得甜美，吾人存活於世上又何嘗不需要歲月的歷練才能變得圓熟呢！

---

110 《哲學論集》，GA-65: 305。
111 《存在與時間》，SZ: 42f, 53, 204。

2

存在類比與海德格《存在與時間》著作計劃的廢止
——兼論《存在與時間》的理論布局
（1987*/2007）

存在的類比—這一種處理方式並不能解答存在問題，它甚至不能把這一問題的基本路數展列出來，它只不過代表了一最頑固的、和最沒出路的窮巷，而古代的、所有繼後的、乃至今天的哲學思維活動，皆被禁錮於此一死局之中。（GA-33: 46）

一、前言

海德格一生學凡數變，其前後期思想的關係，可謂撲朔迷離。歷來最令讀者困惑的，是其中的「轉折」（Kehre），也即海德格早期力作《存在與時間》未曾完成，著作計劃即被作者主動放棄的問題。一個經營有年的計劃終要放棄，從常理推測，當然因為計劃存在著根本的困難或毛病，以至不能繼續。而這個潛伏於《存在與時間》書中的毛病到底根源在哪裡？這一問題，是歷來爭議最多的，因為直到八〇年代早期為止，學者們只能依據海德格自己一些比較籠統的講法去說明《存在與時間》一書廢止的理由。最廣被徵引的說法當數《論「人文主義」書簡》（*Brief über den "Humanismus"*）中的一句話：「《存在與時間》有問題的一段之所以被扣押下來，是因為思維……無法憑著形而上學的語言而有所突破。」[1] 或如他在《哲學論集》（*Beiträge zur Philosophie*）中直言：《存在與時間》一書甚至難以責難，「因為它連那『問題』還未能掌握」！（GA-65: 85）此外，在《通往語言之路》（*Unterwegs zur Sprache*）中的一句話亦為學界所樂道：「或許《存在與時間》這本書的基本缺點是在於我太早便冒險地挺進得太遠。」[2] 然而甚麼是「形而上學的語言」？何謂「太早便冒險地挺進得太遠」？這些問題到了海德格的著作出版得漸臻完備的今天，實在應該有一個較好的解釋了。這幾年來我一直有一個想法：海德格《存在與時間》一書原本著作計劃之所以被

1　Heidegger, *Brief über den "Humanismus"* an Jean Beaufret（簡稱 *HB*），in *Platons Lehre von der Wahrheit*（Bern/München: Francke, 1975），p. 72. GA-09: 328.

2　Heidegger, *Unterwegs zur Sprache*（簡稱 *Usp*）（Pfullingen: Neske, 1959），p. 93; GA-12: 89.

廢止，實在與海德格對「存在類比」一問題態度的改變有極大關
係。本文即以此為引子，試就《存在與時間》一書廢止的原因進
一新解，並順帶窺探該書的基本理論布局。

二、海德格思想三大課題

在引入正題之前，我先要指出，海德格的思想大體環繞三個
基本問題交錯地發展。

(1) 存在問題[3]

(2) 人（此在）於歷史時間中的踐行問題

(3) 人的有限性問題

這三項基本問題於海德格前期與晚期以頗為不同的方式互相
關聯。這些不同的關聯方式恰好構成海德格思想早晚期之差異。
三個基本問題中，基本上以第一問題為主導。然而，第一問題卻
又不能離開其他兩個問題成功地被單獨處理。海德格早期雖然力
持「存在問題」為首要的課題，但根本一直找不到妥善的方式陳
述之，於是以第二個問題作為入手門徑，其由此而建立的所謂
「此在分析」，結果佔據《存在與時間》一書的主要篇幅。但就

3　德文 Sein 或英文 being 在漢語中根本沒有直接的對應翻譯，這問題早已有許
多討論。總的而言，在不同場合中主要可解作「有」、「在」和「是」。作為
一傳統的哲學課題，我一直比較主張譯為「存有」，但就海德格思想而言，
經多方考慮，則譯為「存在」大體上較為恰當。就有關的翻譯問題，可參看
以下兩篇文章：1. 楊學功，〈從 Ontology 的譯名之爭看哲學術語的翻譯原
則〉，收入宋繼傑編，《Being 與西方哲學傳統》（保定：河北大學出版社，
2002）；2. 趙敦華，〈"是"、"在"、"有"的形而上學之辨〉，《學人》第四輯（南
京：江蘇文藝出版社，1993）。

在第二個問題獲得了豐碩成果而即將要回頭安頓第一個問題的關鍵時刻，海德格卻產生了極大的猶豫，而第三個問題的顧慮大底是猶豫的主要原因。本文將先從第一個問題說起，再逐步引入其餘兩問題。

三、存在的普遍性並非「類」（genus）的統一性

自巴門尼底斯（Parmenides）以降，所謂「存在問題」（Seinsfrage）一直是西方哲學的首要課題，然而作為一哲學問題而言，其成立的基礎何在？這委實難以概括。要自漢語的「存在」或「有」等名相去反省這一問題，由於語言上的巨大差距，便更容易使人迷失。「存在」（Sein, εἶναι, l'être, Being）這回事在西方之所以成為一問題，除了因為西方哲學基本上是一重認知、重思辨的傳統外，單就語用而言，亦有一定緣由：查印歐語中一切為人所感知、所認識、所理解，以至所設想的對象與事態，都會用上所謂的「存在動詞」（verb to be），以統言其「是」（to be）如此或「是」那般。吾人構想所能及的任何事態，均離不開一個最廣義言的「是」或「有」的領域。[4]因此，當西方人的認知心靈一言及知識、知覺，甚至最廣義的「意識」，往往於透過種種特殊角度處理了種種特殊「事（是）態」與「存在者」之餘，還要回到最普遍的層面去問「甚麼是存在一般」？

4　基於同樣道理，印度佛學傳統中的「法」（dharma）能泛指一切可被設想的事物事態。例如安慧便曾以「諸思擇處」解釋「云何一切法」一問題。見安慧，《大乘阿毘達磨雜集論・卷十六》（漢文大藏經，T31: 0774a）。

　　海德格很坦白的承認「存在問題」是他一輩子對哲學發生疑問的起點。早在高中階段，海德格已透過布蘭坦諾（Brentano）的論著接觸到亞里斯多德學說中有關「存在」的討論。最引起海德格注意的，是亞里斯多德《形而上學》中的名句：「存在可用多種方式予以言詮」。此中，以描述及肯定一切自然實有為職志的哲學家亞里斯多德很早便已指出：存在一「名相」被吾人以種種方式使用於經驗萬法及其有關的知識內容之上。於是，最有哲學興趣的問題便產生了：「存在」一字於眾多而迥異的使用場合中，能否保有一普遍的意義呢？

　　關於存在的普遍意義一問題，分析到最後，就是去問「存在一般」與眾多可能的存在事物與存在事態之間是否有「一本萬殊」的關係。亞里斯多德枚舉出存在一字可以有四種主要的使用場合。此四種場合乃是

(1) 依偶性而言存在；

(2) 依真假而言存在；

(3) 依諸範疇的格式而言存在；

(4) 依潛能與現實而言存在。[5]

　　此中，四者於具體使用上，簡直涉及萬事萬物。但亞里斯多德早察覺到一難題：就是吾人從語用的觀點看雖可以從種種不同的側面去言及種種特殊的存在事物與事態（Seiendes），然而，「存在一般」到底是甚麼一回事，卻令人費解。借用尼采於《偶像的黃昏》（*Götzen-Dämmerung*）一書中的話，「存在」（Sein）簡直像實在被蒸騰後所剩下的最後一縷青煙。[6]誠然，自吾人就

5　Aristotle, *Met.* E1,1026a33-1026b3.

6　Nietzsche, *Götzen-Dämmerung*, in *Sämtliche Werke*（ed.）Colli and Montinari,

存在一詞能作種種特殊使用一事實而言，「存在」一名相無疑應具有某一種普遍性。但問題是，「存在」的這一種普遍性（κοινόν τι）到底是怎樣的一種普遍性呢？而其成立的基礎又在哪裡？而此一普遍意義的存在與特殊的萬有之間的關係又是一種怎樣的關係？

在未正面說明「存在」於「萬有」中的普遍性的基礎前，我們得先指出，所謂普遍性（universality）在許多其他場合中可以是一些所謂「類」的普遍性。所謂類（Gattung），一般指由許多具有共同特性的種（Art）所組成的大集，而類相對於其下所屬諸種而言，其普遍性即建立在種與種之間的共同性之上。然而，海德格很早便已經看到，「存在」的普遍性並非一「類」的普遍性。[7]海德格顯然明白：這一番見解亞里斯多德其實早已於《形而上學》B 卷（第三卷）第三章提出了。類是一普遍的概念（conceptus），就內容而言，它只負責標示其下諸種之共性，而不決定諸種之具體特性。譬如「生物」此一類概念並不告訴我們人是甚麼，馬是甚麼……因為類若一旦裝載了某一「種」的具體內容，這個類便無法保有其普遍性了。例如「有理性」乃是構成「人」此一種的種差（artbildender Unterschied），如果「生物」兼有「有理性」此一項種差，則「生物」此一概念的普遍性便蕩然無存。由是觀之，「類」的內涵必然不包括其屬下諸種的種差。

順著對「類」的這一種認識，海德格繼而以反證的方式說明「存在」並非一「類」概念。首先，假定「存在」（Sein）為一囊括萬有的最大的類，而其他種種「存在樣式」如 Wahrsein、

Band 6（Berlin: de Gruyter/dtv, 1981），p. 76.

7　有關討論詳見 GA-33: 33ff。

Möglichsein 乃「存在」此一類下的一些種，則依理而言，這些種乃是由 Sein（存在）此一共性加上各個別的「種差」，也即加上 das Wahre、das Mögliche 而構成者。而依上所述，「類」的內容本不應決定種差，然而，今依海德格觀察，das Wahre、das Mögliche 顯然不是純然的「無」（nichts），而是「一些事情」（etwas），不然的話，它們便根本不足以構成各該「種」之性質。但當我們承認作為「種差」的 das Wahre 與 das Mögliche 乃「一些事情」時，則我們其實也得承認它們也是「一些最廣義而言的存在」（etwas Seiendes im weitesten Sinne），即便也是一些由「存在」此一類所決定的。結果，便形成了「存在」這一類的內容決定了其屬下諸種的種差這一個局面，而這是與我們上面認為類不能決定種差的內容這一設定相矛盾的。於是，海德格乃藉此反證而得一結論：存在並非一類概念。

撇開海德格上面一番艱澀的反證而言，「存在」不同於一般概念性的類這一點其實也可自另一角度去說明。就生成次序而言，吾人對類作為一普遍概念之認識是後於吾人對諸種之認識的，此所以中世紀自亞維侯（Averroës），大阿爾培（Albertus Magnus）以至阿奎那斯（Thomas Aquinas）諸家於論及共相可從三方面觀察時，均提到所謂「後於存在（萬有）的共相」（universale post rem）。換言之，「類」是透過經驗觀察後的概念抽象活動所產生的。「類」概念誠然幫助吾人進一步去組織及構想種與種之間的關係，但相對於種而言，類的認識除了較後產生外，更非必要。例如一個小孩子不必有待於生物的概念才可以認識貓和狗。[8] 也即是說，有如生物等的類概念乃是一些經驗概念

8　黑格爾也指出吾人對櫻桃、梨子、葡萄的認識要比「水果」更基本。見 G. W.

（empirical concept）。今反觀「存在」此一名相，一如前述，凡
一切能夠為吾人所感知、認識、理解和設想的對象與事態，均廣
義言「是」一些「如此這般」，而因此便即是「萬有」。基於同
樣理由，佛家稱一切可構思者為「法」（dharma），從大體處觀
之，即便是「萬法」、「一切法」。[9]而此「萬法」或「萬有」實
皆或潛在或明顯地包涵「存在」之意，而「存在」的意義顯然並
非得自經驗，而是先於經驗的。因為吾人並非先認識了山、川、
日、月、顏色、大小、運動⋯⋯等事物與事態後才說它們「存
在」、說它們「是」如此這般。相反地，我們在設想每一個別事
物或事態的當兒，已離不開自「存在」或「是」的向度出發；例
如 說：This *is* a mountain, which *is* two thousand meters high. The
moon *is* rising behind it...。由是觀之「存在」非一般的經驗概念
類別其理愈明。

在說明了「存在」非一類概念之後，我們原先提出的一些問
題便更顯得逼切了：「存在」如何以並非萬有之「類」的身分而
卻能普遍地使用於萬有之上？「存在」與「萬有」之間這種「一
本萬殊」、「以一馭萬」的關係是建立在哪一種基礎之上？「存在」
的普遍性如並非類的普遍性，則又是怎樣的一種普遍性？

F. Hegel, *Enzyklopädie der philosophischen Wissenschaften* I, Einleitung, §13. 此
外 見 Karl Marx, "Das Geheimnis der spekulativen Konstruktion," in *Die heilige
Familie oder Kritik der kritischen Kritik, Marx-Engels Werke*, Band 2, pp. 59-63.

9　安慧以「諸思擇處」釋「一切法」，詳見前註。不過於此當指出，佛家論「一
　　切法」時，往往觸及一些關乎解脫的理境，例如唯識傳統「五位百法」中的
　　「無為法」，便正是西方哲學所難以思議的。參見關子尹，〈從比較觀點看
　　「範疇論」問題〉，《從哲學的觀點看》（台北：東大，1994），頁 210-214。

四、從普遍性問題到類比的統一

這種「存在」（Sein）與「萬有」（das Seiende）之間的相對關係實乃西方形而上學的第一項課題。而處理此課題的學問可稱之為 ontology。Ontology 一字，傳統漢譯多擬之為「本體論」，這翻譯其實並不準確；「本體論」一譯最多只可以在特殊的神學討論場合使用，而且不過是一衍生義，而非根源義。Ontology 出自希臘文的 τὸ ὄν，故後來學者譯為「存有論」、「存在論」或「是（態）論」，都可說貼切得多。但由於傳統的哲學家認為「存在」不能離開「萬有」單獨談論，因此，遂有論者（如陳康）主張把 ontology 譯為「萬有論」或「是論」者，這顯出傳統有關「存在」的討論，主要希望尋找出作為動詞的「存在」（或存有）與「萬有」此「一多」關係的基礎。

為了回答這一問題，亞里斯多德提出了 analogy 觀念。analogy 一詞，一般翻譯為「類比」，但這一翻譯其實也不準確，甚至有誤導之嫌，因為 analogy 所指的正好與「類」無關。查 analogy/Analogie（德）/Ana-logia（拉丁）一字，從字源上看，實出於希臘文的 ἀναλέγειν 或 ἀνάλογον，其義乃「朝向而說」或「對以應之」解，也即某一義的「對應」之意，所以海德格把 Analogie 直譯為 Ent-sprechen，以強調其中「對應」的意思。在中文討論裡，只要認清楚 analogy 的真正意涵，那麼使用一般熟悉的「類比」的譯法亦屬無礙。海德格在他於 1931 年的《亞里斯多德講演集》中指出，「類比」之名目乃由亞里斯多德首創。[10]

---

10 Heidegger, *Aristoteles Metaphysik Θ1-3. Von Wesen und Wirklichkeit der Kraft*, GA-33: 40.

其目的正在於說明：名相的普遍性或統一（同一）性除了有「數」的統一、「種」的統一和「類」的統一外，尚有所謂「類比（對應）」的統一。[11]此中所謂「數」的統（同）一（numerical identity），是指個體的自我等同；而「種」與「類」的統一則最簡單不過，例如梧桐與玫瑰的統一乃種（植物）的統一，而玫瑰與馬的統一乃類（生物）的統一。然而甚麼是「類比」的統一呢？「類比」的統一與「存在」相對於萬有的普遍性又有何關連呢？

　　亞里斯多德在談論「存在」的普遍性前，曾用「健康」一比喻去說明甚麼叫類比：他指出，當一個名目被多次使用時，它的重複使用可能是以下三種可能中的一種：（一）它可能是同名而歧義的（ὁμωνύμως），例如 Turkey 可解「土耳其」，也可解「火雞」，德文的 Strauß 可解「花束」，也可解「駝鳥」，所以其重複使用可能涉及歧義；[12]（二）它又可能是共名而單義的（συμωνύμως），例如馬、鳥、花、魚皆共稱為「生物」，而生物一字於每一情況下，其意義皆單純地等同——皆解為有機體，由此可見一切「種」與「類」的名目其實都是單義的名目；（三）最後，一名目的重複使用可以既非單義，亦不至於是歧義，而卻是類比的，而「健康」（τὸ ὑγιεινόν）一詞即為一經典例子。讓我們觀察下列四個句子：[13]

11　Aristotle, *Met.* Δ9, 1018a12-15.

12　Ὁμωνύμως 即今天所謂 homonymous。兩個概念的「同名歧義」關係就是今日一般所指的「歧義」、equivocality 或 ambiguity。其之所以仍是一種「共同性」，是因為「同名」的緣故。

13　GA-33: 38-39; 原典見 Aristotle, *Met.* Γ2, 1003a35-b4.「健康」乃亞里斯多德說明類比問題時用的經典性例子，但後世學者為求說明方便，一般都對這例子的表述方式稍加修改，如中世紀的 Cardinal Cajetan 和當代的海德格皆然。這

+ 某人有一個很健康的心臟（這個人身體很健康）

- 這一種草藥很健康

- 他的臉色很健康

- 每天散步去很健康

　　這四個很日常性的句子，相信任何人都會懂得其意思。然而，細察之下，這四句話中的「健康」一詞在每句話的脈絡中意義雖然很明白，但似乎每一次的用法皆有不同之處。從「健康」一詞於四句話中被重複陳述的情況觀察，四個「健康」顯然並不構成一單義（univocal）的類，然而四個「健康」的意義又不是完全分歧（equivocal），它們之間顯然有某一種共同性（κοινόν）。而這一種共同性即就是「類比（對應）」的共同性。此中，四個「健康」的地位並非完全等同，我們發覺四個意義中，第一個「健康」的意義具有一個樞紐性的地位，換言之，其他三個有關「健康」的陳述必須建立在第一個關於「健康」的陳述上方能生效。而「健康」一詞的類比統一性，便即建立在三個旁出意義與第一個樞紐意義底分別的「對應」（Entsprechung）之上。從上述的例句來看，第一句話中的健康是用來形容某一機體（如某人及其心臟），其取義可說最為單純、直接和根本。然而第二句話中的健康顯然並不用來指草藥自身的健康（如無蟲害云云），而是指草藥可使某一失去健康的人重新獲得健康解；第三句中的健康亦很顯然不是指向具有某種波長的自然顏色（臉色）自身，因為一種顏色本身無所謂健不健康，而它卻可標示某人身體的健康。同樣地，第四句話亦不指散步這個活動自身是健康，而是指散步的活動足以維繫一個人身體健康。換言之，四個

裡引用的正是海德格的版本。

例句中後三句中「健康」一詞的意義都要回溯到首句中「健康」
一詞的根本意義，其用法才可因「對應」而成立。因此，海德格
把亞里斯多德所謂 ἀναλέγειν 解釋為「朝向首位的挪移」
（Hintragen auf das Erste）。[14]當然，在不同情況下，此一挪移的
方式是不同的，以上例而言，第二個意義的「健康」乃指能恢復
第一義的健康，第三義的健康乃是第一義健康的象徵，而第四義
的健康乃指第一義健康的維持⋯⋯餘此類推。

　　從這個有關「類比」的經典性例子看來，我們已可指出一項
要點：當一個語詞以類比方式被重複陳述時，此一語詞底眾多意
義的統一性並非於眾多意義中抽象而獲取，而是透過此多項意義
中其中一項的強調與帶動而構成的。換言之，「類比」的統一性
乃有關的多項中析取其中一項，並以此一特選的項目為中樞以統
攝餘項而成。這一個要點，海德格於 1931 年的講集中很強調地
予以指出。在疏解上述亞里斯多德的「朝向首位的挪移」一句話
的意涵時，海德格特地指出，此中的首位（das Erste）乃一「涵
攝性的和引導性的基礎意義」（die tragende und leitende
Grundbedeutung）。[15]

　　說了這麼多有關「類比」的討論後，我們總會覺得奇怪：海
德格何以如此強調「類比」一觀念？「類比」與「存在」問題的
探討有何關連呢？「存在與類比」又與海德格思想的基本脈絡有
何關係呢？這些問題相信要等到我們說明了海德格有關人類的有
限性的反省之後，才有充分的條件較全面地回答。現在讓我們先
按部就班地從所謂「存在的類比」一概念繼續討論。

14　Aristotle, *Met.* Γ2,1004a25. GA-33: 41.

15　GA-33: 41, 原引文以斜體字排印。

五、「存在類比」與西方傳統形而上學

「類比」一旦被應用於「存在」之上，便生「存在的類比」（Analogie des Seins，或簡稱「存在類比」）的問題。「存在類比」概念的提出，正好是用以回答本節一開始便已提出的問題：「存在」一字於眾多迥異的使用場合上，如何保持一普遍性？換言之，「存在類比」一概念要處理的，正是存在底「多元的統一」（Einfachen des Mannigfachen）的問題。

「存在類比」問題的廣泛討論，最早當數中世紀的阿奎那斯，雖然拉丁文 analogia entis 要晚一點才有明文的使用。[16]然而這並不表示中世紀以前此一問題就不存在。先是，西方許多學者認為早在巴門尼底斯和赫拉克拉圖斯（Herakleitos）時期，「類比」的問題已在醞釀。[17]到了亞里斯多德時，正如上文所述，ἀναλέγειν、τὸ ἀνάλογον 等概念甚至已被構造出來。有些人或以為亞里斯多德只提出了「類比」一概念而尚未提出「存在的類比」概念。這想法其實是不正確的。當然，我們得承認，亞里斯多德並未正式為「存在類比」造詞，但亞里斯多德絕對已有「存在的類比」此一想法。事實上，亞里斯多德提出「類比」一概念，本

16　如以 analogia entis 一詞的明確締造而論，最早可追溯到卡奕坦樞機（Cardinal Cajetan）和蘇亞雷斯（F. Suárez）等中世紀學者。參見 Julio Terán-Dutari, "Die Geschichte des Terminus 'analogia entis' und das Werk Erich Przywaras," *Philosophisches Jahrbuch*, Band 77（Freiburg/München: Alber, 1970）, pp. 163-179. 有關討論的經典有 Thomas de Vio（Cardinal Cajetan）, *The Analogy of Names, and the Concept of Being*（Pittsburgh: Duquesne University Press, 1959）。

17　見 Eberhard Jüngel, *Zum Ursprung der Analogie bei Parmenides und Heraklit*（Berlin: de Gruyter, 1964）。

來就是為了要解決「存在」的普遍性孰何此一問題。在其《形而上學》第二章裡，除了上文曾經徵引的有關健康的比喻外，亞里斯多德順著「健康」的統一性必須建基於「朝向首位的挪移」之原則，提出他對於「存在」的普遍性或統一性的看法：

> 「存在」一名稱誠然可用多種方法予以陳述，然此眾多陳述並非單純地為一些歧義而同名的陳述，而實皆就其與某唯一而獨特的〔中心概念〕的關涉而言者……〔除了『健康』外〕我們可發覺有其他的名相是以類似方式被使用的，例如『存在』便可用多種方式陳述，然皆依據一單一的基礎（πρὸς μίαν ἀρχήν）。如有些〔事物或事態〕因為是實體（οὐσίαι）而稱作存在〔譯按：此中實體與存在皆為眾數〕；另一些則或因其是被實體所作用而稱作存在，又或因其是成為實體的過程而稱作存在，有些又或因其是實體的毀滅或缺乏，又或因其是實體的性質，又或因其是實體的行動或滋生而稱作存在，有些又或因是關涉於實體或其某些性質的否定而被稱為存在。[18]

從這段引文中，我們可清楚看見，亞里斯多德提出類比的構想，其真正用心，本來就是要解釋「存在」的普遍陳述的可能性問題。而且，如上文提到類比關係於「健康」一例子中的機制一般，「存在」的普遍性亦是建立在同一類比性的機制之上。也即是說，於「存在」一詞的眾多使用方式上，我們得選取其中一項以之為「存在」的根本意義，而讓其他有關存在的陳述以不同的

---

18 Aristotle, *Met.* Γ2, 1003a33-b10. 中文由作者參考 Loeb 版希臘原文譯出。

方式與之「對應」（entsprechen，英文即 correspond 的意思），以獲得其各自的獨特意義。而從上述一段引文中觀察，亞里斯多德顯然要把「實體」（οὐσίαι）置於此一中樞地位。而因此，「實體」在亞里斯多德哲學中，便成為海德格所要求的「存在」的「涵攝性的和引導性的基礎意義」了。

這一種理論上的安排，印之於亞里斯多德有關「實體」的學說觀察之，其意義更顯。在亞里斯多德哲學的理論脈絡中，所謂「實體」（οὐσία）其實有很多層次不同的解釋，而亞里斯多德自己似亦未能於其留世的文獻中提出一種總攬 οὐσία 各種不同意義的理論。[19]然而，無論 οὐσία 的解釋如何，它於理論整體中穩占一樞紐的地位這一點卻是毫無疑問。如眾所知，亞里斯多德在《範疇篇》第四、五章裡列舉了十個範疇，而其中第一個「範疇」即就是「實體」，而此一場合中的所謂實體乃指吾人藉感官所能接觸的每一個別物體，也即亞里斯多德哲學中的 τόδε τι。作為十個範疇中的第一個的實體與其餘九個範疇之間的關係並非完全等位，事實上，οὐσία 被認為是自成一格（*sui generis*）的一個「基本」範疇，而其他九個範疇則可合稱為偶性範疇（accidents），它們與實體有著根本的分別，《形而上學》第七篇（Z1）裡，亞氏即指出：

> 實體並非單純地基本，而是絕對地基本。「基本」（τό πρῶτον）有許多意義，但無論在任何意義下，實體都可說是

---

19 Οὐσία 概念的多種意涵，可參見陳康的分析。Chung-Hwan Chen, "Aristotle's Concept of Primary Substance in Books Z and H of the *Metaphysics*," *Phronesis*, Vol. 2（1957）, pp. 46-59。

基本的……因為除了實體此一〔範疇〕外，其他所有範疇都
不足以獨立地存在。[20]

換言之，在亞里斯多德實在論中，數目、性質、關係等偶性
之所謂存在是必須建立在某一個體意義的實體之上。如 being red
此一性質是不能憑空成立的，我們必須先肯定有某一 "What is"
（τί ἐστιν），例如說 "There is an apple…"，然後才說 "…the apple
is red"。如果每一種範疇皆表某一特殊意義的「存在」的話，則
所有「存在」的特殊意義便都要類比地對應於作為「實體」此意
義的存在。至此，我們大致上說明了「存在類比」問題於亞里斯
多德哲學中的意義。當然我們不能忘記，我們提出這一項討論是
為了要說明海德格所謂的「存在問題」。

存在的類比乃至「類比」理論一般在亞里斯多德以後的進一
步發展，主要是從中世紀神學家自阿奎那斯起，迄於卡奕坦樞機
（Cardinal Cajetan = Thomas de Vio）前後一段時期。有關「類比」
的細節討論並非本文所能一一顧及，但有一點卻特別值得一提：
中世紀時，由於宗教上的需要，神學家們為了要以人類有限的語
言去談論一些超越的對象（如上帝，神聖意志等），乃大量地使
用「類比」方法。不過，中世紀哲學界談論的「類比」，主要有
兩種用意很不同的類別。首先，上文引述亞里斯多德模式的類
比，其特點是設想類比原項（analogon）與類比衍項（analogates）
之間有某些實質的聯繫，一如亞氏實體與其他偶性之間的關係一
般。因此，這一種經典的類比法在中世紀時常被稱為「屬性類
比」（analogy of attribution）。然而，後來有一些神學家如卡奕坦

---

20 Aristotle, *Met.* Z1, 1028a 30-35.

樞機，因為顧慮到上帝與人類並無實在的共同關係（因上帝為絕對不待緣的獨立存在故），便認為即使以類比方式談論上帝，也不能使用上述亞里斯多德 *Met.* Γ 2 中所用的涉及經驗實體的存在類比方式。卡奕坦樞機既不能接受上帝與凡人二者有任何實在的共同關係，乃放棄了 *Met.* Γ 2 中的類比模式，而強調所謂「比例性類比」（analogy of proportionality），並以之為最完整的類比方式。[21]所謂比例性類比，其基本結構其實參考了數學中 a:b=A:B 的比例式，其用意是以一個領域中的關係為模樣去「比擬」另一個領域中的關係云。與其是一種認知手段，比例性類比不如說是反映了吾人借經驗中的關係去「比擬」吾人知識無以直達的領域中的關係的一些「想像力」。[22]

學者如科普爾斯東（Copleston）則堅持屬性類比才是最基本的類比這一說法。他強調的是，即使上帝與凡人沒有共通性，但自凡人的角度看，人所以能了解自己的存在乃上帝的存在所賦給的，了解人自己乃對上帝存在的一些「不完美的擬似」（imperfect resemblance），則在這意義下，我們不能排除人類與上帝之間還是存在著一些實在關係。最後，科普爾斯東還特別強調，類比語言無論如何都是從人類的角度使用人類有限的語言才

---

21 Thomas de Vio（Cardinal Cajetan），*The Analogy of Names, and the Concept of Being.* 同上。還有一點要注明的，是中世紀各家所辨別的類比模式繁簡不一，而命名方式亦交錯混雜，例如，Aquinas 便把 analogy of attribution 稱為 analogy of proportion。

22 Ashworth, E. Jennifer, "Medieval Theories of Analogy," Edward N. Zalta ed., *The Stanford Encyclopedia of Philosophy*（Fall 2009 Edition），http://plato.stanford.edu/archives/fall2009/entries/analogy-medieval/.

得以構成的。[23]就這點而言，科普爾斯東以其作為天主教神父的身分，對「類比」此一大問題於宗教立場的約束下還能提出如此富於「人文」色彩的解釋，倒是十分難得的。

然而，筆者認為，即使離開科氏的宗教立場，類比問題當應有進一步反省的餘地。按照前文所論，類比固然是人類從有限的條件出發，力求對一些他自以為是超越的對象的陳述的方式。問題是：宗教學者即使認為從認知過程上看人對自己的認識乃先於對上帝的認識，但他們均無奈地要堅持在存在過程上看上帝仍必先於一切事物。而問題是，即使有如此的一套超越決定的「存在次序」，此一次序是否可以成為合理的知識？誠然，神學家大規模使用「類比」法，本來就是要找出一種接觸此一「超越」的存在過程的（即所謂「創造」）的大法度。但從純粹的哲學反省角度看，我們實在不得不承認，在類比法的應用上，只要人類用的是人類自己的語言，類比法得以生效的場所，永遠只限於人的認知領域，而非超越的存在領域。更有進者，即使就廣義的認知問題而言，「類比」法嚴格地說除了能解釋許多人心嚮往、聯想、比擬等主觀投射的「想法」外，其於客觀認知上的有效性也是非常薄弱的。因此所謂「存在的類比」問題一般的結局，皆不外哲學家們於人接觸的一切「存在」的事態當中，析取一種其以為既是恆久而且足以成為一切存在者的「關係中心」（Bezugsmitte）的存在作為樞紐，藉此以滿足「存在問題」駕一馭萬的要求。亞里斯多德的 ontology 之終歸變為一 ousiology，中世紀之把上帝設想為一「最高存在」（*ens summum*），和後來黑格爾以「絕對

---

23 Frederick Copleston, *A History of Philosophy*, Vol. II b（New York: Doubleday, 1993）, pp. 357-8.

者」（das Absolute）涵蓋整個哲學系統，看來都是同一種思路的結果。

六、海德格對「存在類比」前後態度的改變

「類比」乃西方哲學史歷來處理「存在」一問題的主要概念工具，固如上述。海德格既然以處理「存在問題」為己任，則其對「類比」以至「存在類比」當然有一定的態度。而這一個問題可自兩個層面去看，一個是見諸文獻的層面，另一個是潛在於文獻背後的層面：

首先，海德格的文獻中有若干段落是直接提及「存在類比」的。其中較重要的代表作有三：其一是海德格成於 1916 年的 Habilitationsschrift《鄧斯各脫的範疇論與意義論》（*Die Kategorien- und Bedeutungslehre des Duns Scotus*）；其二是《存在與時間》一書；其三是一部成於 1931 年，但卻五十年後（1981）才發表的關於亞里斯多德《形而上學》Θ 篇的講稿。[24]此外，海德格還於 1936 年談論謝林《論人類自由的本質》[25]的講集中稍稍提及有關概念。

上述文獻中，《鄧斯各脫的範疇論與意義論》很清楚地反映了海德格的神學背景。在這一早期著作中，海德格對類比概念表現了高度的重視，可惜這一著作即使研究海德格的學者亦談論不多，故除極少例外，似乎學界從未注意到海德格於其中對類比問

24　GA-33: 42-48，特別該書第 6 節：「存在類比的可疑性」（Die Fragwürdigkeit der Analogie des Seins）。

25　GA-42: 199.

題所持的態度。[26]至於《存在與時間》一書，其雖然是二十世紀最受注目的哲學經典，但其中論及「存在類比」的文字其實只有零零星星的幾句話，既不構成一理論幹線，甚至連小標題也不占一席，因此，許多人根本就忽略了《存在與時間》一書中這幾段簡要但其實極其重要的文字。也因此，歷來討論海德格哲學的文獻，鮮有因此而發現其中「存在類比」問題入手的契機。至於《亞里斯多德形而上學 Θ 篇之一至三章》（Aristoteles: *Metaphysik IX*）這一本講稿，就篇幅而言，可說對「存在類比」一問題給予了一極詳盡而且明確的說明，堪足引為海德格晚後對此一問題底態度的依據。但這一份講集自八〇年代初面世以來，討論亦未見熱烈。而 1936 年的謝林講集中關於類比的討論由於更是吉光片羽，加上此一講集於海氏著作中較為冷門，故更未引起任何注意。

現在先從《鄧斯各脫的範疇論與意義論》說起：在這本從標題看起來乾涸無味的少作中，尤其在卷首和卷末的一些討論裡，海德格對哲學，甚至對哲學史作為「生命的學問」一問題，透露了極深切的關懷。[27]他之所以要研究鄧斯各脫的範疇論，與其只出於「學術」或「概念」上的興趣與要求，是因為範疇論要處理

---

26 上引 Julio Terán-Dutari 一文是作者見識所及的唯一例外。Terán-Dutari 雖然指出海德格在 1916 年的「少作」中對類比的重視與寄望，但認為這一寄望於其後來的著作中「沒有被實行」（unausgeführt）云（op. cit., p. 176）。對於 Terán-Dutari 這一項觀察我是不同意的。因為本文正要說明，存在類比其實潛在地支配了整個《存在與時間》著作計劃，而計劃的放棄是後話。

27 Tze-wan Kwan, "The Role of the Historian of Philosophy"，發表於「現象學與當代哲學資料中心」於 2006 年 1 月舉辦的 International Conference on "Phenomenology and the History of Philosophy"，未刊稿。

的正是存在秩序的問題。不過，當年的海德格顯然仍深深受著傳
統天主教神學的影響，所以存在秩序問題必須透過神人關係這個
跨界域的方式去探討，而在此當兒，海德格免不了要援用基督教
傳統的第一大概念工具——「類比」。書中前半的討論中，海德
格即說：

> 　自然的周遭世界，與對中世紀人類而言同樣確實地和迫切
> 地意識到的超感性世界，都可從範疇上給予決定。感性
> 與超感性世界，乃至其彼此間的關係，都處於秩序之中。
> 若要對這一秩序的大要予一提示的話，則可以說：這秩序
> 完全被類比支配著（sie [Ordnung] ist durchherrscht von der
> Analogie）。[28]

到了全書結論部分，海德格又再重申類比的重要性：

> 　在以上一研究中就形而上實在問題論及的類比概念，驟看
> 似乎只是一過時的，和再沒有意義可言的經院概念。但作為
> 感性與超感性實在的範疇領域的一個支配性原則，類比這概
> 念其實涵蘊著中世紀人類底內容豐盛的、富於價值的、和善
> 於超越的歷驗世界（Erlebniswelt）的一個概念表達。類比
> 是深深根植於吾人心靈通往上帝這超越的原始關係（im
> transzendenten Urverhältnis der Seele zur Gott）的一獨特的和

---

28 Heidegger, *Die Kategorien- und Bedeutungslehre des Duns Scotus*（簡稱 *KBDS*）
（Tübingen: Mohr, 1916），p. 70. 其中 "sie ist durchherrscht von der Analogie" 一
語德文原本以疏排法予以突出。GA-01: 255。

內蘊的存在方式的一個概念表達，而這對於中世紀人類而言，是罕見地圓滿和鮮活的。[29]

這兩段引文很清楚地反映了海德格青年時期對「類比」一般抱持著一極為積極與樂觀的看法。但這樂觀的態度到了《存在與時間》一書的階段已顯著地退色。該書幾乎一開頭便即用以下語調提到「類比」：

> 『存在』乃是一『最普遍的』概念……然而『存在』的『普遍性』並非類的普遍性……存在的『普遍性』『超踰』了一切類意義的普遍性。依照中世紀存在論的說法，『存在』乃是一項「超越存在」（transcendens）。相對於那些內容而言最高的類概念的殊多性來說，存在此一超越的「普遍者」的統一性已經被亞里斯多德指出為一『類比的統一性』。藉著這一項發現，亞里斯多德……把存在的問題提升到一個相當嶄新的基礎上去。然而即使他亦未能把此一重要關鍵問題底重重奧晦澄清。中世紀的存有論裡，這一問題特別地在湯馬斯（阿奎那斯）與（鄧）斯各脫學說中被多番討論，但結果仍然不能獲得基本的釐清。[30]

這一段簡單的歷史回溯中，海德格顯然重申了「存在類比」乃傳統處理「存在問題」的主要法門，但他對「類比」此一途徑，

29　*KBDS*, p. 239. GA-01: 408-409.

30　Heidegger, *Sein und Zeit*（簡稱 SZ），12. unveränderte Auflage（Tübingen: Niemeyer, 1972），p. 3.

卻持一審慎保留，又模棱兩可的觀望態度卻是很明顯的。

　　何以說是模棱兩可呢？整體地說，從《存在與時間》卷首這一段話中，我們最多只能說海德格認為亞里斯多德及後世的哲學家們就「存在類比」問題的處理方式「有待釐清」或未臻完善，以至未能揭示「存在類比」問題之堂奧，因此而對此一討論之傳統採保留態度，但這並不表示海德格因此就認為「存在類比」本身是完全無價值的。換言之，我們可以推想，海德格大可以認為即使傳統「存在類比」討論未能「釐清」問題的「奧祕」，但未來或有能者足以就「類比」問題的討論正本清源，並開出一新的局面云。而事實上，海德格《存在與時間》整個著作理念的潛在理論布局，本正與這問題的重新舖排有關。

　　與這一態度相較之下，海德格五年後，即 1931 年的《亞里斯多德講稿》中對「存在類比」所表示的否定態度便堅決和嚴厲得多了。讓我們引出其中關鍵性的幾個段落：

　　　　存在的類比──這一種處理方式並不能解答存在問題，它甚至不能把這一問題的基本路數（Fragestellung）展列出來，它只不過代表了一最頑固的、和最沒出路的窮巷（die härteste Aporie, Ausweglosigkeit），而古代的、所有繼後的、乃至今天的哲學思維活動，皆被禁錮於此一死局之中。[31]

　　在這一番嚴厲的措詞之後，海德格又再回到中世紀人類的精神世界問題上去，但這時候他卻提出了與 1916 年時迥然不同的看法：

31　*AM*, GA-33: 46.

在中世紀裡，存在類比這一個（現在又好像口頭禪般被推銷的）概念扮演了一個角色，但這一角色卻無助於存在問題的處理。存在類比所扮演的角色只是提供一普遍受歡迎的工具，以哲學語詞去表述對信仰的信念……到底存在（ens）是歧義的抑或是單義的？又或者真的是類比的呢？人們為求把問題自此一窘境中挽救出來，乃提出類比一說。而事實上，類比絕非一真正的〔對存在問題的〕解決，而只是一公式（Formel）。[32]

單單從上述這番話觀察，海德格顯然明白「存在類比」一直支配了自古至今的整個西方哲學傳統。但是，現在他卻坦言不再對「存在類比」問題寄以任何希望。他甚至根本否定了以「類比」方法去解決「存在」問題的可行性。更而甚之，他甚至認為藉著「類比」的進路，「存在問題」根本連充分被陳構成為一可被理解的問題亦不可能，而這一態度與他後來在其他如《論「人文主義」書簡》中對其早年的「存在問題」所持的消極態度完全吻合。

總括地就歷史線索而言，寫於 1916 年的《鄧斯各脫的範疇論與意義論》顯然對類比問題存有厚望。這份厚望雖然可能在不斷消減中，但其對早期海德格往後的思想〔包括《存在與時間》在醞釀的時期〕具有一定影響，是完全可以想像的。1926／27 年的《存在與時間》與出於 1931 年的講稿相隔了一段不短的日子，而相隔的這五年光景，正是海德格思想經歷劇烈重整的階段，這一番改變，歷來論者固曾自多種不同角度去了解。今就「存在類比」一問題而言，我們從上列引文不難發覺，海德格於

---

32 同上。

寫《存在與時間》時對「存在類比」問題雖然表示一種懷疑與不肯定的態度，但卻未曾大力否定。但經過五年的洗煉，於 1931 年的演講稿中，他卻對「存在類比」之作為整理「存在問題」的途徑這一構想作出了極為堅決的否定與嚴正的排拒。

海德格這一種態度上的改變，其實絕非單純地只關乎「存在類比」問題。從海德格一生思想的整體脈絡下觀察，海氏就「存在類比」問題自 1926 年的模棱觀望至 1931 年間的堅決否定，其實還直接關係到《存在與時間》這一部偉大著作背後的整個潛在的理論布局，及有關寫作計劃的存廢問題。

或者我們可說，「類比」或「存在類比」雖然在《存在與時間》一書的文本表面只略曾輕輕帶過，但是，在文獻背後，在骨子裡面，在靈魂深處，「存在類比」其實完全支配了《存在與時間》時期海德格所謂的「存在問題」的基本理論進路。在 1936 年的《謝林講集》中，海德格直認不諱說「類比」或「存在類比」實在正就是上述所謂未能使海德格的根本思維獲得突破的「形而上學的語言」。[33] 由此可見，類比討論模式就是上引文所歸咎的所謂「公式」。而類比這「形而上」的公式，原來不單只左右了亞里斯多德與中世紀的哲學，甚至一定程度上影響了康德以降的所有哲學「系統」。[34] 海德格於 1931 年的講稿中所說類比此一「窮巷」一直影響了和禁錮了直到「今天」的哲學思維活動，所謂「今

33　Heidegger, *Schellings Abhandlung über das Wesen der menschlichen Freiheit （1809）*（略稱 *SAMF*）, hrsg. von Hildegard Feick（Tübingen: Niemeyer, 1971）, p. 227, GA-86: 239. 關於形而上學語言與「類比」的密切關係歷來許多哲學家，如科普爾斯東（Copleston）皆曾指出。

34　奧地利哲學家 Erich Heintel 便曾著有 *Hegel und die Analogia Entis*（Bonn: Bouvier, 1958）.

天」，其實包括 1920 至 1928 年間《存在與時間》的撰作與反思時期的海德格自己。

從上所述，海德格《存在與時間》與「存在的統一性」和與「存在類比」問題息息相關這一點已經清楚不過了。到了《存在與時間》著作廢止後三四十年的五〇／七〇年代，年邁的海德格借為早年少作撰序的方便，對這一番心路歷程作了又一次的深刻反省：「這一個當時顯得晦暗、遊移、無助的，和令人興奮的關於存在的多元統一的問題，經歷了多番跌跤、徘徊，和無計可施後，結果仍持續地成為二十年後的《存在與時間》底撰作的誘因。」[35]令人感慨的是其中我譯作「徘徊」的 Irrgänge 一語，正好把作者本書標題的重點道出。

為了要說明此中要點，下一步我們便要嘗試從「存在類比」的角度分析及了解《存在與時間》一書的根本構想了。

七、從《存在與時間》的標題窺探其理論布局

要了解《存在與時間》一書的基本結構，最好的做法莫過於先問：《存在與時間》一書何以得名？甚麼叫做「存在與時間」？而此中何謂「存在」？何謂「時間」？和更重要的，何謂「與」？

這一連串問題之間其實有一定的從屬關係，它們之中，「何謂存在？」這一項問題顯然是最基本的。這一點海德格在書裡早

---

35 見 Heidegger, *Frühe Schriften*（Frankfurt/Main: Klostermann, 1972），p. X。這段文字其實出自海德格 1957/58 年入選為海德堡科學院院士的講詞。同一段文字後來於 1972 年 *Frühe Schriften* 序言中被海德格自己再予徵引，GA-01: 56。

已開宗明義地說明了。對海德格來說：「有關存在的意義的問題……甚或是一項獨一無二的基礎問題。」（Die Frage nach dem Sinn von Sein...[ist] eine oder gar die Fundamentalfrage）。[36]這問題的回答是一切存有論（alle Ontologie）所必須掌握的「基本職責」（Fundamentalaufgabe）。[37]然而，「何謂存在？」或「存在的意義孰何？」這問題卻為甚麼會帶出「存在與時間」這一個令人為之目眩的書名來呢？這一個問題的答案海德格在書中第一頁的卷頭語中其實已一針見血地說清楚了：

> 本書的著作目的是具體地探討有關「存在」的意義問題。而其初步目標就是把時間闡釋為使每一種對存在的理解一般（eines jeden Seinsverständnisses überhaupt）成為可能的界域（Horizont）。[38]

這一句話其實某一意義下可說已是《存在與時間》一書的總綱。但在當下這一階段，為求了解這一總綱的意涵，我們先要掌握「存在理解一般」或簡單而言的「存在理解」（Seinsverständnis）這一概念。

---

36 SZ: 5, 27.

37 SZ: 11. 如上註 Fundamentalfrage 一樣，Fundamentalaufgabe 在德文中皆為形容詞與實詞結合的結果，於德語語法上，表示了形容詞的性質與實詞之間的緊密不可分離的關係，換言之，海德格不用 Fundamentale Frage 而用 Fundamentalfrage 時，表示此一問題之為「基礎性」並非他主觀的認許，而宛如一客觀之事實也。以後將提到的「基礎存在論」（Fundamentalontologie）其義亦然。

38 SZ: 1. 「初步目標」四字由本文作者予以突出。此中對總綱一定程度表達了含蓄的保留態度，其與全書最終的廢止問題，實有一定關連。

　　對海德格來說「存在理解」乃是人之為人的特質。用較現代的語言解說，人類之異於一切其他存在，主要在於人類對其環境抱有一定的關注，而人類此一關注又非動物的「本能」所能比擬。眾生之中，唯獨人能藉著語言去關注萬事萬物「是」甚麼，從而釐定萬事萬物對他而言的「意義」。[39]而世界之於人乃成為一「意義網絡」（Bedeutungszusammenhang）或一「關涉整全體」（Bewandtnisganzheit）。[40] 換言之，萬事萬物之所以謂之「萬有」，實必出於人類理解這一種「存在」特質方可成立。基於人的這種「存在優越性」（ontischer Vorrang）[41]，海德格乃把人界定為「存在的處所」（Das Da des Seins）[42]，也即「是之所在」，或簡稱的「此在」（Dasein）。對海德格來說，「存在理解」正是人作為「此在」的「本質結構」（Wesensverfassung des Daseins）。[43]

　　既然，存在理解乃是此在（也即是人）的基本構成條件，那麼上引《存在與時間》卷首所謂「把時間闡釋為使每一種對存在的理解一般成為可能的界域」一句話很明顯已指向了人的因素。事實上，海德格於書中逐步顯出，時間的問題最後必須透過人的活動才能徹底理解。換言之，人的概念雖然不直接出現在《存在與時間》的書名中，但「人」的問題其實卻在全書的理論布局中擔當著一最為關鍵的角色。事實上，《存在與時間》書中主要的討論篇幅，大都環繞所謂「人存活」（human existence）或「此在」

39　萬有的「意義」相對於人，而且根植於「存在理解」這一基本立場，可參見
　　SZ: 324-325。

40　SZ: 84ff, 110ff.

41　SZ: 7.

42　同上。

43　SZ: 8.

（Dasein）一問題開展，這些問題雖然在《存在與時間》中與「存在問題」有密切關連，但是，在問題源流角度省察之，則別自構成一涉及「歷史生命」的課題，大底要另為一文分別處理。[44]

八、存活分析與生命踐行：通往「歸途」的「首途」

《存在與時間》一書結構上最令人費解的一點，是海德格雖然堅稱「存在問題」（Seinsfrage）乃「基礎問題」，但是全書自始至終一直未曾對「存在」一詞的意涵作過任何正面和確定的描述。我們只看到海德格處處不滿意前人就存在所作的種種處理，而且一直堅稱「存在」的原本意義一直被扭曲（verstellt）和被覆蓋（verdeckt）[45]，乃進而提出「存在之遺忘」（Seinsvergessenheit）[46]的批評。海德格從早期到晚期都沒有改變這一份堅持。所不同者，晚期的海德格已就「存在」的正面意涵發展出一套描述的策略，而早期的海德格由於一直未能正面確定「存在」的意涵，乃暫只為「存在」的名目虛設一席，視之為一有待釐定的「終極歸途」（Zugang）。而此一「歸途」或「基礎問題」由於暫時無法正面處理，乃退而求覓一可行的進路。而既然唯獨人於眾存在物中具有存在理解這種「存在優越性」，乃決定宣布，研究及揭示「存在問題」當要從對「此在」（也即是人）

---

44 這篇文章已於 1991 年發表。見〈海德格論「別人的獨裁」與「存活的獨我」〉，《鵝湖學誌》，卷 6（台北，1991），頁 113-164，今收於本書。

45 SZ: 22, 35-36.

46 SZ: 2, 21;《存在與時間》只言 Vergessenheit，後期著作則全面用 Seinsvergessenheit 觀念。

的研究入手。「此在」在《存在與時間》書中，遂成為通往「歸途」的「首途」（Ausgang）。[47]所謂要研究「此在」，也即就是用一定的方法去揭露人（此在）的「本質」。而這一部分的工作，海德格稱之為「基礎存在論」（Fundamentalontologie）。就篇幅而言，這一部分的探討卻構成了全書的大部分。由於傳統哲學曾一直對「存在」產生種種誤解（即所謂「存在遺忘」），海德格乃計劃相應地作一些「穿越歧途」（Durchgang）的工夫，以抗衡傳統對存在問題的誤導。[48]這也即後來所謂的「解構」（Destruktion）的工作。[49]而在《存在與時間》一書開始寫作時，海德格便即指出「歸途」、「首途」與「穿越歧途」乃是該書的主要課題。然而就全書的結構與進度而言，這第三部分尚未及深入處理，《存在與時間》一書的寫作便告中斷，因此，總括來說，對《存在與時間》的結構而言，還是存在與此在（也即歸途與首途）的關係較為重要。

對「此在」所進行的研究，就其能導向對存在問題的釐清而言，固可稱為一「基礎存在論」，就其乃對「此在」進行的分析而言，又可稱為一項「有關此在的存活分析」（existenziale Analytik des Daseins）或許多時簡稱為「此在分析」（Daseinsanalytik）。然而，「此在分析」作為存在問題的起點（即首途）而言，怎樣才有助於澄清「存在」底意義呢？從這個角度

47　海德格在《存在與時間》書中多次指出若要對存在獲得較確定的了解必先要研究此在，而亦一直在應允讀者，若此在問題澄清後，當再回到存在作較全面的討論。

48　Zugang、Ausgang 和 Durchgang，即歸途、首途、穿越歧途三概念的提出，見 SZ: 36。

49　SZ: 22ff, 39；另參見 GA-24: 27。

探求，終於又再引出「時間」於理論上的地位了。

　　原來海德格一定程度上吸取了康德的經驗，一直在構想所謂「人」或「此在」的現象本即就是一個「世界顯示」的現象。而此中所謂世界，並不指一離開吾人而獨自存在的客觀實有界域，而是一顯視於人底意識的境域。換言之，對海德格來說，「人」與「世界」根本不是原先地分離，而只後天地藉著所謂「認識」的途徑而產生接觸的兩個介面。對海德格來說，「人」（此在）與「世界」本來就是同一個現象的兩面。人之所以為人即在於其具有「世界」的向度，例如石頭則便不具有世界了。[50]而反過來講，世界及世間一切法度存在，其意義盡皆依「人」的現象而立，換言之，若果無「人」之「識」，則亦無所謂有世界之「境」。由於「人」與「世界」本非兩個孤立的現象而本屬同一，海德格乃把「此在」界定為「在世界中存在」（In-der-Welt-sein）。

　　再進一步說，所謂「此在」或「在世界中存在」，對海德格而言，亦並非單純為靜態的現象。它並不單單只是西方近世哲學中所謂「主客二分關係」（Subjekt-Objekt-Dichotomie）的重新統一。它本身其實還是一動態的現象。所謂動態也者，是指「此在」及其所攝之「世界」並不單只是一堆堆的「內容」（Gehalt），亦並不單只是一主客相交下的「關係」（Bezug），而是一具有程序意義的「實行」或「踐行」過程（Vollzug）。[51]換言之，「此在」

50　GA-29/30: 261ff. 其中有如下的警句：「石頭缺乏世界；動物短於世界；人類建構世界。」（Der Stein ist weltlos. Das Tier ist weltarm. Der Mensch ist weltbildend.）

51　海德格對「踐行」的重視，歷來不少學者均予以強調。Oskar Becker, *Mathematische Existenz*（1927）. Zweite unveränderte Auflage（Tübingen: Niemeyer, 1973）, p. 186ff; Otto Pöggeler, "Sein als Ereignis," *Zeitschrift für*

固有其世界向度，固具有豐富的「世界內容」，只是，「此在」
的所謂「世界」是要於吾人生命歷程中動態地於某一意義的時間
向度、甚至歷史向度中才得以構成和展開的。

　　此中，我們可見，海德格的所謂「此在」這看來極為玄奧的
問題其實直接地重申了自古以來最為通俗的哲學課題──生命
（生活）是甚麼一回事？這個課題實即涉及本文開始時便即提到
的海德格思想三大課題中的「歷史生命」這一項。從哲學史的觀
點看，康德於克服「主客分裂」，建立「內在理論」（即以世界
意義的構成內在於人的意識）方面固然貢獻匪淺，但是後繼者每
認為康德所奠立的「經驗」世界偏於靜態，只能涉及對象意義的
自然知識，而不能充分掌握人的歷史世界。因此，狄爾泰
（Wilhelm Dilthey）便曾揚言要另撰「歷史理性批判」（Kritik der
historischen Vernunft），和另行臚列「生命範疇」（Kategorien des
Lebens）[52]，以補充康德《純粹理性之批判》範疇論之不足。這
一點大大影響了海德格。如眾所知，他在《存在與時間》一書
中，即宣言要以「存活論」（Existenzialienlehre）取代傳統哲學
的「範疇論」（Kategorienlehre）。[53]而所謂「存活論」，其實正是
狄爾泰「生命範疇」構想的繼承。這一點，自從海德格最早期的
亞里斯多德哲學講稿（1921/22）於 1985 年夏問世以來，已經可

philosophische Forschung, 13, 1959, p. 604; Pöggeler, *Der Denkweg Martin Heideggers*（Pfullingen: Neske, 1963）, p. 37；Ernst Tugendhat, *Der Wahrheitsbegriff bei Husserl und bei Heidegger*（Berlin: de Gruyter, 1970）, p. 265ff.

52 狄爾泰 Wilhelm Dilthey, *Der Aufbau der geschichtlichen Welt in den Geisteswissenschaften*（Stuttgart: Suhrkamp, 1970）, pp. 235-237, p. 281ff。

53 SZ: 44.

以得到文獻上的證明了。[54]在這份講稿中，海德格即便把「世界」
了解為「生命現象底具體意涵的基本範疇」[55]。並且把生命此一
基本現象與此在與存在這兩個觀念以一針見血的表達方式連繫起
來：「生命＝此在，這即是在生命中及透過生命而『存在』」。[56]

　　由此可見，「此在」或「人」這一現象本即涉及一般人所謂
的生命歷程，而此一歷程的開展便構成人類的所謂世界了。此在
富於歷史意義的「世界」是要動態地於某一意義的時間或歷史向
度中構成的。就在這個意義下，「時間」乃成為開啟「此在」底
本質結構問題的鑰匙，而「此在」既然又是「存在」問題的「首
途」，於是「存在」與「時間」於理論上的關聯便建立起來，而
《存在與時間》這書名中的「與」和書名背後的理論布局亦呼之
欲出。

九、存活分析中「時間」問題的引進

　　只要我們翻一翻《存在與時間》一書的目錄及是書第八節所
載的原來計劃，我們當可發見，計劃中的兩個部分唯一寫了出來
的只有第一部分，而這一部分的總標題即就是全書的主要論旨所
在：「以時間性作為此在的訓析，及就時間作為存在問題的超越
界域的剖析」；第一部分的總標題下，本來計劃的三章結果也只
寫了兩章便即完結了，此兩章的小題分別為「有關此在的預備性

54　見海德格早期講集。《亞里斯多德的現象學解釋》。GA-61: 84ff。

55　GA-61: 86.

56　GA-61: 85.

基礎分析」和「此在與時間性」。[57]單從這些標題上所顯示的布局，時間性或廣義言的「時間」於全書中的關鍵地位已經昭然若揭了。換另外一個講法，《存在與時間》中，「存在」一概念於名義上雖然是一項中心問題，然而基於方法學上的考慮，海德格一直以無法直接逼近此一課題為由，而把「存在」一概念虛置於具體討論場域的背後，而基於同樣的方法學上的考慮（此在具存在理解故），卻把此在分析置於討論舞台的幕前，而「此在」分析的具體細節最後盡皆涉及「時間」。

然則甚麼叫做「時間」？有關討論，涉及《存在與時間》書中極為駁雜的名相，和占極重要的理論地位，現略舉其大要如下：[58]

(1) 在海德格《存在與時間》的整體布局中，一言以蔽之，「時間」基本上乃是此在、也即是「人」這一現象主要的本質內容。海德格之所以討論「時間」，是為了明白的顯出「人」的特性。由於「人」或「此在」基本上是一動態的「踐行」程序，因此「時間」基本上就是「人」此一動態的「踐行」現象的基本樣式。

(2) 從哲學史的角度看，時間問題一向是西方哲學理論建構的主要概念工具。用一扼要的講法，牛頓把時間當作自「自然」中三個可量度的基本元目之一，其作為實有的地位可與質量（mass）與空間（space）（長度的立方）看齊；萊布尼茲把時

---

57 SZ: VII-XI, 39.

58 關於《存在與時間》全書的理論布局中時間的作用這問題，本文初稿時本作了大篇幅的討論，但由於全文過長不利於刊載，現已將這部分刪節，而以數點交代。此外，有關論題參見 Tze-wan Kwan, *Die hermeneutische Phänomenologie und das tautologische Denken Heideggers*（Bonn: Bouvier, 1982），pp. 61-83.

間視為實有與實有之間的關係；康德則把時間視為人類感性直覺的先驗形式；而海德格則把時間視為人（此在）生命踐行的活動。再扼要一點講，牛頓視時間為「實詞」，萊布尼茲視時間為「形容詞」，康德視時間為「副詞」，而海德格則直視時間為「動詞」。[59]

(3) 在舖陳其時間理論時，海德格除了使用德語常用的實詞 Zeit 外，更先後引進了「時間性」（Zeitlichkeit）[60]、「時化」（sich zeitigen）、「時化程序」（Zeitigung）等概念。其中 sich zeitigen 乃自 Zeit 衍生的如假包換的動詞；[61]而從動詞 zeitigen 再經多一重抽象而得的抽象名詞 Zeitigung，直可與康德論人類認知時的 Schematism 相比擬，因二者皆指吾人建構對吾人有一定意義的世界的一些心智「程序」。

(4) 海德格討論時間性的時化理論時，指出了時化須循不同的「踰出範式」（Ekstasen der Zeitlichkeit）而得以展開。Ekstase 一概念作為此在的存活結構而言，與海德格名相中較為世熟識的「存活」（Existenz）概念其實是相通的，因兩者於字源上其實如出一轍，都指吾人生而具備的一種「站出」或「邁出於自己」（aus sich heraustehen），亦即對一己廁身之處境

---

59 這個比擬中，前三者由業師勞思光先生提出，參見勞思光著，關子尹編，《康德知識論要義新編》（香港：中文大學出版社，2001），頁 67-68。

60 Zeitlichkeit（Zitlicheit）一概念，其實中世紀德意志密契論艾克哈特師長（Meister Eckhart）早已提出。參見倭鏗 Rudolf Eucken, *Geschichte der philosophischen Terminologie im Umriss*（Hildesheim: Olms, 1964, Nachdruck von 1879）, pp. 116-117.

61 作為一「反身動詞」的 sich zeitigen，其所表之活動即帶有明顯的原初性與自發性。

（Situation）察看與關注的性向。

(5) 時間性共包括六個「踰出範式」，即「（死亡的）預計」、「當機」、「回省」、「觀望」、「當前」、「遺忘／偶記」六者。這六個明顯地帶有濃烈時間色彩的術語（quasi-temporal terms）分別代表了本真的未來、現在和過去（曾經），和非本真的未來、現在和過去（既往）。時間性這六個（2 乘 3 個）踰出範式合起來，即把吾人生命底「自我掌握」（Selbsthabe）與「自我迷失」（Selbstverlorenheit）[62]兩種主要生命「情態」（Modi）下的種種處境以一「形式標示」的方式揭示出來。從哲學史去觀察，海德格具體排列出來的存活格式理論，實在是亞里斯多德和康德等的範疇理論的修訂與延續，也可說是狄爾泰一直記懷的「生命範疇」構想的完成。

(6) 由於人或「此在」實即「在世界中存在」，所以海德格的存活分析於展開時間理論的同時，也同步地發展了「世界」理論。總的而言，海德格談的此在並非一「缺乏世界的自我」（weltloses Ich），而是原先地不斷在建構具有一定境況意義的世界的。相應地，對海德格來說，世界也不是外在於人的客觀實在，而是一對人生效的「關涉整全體」（Bewandtnisganzheit）。而此在的時化活動所開啟的領域，即構成所謂的世界。為了於理論上使時間理論與世界理論接軌，海德格用上了另一系列的名相：包括「界域」

---

62 Selbsthabe 和 Selbstverlorenheit 兩個概念是由與海德格同輩的另一位現象學者貝克（Oskar Becker）在詮釋海德格時提出的。見 Becker, "Para-Existenz: Menschliches Dasein und Dawesen," （1943）in *Dasein und Dawesen: Gesammelte philosophische Aufsätze*（Pfullingen: Neske, 1963）, p. 89.

（Horizont）、「界域圖式」（horizontale Schemata），乃至「世界門檻」（Welteingang）和「踰出所在」（Ekstema）等。[63]就理論布置而言，與康德 Schematism 理論和胡塞爾 Horizont 理論完全一脈相承。

(7) 除了上述以 Zeit- 為詞綴而構成的一系列如時間性、時化等名相外，海德格還締造了 Temporalität 這個極令人費解的抽象名詞。就字面意義而言，Zeitlichkeit 和 Temporalität 都解作「時間性」。只不過，前者是就此在的踐行現象而言者，我們可譯之為「時間性－Z」，而後者卻是從理論層面或現象學的層面把前者予以主題化（thematized）和理論化（theorized）後的結果，海德格即以此作為對「存在」加以詮釋。這一了解下的「時間性」，我們只有譯之為「時間性－T」[64]。

(8) Temporalität 涉及了此在分析以外的理論建構問題。這問題直接和《存在與時間》一書的書名及全書的理論布局有關。Zeitlichkeit 與 Temporalität 的分野，就存活這一現象本身來說本來可有可無，甚至無關宏旨，然而，這區分之所以釐定，卻正好再一次顯示出海德格的所謂「存活分析」，根本擺脫不了西方哲學傳統歷來首要的討論主題——存在論。基於以上的解說，我們乃可徵引海德格如下兩段關鍵和提綱挈要說話：

---

63 界域及界域圖式概念於《存在與時間》中亦已論及，Welteingang、Einbruch in das Seiende 及 Ekstema 等概念則主要出自 1928 年講集 GA-26: 249ff, 269ff。

64 Macquarrie/Robinson 英譯中，Zeitlichkeit 譯 temporality，而 Temporalität 則譯大寫的 Temporality。

時間性－Z（Zeitlichkeit）的界域圖式乃是存在理解的可能條件，如果把時間性－Z 根本地從作為是這意義的界域圖式去了解的話，則便構成時間性－T（Temporalität）這一普遍概念的內容。如果把時間性－Z 觀察時顧及其所固包涵的諸種界域圖式的統一性的話，則這便即是時間性－T。[65]

因此，對如如的存在予以解釋這一個基本的存在論工作包括了要把存在的時間性－T 陳示出來。藉著時間性－T 這一問題的揭示，有關存在底意義的問題方才可以獲得具體的答案。[66]

如果我們仔細地解讀這兩段說話，則不難得一結論：就是說，並不是於時間性－Z 之外另有時間性－T。嚴格而言，後者只不過是把前者從現象學及存在論的理論解釋層面（phänomenologisch-ontologische Interpretation）予以重新肯定後的所謂時間而已。

十、《存在與時間》中的「與」

經過以上的討論，我們對《存在與時間》書名的訂定，應該取得相當清楚的掌握了。總而言之，作為基本問題的「存在」雖然從未獲得正面的剖析，然而，經過一層又一層以「此在」為出發點的分析工作後。海德格終於一步一步的說明了「存在」與「時間」極為緊密的關係。更大膽一點說，所謂存在，就是某一

65　GA-24: 436.

66　SZ: 19.

意義的時間。到頭來，原來書名中「與」（und）這個字於理論
上是最重要的！[67]在《存在與時間》已面世的部分快將結束的一
刻，海德格回應自己於「卷頭語」提出的方案對《存在與時間》
一書作出如下的整體評估：

> 　　所謂「存在」是在存在理解中被揭示的，而此一存在理解
> （Seinsverständnis）是屬於那存活中的此在的一種理解……
> 此在這一能揭示存在的理解（erschliessendes Verstehen von
> Sein）到底是如何可能的呢？這一問題的答案是否可以藉著
> 返歸於那能理解存在的此在的原始存在結構（ursprüngliche
> Seinsverfassung）而獲取呢？就存活論方面和存在論方面而
> 言，此在的整體結構是建基於時間性之上的。因此，那帶有
> 踰出性格的時間性的一種原始的時化樣式（Zeitigungsweise）
> 本身便必須使存在一般的踰出性投射成為可能。而時間性的
> 此一時化模式到底應如何被詮譯呢？從原始意義的時間是否
> 有一通道通往存在的意義？時間豈不顯示其自身為存在的界
> 域？[68]

　　在上引這段話中，海德格提出了許多疑問，可謂與《存在與
時間》卷首所訂定的「初步目標」[69]前後呼應。就《存在與時間》

67　海德格於《康德與形而上學問題》中即認為「與」（und）乃《存在與時間》
　　的「中心論點」。見 Heidegger, *Kant und das Problem der Metaphysik*（略稱
　　KPM），4. erweiterte Auflage（Frankfurt/Main: Klostermann, 1973），p. 235,
　　GA-03: 242。

68　SZ: 437.

69　SZ: 1.

撰寫的目的而言，海德格其實一直在期望著對這一連串疑問予以肯定，因為，對這個時期的海德格來說，「存在」的意義既無法直接獲取，則以「時間」去詮釋「存在」顯然有助於解決「存在問題」。然而，事實告訴我們，海德格自 1929 年開始即愈來愈對《存在與時間》整個寫作構想作出懷疑，而踏入三〇年代以後，乃更根本地離開了這種想法，提出如要處理「存在」問題，不能再以《存在與時間》的方式解決，而應另闢蹊徑，直接掌握「存在」的根本意涵。存在問題的這種新的轉向即是海德格思想中有名的所謂「迴轉」（Kehre）問題。這方面的詳細討論，應該是另一篇文章的工作，但是，要了解「迴轉」之所以為必須，我們當先檢討，《存在與時間》一書所提出對「存在」問題的處理方式，對後來的海德格來說，到底病在何處？

就《存在與時間》的理論布局而言，海德格希望以「時間」去詮釋「存在」固顯而易見。或者用海德格後來的講法，「時間」就好像是「存在」的名字（Vorname, 即英語的 given name）一般。[70]然而，以「時間」解釋「存在」殊非單單締造一等同公式便足夠。正如亞里斯多德所說：存在是可以多種不同方式表述的，因此，要以時間詮釋「存在」，便包括了要以「時間」去解釋「存在」底多元意義如何成立。《存在與時間》一書開始不久，海德格便即把心目中要探求的所謂「現象」的具體內容（Was）指明即「存在」，而所謂「存在」正是包括了各種殊多模式的：「現象底現象學概念就是作為那能自己顯示自己的萬有的存在（Sein des Seienden）、它底意義、它底種種轉化和衍生模式

70　Heidegger, *Zur Sache des Denkens*（簡稱 *ZSD*）（Tübingen: Niemeyer, 1976）, p. 30; GA-14: 36.

（Modifikationen und Derivate）。」[71]

在號稱為《存在與時間》「續篇」的 1927 年講集《現象學的基本問題》中，海德格甚至指出「存在」底多元意義模式的釐清可以構成一「存在問題的系統」（Systematik des Seinsproblems）。[72]凡此種種，皆顯出「存在問題」的解決是要涉及「存在」多元意義之解釋可能的。在此一要求下去反觀「時間」一概念，我們發覺，海德格的理論設計本就早已巧作安排了。最簡單地講：「時間」的第一義解固為「時間性的時化程序」，而這一意義的「時化」，作為此在的踐行方式而言，即可分別依各種界域圖式而時化為各種意義的「世界界域」，也即本真的和非本真的生命，而所謂「一切有」或萬有的意義，實皆首出於這一個多向度的時化程序。於是，「時間」或「時間性的時化」這一概念，便具備了多元性中的統一性。[73]而《存在與時間》一書中力求說明的時間與存在的關係，亦建立在「時間」這一種多元性中的統一性之上。換言之，海德格以時間解釋存在，其實同時意味著以時間之「多」去解釋存在之「一」。就這一意義而言，「與」的理論作用已發揮到了極致。然而，如上所說，海德格後來卻以《存在與時間》的進路為病。這到底何解？

---

71 SZ: 35.

72 GA-24: 25.

73 拙文〈海德格論「別人的獨裁」與「存活的獨我」〉已就此問題有詳細交代，於此不贅。

十一、人的有限性的恪守與《存在與時間》著作的中斷

本文較早曾指出，海德格思想涉及三個主要課題。其中「存在」問題固為首要，亦是海德格思想與西方「存有論」傳統的重要銜接。至於「歷史生命」一課題則其實與人的「存活」現象和其「時間性」問題如出一轍。「存在」和「時間」兩個課題合起來，隱然便已把《存在與時間》的理論天地完全覆蓋了。然而，如要說明《存在與時間》著述計劃廢止的理由，我們終於要考慮海德格思想的第三個基本課題──就是對人的有限性乃至存在的有限性的認定。

關於人的有限性的基本立場，晚年海德格的著作中固然隨處可見，而在《存在與時間》中，其實亦早就被肯定。例如海德格談到人作為一時間性的存在時，即指出人原始意義的時間是「有限的」[74]。此外，海德格於《存在與時間》中屢次強調「存在」這個超越的概念不能以傳統的方式去處理，他這一種態度亦間接地指出了他對人類底認識能力的限制的認定。由此可見，《存在與時間》雖然沒有像晚期著作一般再三申述人的有限性的篇幅，然而，他這方面的態度與立場卻其實早已潛在地在發酵醞釀。這一理論特點，對與海德格有緊密接觸的學問同道來說其實亦絕不模糊：例如當時現象學界中另一健者傅嬰克（Eugen Fink）即早在 1930、1931 年間指出海德格與乃師胡塞爾之間於學問上的主要分歧正在於海德格堅守人的有限性之立場。[75]

---

74 SZ, p. 331.

75 Dorion Cairns, *Conversations with Husserl and Fink*（The Hague: Nijhoff, 1976），p. 25.

　　然而，正在這一問題上，我們大概可以找到海德格《存在與時間》一書的一個很嚴重的內在矛盾。這個內在矛盾終於逼使海德格宣布放棄《存在與時間》的理論方案。這樣的一個內在矛盾到底出在哪一個層面呢？答案是：正就在於《存在與時間》一書中「存在」是否可藉「時間」予以全面解釋這若即若離的理論關係上。因為，此一理論關係分析到最後是與人的有限性相抵觸的。因此之故，《存在與時間》一書掩卷之際的一大串疑問所帶出的結果，就是整個著作計劃的中斷與放棄。

　　海德格撰寫《存在與時間》的過程中，「存在」雖被指明是問題之依歸，然而由於很特別的考慮，海德格一直不願意把「存在」置於描述的中心，反而要以「此在」為出發點去闡析，這其實便已種下矛盾的第一步了。本來，自傳統存在論的標準看來，只要理論安排合理，以另一個概念去說明一個概念本來並無不妥之處。然而，海德格之所以不願意就「存在」作出正面描述的理由卻很特別。從他晚期的角度回顧看來，我們大概可以假定，早在《存在與時間》時期，海德格便已經對「存在」醞釀著類似晚期所謂「存在即本然」（Sein als Ereignis）的想法。換言之，他已隱隱設想了某一意義的涵攝一切的、對世界以至人類有一定支配與承載作用的存在。然而，由於當時的構想尚未成熟，更苦於無法以適當的語言去表達和陳述其問題，乃只得先自「此在」入手。然而，概觀《存在與時間》全書，「此在」的討論很明顯地已占了過於重要的地位。與作為旨歸或「歸途」的存在比較起來，此在就討論上所占的比重已到了過當的地步。而最重要的是：海德格《存在與時間》的理論布局是以時間去解釋存在，或說更明白一點，要以「時間」的多元統一性去說明「存在」的多元統一性。然而，分析結果卻顯示出，時間或時間性的多元時化

活動程序其實正就是「人」作為此在的踐行現象本身。於是，所謂以「時間」去解釋「存在」這一理論布局，其實就是以「人」的活動作為一切「存在」解釋之依歸。而「人」的地位乃無形中被無條件地高舉了。

今日傳世的《存在與時間》一書，其實只是原計劃兩個部分（Teile）中的第一部分的三分之二，也即全計劃的六分之二。一本「殘缺」如此的的著作，卻影響如此之深遠，這亦可謂異數！《存在與時間》出版後，海德格其實還曾作過幾次重新整頓的嘗試，包括 1927、1928 年間的三個演講錄，和 1929 年時正式發表的幾部專著——其中以《康德與形而上學問題》一書最為特出。這幾年的思想旅途中，康德成為海德格思想的「避難所」（Zuflucht）[76]，和成為了其「傾談」（Zwiegespräch）[77]的主要對象，其中原委，大概和康德哲學整體言對人的有限性的恪守脫不了關係。就在《康德》書中，海德格說：「根本地說：那如如的存在（Sein als solchem）……與人的有限性的關係必須予以清楚揭示。」[78]後來更表示：「比人更為根本的，是人裡面的此在的有限性。」[79]

---

76 *KPM*, GA-03: XII-XIV. 海德格在《康德與形而上學問題》1929 年第一版序言中，還說 *KPM* 是從《存在與時間》第二部分的一些草稿中脫胎而出的，但由於發現這第二部分問題要從更闊的層次著手，故把 *KPM* 抽起別為發表云，其著作策略的反覆可見（GA-03: XVI）。到了 1972 年第四版序言，海德格終於直認 *KPM* 的撰作是他當年的一個「避難所」（Zuflucht）。

77 *KPM*, GA-03: XVII.

78 *KPM*, p. 215, GA-03: 226, 242

79 *KPM*, p. 222, GA-03: 229（Ursprünglicher als der Mensch ist die Endlichkeit des Daseins in ihm）. 原文全句以疏排法予以突出。

十二、再看「存在類比」的相關性

我們在前面曾詳細談論「存在類比」的問題。我們還指出了：存在類比問題於《存在與時間》時期雖討論得並不多，然而，骨子裡卻支配了《存在與時間》的理論布局。現在讓我們回頭審視這一個判斷。我們在分析「存在類比」的內部結構時，曾經指出，類比本來就是用以說明「類別」普遍性以外的另一種普遍性的。而類比的機制，是於涉及同一名稱的眾多使用項目中選取其中一主導項予以特別之強調。類比法一旦用於「存在」問題之上，便即是要在眾多堪稱為「存在」的事物或事態中，選取一特殊的「存在」項目，予之以突出，使作為「存在」的主導意義，並使其他一切諸存在項目的意義一概建立於這主導意義之上。從以上對「此在」及「時間性」的分析，我們已清楚地看到，海德格《存在與時間》一書中「存在」問題的解決，很明顯地已使用了西方自古以來沿用的「類比」方法〔而這一點亦是海德格後來直認不諱的〕。在這一布局中，「此在」即被選取為諸存在中的主導項，而經過此在的時間性的時化程序的說明後，一切所謂「存在」均成為此在的時化所可能產生的種種「界域」，換言之，一切「有」便盡皆成為此在底「時間性」的種種「轉化和衍生模式」了。如此一來，此在或「人」不啻應了希臘哲學家普羅塔哥拉斯（Protagoras）的講法，真的成為了萬事萬物的「尺度」，而且更成為「存在」一般的代言人！

海德格對於西方哲學自笛卡兒以降的主體性哲學傳統向來皆抱一嚴厲的排拒態度，其基本理由就是因為「主體性」哲學把

「人」不合理地置於萬有的中心。[80]如是者，海德格反躬審度《存在與時間》一書，所謂「此在」豈不亦同樣地犯有僭居於一切法之首的嫌疑嗎？海德格一旦以「此在」的時間性解釋「存在」，他豈非於不知不覺中重蹈了他本來要避免的傳統哲學的覆轍嗎？早期的海德格就好像初學騎腳踏車一樣，愈要避免碰到遠方的一根柱子，卻愈是朝向柱子騎去，而且終於碰得滿個懷抱。一旦把「存在」詮述為不離「人」之活動，海德格是否已高估了人於存在中的地位和輕忽了「存在」的奧祕呢？或用海德格日後抨擊主體性哲學時的說法，這會不會是「人底擬神化」（Vergottung des Menschen）和「存在底擬人化」（Vermenschlichung des Seins）的結果呢？[81]

根據以上的推論，《存在與時間》一書中「存在」與「時間」的關係乃是一類比的關係。換言之，《存在與時間》中的「與」乃一建基於類比關係上的連結，倘若此一推論是確實的話，則《存在與時間》便顯然不能擺脫傳統形而上學的窠臼了。至此我們乃可以理解，我們以前曾經徵引 1931 年的講集中海德格批評「存在類比」為「直到今天仍把哲學禁錮的窮巷死局」這一點，很有可能真的是針對《存在與時間》的構想本身而言的。而且我們也能夠解釋，何以自 1926/27 年的《存在與時間》至 1931 年

80　有關討論見 Tze-wan Kwan, "Heidegger's Quest for the Essence of Man," *Analecta Husserliana*, Vol. 17（Dordrecht: Reidel, 1984）in A.-T. Tymieniecka ed., pp. 47-64. 另參見關子尹，〈康德與現象學傳統——有關主體性哲學的一點思考〉，《中國現象學與哲學評論》，第四輯（上海：上海譯文出版社，2001），頁 141-184。

81　GA-51: 79. 這一點，傅嬰克在比較胡塞爾與海德格時亦有提及，見 Dorion Cairns, *Conversations with Husserl and Fink*（Den Haag: Nijhoff, 1976），p. 25.

亞里斯多德講集這短短幾年間，海德格對「存在類比」的態度從模棱觀望一變而成為激烈反對了。或許這是因為他終於警覺到，自己的撰作計劃愈是往前推進，便於「存在類比」的泥沼中愈陷愈深吧！踏入三〇年代以後，海德格曾多次在不同的場合回頭談及《存在與時間》。談論之際，他要不是宣布《存在與時間》問題布局整體方案「根本不可能臻於一正確的答案」[82]，便是說《存在與時間》撰作時真正的哲學思維根本「無法倚仗形而上學的語言而得以突破」[83]，並且說《存在與時間》主要的弊病是於未清楚掌握問題的關鍵時便「過早地冒險挺進得太遠」[84]。凡此種種，盡皆顯示出海德格確實對《存在與時間》再不寄以厚望。而此中海德格所指的形而上學語言和有關的「公式」，其指的是潛在地成為《存在與時間》的理論骨幹的「存在類比」，便更無疑問了。[85]

討論至此，我們即可就本文的基本論題作總結如下：《存在與時間》一書雖以「存在」為基礎問題，然而，海德格基於傳統存在論底獨斷之殷鑑，乃放棄直接對「存在」作正面描述，只為其擬立「基本問題」一席虛位，而改以「人」為討論的出發點。人之所以能作為通往「存在」討論的出發點，是因為唯獨人具有能「理解」存在之特性。但這一種讓存在「懸空」與「懸疑」的理論策略，除了把存在問題神祕化外，也同時把人存活問題的理論地位限制了〔只作為預備討論〕。透過對「此在」的分析，海

82　*SAMF*, pp. 77-78, GA-86: 837.

83　*HB*, p. 72, GA-09: 328.

84　*Unterwegs zur Sprache*, p. 93; GA-12: 89.

85　這一點本文第六節已從文獻上作清楚交代。

德格卻逐步揭示了人存活的「關注」性格和「站出」性格，而此一「站出」也就是「時間性」的「踰出」。而此意義的「存在」實皆此在底時間性「踰出所及」的結果。於是，時間（或時間性－Ｔ）乃按照《存在與時間》開宗明義所指的「初步目標」，被解釋為存在的界域了。然而，分析到最後，海德格又發覺這一種理論其實不能脫離傳統的所謂「存在類比」。把「存在」與「時間」關連，實即把「人」或「此在」視為一切有的主導意義。如是「人」的地位最後乃凌駕於一切，包括被目為整個著作計劃旨歸的存在。換言之，在計劃進行過程中，被列為「歸途」的存在固得不到明確的舖排，而本來只用作預備討論或用作「首途」的此在分析卻達致了可觀的成績。由於此在的過分強調抵觸了海德格認為人的有限性不可踰越的基本立場，結果，就在海德格將要按計劃進行第三部分「穿越歧途」的當兒，他終於明白，整個以此在為中心的預備工作本身已成為應被「批判」和「穿越」的對象。發展至此，海德格乃認定《存在與時間》的基本理論布局已經失敗，而整個著作計劃乃得宣布廢止。

十三、對海德格有關《存在與時間》的自我評價應採取哪一態度

海德格自三〇年代開始固然徹底放棄了《存在與時間》的寫作計劃，而另走上一條以神祕的方法直接描述「存在」的思維途徑，對他本人來說，這一番轉向固有其理由，然而作為讀者的我們，《存在與時間》一書是否真的從此失去了意義呢？或者說，撇開海德格一己獨特的思路上的要求不講，我們應該用甚麼態度去理解和承受《存在與時間》這一份遺產呢？

　　首先我們當了解，《存在與時間》寫作的中斷實在涉及海德格思路上的一些特別的原因，而這些原因卻並不是我們非要接受不可的。從上面的討論，我們得知《存在與時間》的廢止，主要因為海德格察覺到他已潛在地用上了形而上學語言中的「存在類比」，以至使「人」的地位覆蓋了「存在」。這樣說時，我們其實一直在涉足於強辯的邊緣。因為，既然海德格於《存在與時間》中一直未對「存在」作正面的處理，而只在理論的布局上朝著以時間去詮釋存在的路子前進，那麼，《存在與時間》一書以此在的時間性的時化的多元統一去解說「存在」，本來應該是很合理的結果，如何可說「此在」因而覆蓋了「存在」呢？更重要的是，如果海德格根本尚未對「存在」有任何正面的想法的話，則此所謂「存在」又如何可被覆蓋呢？由此可見，《存在與時間》之為病，其實並不單就其結構自身而言。講得清楚一點，海德格之所以放棄《存在與時間》，是基於一些他後來才逐漸明朗的想法所使然的。而後期的海德格思想中最核心的，而且最不能與《存在與時間》的理論布局相容的，就是其所謂「存在思維」（Seinsdenken）。

　　關於後期海德格的「存在」議題，當要另文討論，然而，在目下的階段卻應該指出，後期海德格所謂的「存在」與《存在與時間》時期的所謂「存在」是極為不同的。我們發覺，早期所指的「存在」就內容而言，的確頗為空洞，而其所指向的實即自亞里斯多德以來的所謂「存在底意義」或所謂「一切存在者之所以為存在」的問題（Sein des Seinenden）。換言之，《存在與時間》一定程度上還是順著傳統的存在論（Ontologie）的格式，試圖對「存在」此一普遍稱謂予以意義上的釐清。如果海德格所要探求的乃是存在的「意義」的話，則無論理論的出路是甚麼，最終的

結果總還是免不了要以另一「元目」去充當「存在」的意義（Sinn von Sein）的。從這角度去看，《存在與時間》以時間解析存在此一理論結果是很理所當然地符合了傳統存在論建立的規律的。而單就這一點而言，《存在與時間》於理論上的成就實在堪與亞里斯多德的《形而上學》、康德的《純粹理性之批判》和黑格爾的《邏輯學》等鉅著相媲美，根本很難說是一種「病」。

　　海德格撰寫《存在與時間》時，固然帶有很重的傳統存在論的色彩。然而，當他中斷此一計劃，並以之為「病」時，他實在已經踏入了與西方傳統形而上學迥異的一種立場之中。他後期所談的存在，已經再不就所謂「存在的意義」（Sinn von Sein）而言。他所指的乃是所謂「存有之漫衍」（Wesen des Seyns）或「存有之真相」（Wahrheit des Seyns）。[86] 若以較粗略和籠統的語言表達：海德格後期所謂的「存在」再不是語意上的所謂「存在」，而是指那冉冉而來，又無因可喻，卻又承載一切，涵攝一切事象的自然造化本身。在成於 1936 年的一本論謝林的講集中，海德格即便說：「有關存有之真相（Wahrheit des Seyns）的問題根本上是比亞里斯多德和他底後人的問題都更為原始的。」[87] 此外，在成於 1935 年的重要著作《形而上學導論》中，海德格又說：「我們不能推論說存在只具現於名目及其意義之中。名目意義（Wortbedeutung）作為意義而言實在尚未構成存在之漫衍本質

86　海德格後期連 Sein 的拼寫法也要改為 Seyn 或甚至寫成 Se͞in，其「求變」的決心是非常明顯的。參見 *Zur Seinsfrage, Beiträge zur Philosophie* 等書。有關問題可參見關子尹，〈海德格的「同一性」思維與道家哲學〉，《現象學與人文科學》，第 2 期（台北：城邦，2005），頁 211-259。該文現已收入本書。

87　*SAMF*, p. 77, GA-42: 110.

（Wesen des Seins）。」[88]然而，此中的所謂「存在之漫衍」與「存在之真相」的真正所指卻非以西方傳統一般的哲學語言所足以刻劃，海德格後期乃得以種種富於玄祕色彩的語言自不同角度去描寫「存在」之所指。而當我們明白了後期所指的「存在」與《存在與時間》中要處理的「存在」問題的根本不同的話，我們便較能了解，何以海德格要宣布中止《存在與時間》的撰作了。如果「此在」是僭越了「存在」的話，則嚴格而言，此在所僭越的「存在」其實並非《存在與時間》中只有一席「虛位」的存在，而是後期所指的冉冉漫衍的「存在／存有」。

　海德格後期的所謂「存在」的問題是否真正能成立？這一問題我們於本文暫且不談。但是，正如上面所講，如果《存在與時間》是因涉及對後期的所謂「存在」之抵觸而要被廢止的話，則我們實在可以暫把海德格後期有關「存在」的立場撇開而獨立地對《存在與時間》予以評價。尤其在今天許多學者不約而同地不滿於海德格後期思想過度神祕的局面，我們更應嘗試把《存在與時間》一書從後期海德格底思想的理論要求下解放出來，作一獨立的評估。

十四、應怎樣去肯定《存在與時間》的價值

　《存在與時間》一書的理論布局帶有極濃厚的存在論色彩這一點我們已經指出了，《存在與時間》中有關存活理論（Existenzialienlehre）的舖陳，很明顯地是從「生命範疇」的向

---

88 Heidegger, *Einführung in die Metaphysik*（Tübingen: Niemeyer, 1953），p. 67; SZ-40: 94.

度把傳統的「範疇理論」（Kategorienlehre）予以延續。這一種「存在論」的或有關存在問題的「系統」建立的要求，無疑正是後期海德格自我批評的焦點。然而，《存在與時間》一書除了其潛在的存在論理論建立工作之外，是否便沒有其他哲學貢獻呢？我認為顯然並非如此。

我們以上雖然極力揭示了《存在與時間》於存在理論方面的布局，然而自《存在與時間》面世以來，這布局問題是最乏人感到興趣的。世人多只因《存在與時間》沒有寫完而感到遺憾，而遺憾之餘卻少有能進而觀測這本書廢止的真正原因者。就貢獻而言，世人之喜愛《存在與時間》，多不在於其中「存在」「與」「時間」之間的理論關係，而多在於書中對「此在」或人的「存活」分析。《存在與時間》面世之後，先後對於宗教理論、心理分析、社會理論乃至文藝理論等領域都起了很大的影響，而這些影響幾乎都是書中對「人」的存活分析所誘發的。換言之，我們發覺，《存在與時間》一書即使獨立於其號稱的理論主幹線之外，亦已發揮了不可磨滅的影響。這種情況其實是很可以理解的。如眾所周知，此在的「存活分析」本來即占了《存在與時間》篇幅的大部分，而書中號稱為真正主角但只得一席虛位的「存在」卻只能於字裡行間被揣度，因此，可以想見任何一位讀者在翻閱《存在與時間》一書時，勢必被「存活分析」吸引。就內容而言，我們又發覺有關此在的「存活分析」卻絕非只是一些冗長的「預備討論」而已，「存活分析」提出了許多令人震撼的課題，對讀者不斷沖激。例如它談及人的「關注」性格；談及此在的本真性與非本真性的區別；談及本真的生命中人之要面對「死亡」；談及於「死亡」鞭策下人為求掌握一己有限的可能性而必須對「已往」記取教訓，和於當下「當機立斷」（Augenblick）等這些帶「決

意性」（Entschlossenheit）的生命情境；又談及人在大多數情況
下不知不覺地（zunächst und zumeist）於「日常性」（Alltäglichkeit）
中的「沉淪」（Verfallen）；和談及一社群中眾人如何為了逃避自
己的抉擇自由，而甘願廁身於人際間形成的非人格性的
（impersonal）「別人」（das Man）的羽翼之下，以貪圖「安逸」
（Das Zuhause）；又談及社群中「別人的獨裁」（Diktatur des
Man）所形成的對個體性格之「磨滅」（Einebung, Nivellierung）
和「庸化」（Durchschnittlichkeit）；此外更又談及非本真性與本
真性間的轉接（abwandeln）時，憂虞心境（Angst）如何置人於
「不安」（Unheimlich），如何使人離開「別人的獨裁」而進入一
「存活慎獨」或「存活獨我」（existenzialer Solipsismus）的境況
中。[89]這一系列的討論，在《存在與時間》中可謂語語珠璣，勝
義紛陳。最難能可貴的，是這些討論一方面有著很強的理論性，
而另一方面卻把人底生命現象的種種真實的面貌赤裸裸地以「形
式標示」的方式，一一展列於吾人眼前，造成震撼之餘，教吾人
無法不反躬自省。而「形式標示」之學中的所謂「形式」，就是
不直接指定「內容」，由「每人自己」（je meines）按自己生命的
親身體會去了解；而所謂「標示」，其實暗示了存活分析能做到
的只是一種現象的「指示」，而指出了問題癥結所在之後，真正
的「踐行」是每人自己生命中自己的抉擇與承擔。海德格的「形
式標示」之學，分析到最後，就是以不說教和不予以規範的方
式，直契吾人的存在處境，讓吾人各自解讀及處理一己的生
命。[90]

---

89 有關這一系列問題，作者於本文初稿寫好後，曾發表了〈海德格論「別人的
獨裁」與「存活的獨我」〉，於此不贅。

90 關於海德格的「形式標示」之學，近年有不少很精到的討論。參見：1）.

從理論角度而言，海德格於「存活分析」中所展示的這種種生命的面相，其實就是「時化」所生的種種「界域」。以時化去解釋「存在」，其實就是把一切所謂「存在」解釋為「此在」這一生命踐行現象的種種由「時化」而生的生命面相，從而建立一套所謂的「生命範疇（存活）論」，以作為西方自古以來的「存在論」的新出路。然而，基於種種以上曾剖明的考慮，海德格終於還是認為這一種以人的生命現象去解釋存在的做法與他就人的有限性的立場相悖，因而要讓《存在與時間》之著述中止。在這關鍵上，我們可自行判斷如下：我們可以首先考慮是否可以把「存活分析」自《存在與時間》的基本理論布局中抽離出來獨立觀察；或者說，我們是否可以根本不考慮《存在與時間》建立存在論的潛在要求，把「存活分析」解放出來作為針對吾人如如的生命現象的一些思慮以觀察之，承受之？這一問題我自己的答案從來都是肯定的。

其實，《存在與時間》中的討論本來就涉及兩個迥然不同的層次。用海德格自己的語言講，一個就是「現象的」和「存活踐行的」層次，而另一個就是「現象學的」和「存活理論的」層次。[91]這兩個層面的相對關係，其實正說明了我們以上談到「時

Daniel Dahlstrom, "Heidegger's method: Philosophical concepts as formal indication," *Review of Metaphysics*, vol. 47（1993/1994）, pp. 775-795; 2）, John van Buren, "The Ethics of formale Anzeige in Heidegger," *American Catholic Philosophical Quarterly*, vol. LXIX（Spring, 1995）; 3）. R. Streeter, "Heidegger's formal indication: A question of method in *Being and Time*," *Continental Philosophy Review*, vol. 30, no. 4（Springer Verlag, 1997）, pp. 413-430. 此外，最近於網上的 *Heidegger-L* 中發現 Rafael Capurro 曾就此問題發表有極精闢的言論，http://mail.architexturez.net/+/Heidegger-L/archive/msg01539.shtml。
91 SZ, p. 37: 312ff.

間性－Ｚ」與「時間性－Ｔ」之間的關係。現在我們且再就這一
項分野去衡量「此在分析」是否能獨立於《存在與時間》的存在
論建構的要求而保有其一定的意義。

我們首先要指出，「存活分析」雖然肯定涉及一定的理論建
構工作，但其直接對象卻畢竟是人類赤裸裸的生命存在本身。而
生命現象的內容本身卻不是一些理論建構，而是不斷要面對「抉
擇」與「取捨」，也因此是屬於所謂「現象的」或「存活踐行的」
層面的。而「存活踐行」（das Existenzielle）和「存活理論」（das
Existenziale）兩個層面相比較之下，海德格其實還是認為前者是
比較後者更為基本的。換言之，存活的踐行無待於存活理論，而
相反地，存活理論卻有待於存活的踐行，並以之為對象。所謂踐
行無待於理論一點其實十分明顯，比方說，一個不懂哲學的人大
可以只作為一「現象」而踐行地「存活」，而不一定非要對自己
的「存活」去從事「存活（理論）分析」不可。或有如一位有道
德原則的道德踐行者不一定要懂得道德哲學或道德概念。用海德
格自己的講法：「存活這個問題乃是此在的一種『實務』（ontische
Angelegenheit）。〔這一種實務的執行〕根本不必倚待於存活底
存活結構於理論上的通透性。」[92]由此可見，海德格很明顯地以
為「踐行」乃是具有獨立於「理論」以外的意義與地位的。相對
地，海德格繼續指出：「存活理論的分析這一方面歸根究柢卻是
根種於存活踐行之層面的，也即是說，是根種在〔存活的〕實務
之上的。」[93]「倘若沒有存活踐行上的理解的話，則一切有關存
活結構理論體系（Existenzialität）的分析便都是缺乏基礎的。」[94]

---

92 SZ, p. 12.

93 SZ, p. 13.

94 SZ, p. 312.

　　一旦釐清了「存活踐行」與「存活理論」兩個不同層面的「本末」關係之後，我們便可以就之前提出的問題作判斷了。此在的存活分析是否能獨立於《存在與時間》的整體理論布局以外而仍有意義？本來「存活分析」作為分析而言，始終是免不了一定程度的理論性的，但「存活分析」直接處理的課題畢竟是人類赤裸裸的生命現象本身，而且「存活分析」就方法學而言只是純然為描述性的，或者可說，是人「存活」之際自己對自己的生命現象層層反躬揭示的結果。相較之下，《存在與時間》的理論主幹卻是一些於「存活分析」結果之上再進一步加以高度理論化的工夫，而其結果乃便是對西方歷來所謂存在問題的回應。然而從方法學上看，這已非單純的描述工作，或者可說，已不是現象自行揭露的結果，而是現象學詮釋（Interpretation）的結果。例如說：Zeitlichkeit 本來是「存活分析」的對象，而其指涉在每一在踐行的生命之中即可被驗證。然而為了要以 Zeitlichkeit 去解釋存在，海德格乃得再把 Zeitlichkeit 再進一步主題化和理論化而提出所謂 Temporalität。由此而回溯，我們乃得以更明白，何以「存活分析」在《存在與時間》一書的整體布局中只有一所謂「預備性的」地位。然而，換另一角度看，「存活分析」其實比較書中的理論主幹（即「存在」和「時間」之間的「與」這一問題）本身還要與我們生命現象的踐行實務接近，和更與吾人的生命息息相關。再退後一步說，我們即使不關心甚麼存在論問題，卻不能不關心我們自身的「存活」境況。

　　本文在分析海德格之所以中斷《存在與時間》著作計劃時曾經指出，廢止的理由是因為海德格不能接受《存在與時間》底基本理論布局以類比方式處理存在問題。在這一關鍵上，我們亦應該自己作一決定，看看我們是否願意認同和接受海德格《存在與

時間》著作背後的存在論課題，乃至他後期思想的理論考慮，若果願意，則一定程度上我們亦應當接受《存在與時間》廢止的事實。然而，若果我們不願意，則情況便完全改觀了，我們既已指出，此在的「存活分析」於全書理論主幹上雖只是一預備討論，但其實反而與我們的生命處境更息息相關，那麼，一旦我們懂得把存活分析與《存在與時間》的存在論建構工作分別處理之後，「存活分析」反而更可顯出其足以處處鞭策吾人對自身的存活境況作反思的特殊意義。而就這個意義而言，《存在與時間》一書雖因為某些鮮為人注意的理論原因終於被廢止，它對世人已產生的，和仍可源源不絕地提供的教益還是絕不可低估的。

3

人文科學與歷史性
——海德格與西方人文傳統的自我定位（2004）

數學並不比史學較為嚴格，而只
不過就存活論基礎有關的問題方
面來說顯得較狹窄而已！（SZ: 153）

物理學並不比史學較為嚴格，而只是
較為狹窄。（貝克引述海德格語）

一、西方「人文科學」概念的多面性

今日西方，「人文科學」這概念是經歷了一漫長而艱難的路途才形成的。無論在英語世界或在歐陸，情況都大致如此。就名相論，「人文科學」英文應該如何表達，到現在還有許多爭論，諸如 humanities, human sciences, social sciences 等都有人主張。在德語裡，除了 Geisteswissenschaft 這一主要名稱外，其他如 Kulturwissenschaft 和 Geschichtswissenschaft 都曾被用以指謂今日的所謂「人文科學」，而最近德國學界更向英語世界看齊，提出了 Humanwissenschaft 的概念。[1]這幾個術語裡的關鍵詞的字面意義分別是「精神」、「文化」、「歷史」和「人」。上列英、德兩種語言中這一組語詞，由於意義分歧頗大，按理我們很難有充分理由說它們都指向所謂的「人文科學」。而這種指謂之所以成立，是因為這些術語都不約而同地是衝著「自然科學」的概念而提出的。其目的就是要藉著與自然科學的對比，把所謂的「人文科學」的理念顯示出來。我認為這代表了西方人文學者在面對自然科學強勢的挑戰下，力圖自我認識和自我肯定的歷程。一個如此重要的「名目」長久不能確定下來，說明了西方人文學者尋求自我認識的道路是如何崎嶇。而上述提及的各種術語，正清楚地記錄了人文科學尋求自我認識過程中的不同理論取向。

面對著這許多重點各異的術語，我們可否找到其中的意義樞

---

1 Humanwissenschaft 一概念在德國顯然不及 Geisteswissenschaft 普及，而且有時是從生物學的角度被理解，不過用作英語 human sciences 的趨勢是存在的，較好的例子可參見 Gunter Gebauer et al., *Historische Anthropologie. Zum Problem der Humanwissenschaften heute oder Versuche einer Neubegründung*（Reinbeck bei Hamburg: Rowohlts, 1989）.

紐呢？亞里斯多德以來的「類比」學說似乎又可就這問題為吾人
提供一回答。

按照「類比」（Analogie）的原則：當一批語詞儘管意義不
同，但都宣稱和某一種現象有關或對某一個概念有所解釋時，則
在這些意義紛陳的語詞中，我們往往可以找出最具關鍵性的一個
語詞充當為「類比原項」（analogon）的角色；而此一關鍵語詞
之所以關鍵，是因為從它的基本意義出發，我們可有效地推出該
批語詞中其他語詞的意義，而這些其他語詞乃可被視為一些「類
比衍項」（analogates）。[2]循著這個思路設想，不難看出 Social、
Geistes-、Kultur-、Geschichts-、Human- 等語詞（語素）中，最
關鍵或作為樞紐的，莫如 Human- 一語素，因為只要從「人」的
活動著眼，其他如社會、精神、文化、歷史等語素的意義即可順
利推出，而上述一系列稱謂之所以同指涉於「人文科學」，其理
據亦潛然地得以建立。

概念世界的這種類比關係，從西方概念史
（Begriffsgeschichte）歷來一系列有趣的概念對比中亦可找到側
證：在希臘傳統裡，先是有 φύσις 與 νόμοι 這一對立和 φύσις 與
ποίησις 這另一對立，而在現代德國傳統中則又分別有 Natur 與
Geist，和 Natur 與 Kultur 這兩項對立。這四項概念對比於西方哲
學史發展的重要性是人所共知者。如果把這四項概念對立並列觀
察，有趣的問題便出現了。就是四項對立的左端不約而同地都是
某一意義的「自然」，而右端卻分別由 νόμοι、ποίησις、Geist 和

---

2 參見 Thomas de Vio（Cardinal Cajetan）, *The Analogy of Names, and the Concept of Being*（Pittsburgh: Duquesne University Press, 1959）. 特別參考本書第四章 "The distinction of the analogon from the analogates," p. 30ff。

Kultur 充當。此中，這四個處於「自然」的對立面的概念，其彼此之間的意義有沒有共通之處呢？當然，第一個共通點是四者都是「自然」的反面，但這只是反面設施，並不足以說明四者之間的意義關係。如真要從正面說明四者間的意義關係，我們最後還是只能訴諸於類比原則——而此中我們還得擬設四者之外的第五個概念去充當一「類比原項」的角色才能把問題解決。而這第五個概念也正是「人」。如今，只需從「人」的角度去設想，vóμοι、ποίησις、Geist 和 Kultur 這四個概念的意義及其交互關係立即活現。例如 vóμοι（nomoi）的意思其實是「由人約定」，ποίησις（poiēsis）則是「人為」，Geist 則指「人之至精」，而 Kultur 當然便指「人類活動之成果」等等。

凡此種種，都直接地或間接地透露了幾項極重要的訊息：（1）自然與人的對比乃西方自古以來一大問題。（2）自然的奧祕雖未為人所盡知，但作為一認知對象而言，其範圍還是比較明確的；相對地，人的問題反顯得更撲朔迷離。（3）因此，作為一學科而言，「自然科學」一稱謂可說少有異議；相對而言，探討人的學科應怎樣招呼，結果卻莫衷一是。本文開始提到的一大串關乎人文科學的名稱均各有所依據。但無論採納哪一種稱謂，其最後都離不開「人文」，這是毋庸置疑的。（4）按道理而言，human sciences 或 Humanwissenschaften 本應是最能切合「人文科學」的理念。但話說回頭，只要我們明白問題的本源在於「人」此一現象，則用哪一個名稱似乎並不重要。再者，每一個名稱之使用，本就是「匠心別具」，完全取消反而可惜。例如，Geisteswissenschaft 之所以直到今天還如此流行，是因為 Geist 一語素同時攜帶了黑格爾哲學和德國浪漫主義的神祕魅力，教人不忍廢棄！而本文將重點談論的 Geschichtswissenschaft 或

Geschichte 之所以一度被高度重視，是因為人們從廣義的歷史或
歷史性中發見了極有啟發性的元素。但儘管如此，使用各種不同
的稱謂去處理「人文科學」時，「人」的考慮終究而言必須列於
背景，否則，「人文」之為「人文」的根本意義將無以立。

二、「人文學科」、「人文學」和「人文科學」

　　本文使用的「人文科學」這個中文詞語亦有解釋的必要。首
先，「人文」一詞，漢語古已有之。而最早的出處應該是《易傳》
中「觀乎天文，以察時變；觀乎人文，以化成天下」一語。[3]此
中「人文」與「天文」相提並論，可謂意義深遠。首先，這裡所
謂的「文」，最古的原意應是「紋身」，後引申為「紋理」，放之
於天人之際論列之，就是說自然與人都表現為具有一定「紋理」
的現象。觀察自然現象，是要對其「事理」達成了解，俾使吾人
能於自然的規律中求存；而觀察人的現象，卻是要掌握做人的
「義理」，從而達成社會參與及教化的目的。換言之，天文與人
文處理的分別是天運之道與人立之道。[4]中西哲學雖謂殊途，但
就求於對比之中分辨「自然」與「人文」而言，卻表現了明顯的

3　見《周易・賁・彖》。

4　劉勰於《文心雕龍》卷一〈原道〉篇即借天地形象之種種開宗明義地說明「文」
　　者乃「道之文也」。劉勰這一種對「天文」之設想，放之於人事世界，即便
　　是《易傳》中所謂「人文」。因此〈原道〉篇中段即自天地之文而轉入「人文」
　　之討論。最後並以如下一段說話結尾，以與《易傳》呼應：「觀天文以極變，
　　察人文以成化；然後能經緯區宇，彌綸彝憲，發揮事業，彪炳辭義。故知道
　　沿聖以垂文，聖因文以明道，旁通而無滯，日用而不匱。《易》曰：鼓天下
　　之動者存乎辭。辭之所以能鼓天下者，乃道之文也。」

近似性。

所謂「人文科學」，亦有學者稱之為「人文學」或「人文學科」。此中，「人文學科」基本上表達了教育體系中「編制學科」（discipline）的構想，但此外便沒有特別的理論意義。至於「人文學」，表面上簡潔可用，而且有學者認為可避免了與一般人心目中的「科學」相混，因此用的人也不少。不過，簡潔的代價往往是問題的簡化，甚至深度的喪失。此中最關鍵的考慮，是「科學」一稱謂並不應被一般如物理、化學等學科所占據的問題。就英語 science 一詞來看，雖然在世人眼中，science 往往被直接理解為「自然科學」，但這畢竟只是一般人的見識而已，事實上，即使英美傳統亦曾有所謂 moral sciences 的說法。[5]此外，當代所謂 social sciences 或「社會科學」等用語的廣泛使用便更清楚地反映 science 或「科學」之概念絕不應被物理、化學等關乎自然的探究所壟斷。

由此觀之，「人文科學」一概念的堅持，除保持了理論問題的深度外，最主要還涉及人文科學作為某一意義的「科學」的尊嚴問題。而德國近代以來備受重視的 Geisteswissenschaft 概念的

---

5 英國起碼從洛克（John Locke）開始便有 moral science 這種講法，後為穆勒（John Stuart Mill）沿用。例如《穆勒名學》六卷中最後一卷即名為 "Logic of the Moral Sciences"。直到今天，英國一些名校如劍橋和都柏林三一學院還保留了 moral science 研習的傳統。就科際區分而言，懷德海便曾明確地使 moral science 與 natural science 對列（見 Alfred North Whitehead, *The Function of Reason*（Princeton: Princeton University Press, 1929），p. 47ff）。此外，美國 Princeton Theological Seminary 首任神學教授亞歷山大（Archibald Alexander）（1772-1851）便曾著有 *Outlines of Moral Science*（New York: Scribner, 1854）一書。雖然此一傳統所指的 moral sciecne 往往都只從一實證和經驗歸納的角度入手，但起碼就內容素材而言並不在於自然現象。

提出，可說是為這一份堅持立下的重要楷模。[6]查德語
Wissenschaft 固可譯為「科學」，但其實字面上嚴格而言是指「一
些按一定原則組織起來的一個知識系統」的意思。[7]Wissenschaft
固然包括一般所謂科學，但卻絕不獨指「自然科學」
（Naturwissenschaft）。事實上，任何的「學科」，只要涉及某些
知識的系統和原則性的組織，都同時可以成為某一意義的「科
學」，德文裡的 Religionswissenschaft、Literaturwissenschaft、
Theaterwissenschaft、Sprachwissenschaft 等概念的普遍使用都是
鐵證。

　　回到「人文科學」問題上。德語 Geisteswissenschaft 與
Naturwissenschaft 對比的局面，最重要的意義是顯出了人文科學
學者隱然有與自然科學之為科學分庭抗禮之意。於是，人文科學
儘管和各種自然科學性質有別，但必須為本科奠立理論基礎，使
亦臻於「科學」的殿堂。而正是這一種理論要求，促使人文科學
學者不斷尋求更深入的自我理解和更恰當的自我定位。而下文引
出「歷史性」的討論，便正是這一個要求下的重要個例。

三、「自然科學」影子下的「人文科學」

　　在西方哲學漫長的發展歷程中，哲學和自然科學乃至和數學

6　德文 Wissenschaft 概念與古希臘時期的 ἐπιστήμη 有極重要的理論關連。有關
　　討論，參見拙譯卡西勒爾《人文科學的邏輯》簡體字新校版譯者序言（上海：
　　上海譯文出版社，2004，2013）。

7　Wissenschaft 的語根 Wissen 就是「知識」的意思，這概念最早是由康德提出。
　　見 Immanuel Kant, *Kritik der Urteilskraft*（1790），§68, hrsg. von Karl Vorländer
　　（Hamburg: Felix Meiner, 1968），p. 245.

長久以來實在結下了許多不解之緣。從希臘早期一直到全盛時期的雅典，哲學、數學和自然科學無論就方法或就研究題材而言，都還未正式分家；三者其實不過是人類面對一些終極關懷時的一些不同手段而已。這一點從畢達哥拉斯學派、恩培多克利斯、柏拉圖和亞里斯多德的學說中都可以找到清楚的明證。

步入近代紀元以後，哲學與自然科學和數學基本上已分門別戶，然而三者千絲萬縷的關係依然繼續。首先，西方的自然科學自從與數學合流，產生了伽利略、開普勒和牛頓等偉大的物理學家以後，由於聲勢大壯，漸漸成為了新一代哲學的模仿對象。其中，大陸理性主義對數學和自然科學的嚮往，可說毫不掩飾。[8] 就這一種風尚，海德格便提出一項很奇特的責備：他指出哲學對數學的倚重反映了哲學在骨子裡對於自身的基礎缺乏自信。海德格於是把笛卡兒以降的「主體性哲學」判斷為哲學模仿數學而產生的「數學性的理性系統」[9]。此一模仿的結果，讓西方哲學找到了新的「基礎」，就是「主體」或「自我」。不過，海德格認為這一基礎是建立在對人的現象一些不正確理解之上的，並認為由此漸導致西方過分高估了「人」於自然中應占的地位，也即把人「擬神化」（Vergöttlichung），從而種下日後所謂「現代性困局」的遠因。

8　笛卡兒除了重視數學外，更對當時的自然科學研究如解剖學、血液流動理論、天文學等表現了高度興趣。斯賓諾莎以幾何學的格式寫成《倫理學》，最是膾炙人口。萊布尼茲除了是大陸理性主義的殿軍外，更把西方「文藝復興人」的理念演活得淋漓盡致。萊氏除了是二進數學和微積分的奠基者外，更參與了許多科學技術的研究和開發工作。

9　Martin Heidegger, *Schellings Abhandlung über das Wesen der menschlichen Freiheit*（*1809*）（Tübingen: Niemeyer, 1971）,GA-42: 39-42.

儘管海德格認為西方近世主體性哲學種下現代性困局這一分析確有一定洞見，但我認為如因此而要對主體性哲學全面的批評及否定卻並不恰當。就這一問題，本書他章會有詳細申論。[10]

海德格對主體性哲學的批評整體而言雖屬過當，但如把焦點只限於某一時期的西方哲學，則其批評仍是有一定道理。特別是西方哲學發展到了以黑格爾為中心的德意志觀念論時期，哲學的自信推到了前所未有的頂峰。黑格爾哲學以主體性為中心建立了龐大的理論體系。按海德格的批評，黑格爾的系統可以說是建立在對「人」的現象的無限上綱之上的。海德格除了批評主體性哲學一般外，對於黑格爾，還特別提出了「存在‧神‧自我論」（Onto-theo-ego-logie）的批評，亦可謂一針見血。[11]

回頭看康德，情況反而比較特別。康德完成了三大《批判》，哲學問題得到了劃時代的釐清。康德哲學覆蓋面雖廣，但整體而言始終以人這一現象和以人的活動為樞紐。在論及哲學的本質問題時，康德很清楚的指出，哲學必須正視現世給予的對象，因此絕對不應該模仿數學（可隨意構造自己的對象）。就這一點而言，康德顯然不會受到海德格的指責。[12]事實上，康德哲學雖以人的活動為中心，但處處表現了對「人」的限制的深刻體認。就此而言，康德於現代主體性哲學潮流中，不啻別具一「特

---

10 有關問題詳見本書〈「主體」和「人格」——西方傳統的兩個「自我」形象〉一章。

11 Martin Heidegger, *Hegels Phänomenologie des Geistes*（Frankfurt: Klostermann, 1980），GA-32: 183. 海德格的原文是 onto-theo-ego-logisch 一形容詞，今作者酌情以一「實詞」表之。

12 見關子尹，〈康德論哲學的本質〉，《中國文化月刊》，51 期（台中：東海大學，1983），頁 61-82。

殊地位」（Sonderstellung）。由於對「人」自身的問題的基本關
注，康德儼然是現代「人文科學」理論的一個重要出發點。然
而，康德始終難逃數學與自然科學的巨大影子。就科學的理論基
礎問題而言，康德把重點放在數學和自然科學之餘，明顯地對人
文科學比較忽略，結果引來後學如文德爾斑（Windelband）的質
疑。至於作為其理論支架的「範疇論」只適合處理自然現象亦引
出日後狄爾泰（Dilthey）的批評。狄爾泰特別指出西方歷來的
「範疇論」其實都好像是為了說明外在於人的自然現象而設計
的，對於內在於人自身的生命問題，基本上並不相應。狄爾泰甚
至譏諷說：「由洛克、休謨和康德建立的那認知主體的動脈裡流
的根本不是血液。」[13]於是，狄爾泰在康德三大批判之外提出了
「歷史理性批判」的構想，還就基礎範疇的問題提出有關「生命
範疇」（Lebenskategorien）的討論。[14]

　　總而言之，我們可指出：在現代文明發展的背景下，哲學乃
至人文科學的發展一直受到自然科學──數學的震懾和牽制，一
直得不到合適的發展。國人常謂西方文化是一「重智」的傳統，
而此中的所謂「重智」，明顯地並非中國哲學明心見性的智慧，
也非佛家的觀空之智，而是一讓心智馳向外在自然世界的對象認
識之智。然而，這一種對自然的根本趣向，就本身而言，可說是
西方哲學的特色，而根本不能構成一項批評。唯獨可以批評的，
只能說此一「重智」的傳統妨礙了西方就「人」此一現象提出適

---

13 Wilhelm Dilthey, *Einleitung in die Geisteswissenschaften*, *Gesammelte Schriften*,
　　Band-I（Stuttgart: Teubner, 1979），p. xvii. 此外引見 Hans-Georg Gadamer,
　　Wahrheit und Methode（Tübingen: Mohr, 1975），p. 232.

14 Wilhelm Dilthey, *Der Aufbau der geschichtlichen Welt in den
　　Geisteswissenschaften*（Stuttgart: Suhrkamp, 1970），pp. 235-237, p. 281ff.

當的處理。而這一類的批評,結果真的由西方哲學傳統自身提出了。除了上述文德爾斑和狄爾泰外,最強烈的聲音當數海德格。

四、文德爾斑論「歷史科學」的理論基礎

文德爾斑聞名於學界,理由有二。其一是作為新康德學派中的西南支派代表,其二就是提出以問題為骨幹去處理哲學史的治學方法。然而,較為少為人知的,是文德爾斑曾借「歷史」這個題目對人文科學的基礎問題提出了對日後討論極有指引性的反思。而這方面的重要文獻,其一是 1894 年文氏出任史特拉斯堡大學校長時以〈歷史學與自然科學〉[15]為題發表的就職演講,其二是文氏遺著中的一份講稿〈歷史哲學〉[16]。

從今日的觀點看,文德爾斑唯獨把歷史這學科挑出來與整個自然科學的陣線對壘,實在頗令人費解。就這一點,我們大底可舉出三個可能的原因:首先我們應明白,經歷了黑格爾和達爾文學說洗禮後的十九世紀,可說是一「歷史學的世紀」(century of history)[17];其次,文德爾斑似乎不滿意康德對歷史的處理;其

---

15 見 Wilhelm Windelband, "Geschichte und Naturwissenschaft," in *Präludien*, Band 2(Tübingen: Mohr, 1924), pp. 136-160.本文之英譯本見: "History and Natural Science," trans. Guy Oakes, *History and Theory* 19(1980), pp. 165-185。

16 見 Wilhelm Windelband, *Geschichtsphilosophie*(Berlin: Reuther & Reichard, 1916)。在講詞中,文德爾斑沿用康德的區分方式,把哲學和數學合稱為理性科學,而把歷史摒於其外。在這一種構想中的所謂「歷史」是否全然是今日的人文科學當然是有疑問的。不過,當我們明白這不過是西方為人文科學「尋根」的漫漫長路中的逆旅的話,則我們大可從大處看文氏論題的意義。

17 見 Stephen Toulmin and June Goodfield, *The Discovery of Time*(London: The Scientific Book Club, 1965), p. 232.

三，文氏似對當時已通行的 Geisteswissenschaft 一概念之作為人文科學的統稱亦有所保留。文德爾斑似認為，歷史學最能把今之所謂人文科學的特質表露——即能直指人類的文化活動中所表現的生命活力。撇開一些當時頗具爭議的課題不表，我們可試把有關討論的重點撮要如下，以為本文關於海德格歷史性的討論作一準備：

(1) 就科學的區分問題，所謂 Naturwissenschaft 與 Geisteswissenschaft 之辨，文德爾斑時固已十分流行。然而，文氏卻提出異議說這只是一「內容的二分」，並認為這種分法一方面不能清楚揭示有關研究對象的特性，而且在一些新的學科（如心理學）面世後，其界線亦已漸模糊。於是文氏提出了「方法的二分」，即把經驗科學方法分為「法規的」（nomothetisch）和「描繪的」（ideographisch）兩種。前者以探求一些普遍的、也即「經常如此的」（was immer ist）自然法則為目的；而後者則以探求一些歷史性的、特殊的、也即「一度如此的」（was einmal war）的歷史事實真相為要務。所謂「法規」是對自然的普遍規律予以掌握的意思，而「描繪」是對一些歷史上的特殊事物或事件的特殊形態清楚地繪刻出來的意思。用這兩種方法建立出來的科學，又可稱為「法則科學」（Gesetzeswissenschaft）和「事態科學」（Ereigniswissenschaft）。[18]

(2) 「法規」和「描繪」，自然科學與歷史這兩種科學方法看問題各有其獨特的方式，也各有其自己的職責，不能互相替代。更有進者，兩者之關係不必是對立的，反而可以是而且

---

18 見 Windelband, "Geschichte und Naturwissenschaft," op. cit., p. 145.

應該是互補的。就內容而言，同一種對象事件絕對可以分別從「法規」或「描繪」兩種角度去觀察，以同時顯出該事件涉及的普遍事理和其所以構成的特殊條件；就人而言，人生於世上，亦必須能同時運思於「法規」性的事理與「描繪」性的事態之間，吾人對自己一身所處的「世界」的普遍性與偶然性才會有較全面的掌握。[19]

(3) 文德爾斑指出，西方的「邏輯」和「知識論」傳統，分別而言，都只著眼於自然科學和數學。就邏輯而言，文氏感慨地指出自亞里斯多德以來幾乎所有邏輯教本中的例子都取自自然科學和數學。就科學方法而言，知識的掌握技術如儀器、實驗、或然率等，亦無不是朝著自然科學的需要而提出。面對這種局面，文德爾斑乃正式主張要分別發展切合歷史研究需要的邏輯和認識理論。[20]

(4) 文德爾斑提出了「人是一具有歷史的動物」的想法。由於歷史意識的作用，人的文化生活無可避免地會沉積而形成一傳統。他認為出於文化生活的參與，人類斷難接受自己與過去的文化產生斷裂，而會設法與自己的歷史建立關聯。文氏甚至說，「人類無法避免地要背負著沉重的歷史書包」，而這亦促使人類未來必須謀一妥善的方法去面對歷史的問題。[21]

(5) 歷史雖然旨在處理特殊事件，但特殊的事件卻不會是完全孤立的。特殊事件必須放於一普遍的關懷下去觀察、去聯繫，

---

19 *Ibid.*, p. 156.

20 *Ibid.*, pp. 149-150.

21 *Ibid.*, pp. 152-153.

才會顯出意義。[22]然而，此中事件的所謂「聯繫」又並非單純「紀年」（Chronologie）的工作。歷史世界最重要的聯繫是目的、價值和意義等。[23]問題是：歷史的宏觀目的和意義在哪裡？就這問題，文德爾斑很含蓄地提出了一種想法。他引導讀者先後回省萊布尼茲「事實真理」和「永恆真理」、斯賓諾莎的「有限觀點」與「永恆觀點」之理論。總的而言，與其完全解決了有關歷史的意義問題，我認為文德爾斑只為我們帶出了一個有關歷史研究的嚴重弔詭：歷史研究一方面必須設定意義與目的；但對人類的心智而言，歷史的宏觀意義和目的並非唾手可得，嚴格言更沒有任何保證，但卻無法不去尋求！我們應像萊布尼茲一樣滿足於把問題歸於神的意志？抑或像斯賓諾莎一樣透過對宇宙必然性的體認去掌握人類唯一的自由（觀賞與接受的自由）？抑或應該保留問題的開放性，持續致力於「人的理念」的反省，把歷史的目的（也就是人的目的）寄託在這無止境的追求中？

　　文德爾斑於傳統的「內容」的二分法之外另提出「方法」的二分法，很明顯地並非要以後者取代前者。文氏提出「方法」二分的真正用心，只在於拓展問題的深度。他提出了「法規」和「描繪」的對立後，還是要以「自然科學」和「歷史」去具體地說明有關的方法，就是最好的明證。文德爾斑這番工作，無疑是西方人文學者自我認識的路途上的一大步伐，其對當時許多同期

22　*Ibid.*, pp. 153-154.

23　有關問題可參看 George Iggers 進一步的說明。見氏著 *The German Conception of History. The National Tradition of Historical Thought from Herder to the Present*（Middletown: Wesleyan University Press, 1968/1983）, pp. 147-152.

的學者，如狄爾泰、利克特（Rickert）、韋伯（Weber）、席美爾（Simmel）等都有影響。

「方法二分」誠然烘托了和突出了「歷史」的重要性。然而，二分法下的「歷史」就內容而言，很明顯地是要涵蓋一般所謂的人文科學，並且讓人文科學帶著「歷史」這新的方法學性格去與自然科學對峙。我們較早曾指出，在西方近世有關人文科學的討論中，human- 或「人」這個意義最能以「類比原項」的身分帶出其他人文科學概念的基本旨歸。文德爾斑把重點改放在「歷史」的理念上，雖然的確加深了吾人對人文科學的理解，但「歷史」能否取代「人」的理念去扮演類比原項的角色，則是很惹人疑竇的！除非我們對所謂的歷史進一步地加深理解！這進一步的工作，在狄爾泰等人的手上雖然得以醞釀，但真正的突破，還是要等到海德格。對海德格而言，「歷史」的問題一轉而為「歷史性」的問題。而所謂歷史性的「載體」再不是歷史事實，而正是具有特殊存在性格的「人」自身。

五、海德格論「歷史」及人存在的「歷史性」

誠如上述，在西方學術傳統中，包括哲學在內的人文科學長期處於自然科學的影子下發展。到了十九、二十世紀之交，由於自然科學的進步加速了步伐，人文科學受到的壓力亦與日俱增。而最大的問題是，在前者的影響下，人文科學學者潛在地依附了自然科學還不自覺。這種現象，當時在學界固然普遍，但最經典的例子，莫如 1929 年卡西勒（E. Cassirer）與海德格二人於瑞士達沃斯（Davos）舉行的馬拉松式的學術辯論聚會。

達沃斯辯論觸及了許多卡西勒和海德格共同關心的問題。在

談到人文科學和自然科學的關係時，卡西勒首先申明數學及自然
科學並非學問的全部，因而不能取代人文科學。然而，卡西勒卻
認為數學和自然科學具有高度的嚴密性，可以為人文科學提供一
理想的典範（Paradigm）。但是，海德格卻衝著卡西勒這個論點
作出非常強烈的回應。海德格認為人文科學根本不應該模仿自然
科學的典範去從事自己的研究。海德格並認為自然科學固然表現
了操作上的嚴密性，但硬把這一種嚴密性放於人文科學的領域
去，結果根本解決不了人文科學所關懷的人生問題，反令人文科
學陷於進退失據的困局。[24]

　　海德格這一立場其實早已在醞釀。對海德格來說，西方的人
文科學學者無疑有一種自卑感，以為不如自然科學的嚴格是自身
的缺憾。就這一點，海德格卻常常獨排眾議，堅持一套很特別的
態度說：「物理學並不比史學較為嚴格，而只是較為狹窄。」[25]在
《存在與時間》一書中，海德格亦有類似的說法：「數學並不比
史學較為嚴格，而只不過就存活論基礎有關的問題方面來說顯得
較狹窄而已！」[26]

24　達沃斯辯論紀要經波爾諾夫（Otto-Friedrich Bollnow）整理，後輯見 Heidegger,
　　Kant und das Problem der Metaphysik, 4. erweiterte Auflage（Frankfurt/Main:
　　Klostermann, 1973）, pp. 241-268.

25　這話引見與海德格同年，又同為胡塞爾助理的另一位現象學家貝克（Oskar
　　Becker）。德文原文是"Die Physik ist nicht strenger als die Geschichte, sondern
　　nur enger." 參見 Oskar Becker, *Größe und Grenze der mathematischen Denkweise*
　　（Freiburg: Alber, 1959）, p. 161。

26　見 Martin Heidegger, *Sein und Zeit*, 12. unveränderte Auflage（Tübingen:
　　Niemeyer, 1972）, SZ: 153。原文為 "Mathematik ist nicht strenger als Historie,
　　sondern nur enger hinsichtlich des Umkreises der für sie relevanten existenzialen
　　Fundamente."

　　海德格這一種立場，在當時的哲學圈子裡，確實令人耳目一新！其言下之意，自然科學的「嚴格性」固然是一長處，但這長處卻是有代價的。而代價就是只能對某一定範圍的自然或技術對象有意義。相對於人的存在之種種處境而言，便顯得狹窄。換一種說法，自然科學之所以能表現出高度的嚴格性，正是因為它可以把問題縮窄到某一技術尖端裡的緣故。相反，人文科學（一如歷史）就其必須回應人的種種非技術性的存在困惑這一種承擔而言，要把自己裝扮得像自然科學那樣嚴格既無需要，亦根本不恰當。

　　此中，海德格一再推出「歷史」，並使之與物理學和數學分別對陣，他所指的歷史是甚麼呢？誠然，我們大可測想是指學院裡的歷史研究。但君不見學院中的歷史研究一樣可以鑽進牛角尖裡，用很嚴格的方法處理一些極其狹窄的問題麼？而且，上引一句話在提到「歷史」時，竟然談甚麼「存活論的基礎」，則海德格所指的歷史非一般歷史學者口中的歷史當可想見。

　　上引兩段說話中，海德格提出歷史分別與物理學和數學對比，用意顯然和文德爾斑以歷史與自然科學排比論列有異曲同工之妙。而這也可以說是西方人文科學學者為人文科學自我定位的又一嘗試。然則海德格到底怎樣看歷史呢？他的歷史觀如何有助於開發人文科學的深層意義之餘，又能融入海德格自己的理論中？這一連串問題都不是一時間能全面處理的。現在讓我們先就幾個要點略述其中梗概：

(1) 「歷史」的根源意義——「歷史性」

　　歷史這個概念，其實自古以來都隱藏著一定的歧義。它可以指關於某些往跡的描述，也即文獻意義的歷史，但也可以指這些往跡整個發展的歷程。此中，歷史學之必須建基

Modern　　　oracle script　　　bronze script

歷 (*li*)

史 (*shi*)

Comparing the modern and archaic script forms of *li* and *shi*

於歷史之上，是很明顯的。這兩重意義在英語只有 history 一個詞去表達，但在德文裡卻可由 Historie 與 Geschichte 兩個不同的詞去分別處理。而德國歷來許多學者如朵依森（Droysen）、尼采、布爾特曼（Bultmann）等都很意識到這一區分的深層意義。[27]而這一區分，對於說明海德格對「歷史」的理解，更為必要。為求清楚，我們可把 Historie 譯為「歷史學」，以突顯其作為一種記述往跡的學科的意義。而 Geschichte 則譯作「歷史」以強調其為既往事件的發展經過的意思。要進一步說明這道理，我們可以指出，古漢語本來只有「史」而無「歷史」一詞。而古語「史」字本來就是「以手持冊簡」的意思，而後加的「歷」字原本是「踏過禾田」的意思。[28]換言之，「史」和「歷」二字本來便分擔了

27　參 1）Max Müller, "Historie und Geschichte im Denken Gustav Droysens," *Speculum Historiale: Geschichte im Spiegel von Geschichtsschreibung und Geschichtsdeutung*（eds.）Clemens Bauer, Laetitia Boehm and Max Müller（Freiburg i. Br.: Alber, 1965）, pp. 694-702. 2）Gisbert Greshake, *Historie wird Geschichte. Bedeutung und Sinn der Unterscheidung von Historie und Geschichte in der Theologie R. Bultmanns*（Essen: Ludgerus, 1963）.

28　就古文字字形而言，「歷」字解作「腳踏禾田」是幾無異議的，但「史」字的解析卻爭議甚多。先是，自許慎到晚清吳大澂、王國維等傳統學者都持

今日廣義的所謂歷史概念中的「記述」與「歷過」兩項歧義。

而經過澄清後，我們乃可指出，如果我們把「歷史學」理解為史料撰述的活動的話，則「歷史」卻另有一個較深層的意義：歷史是在時間中不斷歷過和伸延的事態。就以「羅馬衰亡史」為例，如果我們不是指吉朋（Gibbon）撰寫的那本《羅馬衰亡史》的史學鉅著的話，則自然是指古羅馬自西元二世紀開始面對北方民族大遷移，至 1453 年君士坦丁堡城破為止的一段漫長歲月了。這意義的歷史之具有「時間性」、「歷過性」和「伸延性」等主要特點，是從常識亦可以想像的。

然而，以上的說明對海德格來說，還未觸及「歷史」的最根本的意義！

我們要知道，「歷史」的問題在海德格整個思想體系中雖然重要，但卻並非理論的中心。海德格思想的中心課題在於「存在」（Sein）、「此在」（Dasein）、「真相」（Wahrheit）、「本然」（Ereignis）等理念之上，這都是學界早已認定的。不過，如果容許我把這一干理念都來一個「解構」的話，則我會簡單地說，海德格一生的學問，其實離不開「人於茫茫宇內如何審度自己的處境和決定自己的行止」的問題。而一切其他討論，包括今天要交

「以手執中（冊簡）」的說法。但當代學者如陳夢家、徐中舒等愈來愈多持另一說法，認為上古「史」、「事」相通，而其字形均指「持拍狩獵」。今儘管爭議仍在，吾人大底可辯稱「以手持冊簡」起碼是一引申的和長久以來被認可的說法。有關爭議參見于省吾，《甲骨文字詁林》，卷四（北京：中華書局，1996），頁 2947-2961。至於圖中「歷」、「史」二字的甲骨及金文樣式分別參考下列字書：1）徐中舒編，《甲骨文字典》（成都：四川出版社，1998）；2）容庚編，《金文編》（北京：中華書局，1998）；3）周法高、張日昇、徐芷儀、林潔明等編，《金文詁林》（香港：中大出版社，1974-75）。

代的「歷史」，亦必須關連於這一個總問題之上，才能顯出意義。在這一尺度下，我們終可點出問題的真正關鍵了：對海德格來說，歷史這問題之所以可能，是因為人具有「歷史性」（Geschichtlichkeit）；而「歷史性」根本上屬於人的「存活結構」，也即「人性」的一部分。

(2) 「歷史性」與「時間性」

剛才我們從常識亦可點出如「羅馬衰亡史」般的「歷史」必須有時間性、歷過性和伸延性等成素。如今我們發覺，海德格把這些成素都完全接受了。不過，我們從常識出發，一般都會把時間、歷過和伸延了解為一些客觀的事態。而海德格卻立場一貫地把「時間性」（Zeitlichkeit）、「歷事」（Geschehen）和「伸延性」（Erstreckung, Erstrecktheit）等都歸入人的存活結構之中。而其中的「時間性」更可說是比「歷史性」更為基本。至於「歷史性」與「時間性」之間最重要的理論關聯，就在於「歷史性」能為「時間性」這個畢竟較抽象的存活現象提供一個「更具體的說明」（konkretere Ausarbeitung）而已。[29]換言之，「歷史性」比起「時間性」來說，對於說明小我生命乃至大我關懷，更能與我們的實際生活體驗相印證。

嚴格而言，「時間」的本質問題比起「歷史」的本質問題更抽象、也更為困難。奧古斯丁豈不早已抱怨「時間」這回事奧祕難解嗎？[30]不過，在西方人探求「時間」底蘊的路上，主要的足跡還是清晰能辨的。到康德為止，最重要的階段有三：在牛頓的

---

29 Heidegger, *Sein und Zeit*, SZ: 382.

30 St. Augustine, *Confessions*, Bk. XI.

物理學中，時間是一些可量化（quantifiable）和可量度
（measurable）的元目，是與物質和空間（長度的立方）鼎足而
立的三種終極實在。在萊布尼茲的形而上學中，時間成為了眾多
單子（monads）之間的關係，其雖然本身不是實體，但卻由上
帝妥善地管理安排！到了康德，時間再不只是外在的實在性或相
對的關係。相反，上述意義的時間之所以可能，是因為吾人的感
性直覺必須於時間（和空間）的形式下進行，時間於是成了人的
感知活動的樣式。時間概念發展這三個階段，勞思光教授以前曾
以很精審的比喻說明：牛頓把時間基本上當作「實詞／名詞」，
萊布尼茲把時間基本上當作「形容詞」，而康德談論時間，則基
本上視為「副詞」。換言之，「時間」在康德系統中的基本用度，
是要表述人類直覺活動的模式。[31] 順著這一思路，則海德格的
「時間性」概念的意義便呼之欲出了：對海德格來說，「時間」
就是人的「活動」自身。因此，他除了談「時間性」外，還說時
間性之「時化」（zeitigen, Zeitigung）！如果套用上述的比喻，
則海德格比康德更進一步，直把時間訂定為「動詞」。對海德格
來說，吾人生而必有關注，而所謂關注，必以時化的方式開展，
而吾人的種種生命境域或身臨的種種世界，莫不可由「時化」導
出。就這一問題，海德格《存在與時間》一書中有非常詳細的分
析。而其中又要觸及進一步的概念分析（如「本真與非本真」、
「踰出格式」等）。當然，限於篇幅，本章就不再詳細交代。[32]

31　見勞思光著，關子尹編，《康德知識論要義新編》，頁 67-68。從語法角度
　　看，副詞的作用正是用以 modify 一動詞的。

32　較詳盡的討論可參見關子尹，〈海德格論「別人的獨裁」與「存活的獨我」〉，
　　《鵝湖學誌》，卷 6，頁 113-164，現收於本書。

　　明白了海德格的「時間性」和「時化」的意義後，則其把「歷史」的問題一變而為人存活結構中的「歷史性」問題，便完全可以理解了。正如「時間性」之外還有動詞意義的「時化」一樣，海德格言「歷史性」（Geschichtlichkeit）之餘亦提出了「歷事」（Geschehen）這個動名詞，作為一切有關歷史的討論的最終極意義根源。Geschehen 在德文中一般解作「發生」（happening），英譯者 Macquarrie 及 Robinson 二氏譯之為 historizing 是很恰當的，因為這樣，一般所謂「歷史」背後涉及吾人在「經歷事情」這一個意念便立即活現了。「歷事」和「時化」一樣，其動名詞的身分很清楚地說明了。歷史的最根本意義來源，全在乎吾人的存活關懷活動，而此一「歷事」活動中所涉及的種種事件和事態都是於時間或時化的向度中被吾人所顧及的。[33]海德格曾把人描繪為「事態的主體」（Subjekt der Ereignisse），[34]正也是要說明一切所謂歷史事態歸根究柢都離不開人的歷史性或人底「歷事」這一道理。

　　其實當文德爾班提出「人是一具有歷史的動物」，和後來狄爾泰提出了「人是一歷史性的存在」（ein geschichtliches Wesen）時，一種把歷史的根溯源於人自身的想法便早已形成。[35]然而，海德格關於「歷史性」和「歷事」的想法還有更深一層的意義：首先，海德格把歷史收進作為人的存活結構的歷史性去談論時，並不是說只有當人從事「歷史學」或「歷史研究」時才發揮其歷

33　關於海德格的「歷事」概念的分析，詳情參見 *Sein und Zeit*, SZ: 19, 371ff, 384ff.

34　Heidegger, *Sein und Zeit*, SZ: 375.

35　Dilthey, *Der Aufbau der geschichtlichen Welt in den Geisteswissenschaften*, p. 347.

史性。他的意思其實是說人的思想、理解、乃至行動無處不滲析著歷史性。這一點，海德格在《現象學的基本問題》一講稿中說得最清楚：「理解作為一種自我籌劃而言，其實就是此在（按：即指「人」）歷事的基本方式。我們亦可以說，這也是行動的真正意義。藉著理解，此在的歷事、也即其歷史性乃得到充分的說明。」[36]

海德格在 1920 年前後為雅斯培新書寫的書評裡，更衝著胡塞爾指出，人生命中的經驗並不能用胡塞爾式的意向性理論去處理，因為人生終究而言並非只是一些對象經驗，而是一徹頭徹尾的「歷史現象」。而作為一歷史現象而言，生命亦非一供人研究的「對象歷史現象」（objektgeschichtliches Phänomen），而是一「踐行歷史現象」（vollzugsgeschichtliches Phänomen）。[37] 所謂「踐行」就是在生命的旅途中把自己的關注朝著過去、現在乃至未來「伸延」出去。如是地，海德格把「歷史」這個現象與人的活動的關係作了更進一步的界定。

(3) 歷史時間的特性

以上我們試從海德格思想內部的問題，揭示了歷史問題的根源其實就是人的存在問題。而較早前我們亦指出了人文科學的關

---

36 Heidegger, *Grundprobleme der Phänomenologie*, GP, GA-24: 393.

37 見海德格評雅斯培 *Psychologie der Weltanschauung* 一書的書評。"Anmerkungen zu Karl Jaspers '*Psychologie der Weltanschauungen*'," in *Wegmarken*, hrsg. F. W. von Herrmann（Frankfurt/Main: Klostermann, 1976），GA-09: 37. 關於這兩個概念的英譯問題，可參見 Theodore Kisiel, *The Genesis of Heidegger's Being and Time*（Berkeley: University of California Press, 1993），p. 508。

鍵也在於人。如今我們乃可以理解，何以長久以來這麼多學者一再以歷史和自然科學對比去揭示人文科學的基礎了。關於這一個問題，海德格早自 1916 年的教授升等就職講詞〈歷史科學中的時間概念〉[38]開始便不斷思索和交代所謂歷史科學（也即人文科學）的時間到底和自然科學裡談的時間有何根本分別。其中有如下要點：

(a) 物理學引用時間的目的，是要為自然事物的運動提供一量度的準則。[39]這一意義的時間必須能準確地被量化，和被設想成為一同質的（homogene）「時軸」，以應種種物理運動的需要。因為只有這樣，時間才可以成為一項可被計算的因素而被納入自然科學的律則之中（例如伽利略的地表運動定律）。相對而言，海德格指出，歷史科學的目的根本上與自然科學不同。歷史科學的對象乃是人類的心智活動客觀化而構造出來的文化。其目的乃是把這些心智活動底種種有獨特意義的文化價值，按其發展歷程和客觀影響清楚地陳列出來。[40]在這種迥異的要求下，歷史科學的時間的重點不在於「量」上的長短或先後，而在於點出歷史事件或歷史人物在整個存在脈絡中於「質」方面的位置（Stelle im qualitativen historischen Zusammenhang）[41]，也即藉著時間的確定為一些重要的事情紀實。故海德格說歷史時間都是有「價值關連」的（Wertbeziehung）。[42]海德格還舉出了西元 750 年富爾達

---

38 Martin Heidegger, *Frühe Schriften*, GA-01: 413-433.

39 時間的這一種特性早由亞里斯多德提出，參見 Aristotle, *Physics* III, 1.

40 Heidegger, *Frühe Schriften*, GA-01: 426-427.

41 *Ibid.*, GA-01: 432.

42 *Ibid.*, GA-01: 433.

（Fulda）的大饑荒為例，說明史家很難從一量化的角度對
750 這個數字有任何作為。750 是一個無法被重複的年分，對
史家而言，這樣的一個歷史時間只能成為歷史洪流中一些獨
特和重要的史實的一個「凝聚或結晶點」（condensation and
crystalization）[43]而已。

(b) 在歷史的洪流裡，甚麼事情是重要的標準應該如何定奪呢？
這個文德爾斑一度提出的問題終於又要出場了。就這一問
題，西方長久以來便有以蘭克（Ranke）為首的科學歷史學觀
和以朵依森代表的歷史目的論的爭議。這問題落在海德格手
中卻得到一個完全不同的出路。基本上，作為哲學家的海德
格並沒有單純地站在兩方中的任何一方。正如我們一再申
述，對海德格來說「歷史」再不只是傳統的歷史研究問題，
而直繫於人的存活結構。他雖沒有明言，但已很清楚地是把
上述兩種史觀融入了作為人的存活結構的歷史性中，兼收並
蓄，成為所謂的「非本真歷史性」（uneigentliche
Geschichtlichkeit）與「本真歷史性」（eigentliche
Geschichtlichkeit）。

(c) 上述有關自然科學與歷史的區分，從希臘自古以來關於
χρόνος 與 καιρός 之區別亦可得見。如果 χρόνος 主要用以指謂
自然地和中性地在流衍的時間的話，則 καιρός 指的卻是從無
垠的 χρόνος 中就某些事故的相關性而被「斷裂」出來的時
刻。在希臘文裡，καιρός 與 κείρω（切割）、κρίνω（判斷）等
概念是有關連的。因此 καιρός 也便有了那被「判斷」為「恰

---

43 *Ibid.*, GA-01: 431.

當」的時刻或時機的意思。[44]對亞里斯多德而言，καιρός 所指的就是「在恰當的時刻，於恰當的場合，對恰當的人，為恰當的目的，和以恰當的方式。」[45]對海德格來說，καιρός（恰當時刻）這個古希臘概念的重新發現無疑對他的時間學說產生了關鍵性的影響。我們現在已有充分的材料證明，海德格學說這一個轉捩點是發生於二〇年代初，而影響的契機就是他對基督教 παρουσία 概念和亞里斯多德 φρόνησις 概念的比較分析。[46]因為，無論在古希臘或在早期的基督教理論中，凡事如要成全，時刻或時機的掌握都是最重要的。而一切事情最重要的莫過於其始終；又或者可說：事情一旦開始了，將要如何終結是一件極重要的事。基督教史觀重視所謂「末世」（ἔσχατον），和海德格後來談人「存在」的歷史性時強調「朝向死亡存在」（Sein zum Tode），就是這個原因。此中，「朝向死亡存在」很明顯地涉及了人底有限性的考慮，這一考慮對時間於生命中構成的問題便將產生一根本的影響。

(4)「本真的歷史性」和「非本真的歷史性」

44　參 Liddell-Scott, *A Greek-English Lexicon* 中的 καιρός 條。另參見 Christoph Lange, "Alles hat seine Zeit. Zur Geschichte des Begriffs καιρός," Die documenta und Museum Fridericianum Veranstaltungs-GmbH. http://www.documenta.de/museum/ck/tcl.html（27-09-2000）.

45　見 Aristotle, *Eth. Nic.*, 1106b21, 引見 Theodore Kisiel, *The Genesis of Heidegger's Being and Time*, op. cit., p. 298.

46　Kairos 問題對海德格哲學早期發展的重要性，最早由蒲格勒（Otto Pöggeler）提出；參見氏著 *Der Denkweg Martin Heideggers*（Pfullingen: Neske, 1963, 1983, 1990）。海德格這一階段的思想進一步的研究可參見 Kisiel, *The Genesis of Heidegger's Being and Time*, op. cit.

　　「本真」和「非本真」是理解海德格現象學必須掌握的重要
概念區分。簡單地說，是生命踐行（Vollzug）的兩種最基本的
樣態。如果覺得這不好懂，則用和海德格份屬同輩的另一現象學
者貝克所謂的「自我掌握」（Selbsthabe）和「自我迷失」
（Selbstverlorenheit）去理解便好懂得多了。[47]海德格談論得最多
的，是「本真的時間性」和「非本真的時間性」。不過正如上述，
歷史性乃是時間性的「較具體的說明」，因此也引出「本真的歷
史性」和「非本真的歷史性」的問題。[48]

　　「本真的歷史性」就是承擔責任和使命的「決心」
（Entschlossenheit）。這一決心驅使吾人要洞悉一己小我乃至群體
大我的歷史處境。而這又必要求吾人於種種存在的有限性中（包
括吾人無以踰越的死亡）認定未來的一些努力的可能，並以之為
吾人踐行的圭臬，然後促使自己把關注（Sorge）往返地伸延
（erstrecken）到過往，汲取其殷鑑，以作為當下抉擇的參考，俾
使吾人知所行止，或如亞里斯多德所言一般，懂得於一恰當的時
機以恰當的方式做恰當的事。本真的歷史性最重要的特點就是表
現了明確的「方向性」，而且這方向性是以未來為導向的。海德
格說得很清楚：「……歷史的真正重點既不在於過去，亦不在於
現在及其與過去的關聯，而在於〔人〕存在的本真經歷，而〔人〕
存在這種本真的經歷乃是發源於此在（Dasein, 即人）的未來的。
作為此在的存在樣式而言，歷史的根株基本地是種植於未來之上

47　Oskar Becker, "Para-Existenz: Menschliches Dasein und Dawesen（1943），" *Dasein und Dawesen. Gesammelte philosophische Aufsätze*（Pfullingen: Neske, 1963），p. 89.

48　關於本真性與非本真性，和關於本真時間性和與非本真時間性，上引兩文已有詳細討論，於此不再贅述。

的……」。[49]

至於所謂「非本真的歷史性」其實是「非本真的時間性」投身於歷史向度的表現。非本真時間性的特點是沒有方向地只知「營役」於（besorgen）一些「世中事」之中，和只著眼於當下令人感到「好奇」的世事之上，由於生命的「零斷無根」（zerstreut），吾人最容易迷失於「別人」的公共意見之中。至於所謂「歷史學」（Historie），海德格認為其本乃出自「本真的歷史性」[50]，但正如吾人隨時可能沉湎於非本真的生命一樣，歷史學研究也最容易陷入種種令人「好奇」的史料中。如果治歷史只知處理材料，而昧於歷史的「處境」，和看不出歷史的「機運」（Geschick），則吾人也最容易於「世界史」（Weltgeschichte）的歷史洪流中感到迷失。[51]

(5) 歷史性的模態重點

「模態」（Modality）是歷來西方邏輯和哲學談論最多的課題之一。模態基本上可以說是一命題或判斷所能獲得的一最廣義的值。自亞里斯多德的《分析前篇》（*Prior Analytics*）以來，一般都認為模態主要有三種：就是「必然性」（necessity）、「現實性」（actuality）和「可能性」（possibility）。在西方傳統哲學討論裡，三種模態中，「必然」涉足於神學和邏輯，甚至數學等領域，一向備受重視；而「現實」則是經驗科學的基石，亦具有重要地

49 Heidegger, *Sein und Zeit*, SZ: 386.

50 *Ibid.*, SZ: 394ff.

51 *Ibid.*, SZ: 387-392, 特別 SZ: 389. 如欲就海德格這個頗費思量的問題作進一步探究，可參見 Theodore Kisiel 的有關討論。見氏著 *The Genesis of Heidegger's Being & Time*, op. cit., pp. 348-353.

位；相對之下，「可能」是最不確定的，地位與前二者大有距離。模態的問題發展到了康德，有了一定的發展和澄清。康德把三種模態都納入其「範疇表」之中，並且整體而言，給予「模態」一個新的界定。對康德來說，模態所表述的並非一判斷的內容，而是判斷相對於吾人的認知能力的關係，這反映了康德知識論的基本立場。具體地說，這是指出所謂「模態」，必須從人的角度釐定。此外，康德又重申了亞里斯多德於「邏輯可能性」與「事實可能性」之分別，對當時的哲學問題，起了很積極的清理作用。

　　然而，這一套模態理論對狄爾泰和海德格來說，都是不足以有效地處理他們所特別關注的生命問題的。上面我們不是交代過狄爾泰不滿於整個西方傳統的範疇理論，而力主建立所謂「生命範疇」（Kategorien des Lebens）的學說嗎？現在我們已有充分的證據顯示海德格早年亦承襲了狄爾泰的想法，提出「生命範疇」的建議。[52]而且，為了營造一概念空間以展開有關「生命」現象的討論，海德格自二〇年代初開始便已著手締造一套自己的術語。[53]其日後在《存在與時間》中廣為人知的所謂「存活理論」

---

52 見海德格早期講集，《亞里斯多德的現象學解釋》，Martin Heidegger, *Phänomenologische Interpretationen zu Aristoteles: Einführung in die phänomenologische Forschung*. Frühe Freiburger Vorlesung Wintersemester 1921/22, hrsg. von Walter Bröcker und Käte Bröcker-Oltmanns（Frankfurt/M: Klostermann, 1985），GA-61: 84ff. 在這裡我們應申明，就思想淵源而言，海德格正是在分析亞里斯多德實踐哲學的場合中提出「生命範疇」這一概念的。

53 海德格這一時期已提出不少「生命範疇」，較重要的有 Neigung, Abstandstilgung, Abriegelung（Kategorien im Bezugssinn des Lebens）; Reluzenz, Praestruktion（Bewegungskategorien）; Ruinanz 等。見 Heidegger, *Phänomenologische Interpretationen zu Aristoteles: Einführung in die*

（doctrine of existentials），根本上完全是從「生命範疇」觀念脫胎出來的。他認為傳統的「範疇」只適合處理自然現象，而為求給生命現象的論域開闢新的概念工具，提出了「存活格式」（Existenzialien），使與「範疇」相對。從哲學史的觀點看，海德格的「存活格式」理論就功能而言完全是西方傳統所謂「範疇」的延續，所不同者，是把傳統的範疇調整到適宜處理生命現象而已。海德格選用這個術語有一定的哲學考慮，但如果大家聽不慣，則仍按「生命範疇」去理解從理路上看是毫無問題的。[54]

正如上述，傳統的三個模態中，可能性的地位可謂最低。然而，在生命現象的場合，或嚴格而言，在生命踐行的場合裡，這種情況卻來了一個極大的轉變。在《存在與時間》一書的導言中，海德格已有如下的一句話：「可能性高於現實性。現象學的領悟唯在於把現象學當作可能性來加以掌握。」[55]

到底可能性在哪一個意義下高於現實性呢？就這問題，海德格在《存在與時間》一書較後的章節作了非常清楚的交代。答案的關鍵是：如今談論的，再已不是自然科學的對象，而是人文科學的中心課題，也即人的生命踐行本身。對海德格來說，如果「可能性」只是一個模態範疇的話，則它只不過是「尚非現實的」（noch nicht wirklich），和「根本不必然的」（nicht jemals

---

phänomenologische Forschung, op. cit.

54 有關範疇論及存活論（和存活格式）之種種，作者曾有專文重點討論。參見關子尹，〈從比較觀點看「範疇論」問題〉，現輯於《從哲學的觀點看》，頁157-218；更詳細的討論見 Tze-wan Kwan, "The doctrine of categories and the topology of concern: Prolegomena to an ontology of culture," *Analecta Husserliana*, vol. 46（Dordrecht: Kluwer, 1995），pp. 243-302.

55 Heidegger, *Sein und Zeit*, SZ: 38.

notwendig），也即「只不過可能而已的」（nur möglich）。說這一意義的可能性的存在地位低於必然性和現實性是可以理解的。但如一旦把「可能性」當作為一種存活格式（生命範疇）時，情況便大為不同。簡單地說，我們在生命實踐中，重要的不是我們現在是甚麼，而是我們可以是甚麼。吾人於現實生命中這種真的可被考慮的「可能性」，海德格有時很傳神地喚作「可以是」（Seinkönnen）。

海德格認為，自然事物的可能性，如果和我們無關的話，則只是一些「隨意的不在乎」（libertas indifferentiae）意義的可能性。[56]但是生命中的可能性卻絕非無關痛癢的。人生的可能性的確有許多，但絕非無盡的多。最重要的是，當我們實現了一個可能性時，便必也放棄了、或錯過了許多其他可能性。我們自以為掌握對了，但很可能終於發現自己的抉擇是錯的。這在在顯出人必須為自己的可能性慎思和負責。而最重要的是，人生而為人（而不是一塊頑石），便無可奈何地要面對種種可能性。生命的這種處境，海德格稱為「被投擲於可能性」中。人之有可能性是人所能享有的最真正意義的自由。最諷刺的反而是，世人最懼怕的經常也就是這種自由。因此往往寧可放棄、「背離」自己抉擇的責任，躲進所謂的「別人」的非本真世界裡，享受安逸。但如果這樣，人的生命便會完全被當前隨機偶遇的現實操縱，而完全不能支配自己的可能性。在這關鍵上，海德格指出人總會有一些呼喚，促使人從「背離」（Abkehr）中醒悟，轉而「面對」（Ankehr）自己，重新承擔生命中不願承受的選擇。這一現象，

56　*Ibid.*, SZ: 143-144.

海德格稱之為「選擇去選擇」（Wählen der Wahl）。[57]只有這樣，
生命中的「可能性」的重要性，才會得到完全的肯定。

　　海德格說在現象學裡可能性高於現實性，分析起來，其實已
隱隱透露了其勸諭世人應追求一自我掌握的生命的想法。正如前
述，本真的歷史性是以未來為導向的。可能性高於現實性這一模
態重點的轉移，其實也正標誌著作為一具有歷史性格的人必須以
未來為導向，才可以真正的體現生命。

　　關於「未來導向性」問題，西方的人文傳統中倡議的其實大
不乏人。除了史學圈子裡有一定的支持外，哲學家如尼采、托爾
殊（Ernst Troeltsch）、曼尼克（Meinecke）等都加以肯定。[58]然
而，海德格言未來導向雖然可就個人的生命講，但同時亦適用於
一般的歷史理論，因而對廣義的歷史主義（historicism）構成一
定的支持。

　　波柏（Karl Popper）在《歷史主義的貧困》一書固曾力言人
類的知識不能有效地對未來作出判斷，因而斷言所有歷史主義的
反省根本不能成功塑造美好的未來。[59]這種看法，當然與海德格
大相逕庭。波柏還本著其一貫的科學哲學立場，提出只有在歷史
的進程中不斷「排錯」（elimination of error [EE]），和「化整為
零的社會工程」（piecemeal social engineering），才是通向妥善的
唯一方法。波柏的理論，在社會政治實踐層面看，固然有嚴肅而

57　*Ibid.*, SZ: 268.

58　有關討論，參見 Gabriel R. Ricci, "Metaphysics and History: The Individual and
the General Reconciled," *Humanitas*, Volume X, No.1（1997）. http://www.
nhinet.org/ricci.htm（27-09-2000）.

59　見 Karl R. Popper, *The Poverty of Historicism*（London: Routledge, 1960）, pp.
iv（Preface）, 109f, 129ff.

正面的意義。不過話說回來，波柏的立場，其實正是把歷史和歷史知識的問題完全放在自然科學知識的框架內去考慮，而根本忽略了人文科學對未來的關懷並非一「事實」問題，而是「可能」問題的道理。誠然，國人有一句諺語，說「今日不知明日事」，但我們可以以此為由而杜絕世人為明天作計劃的訴求嗎？空想未來的理想世界固然不切實際，當下的排錯固然踏實得多，但試想如果完全沒有對未來的憧憬，則當下的錯誤可能根本不被察覺，排錯將從何說起呢？就這個理論困難，我認為 Gabriel Ricci 有一項概念區分很能把問題釐清：他從尼采的著作取得了靈感，指出當我們就所謂「未來」作判斷時，應明白「有關未來」（of the future）作判斷與「為著未來」（for the future）作判斷之間是有很大分別的。[60]換言之，我們儘管可以同意波柏的看法，認為吾人現有的知識不能讓吾人有效地就「有關」未來的事去預測，但即使如此，這亦毫不妨礙吾人可「為著」未來的處境高瞻遠矚。

六、對海德格的「歷史性」觀念的批評

海德格繼承了西方的人文傳統，把人文科學（或所謂歷史科學）的論域反溯於人的存活現象、也即人的生命踐行之上，而一步一步地把人的生命踐行現象回溯到時間性和歷史性之上。這對人文科學於自然科學的挑戰下應如何自我認識和自我定位而言，已達到了正本清源的效果。然而，除了這一人文科學理論層面的貢獻外，我認為海德格有關歷史性的分析於實踐方面亦有極大的貢獻：這貢獻就是讓具體生活中的我們能透過歷史性的掌握對一

---

60 見 Gabriel R. Ricci, op. cit.

己的生命增加自我認識、和有助於吾人於具體的生命處境中知道應如何自我定位。海德格《存在與時間》書中特別強調的「各自性」（Jemeinigkeit）概念，其實正是要把種種存活分析的結果納入每一自我的具體生命反省之中的。因為說到最後，所謂本真或非本真，所謂「自我掌握」或「自我迷失」，都不是理論的問題，而是每一自我要撫心自問地自己向自己交代的問題。

不少學者常指出海德格的本真非本真之區別乃一基礎存在論的區分，而其中並沒有倫理規範上的意涵云云。我對這一種論斷是從來不接受的。我認為海德格希望從一基礎存在論的「底層」去處理生命現象是一回事，但這一點並不妨礙其理論可以有極大的倫理意涵。事實上，如果一旦抽離了具體生命的日常生活處境，整個存活理論將只會淪為一紙虛文。誠然，海德格的存活理論絕不提出直接的道德規範，但起碼提醒我們可於本真與非本真之間作選擇。藉著本真與非本真、沉淪與決斷、背離與面對等生命情境之間的衡量，海德格的歷史性分析委實把每一讀者都「投擲於」最深刻的生命反省之前。當一讀者真正明白所謂「迷失於別人中」、和明白「沉淪」和「決斷」等概念的真正所指，和真的能如海德格要求一般把這些「概念」關連於其「最本己」（eigenste）的生活體驗的話，則其所會感受的震撼將會是鉅大的（起碼這是我個人的經驗）。

海德格的歷史性理論既有上述的貢獻，則其有關學說是否還留有可批評的餘地？我認為這是肯定的。撇開其他論點不談，以下我只想提出一點重要考慮：儘管海德格就「歷史性」所作的存活分析對吾人的生命實踐提供了可貴的反省空間，但「歷史性」能否對人的存活現象提供全部的解析呢？或者說，單單的歷史性能否覆蓋人類生命的所有處境呢？又或，人類種種生命情境中，

可曾有一些情境，是歷史性的分析根本不相應，或甚至會造成危害的呢？

透過對生命和生活充分的內省，我們不難發現，生命的確可以有許多情境或「時刻」，一方面不能算是一些「非本真」的和迷失於「別人」中的沉淪，但另一方面卻又根本不能用海德格所謂的「本真歷史性」和所謂「未來導向」去涵蓋的。要說明此中梗概，姑舉數例如下：如工作之餘的遊戲、如專心的在鑽研數學、如藝術家忘情於其創作、如一雙愛侶在山盟海誓、又或如肝腸寸斷的父母為其垂死的兒女所作的撫慰……

以上這許多處境中，我們都在作某種實踐，這些實踐都有嚴肅和莊重的一面，和有自足的價值。要體現這些價值，我們都要對事情有完全的投入。而在吾人生命中的這些寶貴時刻（kairoi）中，過分的「歷史性」（哪管是本真或非本真），過多的歷史向度的「價值計算」，和不合時宜的「未來導向」，往往會把我們生命中這些寶貴時刻糟蹋掉，從而對吾人生命整體造成損害！此時此刻，我們需要的不是「歷史意識」，不是「籌劃未來」，而是：盡情於遊戲、全心於數理、聽命於藝術創作的衝動、拋開一切同沐愛河（不是商量請酒席、供房子）、又或守望著頃刻的溫情當作永恆……

在現象學運動中，作為海德格同儕的貝克（Oskar Becker）便最能看出海德格的「歷史性」理論有如上述的限制。他對海德格的批評，一言以蔽之，就是指海德格的思想根本上是一「泛歷史的沉重哲學」（Panhistorische Philosophie der Schwermut）[61]。

---

61 Oskar Becker, *Dasein und Dawesen. Gesammelte philosophische Aufsätze* （Pfullingen: Neske, 1963）, p. 75.

貝克本為數學家和物理學家，因而特別從數學工作出發作出反
省。貝克提出，數學活動便是與所謂歷史性毫不相應的。順著同
一思路，他竟然開發了人的存在（Dasein）許多根本與歷史意識
無涉的存在方式（nicht-historische Daseinsweise des Menschen）。
舉其要者：如把自然科學了解為一「無我」的領域
（Selbstlosigkeit），而把如數學和藝術等訂定為一「忘我」的領
域（Selbstfremdheit）等。這明顯地有和海德格論歷史世界時的
「自我掌握」（Selbsthabe）和「自我迷失」（Selbstverlorenheit）
分庭抗禮之意。總而言之，海德格以「歷史性」作為探討「人存
在」的基本準則這一立場遭遇了普遍的懷疑！[62]

上述這一些對歷史意識底普遍性的懷疑態度，不用等到貝
克，其實早在海德格還未出生之前，已由尼采從很不同的角度提
出：尼采於其少作《不合時宜的省察》（Unzeitgemäße
Betrachtungen）一書的第二篇裡，提出了許多有關歷史、特別是
歷史意識問題的反省。該篇的子題標為〈論歷史對生命的利與
弊〉（Vom Nutzen und Nachteil der Historie für das Leben）。單看
這樣的題目，大概已經夠令人震撼的了！

篇中，尼采先提出了有三種意義的歷史，即所謂「碑銘
的」、「尚古的」和「批判的」三者，並對每一種意義的歷史的
用處作了分說。尼采認為，人類順著生命不同的處境，可能會覺

62 直到目前為止，關於貝克學說最深刻的分析仍要數 Otto Pöggeler,
"Hermeneutische und mantische Phänomenologie" 一文，*Kant-Studien*, Band 60
（1969）, pp. 298-311. 基於 Pöggeler 的啟發，作者多年前撰寫的博士論文中
亦有一章論及貝克對海德格的批評。見 Tze-wan Kwan, *Die hermeneutische
Phänomenologie und das tautologische Denken Heideggers*（Bonn: Bouvier,
1982）, pp. 154-168.

得這種或那種歷史較為受用：對一個「勇於作為和充滿鬥心」和
希望做一番英雄事業的人來說，「碑銘的」歷史能激勵其志氣；
對一個滿足於現況和希望「保存和推崇」其傳統的人來說，「尚
古的」歷史將有助於舒發其情懷；對於「處於苦難中和在尋求釋
放」的人來說，「批判的」歷史當然最能滿足其「判斷與責難」
的要求。[63]

　　值得注意的一點是海德格於《存在與時間》書中亦曾引述了
尼采這個歷史三分法，並作了頗詳細的討論。[64]但在討論裡，海
德格其實只在把尼采的三種史觀硬套進他自己的所謂的「本真的
歷史性」的三面相中，以說明歷史如何「有用」。但可惜的是，
海德格雖曾提到尼采認為歷史可能會產生害處（Nachteile）一
議，但他於詳細分析歷史的用處後，對於歷史可能的「害處」便
沒有再分析或交代。海德格給人的印象，是為了自己的理論需
要，只借尼采去片面地強調歷史的「利」，而把尼采最擔心的歷
史可能的「弊」的問題淡化了。

　　其實對尼采而言，認識歷史的用處和認清其害處是同樣地重
要的。尼采文中曾很清楚地指出：「生命之需要歷史乃屬固然，
但與此同時，吾人應當同樣慎重地掌握我以下要申說的命題，就

63　參見 Friedrich Wilhelm Nietzsche, "Vom Nutzen und Nachteil der Historie für das Leben, " in *Unzeitgemäße Betrachtungen*. In *Sämtliche Werke: Kritische Studienausgabe in 15 Bänden*, Band. 1, hrsg. Von Giorgio Colli und Mazzino Montinari（München/Berlin: dtv /de Gruyter, 1981）, pp. 258-270. 英譯：*Untimely Meditations*, trans. R. J. Hollingdale（Cambridge: Cambridge University Press, 1983）, pp. 67-76.

64　Heidegger, *Sein und Zeit*, op. cit., SZ: 396-397.

是過多的歷史是對活著的人有害的。」[65] 所以，尼采解釋了歷史的各種用處後，很快轉入另一個論題上：就是歷史意識（historischer Sinn）如果過度澎湃，最後終會令人吃不消，以致於危害生命。這一項警告，並非只適用於個人，還適用於國族云：「歷史意識的不寐和反芻，到了某一個限度，終於會對生命造成危害，最後甚至帶來毀滅。無論這是對一個人、對一個民族、或對一個文化而言，道理都是一樣的。」[66] 對尼采來說，歷史儘管有用，但卻應該善刀而藏之，如果不知節制，造成對「生命過度的鞭策」（Überwucherung des Lebens），便會罹患所謂的「歷史的疾病」（historische Krankheit）。[67]尼采為我們診完了病，並沒有忘記給我們處方，去針對病況。他給出的複方共有兩味：一是「非歷史」（Unhistorische）、二是「超歷史」（Überhistorische）。前者就是一種於生命中能夠把大問題「置諸腦後」（Vergessen），好安守於一有限的界域的本領或能力。後者指的卻是一種把自己的注意力從歷史的變化轉移至一些有永恆價值的問題去的能力，例如轉向藝術、宗教、科學等。[68]

　　尼采很明顯看到了貝克所看到的同樣問題。不過最可惜的是，他自己何嘗不是患上了「歷史的疾病」？這從他畢生都要把西方整個文化傳統的價值底重整的重擔扛在個人肩上一點可見。不管他有沒有吃自己處方的藥，但他敵不過對自己底生命的「鞭策」，終於倒了下來，卻是人所共知的！

65　Nietzsche, *Unzeitgemäße Betrachtungen,* p. 258; *Untimely Meditations*, p. 67.

66　Nietzsche, *Unzeitgemäße Betrachtungen,* p. 250; *Untimely Meditations*, p. 62.

67　Nietzsche, *Unzeitgemäße Betrachtungen,* p. 331; *Untimely Meditations*, p. 121.

68　Nietzsche, *Unzeitgemäße Betrachtungen*, pp. 330-331; *Untimely Meditations*, pp. 120-121.

七、結語

海德格對時間性和歷史性的分析，就其理論內部而言，清楚地顯出了所謂人的存活結構的具體內容。由於「人」的現象本來就是人文科學的基本對象，因此海德格關於歷史性的分析，間接地更成為了近代西方人文傳統在自然科學籠罩下務求自我定位的又一次重要嘗試。就此而言，海德格的有關學說顯然意義深遠。就人類存於世上必須不斷總結教訓、面對處境和迎接挑戰而言，「歷史性」和由此而引生的所謂「歷史意識」的重視當然有很正面的文化意義。然而，人類心智活動的多元性是否可以由「歷史性」窮盡，卻是很值得懷疑的。換言之，人文科學應重視歷史性和歷史意識之餘，似不應無限制地壓抑人類的其他意識！反之，更應該由其他強調客觀事理的意識去平衡，方為恰當。人類無論個體或民族，仗著歷史性而產生對既往的承擔、對當下行動的抉擇和對未來理想的憧憬誠然可貴，但過度的和片面的歷史意識除了容易流於空泛外，往往還最能使人障目。因此吾人於歷史上的承擔、抉擇與憧憬等意識必須輔以對客觀實況的審度。而審度為求適切，又往往要離開過分殷切的「歷史」眼光，對世上許多不同的事物（包括自然物事、世道人情、數學、藝術、經濟、政治、公民社會、國家民族、國際社會、乃至環境生態與全球命運等……）「就事論事」地去認識和參與。所謂「物各有則」，事物必須得到適當的尊重，其道理才會得以合理地顯示和得以恰當地發揮。換言之，人文科學雖有恢宏博大的歷史關懷，還是應該輔以自然科學對事理底帶針對性（狹窄的）而卻嚴謹的觀察的。一個遠大的歷史理想誠然崇高可貴，但如果不輔以上述的「非歷史」成素的話，則除了空洞之外，更容易流於武斷、偏激、甚至

鋌而走險。

海德格曾痛陳現代社會中「別人的獨裁」之弊，但他大概沒
有想到，「別人的獨裁」的反面就是「歷史的專制」，而其潛在
的危險，更只有過之！[69]

海德格畢生強調人存活的歷史性，也很充分的表現了知識分
子對歷史的承擔和對未來的憧憬。但對於歷史上的海德格來說，
最大的諷刺卻正是他個人的承擔與憧憬。我們這裡指的當然是他
自 1933 年以後與納粹主義的瓜葛問題。這問題過去幾十年爭議
從未休止，我今天無意再加入予海德格批評或替海德格開脫的行
列。許多學者都曾指出，海德格歷史上雖確曾犯錯，但其錯誤背
後還是有一份赤誠和出於對美好未來的憧憬的。論者往往認為海
德格最大的錯誤是對納粹主義的「精神內涵」產生了過高的幻
想，但由於他很快便從納粹圈子引退，因此尚情有可原云云。這
種對海德格作為一個學者予以同情的態度，我認為是可以理解
的。對海德格其人予以同情是一回事，不過如果我們把對海德格
的同情完全建立在其對納粹精神存在有幻想這理由之上，則我認
為是很危險的。

納粹運動功敗五十多年逾半世紀後的今天，我們當然可以輕
易指出海德格當時的錯誤，但假設希特勒政權直到今日還是權傾
朝野，則海德格當年的「錯誤」是否會因應於「成王敗寇」的原
則而成為「正確」？為免讓這些大是大非的問題流於如此荒謬的
裁決，我認為海德格的對錯問題是要與納粹的對錯問題分開來討
論的。在這一關鍵上，我同意阿佩爾（Apel）針對海德格晚期思
想提出的嚴厲批評。阿佩爾批評海德格未能予科學知識以合理的

---

69 見關子尹，〈海德格論「別人的獨裁」與「存活的獨我」〉，見前引。

安頓，和未能對人際溝通的問題作足夠的反思。他說海德格一直
警惕世人切勿犯上「存在的遺忘」（Seinsvergessenheit）的毛病，
但到頭來，他自己雖然不犯這個毛病，卻犯了「事理的遺忘」
（Logosvergessenheit）這另一個錯誤，[70]其代價是同樣鉅大的。
阿佩爾所指的「事理的遺忘」中被遺忘的 Logos 指的是「在言說
中的曲行的理解」所表現的語言理性（logos of discursive
understanding which is laid down in speech）[71]，換言之，就是人
類面對世界時，和面對公共議題而需要與人溝通時的實踐智慧。
海德格現實政治見解的鬆懈或許正是這另一種遺忘的後果。[72]

　　這刻我只想提出，以海德格於哲學上至今無可置疑的地位，
他如何可能於現實政治上犯上支持納粹這種錯誤判斷呢？而同樣
的錯誤又如何可以避免呢？海德格之所以為憧憬所誤，是否印證

---

70 見 Karl-Otto Apel, "Wittgenstein und Heidegger: Die Frage nach dem Sinn von
　　Sein und der Sinnlosigkeitsverdacht gegen alle Metaphysik," *Philosophisches
　　Jahrbuch*, Band 75, 1967, pp. 56-94，特別頁 88；此外，Apel 後來於一研討會
　　的討論中，亦重申這一指責，見 *Phenomenology: Dialogues & Bridges*, ed.
　　Ronald Bruzina and Bruce Wilshire（Albany: SUNY Press, 1982），p. 99.

71 參見 Karl-Otto Apel, *Diskurs und Verantwortung. Das Problem des Übergangs
　　zur postkonventionellen Moral*（Frankfurt/Main: Suhrkamp, 1988），p. 387. 引見
　　Paul Harrison, *The Disenchantment of Reason. The Problem of Socrates in
　　Modernity*（Albany: SUNY Press, 1994），p. 194. 後來 Richard Wolin 便指出海
　　德格因為把真理與非真理之間的界線也取消了，才造成其「事理的遺忘」，
　　參 Richard Wolin, *The Politics of Being. The Political Thought of Martin
　　Heidegger*（New York: Columbia University Press, 1990），pp. 118-123.

72 Thomas Sheehan 在一篇書評中曾對海德格有一句很精警的批評："The notions
　　of authenticity and historicality commit Heidegger to—in fact necessitate—a kind
　　of political *sensu latiori*." 參見 Sheehan 關於 Wolin 及 Rockmore 著作的書評，
　　Ethics, vol. 103/1（October 1992），pp. 178-181。

了尼采對所謂的「歷史疾病」、或貝克所謂的「泛歷史」意識而提出的警告呢？「歷史意識」可貴之處在於能讓吾人加深對意義、目的和價值等問題的反省，但當歷史意識無限膨脹，一至於覆蓋世上其他的事理，便會出現嚴重偏差。

從海德格的教訓，讓我們再回到應如何了解人文科學和自然科學之間的關係這問題。面對現代世界和自然科學的挑戰，人文學者一方面固不應只著眼於自然科學的某些長處，而只求盲目模仿，而應認清楚自身工作對象之目的、特質、難處和尊嚴所在，從而努力開發適合自己的概念和方法。我們固可堅信，一個只有自然科學而無人文素養的世界是可憐得不堪存活的。但另一方面，人文學者卻不能只顧著陶醉於自己的「特質」，並單方面地設想人文科學可以獨自建構出一完滿的存活空間。至於認為人文科學能從根本處涵攝一切的想法，更應知所節制。面對著自然科學由來已久的壓力，和面對著當代社會日新月異的挑戰，人文科學最宜採取不卑不亢的態度，於認清楚自身的使命和其內在價值與尊嚴之餘，對人文以外的一切事物採取參與和溝通的態度。不然，若迷醉於自己的「根本性」，則最後只能導致嚴重的人文自閉（humanistic autism）。說到最後，自然科學和人文科學都是人類心智的結晶，都是「天下之公器」。對人類整體來說，二者各有其不可取代的價值；對個別的人來說，兩面都要精通雖然並不容易，但二者不同程度的涉獵，肯定會為個人帶來更平衡、更豐盛和更滿足的人生。

4

「主體」和「人格」
——西方傳統的兩個「自我」形象
（1999*）

> 形而上地看，蘇俄和美國是同一
> 樣東西。（GA-40: 48-49）

一、引言

「認識你自己！」（γνῶθι σ᾽αὐτόν）[1]這言簡意賅的格言，對西方人以至對全人類而言都是一項重要任務，亦是對吾人智性最大的挑戰。自我作為一個哲學問題無可避免與它的對手——他者——相關聯。事實上，沒有察覺到他者就根本不能察覺到自我。因為自我與他者的區分可以放於不同層次理解，如自我自身與「他我」（alter ego）的區分、人際間種族或國籍的區分、文化承傳的區分，以至人與其身處的世界之區分等等，這些關聯其實比吾人所想像的要更為複雜。

從心理學的觀點看，自我的理解並非只是認知的問題，更影響吾人的行為。社會經驗告訴我們，當我們建立了一定的自我形象，這個形象會進而影響我們各方面的行止，如以怎樣的態度對待自己和身邊的他人，傾向做甚麼或不做甚麼。有趣的是，人們常常同時有不同的自我形象，例如有些人一方面諂顏地奉承老闆，另一方面又乖張地欺壓下屬，可幸仍然有些人能反過來對權貴不假辭色，和在強權面前為弱者抱不平。我們通常都會因為置身不同的社會環境（如在家庭中、職場中、作為遊客，甚至在道路交通情況中）有不同的行為。無論如何，人的行為的種種變化，往往反映了人對自己有不同的期望〔無論這些期望的分別是多麼微細〕，而這又可追溯到人所採納的不同的自我形象。這觀察其實不單能夠應用於個人身上，還可以應用於群體之上。

下文會將焦點放在「主體」和「人格」這兩個概念上，這兩

1　見刻於希臘西元前四世紀德爾斐的阿波羅神廟的三角楣飾上的格言，俗稱「德爾斐神諭」。

個名相皆出自西方,但其對我們了解現代人自我形象的塑成,卻不失其為兩個理想模型,特別是在現今全球化已成為大趨勢。我們首先會追溯這兩個概念在西方的源頭,之後會介紹一些中國〔和東方〕對自我的想法,以便在一更闊的脈絡下從不同的角度比較主體和人格作為自我的兩種理解。接著,我們會指出無論從西方還是中國的取向,如果片面地側重於「主體」或「人格」都會帶來嚴重問題。最後我們會總結看吾人是否需要一個更為平衡的自我理解,當中主體和人格皆可成為其交互制約的組成元素。

二、海德格對「主體」概念的批評

「主體」可視為西方人的第一個很鮮明的自我形象。首先,Subject 一字在現代歐洲語言中常指向人這一現象,例如 Subjective 或「主觀」這一形容詞往往解作某人一己之觀點。其次,西方現代及當代的哲學史差不多就是主體性理論的發展史,由笛卡兒(Descartes)對「我」(ego)的認知的發現起,接著到萊布尼茲(Leibniz)單子和力(conatus)的概念、費希特(Fichte)的「我」(Ich),以至黑格爾那包含甚至覆蓋一切的絕對主體性,蔚成傳統。主體性傳統在歷史上發展至二十世紀終在胡塞爾身上達到最高峰,但主體性亦同時受到一浪接一浪的挑戰。海德格是對主體性作出嚴厲批評的重要先驅,後來更引出強烈的反主體性運動,當中包括結構主義和後現代主義。因此,我們會從海德格對主體的反省〔或在一定意義下的解構〕開始。

在這主體性傳統的轉捩點上,海德格對主體性理論的批評很多時其實就是對胡塞爾的超越論的主體論的背離,胡塞爾的超越論是要將現象學建立在「獨立主體性的絕對領域」之「現象學的

剩餘物」上。[2]海德格對胡塞爾的背離，亦見之於他在指導學生修習現象學理論時，往往放棄胡塞爾轉向超越論主體性後新著的《觀念 I》一書，而寧取胡氏較早的未進入所謂超越論轉向前的《邏輯研究》[3]。海德格這一措舉，當然引了起胡塞爾的狐疑。在繼後的討論中，海德格好像對「主體」愈來愈有戒心，並在這點上與胡塞爾的立場愈走愈遠。

這一個爭論焦點，當時和胡、海均都保持緊密接觸的兩位現象學者傅嬰克（Eugen Fink）和貝克（Oskar Becker）都有深刻體會和作了一針見血的觀察。先是貝克在 1929 年為胡塞爾祝壽而寫的論文裡便詳細談到海德格《存在與時間》書中有關「有限性」的主題與胡塞爾的迥異。[4]而傅嬰克在與 Dorion Cairns 的談話中更曾指出無限與有限正是胡塞爾和海德格思想的最大分歧所在。[5]但為什麼這個分別那麼重要？傅嬰克多年後在其他場合還補充了一句話，他說：「〔海德格〕是要避免以任何方式從觀念上把人的本質擬神化（vergöttern）。」[6]

2　Husserl, *Ideen I*, §33.

3　參 見 Heidegger, *Prolegomena zur Geschichte des Zeitbegriffs,* GA-20（hrsg.）Petra Jaeger（Frantfurt/Main: Klostermann, 1979）. 在這論集中，海德格表明了對胡塞爾「範疇直觀」概念的興趣，並認為借助某一意義的亞里斯多德觀點會較能對「存在」問題帶來突破。另見 Richard Cobb-Stevens, "Being and Categorial Intuition," *Review of Metaphysics*, Vol. XLIV, No. 1, 1990, p. 43ff.

4　Oskar Becker, "Die Philosophie Edmund Husserls," *Kant-Studien,* Vol. 35, 1930, pp. 119-150（引 見 Gadamer, "Phänomenologische Bewegung," *Philosophische Rundschau*, Vol. 11, 1963, p. 24）。

5　參 見 Dorion Cairns, *Conversation with Husserl and Fink*（Den Haag: Nijhoff, 1976）, p. 25.

6　參 見 Eugen Fink, "Welt und Geschichte," in *Husserl et la Penseé moderne,*

　　傅嬰克這句說話帶出了海德格對西方主體性哲學傳統不滿的真正原因。事實上，海德格對現代西方主體性理論的這種態度不但影響了現象學的內部發展，而且還對後現代思想浪潮的興起有很強的指引作用。我們往後還要看看到底海德格這個立場是否有商榷的餘地。筆者在對海德格的立場作出反省前，會首先順著他的思路，循語源學解釋他所理解的「主體」，然後從「哲學理論」層面、「文化意識」層面和「社會政治」層面重構海德格對主體性的批評，以展示他反對主體性哲學的真正顧慮。

(1) 「語源學的」說明

(a) 海德格一生多次從語源學的角度指出主體〔拉丁文為 subiectum〕概念源出於亞里斯多德 ὑποκείμενον 一概念。其字面上的意義是「那躺在下者」（das Unterliegende, the underlying）。這概念有兩種解釋，首先可邏輯上解作為謂述基礎的「主詞」，此外，存在論上又可解作那承載偶性的「托體」。因此，ὑποκείμενον 實際上可以指造化中任何可想像和談論的事物：如蘋果、樹木、杯盤、河山，城市等等。換句話說，ὑποκείμενον 的本義實可指一切東西，或任何存在者，而絕對不是一被吾人類用以指謂「自我」所專用的術語。

(b) 由 ὑποκείμενον 和拉丁文 sub-iectum（a）衍生的主體概念經過中世紀、現代時期，一直到現在，還一定程度上保留了它的原初亞里斯多德式的意義。例如，洛克（John Locke）常常以「subject」一字分別表達「托體」與「主詞」的意思，

Phaenomenologica 2（Den Haag: Nijhoff, 1959），pp. 155-156。

反而從不用作今之所謂「主體」的意思。[7]而在現代英語中，我們仍然使用亞里斯多德式的「主詞──謂詞」中的主詞這意義，以及解作任何可資討論的「主題」的 "subject matter"。

(2) 「哲學理論的」說明

(a) 自笛卡兒及現代哲學之興起，主體概念慢慢成為「人」的代稱。其所以如此，海德格認為是因為哲學擺脫了中世紀神權的籠罩後，因抵受不住數學內部自足的引誘而予以模仿的結果。為了讓哲學領域找到一個像數學中備受「尊崇」（ἀξιόω）的公理內核（ἀξιόματα）作為所有理論不可動搖的根基，哲學提出了以人的「自我」（ego）去充當一切哲學討論的「亞基米德點」（Archimedian point）[8]。而 ὑποκείμενον/subiectum 作為「那躺在下者」這個本來泛指一切事物的名稱自現代哲學開始即一步一步被「人」壟斷了，而由此而衍生的「主體」概念乃成為人的代稱。現代人每自況為「主體」，主體遂成為現代人的一個自我形象。

(b) 主體概念一旦形成，「對象」概念（Objekt, Gegenstand）便相應而生[9]，以填補主體以外萬事萬物的指謂真空，而「主客對

7　John Locke, *An Essay Concerning Human Understanding*, Book II, Ch. 8, Section 7, 8 10, 25; Ch. 23, Sections 1, 2, 4, 5, 7, 14…

8　René Descartes, *Meditations on First Philosophy*, Med. 2; *The Philosophical Works of Descartes*, trans. Elizabeth Haldane and G. R. T. Ross（Cambridge: Cambridge University Press, 1931）, p. 149.

9　已有學者指出，拉丁文 obiectum 一詞最初只用作「反對」（objection）解，「對象」解的 obiectum 要到十四世紀才被創制出來。參見 Lawrence Dawan,

立」（Subjekt-Objekt-Gabelung）這個哲學上的大問題亦因而
形成。所有主體以外的事物遂都「改稱」為「對象」
（object）！主體乃被設想為於認知上可以「表象」（vorstellen,
representatio）萬物，即以之為其對象，並成為其顯得是甚麼
的「尺度」。由此，主體成了萬事萬物的關係中心
（Bezugsmitte）。[10]

(c) 主體性傳統形成後，西方哲學一步一步把主體的重要性提
升，而黑格爾和胡塞爾都是其中最突出的代表。以為可以一
最高存在者去解釋存在問題一般這一種構想，海德格通稱之
為「存在—神—學」（Onto-theo-logie）；而以主體或自我去充
當此一最高存在的主體性哲學，特別是發展到了最高樣態的
黑格爾哲學，海德格曾締造了「存在—神—我—學」（Onto-
theo-*ego*-logisch）一詞，以誌其批評之用心。[11] 就如傅嬰克所
言，基於這一種批判思維，海德格前後提出了如「理性的擬
神化」（Vergötterung der Vernunft）[12]、「心智的神話」
（Mythologie eines Intellektes）[13] 和「主體的管轄」（Herrschaft
des Subjekts）[14] 等批評。如舒爾茲（Walter Schulz）所言，主

"Obiectum' Notes on the Invention of a Word," *Archives d'histoire et littéraire du Moyen Age*, 1981, Vol. 48（1981）, pp. 37-96。此外，海德格清楚指出，德文 Gegenstand 一詞要到十八世紀才因要翻譯拉丁文的 obiectum 而出世的。（GA-07: 45）

10　Heidegger, *Holzwege*, GA-05: 88, 94.

11　Heidegger, *Hegels Phänomenologie des Geistes*（Frankfurt/Main: Klostermann, 1980）, GA-32: 183.

12　Heidegger, *Grundbegriffe*（Frankfurt: Klostermann, 1981）, GA-51: 90.

13　Heidegger, *Prolegomena zur Geschichte des Zeitbegriffs*, GA-20: 96.

14　Heidegger, *Nietzsche II*, GA-6.2: 141ff.

體性理念在德國觀念論的發展中根本就是「對思維無止境的
高估」（maßlose Überschätzung des Denkens）。[15]

(d) 無可否認，自我的發現和主體性理論的發展顯出人試圖只以
自身為準則去衡量存在的意義。但對海德格而言，主體性哲
學演得愈是通透圓熟，其對存在意涵的遮撥、曲解、凌駕與
僭越便愈嚴重。人們的自視過高或驕矜將人類推向影響自身
安危的崖邊，這情況在「文化」及「政治」脈絡下顯得特別
嚴重。

(3) 「文化意識的」說明

(a) 從文化的角度來看，主體性的強調引出了現代哲學的
humanism。但對海德格來說，這個原本以「人文」（humane）
為理念的思潮結果變成某一意義的「人類中心論」
（anthropocentrism）。

(b) 人類的自我中心態度首先破壞了古代社會裡人與萬物之間原
始的和諧關係。現代文明一步一步求實踐笛卡兒於《方法論》
中的預言，要成為「大自然的主宰和擁有者」[16]。為著生活
的改進，人類不斷對自然要求客觀認識、進而求利用和求駕
馭。這種態度使自然不勝負荷，至於一不能逆轉的地步，從
自然生態危機返回自然間的平衡已不可能。在難以置信地短
的二百年內，人類為自己及萬物創造了最嚴重及前所未見的

---

15 Walter Schulz, *Die Vollendung des deutschen Idealismus in der Spätphilosophie
Schellings*（Pfüllingen: Neske, 1975）, pp. 56, 291.

16 Descartes, *Discourse on Method*, Part VI, *The Philosophical Works of Descartes*,
op. cit., p. 119.

生態危機，例如污染、酸雨、沙漠化、臭氧洞、全球暖化、兩極溶解、生物物種的大規模滅絕等等。

(c) 如果我們更為仔細的看看主體概念，會發現最原始和最嚴格意義的主體並不指人類之全體，而指每人之「一己」，即那個成為自我意識〔想想笛卡兒式懷疑〕的「一己」。於是，對「一己」而言，其他人也都淪為與其他自然事物沒有大分別的對象，眾多的「他者」同樣可被「一己」所認識、利用和駕馭。因此，主體性哲學乃引出了極嚴峻的社會後果，就是當代社會人際關係的對立與嚴重疏離。

(d) 上述兩種自然生態及社會政治的趨勢，並非只作用於「對象」或我外之人與物之上，而會反噬每一個作為「主體」的自我。試問吾人醉心於追逐駕馭外物時，又豈能不「令人心發狂」？這就是「役物而役於物」的道理。[17]從社群關係上講，我一旦視他人為一些可役使的對象，則我自身的心智品質便首先受到相應的業報，從此被算計所吞噬，並因而活得冷酷，甚至猙獰。況且，在複雜的社會關係中，吾人役視他人為對象時，他人亦可反過來視我為對象。如此地，人類社會互相以這種心態彼此揣度[18]，最終必使人類社會整體趨於「物化」（Verdinglichung）。

---

17 老子將這意思發揮得淋漓盡致，就如他在《道德經・12 章》的名言說：「五色令人目盲。五音令人耳聾。五味令人口爽。馳騁田獵、令人心發狂。」

18 在西方傳統，這一份胸懷表現得最鮮明者，可數愛爾蘭政治家伯克（Edmund Burke）。參見伯克1793年有名的演說"On the Death of Marie Antoinette"中的如下陳辭："But the age of chivalry is gone; that of sophisters, economists, and calculators has succeeded, and the glory of Europe is extinguished forever."

(4)「政治制度的」說明

(a) 許多人以為，現代世界在主體主義（subjectivism）之外有所謂客觀主義（objectivism）或可與之制衡；而個人主義（individualism）之外亦有集體主義（collectivism）與之相抗。這表面上似乎足以限制主體性傳統的力量及影響。但海德格認為這只是錯覺，他認為上述兩項對立的前後兩者其實是同一樣東西。他特別指出，近世主體主義大盛的當兒，客觀主義也愈興旺，而當個人主義愈蓬勃的時日，集體主義也愈所向披靡。[19] 海德格這番話驟聽頗令人費解，但其論據是很清楚的，只要我們回省，近世的「對象」概念本來就是「主體」概念蛻變的結果，而「客觀」與「對象」又實一義之轉，則主體主義與客觀主義實為同一之理便不難了解。

(b) 海德格認為「個人主義」和「集體主義」本屬同一這說法驟眼看並不易懂。簡單地說，海德格認為「個人主義」和「集體主義」這兩種表面上截然不同的社會制度都反映了現代人的自我中心意識。至於何以會分化為「個人主義」和「集體主義」，海德格並沒有進一步去分析。不過，我們可設想這可能與不同社會的既有歷史條件有關。試想在西方歷史中，君權在很多國家都較受限制，特別是英國。當這樣的國家中個人的權利較受保障，則大多數人的自我中心便會催生個人主義。但在如中國和蘇聯這些國家，由於「君主」或「領導」的權力從來都較不受限制，個人權利並無充分保障，故一小撮掌握了國家機器的人的自我中心便很容易引出極少數人役

19　Heidegger, "Die Zeit des Weltbildes," *Holzwege*, GA-05: 88.

使全民的集體主義，我們看看於六〇年代發生在中國的所謂「文化大革命」的政治運動就可見一斑。

(c) 海德格在《形而上學導論》一書中還兩度說了石破天驚的同一番話：「形而上地看，蘇俄和美國是同一樣東西。」蘇俄與美國不是奉行完全不同的兩套制度嗎？誠然，但海德格認為這只經驗的表相而已，在骨子裡並非如此！海德格的解釋是：「從他們底世界的特質，和從他們與精神文明的關係來看」；還有「他們面對那毫無約束的科技有著同一種瘋狂，和面對芸芸蒼生施以同一種無理的操控」。[20]不過，最諷刺的還是，在海德格說這番話前不久，他自己亦正因為盲目憧憬美蘇以外的新社會而介入了人類歷史上最嚴重的罪惡。這個社會政治的危機不單發生在東西歐、蘇聯和中國，它甚至要為以美國為首的西方世界及伊斯蘭世界那不斷激化的對立負上一定責任。

以上我們故意把海德格有關「主體」的解構分開四個層面講，其中第一、二個層面只會影響學者特別是哲學家，但第三、第四個層面卻對我們的存活心態、社會生活方式，以及政治現實都是痛癢攸關的。

三、康德於「主體性哲學」傳統中的特殊地位

就如傅嬰克及貝克所述，在海德格的理解下，主體性傳統似

---

20 Heidegger, *Einführung in die Metaphysik*（Tübingen: Niemeyer, 1953），pp. 28, 34; GA-40: 40, 48-49. 除了海德格外，當代學者中以紐約大學的華雷斯坦（Immanuel Wallerstein）對美蘇關係的分析最能與海德格相比擬。

要將主體設想成「無限」。但這是否就是主體性傳統的全相呢？

　　在下一節開始討論人格作為西方另一個有代表性的自我形象前，我們先要釐清：主體性傳統是否無例外地都會把主體向「無限」上綱？要回答這問題，很容易讓人想到祈克果（Kierkegaard），他那建基於有限主體自省活動的「主體性就是真理」學說就是對黑格爾把主體「思辨地」發展至無限的最大抗議。如果祈克果的聲音未能在主體性傳統中受到重視，那我們現在就來看看通常被視為主體理論倡議者的康德。

　　對於海德格而言，主體性理論最需要被責難的就是它內在的誇大、驕矜。情況是否盡是如此，我們隨後還會討論，現在我們首先要指出的，是這一指責其實完全不能用在康德身上。雖然康德的確強調主體，不過對康德來說，主體從來都是有限的。這態度可從康德哲學很多方面看到，我們現在分數點論述：

(1) 哲學與數學雖然同為理性知識，但康德於兩者之間嚴格區分。他認為哲學不應把自身定位得像數學一般可憑空處理自行建構的對象。哲學必須面對一給予的世界中的對象，並於其中發見一些吾人應予深思和處理的議題。因此，康德清楚指出哲學不應模仿數學。[21] 康德固然會同意人是「被投擲」於這個世界的，但他對主體理論應立足於世界並回饋於世界的事務這份期許，便與海德格對主體性傳統一面倒的批評不咬弦。康德這關乎哲學及人類的洞見活靈活現的表現在帕托什卡（Patočka）予哈維爾（Havel）的贈言中：「對人的真正考驗，不在乎他能把自己創造的角色演得多好，而在於他能

21　Kant, *Critique of Pure Reasn*, A727/B755, A730/B758.

多好地演活那個命運給他決定的角色。」[22]

(2) 康德自始至終認為人類的知識永遠都是轉折獲得（mediated）的、是「曲行」（diskursiv）的，這即意謂人的知性不能隨一己之私意決定對象的內容。與此同時，康德又把人的直覺定性為「導生的直覺」（intuitus derivativus），而非「原生的直覺」（intuitus originarius）。換言之，人的直覺雖然稱為「直覺」，但卻仍是有待於一些無法由吾人自行決定的條件才得以構成的，因此可謂「直中有曲」。[23]

(3) 在知識來源的問題上，康德同時提出了經驗實在論和超驗觀念論。這即是說，對事物的知識只在經驗給予的情況和意義下是實在的，而無所謂在其自身即為絕對實在這回事；而主觀的認知條件〔即心靈〕除了提供如此這般的經驗之可能條件以外，便「什麼都不是」[24]。這意味著吾人永遠不能從客觀上掌握到任何絕對及終極的「外在事物」，亦不能從主觀上掌握絕對的「內在心靈」。[25]蒲格勒（Otto Pöggeler）如此說：「康德思想必須在超驗對象的無和超驗主體的無之間尋找其位置。」[26]又或如海德格最終認為，人的知識是個「中間

---

22 Václav Havel, *Disturbing the Peace. A Conversation with Karel Hvizdala*, Ch. 2（New York: Knopf, 1986, 1990）.

23 參見 Kant, *Critique of Pure Reason*, B72. 有關人類的直覺「直中有曲」的論述，見關子尹，〈本體現象權實辯解〉，《從哲學的觀點看》（台北：東大，1994），頁 61-63。

24 參考康德在談論時間作為認知的主觀條件時所用的措詞：《純粹理性之批判》，A28/B44.

25 Kant, *Critique of Pure Reason*, B145.

26 Otto Pöggeler, "Review of Jan van der Meulen's *Hegel. Die gebrochene Mitte*," *Philosophischer Literaturanzeiger*, Band XIII（1960）, p. 348.

點」（das Zwischen）。[27]

(4) 康德指出，雖然「物自身」（Dinge an sich）在吾人設想中確有某一定意思，但這「物」對人類認知而言根本無實在指涉。對物自身的設想與探討只反映了有限的人心對事物能永久實在的冀望。因此，「物自身」這「有〔意〕義無指〔涉〕」的概念其實正是吾人有限性的印記。「物自身」只有一反面意義，或作為一「界限概念」（Grenzbegriff），或「權宜概念」（problematischer Begriff），它的唯一功能就是反面地標明吾人知識不能是甚麼。[28]

(5) 同樣地，康德指出人類心智所產生的其他種種無限理念都是由追求無限的欲求所驅使，這些理念絕不能「建構地」（konstutiv）「決定」（bestimmend）知識，而只顯示了吾人思維自身「調配地」（regulativ）從事「反省」（reflektierend）的特色。人類這種欲求最終而言也正好是人底有限性的展示。

(6) 康德還指出，人除了作為認知主體外，還是道德主體和品美主體。這特別暗示了吾人不應只從認識論框架去理解自我。例如，不應把我以外的他我（alter ego）只當作我們的知識對象，而應當作一有感受及需要尊重的個體。以康德的術語說，我們應該把他人視作一有尊嚴（Würde）的和值得我們

---

27 Heidegger, *Die Frage nach dem Ding: Zur Kants Lehre von den transzendentalen Grundsätzen*（1935-36）（Tübingen: Niemeyer, 1962），p. 188, GA-41: 244.

28 有關討論詳見〈本體現象權實辯解〉，同上引。在這篇文章裡，作者重點地申論了康德的 *Grenzbegriff* 及 *problemnatischer Befriff* 這兩個概念立意雖異，但所指者實屬同一。

尊重（Achtung）的人格（Person）。[29]

(7) 因此，自我問題在康德哲學中始終關乎行動中的自我，當中最重要的就是義務（Pflicht）。由此觀之，就算要將康德歸類為廣義的主體論者，他還是應獲配予一特別的地位（Sonderstellung）。康德示範了主體論可以發展出跟海德格所設想者極不同的形態。康德式的主體論跟其他主流的主體論者最不同之處，是從吾人的有限性開展，並可與下文將會繼續討論的人格主義並行而不悖。

總的來說，康德哲學決意不踰越吾人的有限性，以上各點，根本就是康德哲學為恪守這個基本立場而自行設立的理論限制。然而，在抱著不同理論旨趣的後學眼中，他們並不一定欣賞或接受康德的用心。就以康德堅持只可以當作界限概念的「物自身」概念而言，後來黑格爾[30]和胡塞爾[31]都先後提出批評，而且批評康德的著眼點都在於認為物自身的內容如不能正面展示乃一遺憾。胡塞爾在他的後期著作《危機》中還認為康德式的超驗哲學中的「主體性」顯得「身分不明」（anonym）[32]和過於「神祕」（mythisch）[33]，甚至認為康德的整套能力學說都被籠罩於五里霧

---

29 Kant, *Grundlegung zur Metaphysik der Sitten*. 2. Kapitel.

30 見 Hegel, "Lesser Logic," §40-60, §124, Suhrkamp-Edition, Band 8, S112-147, 254-255; *Wissenschaft der Logik II*, Band 6, pp. 135-136.

31 見 Husserl *Cartesianische Meditationen. Husserliana,* Band I（Den Haag: Nijhoff, 1973）, p. 118.

32 見 Husserl, *Die Krisis der Europäischen Wissenschaften und die transzendentale Phänomenologie. Husserliana,* Band VI（Den Haag: Nijhoff, 1962）, p. 115.

33 *Ibid.* pp. 116-117.

中（Dunkelheiten, Unfassbarkeit）[34]。究其因由，胡塞爾認為這是康德對主體的證立不夠「徹底」（radikal）[35]。而其後果就是無法真正地建立一個「主體王國」（Reich des Subjektiven）[36]，不能徹底完成自笛卡兒以來為一切提供一「最嚴格……和最終極的基礎」[37] 的使命云云。起而代之，胡塞爾遂把一己之工作視為要確立一「普遍而終極地運作的主體性」（universalen letztfungierenden Subjektivität），以便締建一「普遍和提供終極基礎的科學」（als universal und letztbegründende Wissenschaft）。[38]

然而，在這裡我們正要問，黑格爾和胡塞爾二人對主體性的「升級」或「極成」是否野心太大？又這是否正好是康德所欲避免的情況？而最饒富趣味的，就是當黑格爾和胡塞爾站在相近的立場批評其前輩康德未能全面證成主體性的功能時，他們的後學海德格卻站在完全的對立面批評他們過分渲染主體性的功能。在海德格晚年一篇題為〈哲學的終結與思維的任務〉的講詞裡[39]，他即一舉把黑、胡二人的主體性觀念放在天秤的同一邊予以非難。綜上所述，海德格對主體性傳統的批評是實有所指，但觀乎康德在主體傳統中流砥柱般的地位，海德格的批評便嫌片面和過

34　*Ibid.* p. 116.

35　*Ibid.* p. 118.

36　*Ibid.* p. 114

37　*Ibid.* pp. 101-102.

38　*Ibid.* pp. 114-115.

39　Heidegger, "Das Ende der Philosophie und die Aufgabe des Denkens," *Zur Sache des Denkens*, p. 70, GA-14: 79. 此中海德格先分別指控黑格爾和胡塞爾把主體性絕對化，最後提出："Die Sache der Philosophie ist von Hegel und Husserl her gesehen - und nicht nur für sie - die Subjektivität."

當，這為我們對主體性理論的全面評價留下出路。

四、從主體主義到人格主義

就如本文開首所言，主體主義只是多個西方人自我形象的其中之一。就算我們同意海德格認為主體主義意味著生態和社會政治危機，我們仍起碼要退後一步看看到底有沒有其他同樣重要的自我形象，其或可以制衡主體主義的影響及其所帶來的危機。由此線索，我們會進而討論西方人第二種主要的自我形象——人作為人格。

查人格概念源自拉丁文 persona 一字，這個字可能跟希臘文 πρόσωπον 一字有關。πρόσωπον 解人的面孔或表情（Antlitz, countenance）。Persona 字面上解作 through-sounding 或 hindurchtönen，原指古代戲劇公演時所用的面具。演員的聲音通過面具得以傳達開去，而面具即代表了其背後的戲劇角色（role），這角色是一有個性、愛恨、召喚、抗爭、希望和恐懼等情感的個體。

作為西方人理解自我的另一形象，人格主義跟主體主義有下列的不同：

繆勒（Max Müller）認為在古代基督教以外的世俗中沒有視人格概念作為哲學概念，這個概念的出現始於上古晚期的基督教，特別是波伊提烏（Boethius）將 persona 界定為「具精神本性的個體」。[40]人格作為個體的另一代稱，跟主體最大的不同，

---

40 見 Max Müller and Alois Halder, *Kleines Philosophisches Wörterbuch*（Freiburg: Verlag Herder, 1971）.

在於其強調精神性及人的尊嚴。在基督教傳統中，Person（一般譯作「位格」）概念跟三位一體的神性扯上關係，隨後由巴斯噶（Pascal）開始，經過康德，再到舍勒（Max Scheler）的哲學傳統中，人格概念被解作具有精神性存在、作為目的自身（Selbst-zwecklichkeit）及具有尊嚴（Achtung, Würde）的個體。[41]

倘若主體概念〔如海德格所理解〕強調在認知框架下的客觀觀察的話，人格概念強調的卻是人與人之間帶尊重的聆聽和體諒。主體得首先發現一己，之後才循自己的關係去考慮其他人；人格卻貴乎先忘我地投入對他人的體諒和關懷之中。主體主義若如海德格所言為反社會的，人格主義則一開首就為人際關係留有一席之地。在人格主義中，我們在反省自我時只會考慮自己的角色能夠如何跟他人的關係作出貢獻。換言之，人格主義將他人置於一己之先，這一現象甚至可稱為「忘己為您」。[42]

在主體性傳統中，獨我論乃一理論危機，這解釋了為什麼哲學家一直嘗試解決這個問題，例如胡塞爾便提出交互主體性的討論。但交互主體性在知識論的角度下卻又必須建立於主體性之上，而不能成為最直接的主體經驗，因此整個交互主體性計劃實有基本的困難。反觀人格主義，由於一開首已然強調他人及忘我，所以不會為獨我論所累。此中原由，看哈特曼（Nicolai Hartmann）如何界定人格，便當了然：「所謂『人格』，指的是

---

41 Kant, *Grundlegung der Metaphysik der Sitten*. 2. Abschnitt. *Kants Gesammelte Schriften*（以下略作 *KGS*）Band 4, p. 428.

42 「忘己為您」（selfless thou）一概念的靈感，主要來自多年前拜讀陸達誠神父論馬色爾的一篇文章。參 Bosco Lu SJ, "An Existential Interpretation of Gabriel Marcel's Play 'The Broken World'," 《政大哲學學報》（*Journal of the National Chengchi University*）, Vol. 49, Taipei, 1984, pp. 1-17.

人群中的個體。他們必須與其他同具有人格意義的個體一起作息；他們彼此憂戚相關，彼此要認識對方的行動、態度、意欲和衝動，要接觸彼此的意見、慧識與偏見，並要對彼此的訴求、思想和價值採取一定的立場。」[43]

換言之，人格主義作為對自我的一種理解而言，絕不囿於或只專注於自我本身，而必求推及同人。舍勒的「集體人格」（Gesamtperson）和「社會人格」（soziale Person）概念很能把有關論域顯出。[44]語言學家本溫尼斯特（Émile Benveniste）提出的「擴散和擴充的人格」（diffused and amplified person）概念亦觸及到相關問題。[45]

人格主義並不如主體主義一般強調客觀和認知的觀察，人格主義反而更強調代入的聆聽（empathetic listening）。因此，人格主義中有關自我的反省主要並不引出有關認知能力問題，而會引

---

43 參 見 Nicolai Hartmann, *Ethik*（Berlin: De Gruyter, 1962），原 文 為："Unter Personen verstehen wir die menschlichen Individuen, sofern sie […] im Zusammenleben mit anderen ebensolchen menschlichen Individuen verbunden dastehen und deren Behandlung, Äußerung, Wollen und Streben erfahren […] ihren Meinungen, Einsichten, Vorurteilen begegnen, zu ihren Ansprüchen, Gesinnungen und Wertungen irgendwie Stellung nehmen."

44 參 見 Max Scheler, *Der Formalismus in der Ethik und die materiale Wertethik. Neuer Versuch der Grundlegung eines ethischen Personalismus*（Bern/München: Francke Verlag, 1980）.

45 參 見 Émile Benveniste, "Relationships of Person in the Verb," *Problems in General Linguistics*, trans. Mary E. Meek（Coral Gables: University of Miami Press, 1971）, pp. 195-204. 此外，見關子尹，〈說悲劇情懷——從情感先驗性看哲學的悲劇性〉一文就有關問題更詳細的討論，文章刊載於勞思光教授七十壽辰紀念論文集，《無涯理境：勞思光先生的學問和思想》（香港：中大出版社，2003），頁 177-217。

出一己行為的責任問題。埃斯勒（Rudolf Eisler）對人格概念所作的定義可謂最清楚不過：「……自我意識的，追求目標的，能自由行動的，和負有責任的自我。」[46]

人格主義中的責任問題，除了指對一己的責任外，還指對群體的責任。人格這個重要側面，哈特曼以人格的「精神氣質」（Ethos）一概念加以概括：「人格真正的精神氣質並不在於自我尋求（Sichselbstsuchen）和自我堅持（Sichdurchsetzen），而在於犧牲自我（Selbsthingabe）和忘記自我（Selbstvergessenheit）。」人格精神氣質的真正價值並非去掌握認知對象，而是要「藉著愛與被愛的交互作用去締造人類生命底獨特的意義……。只有透過人格的精神氣質，意義才可被領略。」[47]而群體中最能維繫人格彼此關係者如同情、關懷、愛等感情元素遂成為舍勒和馬色爾（Gabriel Marcel）人格主義哲學的研究重點。

總的來說，我們雖說主體主義在現代哲學乃至日常生活中取得了主導的地位，但反過來看，人格主義畢竟對主體主義理念起著平衡的作用。從學統上說，西方自波伊提烏（Boethius）開始，經過巴斯噶和康德，一直到當代哲學如舍勒、哈特曼、布柏

---

46 Rudolf Eisler, *Wörterbuch der philosophischen Begriffe*（Berlin: Mittler, 1910），Band II, p. 989ff, Person 條。引見江日新，《馬克斯‧謝勒》（台北：東大，1990），頁 50。

47 Nicolai Hartmann, „Das Ethos der Persönlichkeit", *Kleine Schriften*, Band 1（Berlin: De Gruyter, 1955），pp. 311-318. 原文為: "Das wahre Ethos der Persönlichkeit ist kein Ethos des Sichselbstsuchens oder Sichdurchsetzens, sondern der Selbsthingabe und Selbstvergessenheit. […] daß in dem Widerspiel von Lieben und Geliebtsein eine einzigartige Sinngebung des Menschenlebens liegt. […] Am Ethos der Persönlichkeit wird die Sinngebung verständlich."

（Martin Buber）、馬色爾和普列斯納（Helmuth Plessner）等，蔚然自成一人格主義（personalism）的傳統。再從日常生活上說，人格作為自我形象在西方人眼中仍然扮演著重要的角色。當代社會中，無論人際關係如何疏離，人與人之間的感情和關懷還是最為世人所熱切期待的。正如托夫勒（Alvin Toffler）曾指出一樣，即使對唯物質是尚和生活在利害邊沿的人來說，某一小圈子相稔的人的非物質的和不計利害的關懷還是其最為需要的，人格主義精神無可取代的價值由是可見。[48]

五、現代語言學與人格主義的關係

除了哲學傳統，我們亦不應忽視語言學與人格主義的關係，特別是洪堡特（Wilhelm von Humboldt）和本溫尼斯特的相關討論。

洪堡特寫過一篇跟人格主義有一定關係的重要短文，名為〈論雙數〉（Über den Dualis）。這篇文章以歷史語言學的一個小問題開始，這個問題就是在印歐語言中，除了單數（Singular）及眾數（Plural）外，為什麼會有「雙數」（Dual）的出現。洪堡特認為，雖然當今之世雙數已跟眾數合併至了無痕跡，但雙數的原初出現卻仍有一定的哲學意義。他說雙數所涉及的二元性（duality）在兩個層面上都有語言學上的意義，其一是「可見於經驗」的層面，其二是「隱藏在思維結構的深處」的層面[49]。二

---

48 見 Alvin Toffler, *Future Shock*（New York: Bantam Books, 1971）. 特別參考 "People: The modular man" 一章，pp. 95-123。

49 Wilhelm von Humboldt, "Über den Dualis," *Schriften zur Sprache*, hrsg. von

元性的第一層意思可見之於「兩個」這數量上，如，「兩塊石頭」、「兩性」及「身體的兩側」。二元性的第二層反映於「對話的原則」（das dialogische Prinzip）中，它不單主宰了人際溝通的途徑，更是人類語言深層的總原則。洪堡特認為，倘若沒有伙伴，人類說話這現象是不可能的。二元性的深層意思通常都指向「我」與「你」，「你」即語言伙伴。就算我們通常稱為思維的事情根本亦是「我」跟一虛擬的「你」之對話。[50]洪堡特因此總結說：「語言的原初本質擁有一種不可更易的二元性，說話的可能性取決於發話及應答（Anrede und Erwiderung）。人類思想本性上有著通達社會存在的傾向。除了身體及感官的關係以外，人為了思想而渴望有個給『我』回應的『你』。對人而言，概念只有在通過另一個思維者的反省才可得以明晰及肯定。」[51] 說到最後，對洪堡特而言，「二元性」根本就是人類語言得以發展的可能條件。

同一個課題在二十世紀由法國語言學家本溫尼斯特重新提出。本氏在一篇題為〈語言裡的主體性〉的文章中，詳細分析了「主體性」與語言系統中的「人稱」（person）和「代詞」（pronoun）等問題的關係，並提出了如下幾個重要論點：[52]

Michael Böhler（Stuttgart: Reclam, 1973）.

50 參柏拉圖相關討論，Plato, *Theaetetus* 189e-190a; *Sophist* 263e.

51 Wilhelm von Humboldt, "Über den Dualis," in *Schriften zur Sprache*, hrsg. von Michael Böhler（Stuttgart: Reclam, 1973）, pp. 24-25. 引文最後論概念必須藉他者的回響才得以確定一點，洪堡特後來在 *Kawi-Schrift* 中有進一步的說明，於此不贅。

52 參見 Émile Benveniste, "Subjectivity in Language," *Problems in General Linguistics*（Coral Gables: University of Miami Press, 1971）, pp. 223-230. 另參

　　首先，主體性的問題只能從語言運用中的「人稱」獲得基礎。本氏直言：「我們認為，無論在現象學或在心理學的領域講，『主體性』只不過是從語言的一種基本性質的湧現。『我』（Ego）就是那說『我』（ego）的人。由此我們得見主體性基礎的所在：它被語言學裡的『人稱』所決定。」[53]

　　自我的意識只在有「對照」（contrast）的條件下才可被經驗。吾人只在對一可稱之為「你」的人說話時，才會說「我」。因此，這二元性反較一「獨我」（solus ipse）更為基本。本氏說：「把這二元性化約為一單一的原始術語是一項根本錯誤。」[54]

　　「人稱」的成立，必假定了群體裡人際的「交談」（discourse）或「溝通」（communication）。由人稱而引申的「代詞」或「人稱代詞」（personal pronouns）與專名不同之處，是「並不直接指涉某個概念或某一個人」[55]，而是隨著語言溝通的處境而改變的。代詞中，第一和第二兩種人稱的代詞具有「對反性」（reversibility），其所代替的必定是交談中的雙方，因此都具有「人格性」，唯獨第三人稱則可表現為持第一人稱的「自我」的對象，它不一定代表一人格，而往往表現為「非人格」的事物。本氏這一種構思與人格主義殿軍布柏（Buber）區別「我—您」

　　見 Tze-wan Kwan, "Towards a Phenomenology of Pronouns," 該文曾先後於 University College Dublin（17 October 2005）及 Husserl Archief, Katholieke Universiteit Leuven（26 October 2005）作演講，後刊於 *International Journal of Philosophical Studies*, Vol. 15, No. 2, London: Routledge, June 2007, pp. 247-268.

53　Benveniste, ibid., p. 224

54　Benveniste, ibid., p. 225.

55　Benveniste, ibid., p. 226.

（Ich-Du）和「我—它」（Ich-Es）兩種基本關係，可謂雖異曲而同工！[56]

對本溫尼斯特而言，他口中的主體性總是群體的，即人際間的。除了「代詞」外，主體性更可在其他語言結構中被進一步反映。本氏以英語動詞為例，指出如 I swear、I promise 及 I guarantee 等語，並不只在描述自我進行的一種活動，它們更是一些具有「社會意涵的行為」（an act of social import），即對交談中的同人作出了一些嚴肅的承諾。[57]

在上文我們已討論過人格概念可被視為西方人第二種自我形象。通過語言學的分析，洪堡特和本溫尼斯特進一步讓我們得見，在人際關係中，人格其實比主體作為人的自我形象更為基本。反而，主體——對象的區分作為跟第一及第三人稱的比擬根本就只是從「人格」概念引申出來的片面而已。[58]

六、中國文化中的「自我」的特徵

在全球化趨勢日益明顯的今天，我們自然會問，到底以上從西方出發的分析如何能夠跨越文化的界線而為其他文化提供一些新的理解可能，例如中國文化？將不同的哲學術語一一相配是不

---

56 見 Martin Buber, *Ich und Du*（I and Thou）.

57 Benveniste, *op. cit.*, p. 229.

58 哈伯瑪斯（Habermas）認為我（ego）是「根本地已立足於人際關係之中」（standing within an interpersonal relationship）。他亦指出對象「在第三身的注視下已被凝固」（frozen…under the gaze of the third person）. 參見 Jürgen Habermas, *The Philosophical Discourse of Modernity*（Cambridge: MIT Press, 1987）, p. 297.

現實及危險的事情，與其這樣，我們倒不如首先在中文裡找出一些帶有「自我」意涵的例子，例如「己」、「自」、「身」、「吾」，特別是「我」等。然後我們會循一些中國哲學及文學著作的場合看看這些字的用法。這樣我們或可理出國人生活的態度，以至可以指出國人特有的自我形象。最後我們才嘗試以此跟西方以主體及人格為代表的生活態度作比較。

在廣泛地做過這些勘察後，我們不難從種種有關「自我」的言談總結出一些代表性的生活態度。這些生活態度可臚列如下[59]：

1. 自我控制、自我約束或自律

「克己復禮」	（論語‧顏淵）
「恭己」	（論語‧衛靈公）
「其行己也恭」	（論語‧公冶長）
「言內盡於己，而外順於道」	（禮記‧祭統）
「克己反禮，壯莫甚焉，故易於大壯見之」	（張載‧橫渠易說‧大壯）
「正心之始，當以己心為嚴師」	（張載‧經學理窟‧學大原上）
「反躬自責」	（元史‧泰定帝本紀）

2. 自我反省、自我負責及自我責難

「吾日三省吾身，為人謀而不忠乎？與朋友交而不信乎？傳不習乎？」	（論語‧學而）
「反求諸己」	（孟子‧公孫丑上）

---

59 以下條目的臚列，參考臺灣中央研究院史語所暨計算中心的《漢籍全文資料庫》、臺灣教育部《國語詞典》網絡版、香港中文大學哲學系《北宋儒學網頁》（現已停止運作）及勞思光《中國哲學史》。

「行有不得者皆反求諸己」　　　　　（孟子・離婁上）

「善惡在於己。己不能故耳，道何　　（鹽鐵論・除狹）
狹之有哉！」

「知物之害而能自反，則知善者乃　　（陸九淵・象山全集・卷 34）
吾性之固有⋯⋯復，德之本也」

3. 對他人的體諒及包容

「不患人之不己知，患不知人也」　　（論語・學而）

「己欲立而立人」　　　　　　　　　（論語・雍也）

「君子求諸己，小人求諸人」　　　　（論語・衛靈公）

「躬自厚而薄責於人，則遠怨矣」　　（論語・衛靈公）

「己所不欲，勿施於人」　　　　　　（論語・顏淵）

「善則稱人，過則稱己」　　　　　　（禮記・坊記）

「無諸己，而後非諸人」　　　　　　（禮記・大學）

「君子以虛受人」　　　　　　　　　（周易・咸・象傳）

「君子盛德而卑，虛己以受人」　　　（韓詩外傳）

「舍己從人」　　　　　　　　　　　（尚書・虞書・大禹謨）

「舍己從人⋯⋯與人為善」　　　　　（孟子・公孫丑上）

「民吾同胞，物吾與也」　　　　　　（張載・西銘）

「責己者當知天下國家無皆非之理，故　（張載・正蒙・中正）
學至於不尤人」

「修己安人」、「修己安百姓」　　　　（張載、二程）

「以己及物，仁也。推己及物，恕　　（程顥・師訓）
也。」

「學者之于忠恕，未免參校彼己，推己　（朱熹・與范直閣）
及人則宜」

「外寬而內正，自極於隱括之中，直己　（孔子家語・弟子行）
而不直人」

「將心比心」　　　　　　　　　　　（湯顯祖・紫釵記・38 齣）

「南畝耕，東山臥，世態人情經歷多。　　（關漢卿・四塊玉）
閒將往事思量過。賢的是他，愚的是
我，爭甚麼！」

4. 無我、忘己、甚至於自我犧牲

「舍生而取義」　　　　　　　　　　　（孟子・告子上）
「以物待物，不以己待物，則無我也」　（程顥・師訓）
「無我然後得正己之盡」　　　　　　　（張載・正蒙・神化）
「能通天下之志者為能感人心，聖人同　（張載・正蒙・至當）
乎人而無我，故和平天下，莫盛於感
人心」
「以自然為宗，以忘己為大，以無欲為　（陳白沙集/明史・儒林傳・
至」　　　　　　　　　　　　　　　陳獻章－張詡）
「由反己而修己，由修己而忘己，則庶　（黃宗羲・明儒學案・甘泉
幾哉」　　　　　　　　　　　　　　學案）
「聖人之學莫大於無我。性之本體無我　（明儒學案・江右王門學
也，梏形體而生私欲，作聰明而生私　案）
智，於是始有我爾。去二者之累，無
我之體復矣」
「克己者，無我也。無我則渾然天下一　（明儒學案・泰州學案）
體矣，故曰天下歸仁」
「殺身成仁，舍生取義，是忘軀求道之　（明儒學案・粵閩王門學
意」　　　　　　　　　　　　　　　案）
「犧牲小我，完成大我」　　　　　　　（諺語）
「我不入地獄，誰入地獄」　　　　　　（諺語）

5. 更澹泊的心志和更飄逸的個性

「致虛極，守靜篤，萬物並作，吾以觀　（老子・十六章）
復」
「知人者智，自知者明。勝人者力，自　（老子・三十三章）
勝者強」
「我無為而民自化」　　　　　　　　　（老子・五十七章）

「為者敗之，執者失之，是以聖人無為　　（老子・六十四章）
故無敗，無執故無失」

「夫大塊載我以形，勞我以生，佚我以　　（莊子・大宗師）
老，息我以死」

「視喪其足，如遺土也」　　　　　　　　（莊子・德充符）

「今者吾喪我」　　　　　　　　　　　　（莊子・齊物論）

「天地與我並生，萬物與我為一」　　　　（莊子・齊物論）

「吾生也有涯，而知也無涯，以有涯隨　　（莊子・養生主）
無涯，殆矣」

「人皆求福，己獨曲全」　　　　　　　　（莊子・天下）

「人能虛己以遊世，其孰能害之」　　　　（莊子・山木）

6. 抱捨離的觀法，看破萬物，直透禪機

「念軀為我，念我為軀」　　　　　　　　（奧義書）

「受諸因緣故，輪轉生死中；不受諸因　　（龍樹・中論・觀涅槃品）
緣，是名為涅槃」

「一切最勝故，與此相應故，二所現影　　（世親・百法明門論）
故，三位差別故，四所顯示故」

「無我者即生死，我者即如來。無常　　　（大般涅槃經）
者，聲聞緣覺；常者，如來法身」

「依一心法有二種門。云何為二？一者　　（大乘起信論）
心真如門，二者心生滅門」

「依般若波羅密多故，心無罣礙；無罣　　（心經）
礙故，無有恐怖……」

「發菩提心即是觀，邪僻心息即是止」　　（智顗・摩訶止觀）

「當知己心，具一切佛法矣」　　　　　　（智顗・摩訶止觀）

「性空唯名，虛妄唯識，真常唯心」　　　（印順）

　　從上引文獻可見，在中國哲學中，自我的發現大都不涉及對
象認知的問題，而與生活實踐或生命體驗有關。筆者當然不是說
傳統中國不擅於認知自然對象，李約瑟（Joseph Needham）就已
經詳細解釋過古代中國為科學及科技作出了多大的貢獻。筆者只

是說中國傳統很少對客觀認知作嚴肅及系統的哲學反省。恰恰由於此，海德格責之於「主體」的認知霸權及剛愎態度，在中國哲學的場合中幾乎是毫不相應的。相反，中國傳統處處標示了人對其自身底有限性的領悟。[60]在中國哲學的不同學說中，特別是儒家傳統，更充分顯出了對一己的克制和責善、和對他人的寬容、體諒與謙和，這些稟賦其實跟西方的人格主義非常接近。道家傳統則傳達出澹泊的心志和飄逸的個性（detached and quasi-aesthetic appreciation of nature and life）。佛學傳統卻教導人們要擺脫俗世的枷鎖，以求達到無欲或涅槃的境界。

自西方文化傳入後，這情況有了新發展。有趣的是，有別於海德格對主體性的負面理解，當代中國主要哲學家大都對主體這概念有濃厚興趣。他們並沒有跟從海德格那樣持懷疑態度將主體片面地解釋成帶掣肘性的認知主體。相反，他們將主體性理解及評價為自主的心智原則，這包含傳統中國人文精神涵蓋的生活態度，如上文所述的自我抑制、包容別人、渾然忘我、自我犧牲等。[61]例如，勞思光先生甚至以主體性的覺醒或透顯與否，去論列和評議儒、釋、道理論的得失。此中，所謂主體性的透顯被理解為人的自由的透顯，人在此被理解為道德的、審美的及自我超越的存在。[62]

---

60 關於東方各哲學傳統對自我的反省與西方的比較研究，參見 Douglas Allen（ed.）*Culture and Self. Philosophical and Religious Perspectives, East and West*（Boulder/Oxford: Westview Press, 1997）.

61 有趣的是雖然這些傳統生活態度的倫理內容跟「人格」比較相近，當代中國哲學家卻很少將它們看成為「人格主義」。

62 當代中國學者中，勞思光先生對主體性概念最為重視，其所有著述中，幾乎都有論及。其中以《中國哲學史》為最（香港：崇基學院，1968-81），特別

　　中國哲學家把主體性原則挪為中國哲學所用時，並沒有忘記主體性在西方首先是個知識論原則。勞思光先生有一本論康德知識論的專著，他苦心孤詣地指出傳統中國哲學的弱項恰恰就是知識論。海德格說主體性跟客觀性是一體兩面是正確無誤的。但勞先生不如海德格般因為認知自我與對象相對立而歸罪於認知主體，他反而強調認知自我能帶來客觀判斷以至能產生客觀標準[63]，無論在社會層面還是政治層面，這正是中國文化所需要的。為了使客觀標準可公開地被討論和辯論，勞先生更提倡「複多主體」的概念，勞先生晚年深喜哈伯瑪斯的溝通理性學說，其由來有自也。[64]

　　對主體性的偏愛及其背後的理由解釋了為什麼中國哲學家〔包括勞先生〕一般而言都並沒有對西方的「人格主義」太感興趣。歷史告訴我們，中國文化從來都不缺乏某一意義的personalism（特別是儒家）。倒過來說，中國文化的一個重大缺點，正是人們處事時往往太「personal」，即太注重人際或人脈關係，甚至於可以犧牲客觀標準。[65]當然，中國哲學家大都不反對

　　參考該書第 2 卷第 3 章「中國佛教之三宗」一節，和第 3 卷第 5 章「陽明學說要旨」一節。

63　Object 中文譯作「對象」而其形容詞 objective 中文卻被譯為「客觀」這一語言事實，曲線地反映了 object 問題的複雜性，就是其不一定全被主體所掣肘！

64　見勞思光講，陳振崑編註，《哈伯瑪斯論道德意識與溝通行為》（新北市：華梵大學勞思光研究中心，2017）。又見勞思光講，陳振崑、潘玉愛編註，《哈伯瑪斯論事實性與規範性》（新北市：華梵大學勞思光研究中心，2019）。

65　就「客觀性」問題，參見芮舍（Rescher）近著。Nicholas Rescher, *Objectivity: The Obligations of Impersonal Reason*（Notre Dame and London: University of Notre Dame Press, 1997）. 同樣地，內格爾提出了一項疑問，就是一個偏重

西方人格主義的精神，但他們通常都比較喜歡以「人道」
（humanity）或「人文主義」（humanism）去表達它的意思。相
反地，海德格口中的 Humanism 總是從帶掣肘意味的「人類中心
論」去設想！

　　中國傳統對主體及人格的選擇重新把我們帶回到那個筆者在
這文章中一早提起的課題，即一方面急需重新定義主體及人格的
本性及其可能，另一方面它們是否可能互相補足以達致在自我的
問題上能更好地互相支援。

七、應如何評定海德格對主體性的批評

　　海德格對主體主義固極盡懷疑。我們的解構已經說明這懷疑
的真正理由並不完全在純粹哲學本身，而更在於海德格認為主體
主義在文化、社會乃至政治上的霸道，或如帕托什卡（Patočka）
說，主體主義對於海德格基本上是個「有威脅的」學說。[66]

　　海德格顧慮到 ὑποκείμενον 概念於亞里斯多德的「中性的」
源頭意義，但又要同時與現代哲學的主體主義保持距離，他有時
乃以「住體性」（Subiectität）這自創的和帶中性意涵的術語去與
主體性區別，用意就是 ὑποκείμενον/subiectum 不一定要發展成為

「人事」的主觀觀點如何得以與「非人事」（impersonal）和較客觀的觀點相
協調？參見 Thomas Nagel, *The View From Nowhere*, 特別是該書 "Personal
Values and Impartiality" 一章（Oxford: Oxford University Press, 1986），p. 171f.

66 Jan Patočka, "Der Subjektivismus der Husserlschen und die Möglichkeit einer
'asubjektiven' Phänomenologie," *Die Bewegung der menschlichen Existenz*
（Stuttgart: Klett-Cotta, 1991），p. 269.

主體性。[67]海德格的立場對人格主義是比較支持的，這從以下幾點都可印證：他於 1928 年舍勒去世時於課堂上便致以悼念（後見論集中的腳注）[68]，他對「共有世界」（Mitwelt）和「共在」（Mitsein）的想法，以及他對胡塞爾那聲稱的去人格化的責難[69]。不過，存在問題作為海德格哲學的基本課題卻妨礙了他簡單直接的地投身於人格主義。

我們知道海德格未能完成《存在與時間》原本擬定的計劃。海德格後來回溯時，為此「失敗」指出了幾個原因。一方面他說他所使用的形而上語言使他不能正確地提出存在問題，而他在《論「人文主義」書簡》裡提出了另一個理由，筆者認為這個才是真的理由：即《存在與時間》書中人的地位還是被抬得過高或顯得太過重要，以至凌駕了存在，並大大地踰越了人的有限性，而這恰恰是海德格一直要避免發生的。[70]

在《存在與時間》「失敗」後，有一段時間海德格以矢志恪守人類有限性的康德作為避難所（Zuflucht）[71]，同時海德格的思

---

67 海德格「住體性」（Subiectität）概念出處見以下文本： *Holzwege*, GA-05: 327; *Schellings Abhandlung über die menschliche Freiheit*, p. 225; *Zur Seinfrage*, p. 224; 特別 *Nietzsche*-II, GA-06.2: 450ff., 標題為"Subjectität und Subjektivität" 一節。

68 見海德格 1928 年於課堂上為舍勒之死宣講的悼詞（*Nachruf*）。Heidegger, *Metaphysisiche Anfangsgründe der Logik im Ausgang von Leibniz*, *MAL*, GA-26, hrsg. von Klaus Held（Frankfurt/Main: Klostermann, 1978）.

69 Heidegger, *Prolegomena zur Geschichte des Zeitbegriffs*, GA-20: 171-176.

70 Heidegger, *Brief über den "Humanismus"*. in *Platons Lehre von der Wahrheit. Mit einem Brief über den "Humanismus"*（Bern/München: Francke, 1975）, p. 75, 90; GA-09: 330.

71 Heidegger, *Kant und das Problem der Metaphysik* 第四版序言。

維亦逐步進入一個新階段，他之後稱之為「同一性思維」[72]
（tautologisches Denken）。在這時期，雖然人的自我始終對於海
德格是個重要課題，但這自我卻再不是去「表象」（Vor-stellen），
而只是在造化冉冉而來的當兒默然「領受」（Ver-nehmen）之。
人作為「存在之牧者」，只能直率地以同一的方式指出（erörtern）
存在的事態本身：Die Welt weltet. Das Sein west. Das Ding dingt.
Die Sprache spricht. Das Ereignis er-eignet⋯⋯。

　　人的分位從自我中心的驕矜一轉而到了完全的相反面。其實
海德格的後期思想包含了一定的智慧，特別是他將人的位置由萬
有之「關係中心」重新放置在「居中偏側」（exzentrisch）的位
置。[73]但問題是，我們的世界已變得如斯複雜，我們會遇到無窮
無盡的問題，海德格這個「同一性」的高調立場是否可以為它們
提供恰當的處理？

　　海德格的思想非常明顯的對主體性有著基本的不信任及恐
懼。但筆者認為這不信任是不必要及真的走得太遠了。筆者認
為，海德格對主體性的理解及指控一般而言都過於片面。其實，
海德格說主體性帶有內在危險是對的，可是主體概念還有很多正
面意思，而這些海德格卻都忽略了，加上那些危險吾人若然知道

72 Heidegger, *Identität und Differenz, Zur Seinsfrage*, etc.

73 海德格以「居中偏側」說明人於存在中的地位這一觀念首先見於 1943/44 年
　　講論的 Heraklit 課程，其後多種場合下都一再提及。見 Heidegger, *Heraklit*,
　　Gesamtausgabe, Band 55, hrsg. von Manfred S. Frings（Frankfurt/Main:
　　Klostermann, 1979），p. 206. 值得補充的一點是：從一 exzentrisch 的角度談論
　　主體問題這一觀點，後來在帕托什卡的學說中有進一步的發揮。事實上帕氏
　　倡議的「非主體現象學」（asubjective phenomenology）觀點亦可從這一角度
　　去解讀。

是一種威脅，那改正又有何不可呢？康德不是已經寫過多本《批判》去讓理性批評自己嗎？我們不是已經展示了中國哲學如何能夠重新定義主體性原則嗎？與其把主體理論予以根本取締，我們是否更應該要求自己對主體理念進一步以一批判的態度深化，重新界定之，以便重新取得定位？就這一要求而言，德國哲學家艾百齡（Hans Ebeling）便提出了應在海德格「凍結」了主體之後重新為主體來一個大「平反」。[74]

主體本身是個自主性原則。在這原則底下，主體性並不必只是個知識論原則，我們還可以同時談及道德主體、審美主體、政治主體等等。再者，知識論的主體也並不如海德格所設想般必定是侵奪的及帶有威脅性的，只要能夠跟主體的其他功能以至人格的素材取得平衡即可。更有進者，主體的知識論元素可以成為其他自主的、非認知活動如道德實踐的理性基礎，我們根本不能沒有了它。因此，由主體性所引出的 objectivity 根本並不限於被認知物（cogitatum）的「對象性」。羅爾斯（John Rawls）在這方面循客觀性的想法帶出若干有正面意義的基本元素，那無疑是正確的，這些元素包括：思維及反省的公共框架、在一定觀點下的判斷合理性、理性活動的程序、個人及機構的無私，及理性判斷的一致等等。[75]

至於人格這想法，雖然中國哲學家〔除了基督徒〕對這個術語並不太感興趣，他們其實都會同意當中的人文價值。無論是西

---

74 Hans Ebeling, *Das Subjekt in der Moderne. Rekonstruktion der Philosophie im Zeitalter der Zerstörung*（Hamburg: Rowohl, 1993）.

75 參見 John Rawls, *Political Liberalism* 特別該書第 3 講第 5 節 "Three Conceptions of Objectivity"（New York: Columbia University Press, 1993）, pp. 110-116。

方或東方，人格理想在哲學上都是非常基本的〔參見本溫尼斯特〕，對人在社會上的存活根本是不可或缺的。但是，就如上文所言，人格主義如果不受到知識主體所引申的客觀標準所制約的話，則會事事以個人的人情為先，這惡果卻不是我們所欲見的。主體和人格就好像我們的左右腦，它們只有在協同作用（synergy）下才可正常運作，和互補長短。[76]

要處理世界內多樣的問題，海德格提出「領受」的自我以代替「表象」的自我確有洞見，卻明顯地不足夠。我們需要的是個能夠自我反省的自我；能夠自我批評的自我；能夠避免迷失於幻相中的自我；能夠看到「客觀」事態的自我；能夠賞美的自我；能夠適時享受閒暇的自我；能夠合理地處理我們處境的自我；能夠尊重客觀規則的自我；能夠為自己的行動承擔責任的自我；能夠明辨是非的自我；能夠公正地對待對自己及他人的自我；能夠在適當的時候為神聖的使命犧牲自己的自我；能夠關注存活意義的自我；能夠領會人的有限性的自我；以及承擔人類命運的自我……。[77]

踏入新的千禧年以還，資訊技術支持下的全球化已不能逆轉地籠罩了全世界，人所面對的危險已無分疆界。在這些危險下，再沒有國家可單邊地以自己的民族為中心。如果有開放的又有用的心智元素，無論是來自東方、西方，又或者南方，我們為什麼不能好好吸收，以理出個更好的自我形象。在這新世代，我們都

---

76 參見關子尹，〈大腦左右功能的異同與離合〉，《語默無常：尋找定向中的哲學反思》（北京：北京大學出版社，2009），頁 113-132。

77 這一相關主題可參看雅斯培「悲劇的主體性」（subjectivity of the tragic）一概念，Karl Jaspers, *Tragedy is not Enough,* trans. Herald A. T. Reiche *et al.*（London: Beacon Press, 1952）. Chapter 4。

需要重新思考我們的角色。我們需要的是個能夠帶來和平及更能
彰顯人性的生活態度。

在我們提出恢復及重新界定主體的訴求中，我們再次看見康
德永恆的洞見。在《純粹理性之批判》中，康德以一個帶諷刺意
味的寓言去詮述柏拉圖對經驗的不信任：「一隻鴿子在奮翅翱
翔，在破空飛行中，它覺得空氣的阻力對它似乎是一種障礙，乃
設想在真空裡它會飛得更輕鬆。」[78]在筆者看來，這個寓言可同
樣用在海德格身上。雖然海德格筆下的主體性可能會為我們帶來
值得憂心的流弊，但完全廢棄主體對人類實毫無助益。如果為了
避免這所謂流弊而把主體連帶其種種正面的元素一併除掉，還有
「誰」來審視客觀事態及處理我們自身的難題？還有誰來為合理
性抗爭？當然，問題並不保證必然有答案。但如我們不主動地去
作嘗試，我們還可以依靠什麼？我們還能有希望嗎？海德格看來
確是把主體的危險誇大了。他可能根本沒有想過，完全拋棄主體
將可造成「心智上的無政府主義」（intellectual anarchy），而這
對人類社會所將構成的危機，或許比海德格設想中主體的為害尤
甚！

---

78 Kant, *Critique of Pure Reason*, A5/B9.

5

海德格的生命圖式學說及其康德遺風

劉保禧、婁振業、楊德立　合譯

（2012*/2017）

界域在於踰出格式之中而且通過踰出格式展現自身，界域是踰出格式的踰出所在。（Der Horizont zeigt sich in und mit der Ekstase, er ist ihr Ekstema.）（GA-26: 269）

一、圖式程序學說作為哲學問題

圖式學說（schematism）作為哲學問題，一向被視為康德學統的重要議題。本文嘗試指出，這問題後來由海德格繼承及發展，儘管後者對問題的理解和處理方式與前者不盡相同。

圖式（Schema）這概念於西方源出甚早，能追溯至希臘文 σχῆμα[1]，一般可解作形式（form）、形狀（shape）或圖形（figure）。西方哲學伊始，圖式（schemata）已經被用作為理論手段，目的是使一些精微抽象或奧晦難懂的概念能藉圖式較生動的表述或範例作用而變得較易理解，和能應用於對現實的解釋。在古希臘時期，畢達哥拉斯學派（Pythagoreans）以三角數、正方數和長方數為圖式，用以說明「數」如何能布置成陣，從而構成世界。德謨克利特（Democritus）談論的「圖式」，是指構成世界的原子（atoms）之「形狀」。甚至柏拉圖（Plato），亦曾以「圖式」當作其學說中的形相（*morphe*）或理型（*eidos*）的另一表達方式，其所指者，亦不外是世間事物的理念原型（ideal prototypes）。

亞里斯多德的圖式學說，除保留了柏拉圖的原意，更添加了兩個用法。首先，圖式可以解作三段論的四「格」（four "figures" of syllogisms）[2]。這些影響後世至為深遠的推論格式，其實可追

---

1 「圖式」概念甚至可追溯至 σχεῖν 和 σχέσις 等，其所指者，乃事情之狀態、存在之條件或方式，例如，βίου σχέσις 即解作「生活方式」（way of life），參考 Liddell-Scott, *A Greek-English Lexicon,* σχέσις 條。

2 Aristotle, *Ana. Pr.*, I, 4. 後世學者要表達這些 schema 或「格」之下的各三段論式，使用的往往就是圖例，如有名的范恩圖（Venn's diagrams），或更早的林姆伯特圖（Lambert's diagrams）和歐拉圈（Euler's circles）等。參 John

溯到更早由高爾吉亞（Gorgias）倡導的「論辯圖式」（schemata of argumentation）。至於亞氏圖式一詞的第二個用法便更為重要：圖式可以和範疇結合而為「範疇圖式」（schemata of the categories, σχήματα τῆς κατηγορίας），[3]大意是指吾人對世間事予以謂述的形式或模態。範疇與圖式這一結合使用，使圖式學說得以依附於範疇理論之上，從此於西方哲學上占得一席關鍵的地位。[4]範疇與圖式於理論上的緊密關係，後來在康德知識論中被進一步深化，並發展為一個關鍵議題，這一理論關連，也影響了海德格。

在康德《純粹理性之批判》書中，〈圖式程序〉這簡短精要的章節緊隨於〈範疇的超驗推述〉之後，圖式的角色及其與範疇的關係遂成為主題。[5]康德的範疇，亦可稱作「知性的純粹概念」。範疇「內化」於吾人的認知結構中，故圖式相應地亦直指

Neville Keynes, *Studies and Exercises in Formal Logic,* 4th edition（London: McMillan, 1906/ Gutenberg Project, 2019），Chapter V, Sections 126-128.（http://shorturl.at/czE58 12-Apr-2020）（http://www.gutenberg.org/files/59590/59590-h/59590-h.htm 11-Aug-2020）值得一提的是，本書的作者就是經濟學家凱恩斯（John Maynard Keynes）的父親。

3　Aristotle, *Met. Δ*7, 1017a25, 1017a23, E1026a36; *Met.* Θ 1051a35.

4　從一跨文化的角度對「範疇」問題的詳細討論，參 Tze-wan Kwan, "The Doctrine of Categories and the Topology of Concern: Prolegomena to an Ontology of Culture." 本文乃 1989 年於美國 Duquesne University 心理學系 Mini-course lecture series 講稿，修訂後刊於 *Logic of the Living Presence, An Oriental-Occidental Confrontation in Phenomenology,* Analecta Husserliana, Vol. 46（Dordrecht: Kluwer, 1995），pp. 243-302。

5　亞里斯多德論天文學時也曾用過 σχηματισμός 一詞。參 Aristotle, *De Caelo*, II, 14, 297b26⋯, 引見 Joachim Ritter, *Historisches Wörterbuch der Philosophie*, Band 8（Basel: Schwabe, 1992），cc. 1246-1263.

人的心智結構。對於康德來說，"schematism"與其說是一種學說的名目，倒不如說是人類知性的一項程序（Verfahren des Verstandes）[6]，就是通過這個程序，吾人心智的範疇（人類知性的純粹概念）才找到其具體應用的門徑。然而，這種應用之目的是甚麼？康德的回答可謂清脆俐落：「應用…於現象之上」（Anwendung [⋯] auf Erscheinungen）。[7]自古希臘以來，圖式就被訂定為通向世界的格式，今在康德的圖式程序理論中。我們見到圖式的這種理論功能不但再次被肯定，而且給賦予了新的意義。

在康德的系統中，範疇如何通過圖式程序而具體化呢？扼要言之，若要將「純粹」的和本屬智性的範疇應用於本屬「感性」的經驗現象，則範疇必須先被超驗想像力「圖式化」，成為一些超驗圖式，俾使知性範疇能依循這些圖式化後的方式應用於感性雜多以成就經驗。我認為可以把此中所說的圖式化理解為：把純粹概念（即範疇）以時間的表式重構或重寫（rewrite）；在這程序中，時間之所以特別重要，是因為時間正好也是經驗內容得以呈現所必倚賴的感性格式。舉例說，範疇裡的「現實性」可重寫為「能占據時間的某物之量」這一圖式；「實體」範疇可重寫為「在時間中的實在的恆存性」這一圖式；而「因果性」範疇可重寫為「在時間中因與果的必然前後相續」一圖式；「必然性」範疇則可重寫為「一對象於一切時間中的存在」這圖式，如此類推。[8]康德乃辯稱，藉著這一圖式程序：吾人的知性不會像守株

---

6   Kant, *Critique of Pure Reason*, trans. Norman Kemp Smith, A140/B179.

7   *Critique of Pure Reason*, A138-141/B177-181, Anwendung 一詞多次出現。

8   *Critique of Pure Reason*, A143/B183.

待兔一般被動地等待經驗直覺之出現,而會主動地介入感性領域,為內感雜多(manifolds)提供一些其可以被綜合和被理解的方向。知性之所以能扮演這一角色,就是拜超驗圖式所賜——而此超驗圖式說到底其實是「時間的超驗決定」(transzendentale Zeitbestimmung),也就是說,圖式要充當某種「第三者」(*ein Drittes*)的角色,[9] 即作為內感與範疇之間的中介,讓本來因分別屬感性和知性而致難以溝通的二端,在「時間」的作媒下得以連繫起來。

「時間」在康德圖式程序中的樞紐位置,說明了我們即將要考慮的海德格的「圖式學說」與康德的圖式程序論之間的重要關係。我們只需想想,海德格的力作《存在與時間》(*Sein und Zeit*)書名中赫然有「時間」二字,這其實早已透露了問題的端倪。

二、從牛頓到海德格:「時間」概念的蛻變

時間作為一理論課題,就如奧古斯丁那著名的格言所說一樣:其困難在對吾人而言「既熟悉又陌生」。[10] 在過去數百年間,時間觀念在西方經歷了重大的變革。

在牛頓的古典物理學中,時間連同長度(空間)和質量,被視為三個基本的可量化的物理單位。通過這些單位,世上的諸種物理現象,從拋射體彈道到行星軌跡皆能一一計算。作為在宇宙中具有實在地位的一些單位,時間可與語言學詞類中的「實詞」

---

9 *Critique of Pure Reason*, A138/B177.

10 St. Augustine, *Confessions*, Book 11.

（substantive, noun）相比擬。在萊布尼茲（Leibniz）的系統中，
實在性只歸於單子（monads），時間和空間再不能比擬為實詞，
由於單子本身的「無窗戶性」（"windowless"）預設了其不能彼
此直接溝通，時空乃成為眾多單子之間能夠調和一致地運作的協
同參照系。鑑於時間在單子（實體／實體性）理論中只屬支援角
色，故時間（和空間）於此可比擬為「形容詞」（adjective），一
如形容詞之職責在於修飾（qualify）實詞。然而，在康德的系統
裡，時間（以及空間）已蛻變為直覺的先驗「形式」，它規定了
感性以甚麼方式展示於吾人的意識之中。用哲學的術語表達，康
德稱時間為直覺的「模態」（mode）。這意味著，任何東西如要
於直覺中被感取，則其必須在時間中（或曰「時間地」
"temporally"）被給予於吾人。[11]在康德，時間其實已被「內在化」
（"internalized"）於人類主體的認知活動中。依循上文的比論，
若時間被規定為吾人直覺的形式或模態，則我們大可把時間的存
在地位比擬為「副詞」（adverb），一如在語言學理解下，副詞的
主要功用就是要修飾（modify）動詞。[12]

　　根據我們上述的擬語言學（quasi-linguistic）分析，牛頓、

11　在這裡我特別要再次對先師勞思光先生表達感念之情。以名詞（實詞）、形
　　容詞和副詞對牛頓、萊布尼茲和康德的時間觀念作出語法上的比擬，是我大
　　學時期修習先生開設的「康德哲學」課程中許多重要啟迪中的一個重點，而
　　作者進一步把海德格的「時間」比擬為「動詞」，雖非思光師之見解，但此
　　論亦乃吾師啟發的結果是顯而易見的。不過要指出，以「副詞」之用譬況康
　　德的「時間」於理論上雖然完全成立，但康德自己並無使用 zeitlich 一詞的
　　習慣，反觀日後的海德格，則不但常用副詞 zeitlich，更常用動詞 zeitigen，
　　由是更見思光師所作譬況的理論前瞻性。

12　這一比擬對於康德《第一批判》超驗感性論中的時間概念固然貼切，至於時
　　間於這種「副詞」用法之外是否還有其他用法，則是後話。

萊布尼茲和康德分別對時間予以「名詞」（nominal）、「形容詞」（adjectival）及「副詞」（adverbial）的意義，而我們幾乎可以說，發展到了海德格，時間之終將顯出一「動詞」（"verbal"）的用法，已經呼之欲出。事實上，海德格在《存在與時間》書中，各種與「時間」（"Zeit"）相關的用語，諸如 zeitlich（時間的）、Zeitlichkeit（時間性）、Zeitigung（時化〔程序〕）等，皆無一遺漏地必須回溯於 zeitigen 才可以理解，而這個我們可譯為「時化」的關鍵詞，本身就是個不折不扣的動詞（Zeitwort, verb）。

德文 zeitigen 這個動詞，並非海德格原創，而可追溯到中古高地德語（Mittelhochdeutsch）的 "zîten" 和 "zîtigen"，其意為某物（例如水果）之「變得成熟」（reifen/reif sein 或 reif werden）。[13]然而，這一用法到了新高地德語階段（Neuhochdeutsch）便幾近絕跡，所以海德格對 zeitigen 一字的復興，實功不可沒。再者，以 zeitigen 表示某一意義的人生之演繹或人生歷程這一哲學意味的用法，更是海德格的創見，縱使我們必須感謝更早時艾克哈特師長（Meister Eckhart）的類似語用，和特別是康德為這種哲學用法奠定的理論基礎。基於先前的語言學類比，我們可以說，當時間概念於現代思潮的蛻變中被內在化為吾人活動的「形式」後（即成為「副詞」），其將繼續發展成直接指向帶內在活動意味的動詞狀態，幾乎是理所當然的了。而 zeitigen「變得成熟」的古義其實是非常關鍵的。因為，一如水果生長於樹上需要時日的蘊釀才變得成熟，吾人存活於世上又何

---

13 參見 Jacob Grimm and Wilhelm Grimm, *Deutsches Wörterbuch*, Band 31, cc. 580-595（網絡版: http://germazope.uni-trier.de/Projects/DWB. 或 http://woerterbuchnetz.de/DWB/）

嘗不需要歲月的歷練才能變得圓熟呢！

經此釐清，讀者對《存在與時間》書中海德格廣泛使用的各種新詞，應該會較為釋懷。因為一旦說明了「時間」可直指吾人生命中之活動這一嶄新用法，我們不但較能理解諸如「時間時化其自身 ……」（Zeitlichkeit zeitigt sich, temporality temporalizes itself, SZ: 331, 336, 350, 426）、「此在時化自身……」（Dasein zeitigt sich）[14]等表述，同時也較能理解其他（存活論的旗幟下）帶有時間意味的詞彙，例如 vorgängig（先行的）、Sich-vorweg（先前於己）、vorspringen（提前點醒）、zunächst und zumeist（首先並通常）等。這同時也適用於三種踰出範式（或六種踰出模態），凡此種種，將於後文細論。

三、海德格對康德圖式程序學說的「批判」

康德在《純粹理性之批判》中固為〈圖式程序論〉獨闢一章；有別於此，海德格表面上未把圖式程序問題列於《存在與時間》目錄中（除 §8 中的預告外）。但若我們由此而認為與圖式有關的問題對海德格來說沒有甚麼特別的理論分量，則是大錯特錯。

要澄清這點，我們可簡略地回顧海德格如何論述康德的圖式程序學說。在《存在與時間》已發表的部分，海德格似乎對圖式程序理論持一批判的態度。當海德格提及其存有論歷史的「解構」計劃時，他聲言在他探究時間性問題的路途上，康德是對他有重大啟發的「首先的和唯獨的一人」，而關鍵就在於其圖式程

---

14 海德格曾在許多情況下使用 "…*zeitigt sich*" 以表達時間性的不同運作方式，但 "Dasein zeitigt sich…" 在《存在與時間》中則只用過一次; 見 SZ: 396。

序學說，雖然在他看來，康德尚未清晰地理解圖式程序的真正本質。康德自己也曾說過，圖式程序是「隱藏於人類靈魂深處的一門技藝」（eine verborgene Kunst in den Tiefen der menschlichen Seele）。[15]海德格在引述康德這一番話後，便大膽提出要嘗試「對（康德）圖式程序學說中的奧晦處予以澄清」（SZ: 23-24）。他認為康德的「失敗」在於忽略了兩大重要課題：存在問題（Seinsfrage）和此在的存有論（Ontologie des Daseins）。

然而，海德格的態度是否全屬負面呢？如翻查他的演講錄和《存在與時間》前後的著作，可知情況遠比想像來得複雜。在馬堡演講錄（*Marburger Vorlesungen*）陸續面世後，我們可以清楚看到，海氏在《存在與時間》出版前，曾被康德的圖式程序學說一再地吸引。事實上，他對康德有關學說的著迷，一至於反覆地詮釋並修改康德之說，企圖將之連繫於他自己的存活理論。康德的圖式程序學說既是海德格的批判對象，也是其哲學計劃的模範。海德格之所以對康德的圖式程序學說大力批判，是為了重建這套學說，俾應用於他自己的著作之中。

海德格對康德的興趣，學界大都只聯想到海氏 1929 年出版的《康德與形而上學問題》一書（*Kant und das Problem der Metaphysik*，下稱《康德書》，略作 *KPM*）。現在我們知道，這其實可以追溯至更早的時期。海德格在 1925 ／ 26 年度冬季於馬堡的《邏輯》演講集中[16]，已花費了不少精神處理康德的圖式程序學說，他更直稱《純粹理性之批判》的整座建築都奠基於這個

15　*Critique of Pure Reason*, A141/B180.

16　Heidegger, *Logik, Die Frage nach der Wahrheit*, Gesamtausgabe Band. 21（Frankfurt/Main: Klostermann, 1976），以下略稱 *LFW*（GA-21）.

「真正的核心」之上（*LFW*, GA-21: 358）。

《邏輯》重要之處，是海德格在此首次倡議以「自我觸動」（Selbst-Affektion）解釋本源意義的時間。他援引《純粹理性之批判》一段經典的文字（B67f）[17]以喚起讀者注意，並認為康德大可循此思路直證時間的真正性質，即把時間解釋為心靈的存在模態（Seinsmodus des Gemütes），甚或理解之為自我存在的根本方式（Grundart des Seins des Selbst）。在這個背景下，時間作為「自我觸動」也可以形式地界定為「先行的和無標題的注視取向」（vorgängige, unthematische Hinblicknahme）（*LFW*, GA-21: 338）。說到底，所謂以「自我觸動」去解釋時間，不外把時間直接了解為吾人存活於世上時，吾人心靈一般的、原初的和自發的覺識。本源的時間因不依待於外在感知，故稱之為「先行」，所謂先行，其實可簡單地當作康德以來的所謂「先驗」置諸生命實踐上去設想。海德格嘗試論證，這個先驗的「注視取向」（Hinblicknahme）之「何所向」（Worauf），其實就是一般事物先驗地得以「遭逢」（apriorische Sichbegegnenlassen, *LFW*, GA-21: 297, 339）的可能條件。根據海德格的說法，康德最後終於沒有踏出這關鍵的一步，致使其時間理論只能被了解為直觀的形式，因而「不合理地限制於內感」（*LFW*, GA-21: 340）。我們可以說，

---

17 *Critique of Pure Reason*, B67. 海德格曾徵引康德原文如下: "…nichts anders sein kann als die Art, wie das Gemüth durch eigene Thätigkeit, nämlich dieses Setzen seiner Vorstellung, mithin durch sich selbst afficirt wird, d.i. ein innerer Sinn seiner Form nach." 必須指出的一點，"selbst afficirt" 或 "selbst afficiren" 等片語於《純粹理性之批判》B156 重現；此外，這些片語在康德的 *Anthropologie* 及 *Reflexionen* 乃至在 *Opus Postumum* 等書中亦曾數度出現。但必須注意，Selbst-Affektion 這個實詞是海德格自行鑄造的。

海德格對康德時間觀念底「缺失」的批評預示了他自己將要以甚麼方式處理這個議題。

在 1927／28 年度冬季的馬堡演講集末尾，海德格界定圖式程序的章節為「《批判》的核心」（PIK, GA-25: 429）[18]，並認為這個章節處理的是知性的踐行性格（Vollzugscharakter des Verstandes）（PIK, GA-25: 430）。請注意，德語 Vollzug 並非康德的表達方式，而帶有典型的海德格色彩，[19] 其所指的，是人底「此在」活出自身的存活這活動自身（SZ: 21, 67, 154, 157）。[20]

在《康德書》中，海德格再次抱怨康德過於膽怯，以至在探索時間與主體性問題的真相跟前退縮下來（zurückweichen）（KPM 214-215, GA-03: 160f）。他解釋說，康德「把時間只理解為持續不斷的現在」其實並不足夠，「時間必須被理解為純粹的自我觸動，否則它在圖式底構成中的作用將一直完全隱而不顯」（KPM, GA-03: 200），他並認為康德未能徹底揭示時間的根本意義，致使其所謂「超驗圖式作為時間的超驗決定這一論旨顯得捉襟見肘和不明所以」（KPM, GA-03: 201），因此也無法「揭示主體的主體性」（KPM, GA-03: 166, 214）。

---

18 Heidegger, *Phänomenologische Interpretation von Kants Kritik der reinen Vernunft*, Gesamtausgabe, Band 25（ed.）Intraud Görland（Frankfurt/Main: Klostermann, 1977），以下略稱為 *PIK*（GA-25）.

19 康德多次指稱 Schematismus 乃一「程序」（*Verfahren*, procedure）（A140/B179, A141/B180）。

20 貝克（Oskar Becker）、蒲格勒（Otto Pöggeler）和涂根哈特（Ernst Tugendhat）曾指出對海德格而言，*Vollzugssinn* 相對於其他如 *Gehaltssinn* 與 *Bezugssinn* 等相關用語更為重要。詳細討論參見 Tze-wan Kwan, *Die hermeneutische Phänomenologie und das tautologische Denken Heideggers*（Bonn: Bouvier-Verlag, 1982），pp. 27-28, 及註解 59（p. 177）。

　　為了完成康德未竟之業，海德格在《康德書》中經常把應作「自我觸動」解的「本源時間」（ursprüngliche Zeit）等同於康德的「純粹統覺」、等同於「我思」，甚至等同於「我自身」（Ich selbst）（*KPM*, GA-03: 190-191）。當然，就如康德在批評理性心靈論的〈謬誤〉中所曾警戒一般，為免讀者將這個「我」當作恆久不變的靈魂實體，海德格很清楚地強調說，這個「自我」只可以展示於此在底時間性的撲朔迷離的活動中，因此只是一徹頭徹尾的「有限自我」（endliches Selbst）云云（*KPM*, GA-03: 194）。

　　以上種種清晰地顯出，海德格嘗試藉「本源時間」理論地位的闡釋，以進一步完成康德的圖式程序學說。而在海德格的新構想中，這本源意義的「時間」將要扮演的理論角色，將比康德設想者重要得多。

四、海德格如何繼承康德的圖式程序學說？

　　說到這裡，吾人不禁要問：海德格是否扭曲了康德學說？是否對康德學說行使了「暴力」。事實上，這問題不只可用來質疑海德格的康德詮釋，甚至可質疑他對前人的詮釋一般。面對這一類問題，我們需要指出，哲學史除了是「歷史」外，同時也是「哲學」。[21] 在海德格看來，學院式旁徵博引的研究並不應妨礙我們在面對哲學史上的一些真問題時，按新的理論需要予以重新

21　康德對「哲學史」基本上持不重視的態度，這是因為他認為哲學史只是「歷史知識」故。不過在其遺稿中，作者赫然發現康德曾區別了「歷史的哲學史（historische Geschichte der Philosophie）」與「哲學的哲學史（philosophische Geschichte der Philosophie）」二者。詳細討論可參見拙文 "The Role of the Historian of Philosophy: Some Phenomenological Reflections," 未刊稿。

理解，重新審度、甚至作帶創意的發展。蒲格勒（Pöggeler）即從這個角度出發，指論者往往只知批評海德格以某一意義的理論暴力解讀康德的圖式程序，卻鮮會注意海德格正是要依循康德的路徑才找到自己的進路──就是「通過圖式學說〔而發展出來的〕的對時間的詮釋」。[22]以下我會按照蒲格勒的觀點，嘗試論證：《存在與時間》縱然沒有把「圖式學說」列作小標題，但是整部著作明顯地是以圖式程序學說為背幕而寫成的。由於海德格談論的「存活格式」（Existentialien, existentials）無非就是「生命範疇」（詳見下文），加上我們上文已交代了的範疇與圖式學說於理論上的緊密關連，海德格《存在與時間》中的一個與圖式有關的重大主題便已呼之欲出──海德格這個重大主題，我大膽地稱之為「生命的圖式程序」學說（schematism of life）。[23]

如上所述，在《存在與時間》1927 年出版前後，海德格確曾詳細討論過康德的圖式程序問題。在這些著作中，海德格着手處理康德哲學的概念，諸如「超驗想像力」、「自我觸動」（*LFW* §28, GA-21: 339f; *KPM* §34, GA-03: 194ff）等，目的是要解釋「圖式的形成」（*KPM*, GA-03: 200）與「揭示主體的主體性」（*KPM*, GA-03: 208）云云。然而，「超驗想像力」或「自我觸動」等實來自康德的詞彙卻於《存在與時間》絕跡，在海氏這本代表作

22　Otto Pöggeler, *Heidegger in seiner Zeit*（München: Wilhelm Fink, 1999）, p. 31.

23　「生命圖式程序」（Schematism of Life）乃作者自訂的概念。另一曾被作者考慮的用語是「人存活的圖式程序」，這用語 Theodore Kisiel 曾經使用，但就漢語的語境而言，似乎不及「生命圖式」之直接有力。參見 Kisiel, "Diagrammatic approach to Heidegger's schematism of existence," *Philosophy Today*, 28（1984）, pp. 229-241。此外，本文的操作實受蒲格勒影響頗深，蒲格勒曾指出海德格《存在與時間》§69 中早便擬就某一意義的 Schematismus 云。參見 Pöggeler, *Heidegger in seiner Zeit*, ibid., p. 32.

中，他最終只以自己的概念，諸如時間性、時化、踰出，特別是
「界域圖式」等等，以展示所謂「本源時間」（original time）到
底是怎麼一回事。因此，本文的工作是要指出，海德格的《存在
與時間》與後來的《康德書》不同之處，是前者的理論布局中仍
有一套隱密的、屬於海德格自己的和不同於康德的圖式程序學
說，儘管其繼承康德之處亦不能磨滅。以下即從不同角度揭示兩
套學說之傳承關係。

(1) 概念術語上的繼承

(a) 時間在圖式程序中扮演的中心角色及這角色的轉變

正如前述，時間的問題在現代的科學與哲學中都占有重要地
位。在康德的圖式學說，時間更是理論的核心。海德格《存在與
時間》一書把時間與存在並列如標題中，時間的中心地位更為突
出，而時間的真正分位（status of time）乃成為必須首先澄清的
問題。在上述的語言學類比中，我們把康德的時間概念類比為副
詞，但這一類比似乎只能適用於「超驗感性論」所論及的時間，
即作為「直覺形式」的時間；至於在「圖式程序」中擔當範疇與
直覺之間的「第三者」的時間，其真正扮演的角色是甚麼，便顯
得撲朔迷離了！到了海德格，時間的狀態顯然地已「進化」至成
為 zeitigen 這個動詞，這一發展固如前述。這種觀察，不單證明
了時間概念的確貫穿康德的圖式程序學說和我將論述的海德格的
「生命圖式程序」學說，而且更讓吾人看到兩種進路的主要差異
所在。

(b) 存活、存活格式、與踰出範式

眾所周知，海德格廢棄「範疇論」，並以「存活論」取而代

之（SZ: 44），即便如此，亦不能否定從康德到海德格的術語有一定的連續性。理由有以下幾點：

i. 海德格所謂以「存活論」取代「範疇論」，反而暗示了二者起碼就議題或「基源問題」而言有一定的傳承關係，不然便談不上「取代」。換言之，存活論其實是範疇論的一個變種。

ii. 吾人現在甚至有明確的證據顯示海德格早年的確曾一度採用由狄爾泰（Dilthey）提出的「生命範疇」（Lebenskategorien）這個術語。[24] 海德格的「生命範疇」，從具體內容看來，實即他後來所指的「存活格式」（Existenzialien）。

iii. 「存活格式」的意義源出於「存活」（Existenz）這更根本的現象，存活其實是海德格筆下「人類生命」現象的另一稱謂而已，只不過其所指的並非自然意義或生物學意義的生命，而乃人生於世上對一己乃至周遭有所關注這人文現象，用更直接的說法，就是「人生」。海德格解釋說，「存活」的希臘字源 ἐκστατικόν 意指人的一種傾向，就是會「站出」或踰越自身，並關注自身的處境。海德格以不同的形式標示來描述存活的這現象，例如：「一己以外」（Außer-sich, SZ: 329, 350, 365; *GP*, GA-24: 377, 382）、「踏出一己以外」（Aus-sich-heraus-treten, *GP*, GA-24: 377）。此外，海德格亦區分了「存活踐行」（existentiell）與「存活理論」（existential）這兩個

---

24 參見狄爾泰 Wilhelm Dilthey, *Der Aufbau der geschichtlichen Welt in den Geisteswissenschaften*（Stuttgart: Suhrkamp, 1970）, pp. 235-237, 281ff。另見 Heidegger, *Phänomenologische Interpretation zu Aristoteles. Einführung in die phänomenologische Forschung. Frühe Freiburger Vorlesung*, WS 1921/22, hrsg. von Walter Bröcker und Käte Bröcker-Oltmanns（Frankfurt/M: Klostermann, 1985）, GA-61: 84ff.

從「存活」衍生的形容詞。前者意指人底存在者的（ontical）、現象的（phenomenal）描述性層面，後者則意指人底存有論的（ontological）、現象學的（phenomenological）詮釋性層面。

iv. 除了「存活」這個根源概念及其直接的衍生詞彙外，海德格亦另鑄新詞：「踰出範式」（拉丁語：ecstasis；德語：Ekstase（單數），Ekstasen（眾數））。這個新詞不僅在字源學上關連於 Existenz，在理論上亦帶有重要的哲學意涵。「踰出範式」的作用，與康德哲學的「範疇」大有關連。一般而言，「存活格式」泛指林林種種的跟此在相關的現象，「踰出範式」的名數則基於此在的時間的三向度性格而限定為三個。康德根據傳統邏輯學（判斷表）衍生出十二範疇（=3x4），海德格則由時間性的「三向度」（過去、現在、未來）跟存在模態（Seinsmodi）[25]的「兩可性」（本真性與非本真性）相乘而衍生出六個（=3x2）「踰出模態」（ekstatische Modi）。康德在《純粹理性之批判》列出的 12 個範疇指向自然現象，海德格的 6 個踰出模態則更為直接地指向作為本源時間的人類生命的實踐現象本身。

(c) 圖式、界域與界域圖式

關於"Schematismus"一詞，海德格除於解說康德著作時曾引用外，並無跡象顯示他曾作明確的處理。然而，在海德格時間分析的整體結構之中，某一意義的圖式論卻的確占據了一核心的位

---

25 海德格 *Seinsmodi* 一詞直譯固是「存在模態」，但其實可乾脆了解為「生命模態」（modes of life）。

置。儘管海德格聲言將與傳統的範疇論告別，其於《存在與時間》書中卻最少一次提及「踰出模態的圖式」一語（SZ: 365），這顯然跟康德的「範疇的圖式」遙相呼應。在《存在與時間》及相關的演講集中，圖式概念更往往跟另一概念——「界域」（Horizont）——結合使用。「界域」概念雖然自胡塞爾開始才廣為學界使用，但其實也是康德哲學的遺產。[26]海德格在建構「此在的存有論」時，亦嘗談及「界域圖式」（horizontale Schemata）（SZ: 360, 364f）。這用語之所以重要，在於它標誌著並且顯出了海德格如何繼承了康德，甚至超越了康德。海德格於踰出範式（Ekstase）之外，更進一步鑄造了「踰出所在」（Ekstema）一詞，以方便他自己以最言簡意賅的方式對「界域」概念予以表詮：「界域在於踰出格式之中而且通過踰出格式展現自身，界域是踰出格式的踰出所在。」（MAL, GA-26: 269）[27]為了說明這個意義下的界域、踰出所在與界域圖式等概念，我們要先轉而討論「世界」的問題。

(d)「應用」於世界

在康德「圖式程序論」一章裡，「應用」（Anwendung）一

---

26 參見 Tze-wan Kwan, "Husserl's Concept of Horizon: An Attempt at Reappraisal" 一文，本文乃作者為業師蒲格勒（Otto Pöggeler）六十壽而作，文章首先於 1988 年 Santiago de Compostela, Spain 舉行之國際會議發表，後刊於 *Analecta Husserliana*, Vol. 31（Dordrecht: Reidel/Kluwer, 1990），pp. 361-398；後來該文收錄於 Dermot Moran and Lester Embree（ed.）*Phenomenology: Critical Concepts in Philosophy*, Vol. 1, *Phenomenology: Central Tendencies and Concepts*（London: Routledge, 2004），pp. 304-338.

27 此語的德文表式如下："Der Horizont zeigt sich in und mit der Ekstase, er ist ihr Ekstema."

詞絕非隨意使用，而是一專門術語，因為「應用」恰恰就是引入
圖式的用心所在，用康德自己的表述：圖式的作用，是「首先實
現範疇，但同時限制範疇」（A146/B185-6）。對康德來說，〈圖
式程序論〉的理論目的正在於解釋範疇作為智性概念如何能具體
應用，並連繫於經驗世界的表象。

眾所周知，「世界」與「自我」在現象學中再不是截然二分，
而被視為同一現象的兩面。對胡塞爾來說，這個現象就是意向
性；對海德格來說，這個現象可從不同角度去表述：如「此在作
為 在 世 界 中 存 在 」（Dasein als In-der-Welt-sein）、「 超 越 」
（Transzendenz）、「進入—世界」或「世界門檻」（Welteingang）[28]
等。

既然課題的重點有所轉變，如何應用於世界的問題亦要隨之
而重新界定。海德格的策略，是將世界這元素整合於此在自身的
結構之中。在形式上，界域意指從某個視點觀察所得的相關「範
圍」。海德格並不孤立地談論圖式，而提出了「界域圖式」的說
法，以便具體地說明當生命「時化」之際，如何應用六個踰出模
態，循各相應的界域圖式建構出與吾人生命世界相應的領域。[29]
我說「界域圖式」是海德格得自康德哲學的遺產，甚至是超越康
德的發展，理由正在於此。海德格自鑄 ecstema（ta）一詞，並
將之等同於「界域」，顯然是為了強調界域與踰出模態（ecstasis）

---

28 Welteingang 概念其實相當重要，卻經常被忽略。據我所知，這概念首先於
   1928 夏季海德格討論萊布尼茲的的馬堡講演集中提出，後來再出現於 1929
   年出版的 *Vom Wesen des Grundes*。Welteingang 概念甚至引起 Oskar Becker 的
   注意。參見 Becker, *Dasein und Dawesen. Gesammelte philosophische Aufsätze*
   （Pfullingen: Neske, 1963）, p. 86.

29 蒲格勒常於課上以 "Weltsphäre" 一語詮述這一點。

的相互關聯性（Korrelation）。

按此思路，我們終於能夠解釋海德格《存在與時間》書中何以廣泛地使用各種代副詞（pronominal adverbs）。這些代副詞可謂五花八門，甚至可組成一語詞場域（semantic field）──包括「何所往」（Wohin）、「何之故」（Woraufhin）、「何所入」（Wohinein）（GP, GA-24: 376, 378; MAL, GA-26: 271）、「何所自」（Wohinaus）（GP, GA-24: 435）；還有諸如「何所依」（Wobei）、「何所以」（Wozu）、「何所藉」（Womit）、「何所在」（Woran）等等。海德格之所以自鑄相關詞彙，明顯是為了同一個理論目的──就是說明各種存活格式或「生命範疇」如何得以應用而開闢出世界的各種境域。

(e) 相互關聯的功能之間的統一：踰出界域的統一性(ecstatic-horizonal unity)

哲學工作的一大要務是追求統一，相信這是很難否定的。在康德系統中，我們看到他經常論及不同種類的統一。例如「雜多之統一」（A105）、「現象之統一」（A156/B195）、「統覺之統一」（B132ff）、「自我意識之統一」（A111）、「思想主體之統一」（A354）、「經驗（作為整體）之統一」（A583/B611）、「理性之統一」（A645/B673）、「自然之統一」（A651/B678）、「理解所有運用之統一」（A665/B693）等等，不一而足。以上種種統一，驟眼看來頗為複雜，但這些統一其實不是歸入主體，就是歸入對象。然而，康德始終反對於主體與對象之間作明確的形而上學區分，尤其反對那些自以為能夠窮盡地決定主體與對象的最終地位的哲學。關於這點，蒲格勒敏銳地指出：「康德的思想就是要在超驗對象的空無與超驗主體的空無之間，尋找其恰當的位

置。」[30] 因此，康德論及的統一從來不是「存在論的統一」，而只是功能的統一。後者以主體與對象之間的「相互關聯」（correlation）為基礎，而主體與對象的終極的存有論地位則存而不論。亦因此故，康德的系統中，絕對的實在性遂由「經驗的實在性」與「超驗的觀念性」的相互關聯取代。現象學繼承了康德的遺產，同樣傾向循相互關聯的角度把主體與對象兩個問題揉合起來當作單一個議題去看待。這正是意向性或 *intentio-intentum* 關聯性所談論者。結果，海德格同樣地循主體與對象兩方面去處理統一性的問題。一方面，他強調時間性底「踰出格式的統一性」（ecstatic unity [of temporality]）（SZ: 339, 342, 350, 365）；另一方面，他也強調時間性底界域的「踰出所在的統一性」（ecstematic unity of the horizon of temporality, *MAL*, GA-26: 269-270）。上述兩者更合而為一，構成「踰出界域的統一性」（ecstatic-horizonal unity, SZ: 360, 366, 396），並認為其既屬於主體亦屬於對象，亦即相互關聯。[31]海德格就因秉持這些術語，才得以處理自我與世界的問題。

(2) 哲學精神上的繼承

為甚麼以「生命圖式程序學說」形容海德格之學呢？除了術語上的繼承，海德格與康德之學其實在更高的理論層次有更緊緻的連繫，直牽涉及哲學的終極關懷。在哲學這門「專業」中，特

---

30 參見 Pöggeler, "Review of Jan van der Meulen's *Hegel. Die gebrochene Mitte*", *Philosophischer Literaturanzeiger,* Band XIII（1960），p. 348。此外，海德格常認為康德哲學要處理的是一「之間」（Zwischen）的問題，參見 Heidegger, *Die Frage nach dem Ding*, p. 188, GA-41: 244.

31 我的考慮是 Horizont=Ekstema（*MAL*, GA-26: 269）。

別在博通與專精的學院要求下，從事哲學往往被認為就是要掌握概念與論證、對學派思想作比較、對學說與理論予以批判云云，也即所謂「學院哲學」。然而，在芸芸哲學巨擘中，康德與海德格都特別意識到以這種態度看待哲學並不足夠。

關於哲學的本質，康德最少提出三個為人熟知並且富有洞見的區分：1）康德區別哲學與數學，他認為數學可以隨意構造其理性對象並沉吟於其中，哲學則必須面對當下如是地給予於吾人的世界。2）康德把哲學區分為學院意義的哲學（Schulbegriff, *in sensu scholastico*）與經世意義的哲學（Weltbegriff, *in sensu cosmico*）二者，他認為前者只在於鍛鍊心智的「機巧性」（Geschicklichkeit），只有後者才可孕育出帶人文價值的「受用性」（Nützlichkeit）。用康德的話說：「哲學是這樣的一門學問，它將一切知識都關連於人類理性的終極目的（*teleologia rationis humanae*）。」[32] 3）康德把哲學辨解為「哲學學說」（Philosophem）與「哲學思慮」（Philosophieren），並認為若前者是哲學的理論成果，後者則是哲學的智性活動，而二者之中以後者為更根本。

儘管海德格不願以「哲學」指謂其思想，我卻認定他是康德哲學精神的繼承者，因為他倆觸及了真正的哲學思慮。海德格談論的「被投擲性」（Geworfenheit）與「實況性」（Faktizität）概念，呼應了康德認為哲學必須面對一給予的世界（即不像數學那樣可以憑空虛構數學對象）。海德格的「但為誰故」（Worumwillen），令人聯想起康德的「經世意義的哲學」，即認為哲學必須指向「人類理性的終極目的」。海德格論此在的「踐行」（Vollzug）與「各自性」（Jemeinigkeit），明顯跟康德站於同一陣線，因兩人同

32　Kant, *Critique of Pure Reason*, B867.

樣認為終極意義的哲學是吾人真實處境中的哲思活動，而不僅是哲學專業的研究對象。早在 1916 年撰寫的教授資格論文（Habilitationsschrift）中，海德格便曾為哲學訂立如下的重要註解：「哲學作為一些與生命割離的理性構作是無力的」[33]，由此亦可見康德遺風之所及。對海德格來說，哲學不應該只是理性的構作，也不應該割離生命，因為一旦離開了生命，哲學便失去了「著力點」，唯有緊扣生命，哲學對人才有「用處」可言。

除了上述種種，還有關鍵的一點令海德格近於康德，就是他們均對人底有限性之為不可逾越存敬於心。就是這一份存敬，令海德格致力於其「生命的圖式學說」，以揭示人存活（SZ: 384）之為有限，和時間性（SZ: 330f, 386, 424f）之為有限。亦因這一份存敬，令海德格廢止了《存在與時間》的著述計劃，並以康德為逃遁之所，以圖藉此重塑一套奠基於人底有限性的「此在的形而上學」（詳見 *KPM*, GA-03: 231f, 273f）。

五、海德格的生命圖式學說：圖表與結構解說

在上面的章節中，我指出海德格思想實隱藏了一套「生命圖式學說」，並指出其無非是一套生命開顯的程序。要進一步討論這一議題，我相信以圖表來展示這套學說是最好的方法。以圖表展示哲學理論，康德是最好的先例，在三大批判之中，康德便編列了不同的圖表。在《純粹理性之批判》中，即有判斷表（A70/B95）、範疇表（A80/B106）、關於原則的半個圖表（A161/

---

33 Heidegger, *Frühe Schriften*, Gesamtausgabe, Band 1（Frankfurt: Klostermann, 1972），GA-01: 410. 德文原文為 :"Philosophie als vom Leben abgelöstes, rationalistisches Gebilde ist machtlos."

B200），和四種「無」（Nichts）的圖表（A292/B348）。我不明白為何康德沒有為圖式程序做同樣的表列工作，不過要這麼做肯定是可行的。[34]

時維 1977／78 年度冬季學期，作者在德國波鴻魯爾大學（Ruhr-Universität Bochum）的兩位老師蒲格勒與杜于行（Klaus Düsing）合開了一門研討班，題目是「康德與海德格的時間概念」，作者有幸參與其中。課堂中討論到海德格的存活論與圖式學說，蒲格勒悠然地以表列方式在黑板上畫了六個踰出模態及其相關的圖式結構，用以解說其中細節。那時，我已經讀過《存在與時間》的德文本數次，但還未意識到海德格那關鍵的存活論可以用這種方式概括。事隔多年，我至今還記得自己當時是多麼的興奮，因為以我之前研習康德哲學的背景，這個圖表一旦畫出，許多相關的概念和議題立刻便絲絲入扣地形成脈絡——回想起來，這可說是我在德國的留學歲月中最令人精神振奮的經驗。

蒲格勒本人似乎從未正式發表過這個圖表，我自己後來卻在教學上多次用來解釋海德格哲學，而學生們都覺得這圖表相當有啟發性。[35] 以下我將忠實地根據三十多年前的筆記重畫該表。我除了把標題和縱橫兩軸標籤略作改動外，還加上了「界域圖式結構」一列。不用說，畢竟是三十多年前的課堂紀錄，圖表解釋如有錯漏，當歸咎於我本人。

---

34 學者 Peter Suber 曾列出的有關圖表，比康德本人所列舉的更多，參見 Suber, "Alignments of the Categories," 見網址: http://www.earlham.edu/~peters/courses/ kant/cats.htm（2014-04-18）.

35 前此，作者曾徵引了蒲格勒的半個圖表，即有關「踰出範式」的一部分，參見：Tze-wan Kwan, "The Doctrine of Categories and the Topology of Concern: Prolegomena to an Ontology of Culture," op. cit.

Dasein als In-der-Welt-sein		Schon-sein/ Befindlichkeit	(Sein-bei)/ Artikulation- Rede/Verfallen	Sich-vorweg/ Verstehen
3 2 Seins-modi	Ekstasen der Zeitlichkeit 6 Ekstatische Modi	Gewesenheit (Vergangenheit)	Gegenwart	Zukunft
Eigentlichkeit 本真性 (Selbsthabe) 自我掌握 (Entschlossenheit) 決意性		Wiederholung 回省 repetition	Augenblick 當機 moment of vision	Vorlaufen (zum Tode) (死亡之) 預計 Anticipation (of death)
Uneigentlichkeit 非本真性 (Selbstverlorenheit) 自我迷失 (Alltäglichkeit) 日常性		Vergessen / Behalten 遺忘/記憶 forgetting/ retaining	Gegenwärtigen 當前 enpresenting	Gewärtigen 觀望 awaiting

Dasein als In-der-Welt-sein		Schon-sein/ Befindlichkeit	(Sein-bei)/ Artikulation- Rede/Verfallen	Sich-vorweg/ Verstehen
3 2 Seins-modi	Ekstatische Horizonte (=Ekstemata) 6 Horizontale Schemata	Gewesenheit (Vergangenheit) Schon-sein erschlossen	Gegenwart Besorgtes entdeckt	Zukunft Seinkönnen entworfen
Eigentlichkeit 本真性 (Selbsthabe) 自我掌握 (Entschlossenheit) 決意性		Wovor 何之前 der Geworfenheit/ in the face of which it has been thrown Woran 何之中 der Überlassenheit to which it has been abandoned	Um-zu (καίρος) 以便 in-order-to	Umwillen seiner 為其之故 for-the-sake- of-oneself (Worumwillen) 但為誰故
Uneigentlichkeit 非本真性 (Selbstverlorenheit) 自我迷失 (Alltäglichkeit) 日常性		Womit 何所涉 des Umgangs That which is dealt with	Als 視為 hermeneut./apophant. hermeneut./apophant. as	Wozu/Wobei (Dazu) 用以 何所用/ 何所緣 Towards-which/ What it is involved (towards this)

以上圖表應該如何解讀呢？這個圖表又如何構成「生命的圖式程序」呢？為了解答上述種種複雜議題，讓我們循下列要點略作分說：

(1) 上圖應解讀為人底生命現象或此在作為在世界中存在的一張流程表

首先，上圖其實是二表合而為一的，代表「此在作為在世界中存在」（Dasein als In-der-Welt-sein）的整個現象，也即是人存活於世上的生命現象。這現象可以分開兩個不同層次理解：其一是踰出模態（ecstatic modes）的層次，其二是界域圖式（horizonal schemata）的層次。在閱讀上圖的時候，吾人應當注意兩個表的陰影部分，因為它們各自代表六個踰出模態和六個界域圖式。茲把有關名相列舉如下：

- 踰出模態：回省（Wiederholung）、當機（Augenblick）、預計（Vorlaufen）；遺忘／記憶（Vergessen/Behalten）、當前（Gegenwärtigen）、觀望（Gewärtigen）
- 界域圖式：何之前／何之中（Wovor/Woran）、以便（Umzu）、為其之故（Umwillen seiner）；何所涉（Womit）、視為（Als）、何所用（Wozu）

(2) 總數為「六」的踰出模態與界域圖式

從設計的觀點看，第二個表理想地應該以懸浮的方式置於第一個表之上，以反映此在的「踰出」性格，也即生命觸動的、踐行的性格。踰出模態與界域圖式都為六數，因為它們都由兩個「存在模態」（Seinsmodi）與三種「時間性的踰出範式」或三種「踰出界域」相乘而得（2x3=6）。對海德格來說，六個踰出模態

展現了「本源時間」時化（Zeitigung）自身的六種不同方式，正因如此，六個踰出模態都帶有某一種的時間性色彩，[36]它們靈動地描述了作為時化歷程的，並實指生命的本源時間如何真正地實現出來。踰出範式的運作，海德格稱之為「外馳」或「綻放」（Entrückung）。「綻放」這個用語比較形象化，可以視為「踰出範式」（SZ: 339）這關鍵術語的較通俗的表達方式。話說回來，所謂「踰出範式」（Ecstasis），實衍生自關鍵語 Existenz，其所指者其實是「從自己往外站出」（Aus-sich-heraustreten）。對海德格來說，「每個踰出範式都有其所屬的『何所往』（Wohin），都表示了其將要踰出的去向」，這「去向」就是所謂的「踰出界域」（SZ: 364）。為了澄清這個「何所往」揭示了世界的哪一個面向，海德格曾經用到「何所入」（Wohinein）一詞，以意會實指生命的本源時間在相各種踰出模態的「綻放」之下所「到達」或「揭示」的生命境域。

(3) 存在模態可視為生命模態

「存在模態」（Seinsmodi）的字面意思是指我自己「是」甚麼的方式、或你自己「是」甚麼的方式，如此類推。為了讓有關討論背後的「生命」議題更為突出，我向來主張把存在模態改稱為「生命模態」（Lebensmodi），特別是在漢語的語境，這麼一來，「本真性」（Eigentlichkeit）與「非本真性」（Uneigentlichkeit）

---

36 海德格「踰出模態」的時間其實是人文意義的時間，其意涵明顯地與自然科學觀點下的時間有別。有關問題海德格在早期的一篇文章〈人文科學中的時間概念〉中曾留下伏筆。參見 Heidegger, "Der Zeitbegriff in der Geschichtswissenschaft," *Frühe Schriften*, GA-01: 413-433。

兩種基本模態的區別便更顯出其意義。雖然這兩個術語的意思本身已頗為清楚，但海德格的現象學同道貝克把這兩種生命模態分別稱為「自我掌握」（Selbsthabe）與「自我迷失」（Selbstverlorenheit），個中的生命意蘊便更為明顯。[37]貝克的意圖或許也是讓「存在模態」這個較枯澀的術語能更明確地連繫到生命的議題上。在貝克的詮釋下，吾人的生命於時間的遷流下，既可開拓出自我掌握中的曾經、現在或未來，也可沉湎於自我迷失下的過去、現在或未來。

(4)「本真性」與此在的自我掌握

關於時間性的踰出範式，海德格強調它們都是「整然地」時化的，而並非個別地運行，無論在本真的或非本真的模態，情況都是如此。[38] 只是，在本真的時間性中，「未來」的範式居於主導的地位，在另外兩種踰出範式的配合下，就組成了海德格所言的「曾經〔一度〕而現在開展中的未來」（die *gewesend-gegenwärtigende Zukunft*, SZ: 326, 350）。在真實的人生境況中，這個統一的現象可以體現為這樣的一個人：他先行於自身之將有一死而有所「預計」（Vorlaufen），故其朝向未來以籌劃（Entwurf）自身將可以是（Seinkönnen）甚麼；與此同時，他不忘懷於承擔既往，故不輟於「回省」（Wiederholung）過往經歷，以從中汲取教訓，俾在當下此刻能「當機」（Augenblick）立斷，好為未來的目標而奮鬥。這一種由未來帶動、而借鑑於曾經（本真的過去）的現在，海德格有時稱之為「預計中及回省下的當機」

---

37 Oskar Becker, *Dasein und Dawesen*, op. cit., p. 89.
38 此中涉及的即所謂時間性的「踰出範式的統一性」（SZ: 339, 342, 350, 365）。

（vorlaufend-wiederholender Augenblick, SZ: 391）。

(5)「非本真性」與此在的自我迷失

　　另一方面，在非本真的日常生命模態中，「未來」的主導性旁落，並讓位於「現在」底偶然性的隨機宰制。即便如此，過去與未來沒有就此消失，兩者往往跟現在合流，構成「觀望中和偶記下的當前」（das *gewärtigend-behaltende Gegenwärtigen*, SZ: 354-355）。在真實的人生境況中，這一種生命現象可以體現為以下的另一個人：他活著只知著眼於「今朝」（Heute, SZ: 391）或種種此起彼落地「當前」呈現（Gegenwärtigen）的和令人好奇的事情；其過去的經驗仿如擦身而過，並從此遠颺，與其不時回省，他選擇了「遺忘」（Vergessen），儘管他或會因為某些偶發的事件而勾起剎那間的「記憶」（Behalten）；至於所謂未來，他無意於籌度，只純粹抱持「觀望」（Gewärtigen）的態度，即只知日復一日地活在當前，讓未來的時日輾轉化為眼前的一刻。這種日常性下的時化，令此在不思以一己的決意作為自己生活的準繩，生命中的自我廁身於俗世，流連忘返於「當前」，猶如浮萍一般渙散（zerstreut）於迷失（verloren）的境域之中。

(6)所謂「中性」的第三種存活模態

　　在學界討論中，關於本真性與非本真性以外，是否還真有號稱中性的第三種存活模態可謂爭議不休。支持者但以海德格《存在與時間》書中提到的「未分化狀態」（Indifferenz, SZ: 232）為據，嘗試證明這中性的存活模態。其實，Indifferenz 這個字詞在《存在與時間》用得頗為含糊，說此在有兩種或三種存活模態都

屬可能。[39]不過，我認為所謂「三種模態」的說法意義根本不大，我的考慮有以下幾點：（一）雖然海德格曾提及「未經分化」有別於本真性與非本真性，但是他並沒有就此視之為一個獨立的「模態」。（二）《存在與時間》中，Indifferenz 或 indifferent 有時只用來指人際關係中的互不關心（SZ: 121），而非直接指首兩模態以外的第三種模態。（三）海德格討論此在時曾明確地談及「本真性與非本真這**兩種**存在模態」和「這**兩種**曾被論及的此在的性格」（SZ: 42-43）等措詞，很明顯有「兩種」這一存想。（四）對海德格來說，本真與非本真兩種模態本來就如兩個「理想模型」一樣，而現實生活中卻於此二者之間容許種種諸如程度、偏重、灰色地帶乃至轉型等變化可能。例如，海德格曾指稱此在「體現了這許多或這少許的自己」（soweit oder so wenig selbst zu eigen）（*LFW*, GA-21: 229）。與這些細微差別比較起來，本真性

---

39 有關這問題的詳細討論，參見鐸斯托 Robert J. Dostal, "The Problem of 'Indifference' in *Sein und Zeit*," *Philosophy and Phenomenological Research*, Vol. XLIII, No. 1, September 1982, pp. 43-58. 鐸斯托認為與「本真性」與「非本真性」比較之下，"indifference" 不能看作一獨立的和堪與前二者相比擬的模態，而只是一個帶有 "meta-existential meaning" 的用語。他總結說：「因此我們有信心堅稱，在海德格看來，此在的存活只有兩種可能的模態，而非三種。」（Thus one can confidently assert that existence of *Dasein* has, on Heidegger's account, two possible modes, not three.）在海德格 1925/26 年冬季學期的《邏輯》講稿中（*LFW*），我們找到鐸斯托並沒有採用，但完全支持我們上述論點的理據。在《邏輯》中，海德格雖然提到 *Indifferenz*「既非處於本真的模態〔…〕亦非處於絕對迷失的模態」，但他始終沒明確地把 *Indifferenz* 標籤為一種「模態」，反而清楚地指其「存有論意涵是特別難以透過歸類來掌握。」（*LFW*, GA-21: 229）。更有進者，*Indifferenz* 在海德格哲學中引出爭議固如前述，順道一提，貝克（Oskar Becker）後來竟然提出了另外一種意味的 *Indifferenz* 概念，細節後詳。

與非本真性卻表現為兩種完全對立的可能性，它們都有「形式標示」的作用（formalanzeigend），而所謂「未經分化」卻沒有這種作用。（五）最重要的是，如果海德格意欲建立三種模態，則他的蹈出範式（以至界域圖式）理應是 3x3=9 的結構，而斷不應是我們上述描繪的 2x3=6。

(7) 界域圖式的口語表達性質

　　海德格列舉的界域圖式，驟眼看來枯燥乏味，就算是以德文為母語者，要理解亦非那麼直截了當，對於翻譯者而言，這些圖式的詮述更是永恆的挑戰。然而，一旦吾人將界域圖式的問題循「生命的圖式程序」這個脈絡去了解，其意義便立即顯得通透明晰。界域圖式猶如人類心智（Gemüt）的「窗戶」，它們為吾人打開了意義的世界。海德格似故意以日常德語的慣用語或口語字詞為各圖式命名（例如 Womit、Um-zu、Als 等），而不用甚麼抽象的概念，其所以如此，大概因為這些親切的日用語言表式最能讓存活中的此在通達於世。用海德格本人的說法，界域圖式帶來一種「關係的系統」，這個系統可稱之為「世界性的建構元」（Konstitutivum der Weltlichkeit, SZ: 88）。這種訴諸日用口語的做法其實是亞里斯多德設立範疇表時早已使用的策略。當然，我們如要明白亞氏的用心，便必須避免輕率地採納文德爾班（Wilhelm Windelband）把亞里斯多德範疇視為抽象概念的翻譯，這些誤導的翻譯甚或可追溯至阿爾諾（Antoine Arnauld）的《波爾‧羅亞爾邏輯》（*Port Royal Logic*）。阿爾諾與文德爾班將十範疇翻譯為十個抽象概念，諸如實體、數量、性質、關係、場

所、時間等等。[40] 但如對照亞里斯多德的希臘文原文，這種譯法
其實並不準確。相較之下，庫克（Harold P. Cooke）提供了比較
準確的翻譯，他把十範疇貫徹地還原為口語表式去理解。例如把
τι ἐστι 譯作 what is（是甚麼），而只要這個「是甚麼」作為將要
進行的謂述（predication）的中心地位一經訂定，則其他環繞著
它和附屬於其上的所謂「偶性」的謂述乃可相繼成立——諸如該
「是甚麼〔實體〕」的「甚麼大小」、「甚麼模樣」、「關聯於誰」、
「何處」、「何時」等等。[41] 總言之，海德格以日用口語表達其「界
域圖式」，其策略和亞里斯多德如出一轍[42]，都是循吾人最直率
的語表方式，說明各種與吾人的生活相關的意義世界（也即上文

---

40 參見 Antoine Arnauld 與 Pierre Nicole 1662 年出版的 *Logique de Port-Royal*。
現代通行版本見 Arnauld, *La Logique ou L'Art de Penser*（Paris: Librairie
Philosophique J. Vrin, 1981），p. 49f. 文德爾斑（Windelband）就這一點的理解
與 Arnauld 無異，由於文德爾斑的年代較近，應是亞里斯多德範疇的抽象概
念理解於近世產生廣泛影響的主因。參見 Windelband, *Lehrbuch der
Geschichte der Philosophie*（ed.）Heinz Heimsoeth（Tübingen: Mohr, 1957），p.
121.

41 *Aristotle in Twenty-Three Volumes*, Vol. 1（Cambridge: Harvard University Press,
1938/1973），p. 17. Cooke 的翻譯其實也可以當作亞里斯多德範疇的「圖式」
去看待。此外，二十世紀法國語言學家本溫尼斯特（Émile Benveniste）則把
亞里斯多德範疇視為涉及希臘語的「詞類」（parts of speech），更是見解獨
到；見 Benveniste, "Categories of Thought and Language," *Problems in General
Linguistics* trans. Mary E. Meek（Coral Gables: University of Miami Press,
1971）. 有關討論詳見 Tze-wan Kwan, "The Doctrine of Categories and the
Topology of Concern…," op. cit.

42 作者最近發現蒲格勒也曾認為海德格因襲了亞里斯多德與黑格爾的作風，
「以介詞及代詞去建造其基本概念」（…haben von Präpositionen und Pronomen
her Grundbegriffe gebildet（wie *Ansich, Fürsich*），參見 Pöggeler, *Heidegger in
seiner Zeit*, ibid., p. 31.

所謂「躍出格式的躍出所在」）如何得以開顯。

(8) 本真性的界域圖式

今既證明海德格界域圖式的口語表達性質與昔日的亞里斯多德是異曲同工，以下我們乃得試用海氏提出的各種界域圖式，為此在開拓出的或體驗的生命界域[43]作相關說明，而這個界域實即生命的本源時間所綻放出來的。讓我們先從本真性說起：此在一旦嘗試本真地活著，他就需要喚起「為其之故」（Umwillen seiner）的意識，以關注一己將走的前路，並因此而要回顧自身被投擲於「何之前」（Wovor）的處境，或顧慮其曾罔顧的「何之中」（Woran）。唯其如此，此在才能得益於其曾經取得的教訓以開展其生活。在這種既放眼於將來，又回顧於曾經的生活方式之中，此在當前即將有所作為，「以便」（Um-zu）從事各種有關的工作，並從而牽扯及世上各種「用以」（Dazu）操作的器具。但凡此種種，皆與未來的「為其之故」息息相關，從中展示了此在決意活出一個自我掌握與自我籌劃的生命（SZ: 364-365；SZ: 86-88, 149）。

(9) 非本真性的界域圖式

相對之下，在生命的非本真模態中，本真的「為其之故」的主導地位要讓位於一種單純的關注，而關注所及的是日常生活尋常的周遭活動。在這個生命情態下，此在所注視的只是用具世界

---

43 就這一點，胡塞爾的「生命界域」（*Lebenshorizont*）概念似是一合適的用語。
參 見 Husserl, *Erste Philosophie*, Zweiter Teil, *Husserliana*, Band VIII, pp. 151, 157.

構成的那個互為因緣的網絡。首先，此在「觀望」這個網絡的「何所用」（Wozu）或「緣由的何所緣」（Wobei der Bewandtnis）；之後，此在「記憶」起世間種種關係或緣由的「何所涉」（*Womit des Umgangs,* that which is dealt with; or *Womit der Bewandtnis,* that which is involved in）（SZ: 352f）。「觀望」與「記憶」這種在時間上互相關連的視角，讓此在於環顧世上種種事物時能把諸事物呈現（gegenwärtigen, enpresent）為一些彼此相關的用具世界，在這個世界中，事物被詮釋為或被「視為」（Als）（SZ: 158f, 223）某種就手之物。可是，這個「詮釋學意義下的『視為』」有可能被此在的存活轉化為「句式意義下的『視為』」，後者純粹將事物看作是物理世界的「現成在手」之物，相關事物可以理論地被觀察，也可以客觀地被標題化處理（SZ: 362ff），而凡此種種都只和當前的事務配合，而不一定與此在的決意性有關。

(10) 此在轉化的可能

　　除了踦出的統一性問題外，另一個與海德格生命圖式程序學說有關的重要問題，就是此在底時間性之間乃至兩種存在模態之間的「模塑」（existenziale Modifikationsmöglichkeiten）或「轉化」（Abwandelbarkeit）的可能。海德格觀察到時間性的踦出範式彼此之間有不同程度的變型（modifikabel, abwandelbar）可能，並說：「一個踦出範式的優勢會讓另外的範式一同被模塑，因而時間諸界域圖式之間的時態關聯會有所更改。」（*GP,* GA-24: 436）。這種模塑作用雖適用於所有踦出範式，但對於本真的未來和非本真的現在卻特別顯得明確（*GP,* GA-24: 409, *SZ*: 329, 335-6, 347）。除了踦出範式之間的模塑外，海德格亦談到兩種存

在模態（或曰生命模態）間的轉化。換句話說，一方面是從非本真的「別人家」（das Man-selbst）到本真自我（自家）掌握的轉化（SZ: §54, 268）；另一方面也要注意相反的可能性，亦即從本真自我倒退為「迷失於別人」的狀態（SZ: §64, 317）。[44] 此在的轉化可能最重要的啟示，是生命實踐的境界並非一成不變，此中沒有絕對被定性這回事，人生於世上是否真能掌握自己，並非只看一時，而是一恆久的挑戰。

六、從上述分析帶出的幾點批判及反思

《存在與時間》一書的著作計劃終於被海德格自行終止，其背後的原因和海德格思想往後的發展於學界已有很多討論。不過，今天此書隱藏著的生命圖式學說一旦被我們揭露出來，我們似乎可藉此機會對一籃子有關問題作重新的思考。

(1) 《康德書》撰作的真正原由

在《存在與時間》第八節，海德格簡述全書布局。他宣稱書中第二部的第一篇名為「康德的圖式論與時間作為時間性（Temporalität）學說的前奏」（SZ: 40），而第二部的理論工作總的來說，本應是「以時間性（Temporalität）的問題為指導線索，對存有論的歷史進行現象學的拆解」（SZ: 39）。在這個理論背景下，我們不免要問：既然《存在與時間》結果中途廢止，那麼，《康德與形而上學問題》一書是否可視為上述尚未完成的部分的

---

44 討論詳見關子尹，〈海德格論「別人的獨裁」與「存活的獨我」〉，《鵝湖學誌》，卷 6，頁 113-164，現收於本書。

一項補充？我的答案是否定的。由於議題複雜，讓我逐步解釋：
（一）《存在與時間》原訂的第二部分的「拆解」工作是原來計
劃中的內容，後來是被放棄而擱置下來；《康德書》卻不是計劃
下的產物，這一點海氏在《康德書》前言說得很清楚。[45]（二）
從歷史的角度著眼，《康德書》撰寫於海德格思想面臨重大困惑
之際，當其時他對《存在與時間》的整體著作意念漸生懷疑。現
在我們可以從海德格事後的反省得知他不滿《存在與時間》中的
「本源時間」說法過於冒進，一至於踰越了人的有限性。（三）
在程序上看，海德格其實早在 1925 年的 *Logik* 演講集已曾重點
地處理過康德哲學包括時間和圖式論在內的一些論旨，只是後來
在《存在與時間》擱置下來。因此之故，《康德書》對於海德格
來說其實是《存在與時間》的「前史」（Vorgeschichte）[46]或「前傳」
（prequel）[47]，海德格撰此書的目的，是看能否「攏絡」康德，

---

45 海德格撰寫《康德書》的一個主要動力，是因為在《存在與時間》出版後的
1927/28 冬季學期裡，他對康德《第一批判》圖式論一章作了重新的閱讀和
理解。另一個更直接的動因是他與卡西勒在瑞士 Davos 就有關問題的公開辯
論。參見《康德書》第四版序言（*KPM*, GA-03: XIV-XV）。

46 「前史」一語取自亨利希（Henrich）的 "Vorgeschichte"。參見 Dieter Henrich,
"The Unity of Subjectivity" Günter Zöller trans. Richard Velkley ed. *The Unity of
Reason. Essays on Kant's Philosophy*（Cambridge: Harvard University Press,
1994），p. 38. 又 Zöller 把 Vorgeschichte 譯作 "prehistory"。

47 海德格在《康德書》第四版序言說：「『存在與時間』的問題在我的康德詮
釋中發揮了前驅的作用。康德的文本成為了一個避難所，讓我在其中可以找
到我所追索的存在問題的一個和議者。」 "So kam die Fragestellung von 'Sein
und Zeit' als Vorgriff für die versuchte Kantauslegung ins Spiel. Kants Text wurde
eine Zuflucht, bei Kant einen Fürsprecher für die von mir gestellte Seinsfrage zu
suchen."（*KPM*, GA-03: XIV）「前傳」英文 prequel 一概念乃 Peter Simpson
的建議。Wikipedia 關於 prequel 有如下說明: "[A] prequel is a work that

藉此支援其不得其解的存在問題。因此《康德書》並非甚麼原訂的「拆解」，而是最後一次的「建構」的嘗試，冀求完成《存在與時間》的理論計劃，此所以海德格稱《康德書》為「避難所」（Zuflucht）。（四）所以，海德格是借助康德的學說，以「對話」（Zwiegespräch）（*KPM*, GA-03: XVII）的方式把己意置之於康德的理論脈絡中進一步發揮，而非一般所指的「誤解」。當然，不知情的讀者確有可能因此以為這代表了對歷史上的康德的錯誤詮釋。（五）現在我們可以充當事後孔明，指出海德格選擇康德作為避難所的理由，是因為他認為在康德的哲學中有機會開拓出一套不會逾越人底有限性的界線的主體性學說。正如傅嬰克（Eugen Fink）在 1930 年代初期所說，海德格與胡塞爾及主流主體性哲學之最大分別，恰恰在於對人的有限性的恪守與否，[48]在這問題上，海德格力持應恪守人的有限性，藉此「避免以任何觀念論者的方式將人類擬神化（vergotten）」。[49] 相反地，胡塞爾在閱讀《康德書》時，在書眉的批注中明確表示對其中關於「有限性」的談論大惑不解。[50]（六）《康德書》出版後不久，海德格終於意識到他的最後嘗試「已經走入了歧路……一至於滿有缺

---

portrays events and/or aspects of a previously completed narrative, but is set prior to the existing narrative."

48 Dorion Cairns, *Conversations with Husserl and Fink*（Den Haag: Nijhoff, 1976），p. 25.

49 Eugen Fink, "Welt und Geschichte," in *Husserl et la Penseé moderne*（Den Haag: Nijhoff, 1959），pp. 155-157.

50 參見 Iso Kern, *Husserl und Kant. Eine Untersuchung über Husserls Verhältnis zu Kant und zum Neukantianismus*（Den Haag: Nijhoff, 1974），pp. 130-131.

點」，故必須放棄。[51] 我們見到海德格往後的康德詮釋愈來愈趨於批判性，再不像《康德書》那樣帶幾分疑竇地欲拒還迎。因為晚期海德格的思想已或多或少帶著「後現代」的觀點，而康德的學說，總的而言，已反嫌過於「現代」矣！[52]

(2) 對決：海德格的隱藏的圖式學說與康德的圖式程序學說

正如本文多番陳述，海德格的「生命圖式程序學說」是隱藏於「此在分析」字裡行間的主題思想。蒲格勒描繪的踰出範式與界域圖式表，讓以上的關係得以大白於世。康德的圖式程序指向自然的經驗，而海德格隱藏的圖式程序學說則指向人生於世上帶歷史向度的生命經歷。在康德的圖式程序學說中，十二圖式都是「時間的超驗決定」，也是作為感性直覺與知性範疇間的中介的「第三者」。[53]可惜的是，海德格認為在這個設想下，「時間」乃至作決定的那「自我」的終極性質或存有論地位始終還是「晦暗不明」。然而在海德格的「生命圖式程序學說」中，時間作為「時間性的時化」（Zeitigung der Zeitlichkeit）變成了「本源的時間」，這個「本源的時間」的展開或「綻放」，乃得建構出他稱之為「踰

---

51 參見《康德書》第三版序言（*KPM*, GA-03: XVII）.

52 Hansgeorg Hoppe 曾對海德格的康德理解的前後轉變有頗深入的探討，參見 Hoppe, "Wandlungen in der Kant-Auffassung Heideggers," *Durchblicke: Martin Heidegger zum 80. Geburtstag*（Frankfurt/Main: Klostermann, 1970），pp. 284-317。值得指出的，是海德格本人對 Hoppe 這篇文章非常推許，直指之為「有啟發性」（lehrreich），參見 *KPM*, GA-03: XVI。

53 康德在《第一批判》中「時間的超驗決定」（transzendentale Zeitbestimmung）（A139/B178）只用作單數，但很明顯地，該詞的複數使用是可行的，參以下文句："Die Schemata sind daher nichts als Zeitbestimmungen a priori nach Regeln,"（A145/B184）。

出界域統一體」的生命世界。在海德格的設計下，本源時間同時
說明此在（自我）的活動範式和活動所開展的內容（世界），可
謂即主即客，以其已統一故，所謂以「第三者」作為理論中介的
說法（如康德）乃變得不必要。因此，海德格隱藏的圖式程序學
說似乎在某個意義下的確超越了康德這位理論先驅。不過，面對
《存在與時間》寫作計劃的半途而廢，我們應該如何處理這個隱
藏的圖式程序學說呢？乾脆視之為失敗的嘗試嗎？若答案是否定
的，則海德格這套隱藏的學說又有何價值留存呢？

(3) 《存在與時間》的所謂「失敗」

如果《存在與時間》在海德格眼中是失敗的，那麼失敗之處
在哪？這問題難以詳盡說明，[54]這裡讓我略析如下：在《存在與
時間》書中，本源時間作為「時間性的時化」無非是行動中的此
在。在撰寫的過程中，海德格逐漸發現，把時間問題提升為「存
在理解的界域」以論盡一切，某個意義下已將人類「擬神化」（傅
嬰克！），和犯上他所指的跟現代的主體性哲學同樣的形而上學
錯誤。基於恪守人的有限性的要求與對存在的敬畏，海德格認為
他的錯誤在於把此在的存有論推進到了一個地步，已構成人在存
在底奧祕跟前的僭越。然而，就在這一點上，我認為海德格這一
番自我評估其實大有斟酌的餘地：我認為縱使此在分析及其中蘊
涵的生命圖式程序學說被視為失敗，這所謂「失敗」其實只是就

---

54 這問題的詳細討論，見關子尹，〈存在類比與海德格《存在與時間》著作計
　劃的廢止——兼論《存在與時間》的理論布局〉，《現象學與當代哲學》創刊
　號（*Journal of Phenomenology & Contemporary Philosophy*），Taipei, Vol. 1,
　2007.12, pp. 21-76. 現收入本書。

其不能有效地回應「存在問題」而言者──也就是說，不能按原先計劃把 Zeitllichkeit 的現象描述提升到 Temporalität 的詮釋層面。但這種存有論上的高調的錯誤其實不會（亦不應該）影響此在分析作為某一意義的人生哲學的價值。畢竟說到底，此在分析無可否認地是《存在與時間》的重點思想，是占篇幅最多的論題。作為海德格的讀者，我們其實沒有責任依循其要建立一套「普遍的現象學存在論」（SZ: 436）的全部立場（當然也不必全盤否定這套論說）；相對地，我們大可以把重點放於此在作為在世界中存在者的存活現象之上，並根據與此相關的議題去評估。關於這點，康德似早已有所提示：「〔…〕存有論這驕傲的名字〔……〕因而必須讓位於純粹知性的分析這謙遜的名號」。[55]只要把康德上引文中的「純粹知性的分析」以「此在分析」替代，即有助於我們要為此在分析平反的訴求。

(4) 此在分析：同情理解與批判重估

按海德格的原初計劃，「此在分析」相對於他最終要從事的「存在問題」而言只是一起點或「首途」（Ausgang），而非直達存在的「歸途」（Zugang, SZ: 36）。但是，在我看來，一旦確認了「生命的圖式程序學說」的內在主題，此在分析的地位應該被重新肯定。海德格的生命圖式學說是他的生命範疇理論的直接成果。在那一段光景中，由於海德格對「存在問題」（Seinsfrage）尚未有一完整的構思，故「生命」的主題無可否認是海德格當時的主要關懷之一。誠然，如作為一門生命哲學（Lebensphilosophie）而言，海德格此在分析中的術語或許過於

---

55 Kant, *Critique of Pure Reason*, A247/B303.

抽象，但只要我們把握其中的基本關懷，則此在分析對讀者的影響可以是直截而巨大的。不錯，經常有論者說《存在與時間》並沒有提供一套倫理學。然而，我們必須謹記本真性與非本真性的區分並非只是純粹的描述。或者，誠如海德格所說，「〔此在〕不僅在存活踐行的意義下知道本真性是可能的，而且他自己也會推許本真性（von ihm selbst fordert）」（SZ: 267）。換言之，透過確認存活與沉淪（Verfallen）模態上的差別，透過揭示生命模態由此到彼的轉化可能，尤其是透過深切地推斷生命存在兩種理想類型之間的差異──其中一面是「迷失於別人中」（Verlorenheit in das Man）（SZ: 189, 268, 274f, 287⋯），另一面是「存活的獨我」（existential *solus ipse*）（SZ: 188）──讀者將無可規避地要面對其「最自身」（eigenste, ownmost）的可能性⋯⋯吾將甘心於接受別人的「獨裁」與「安撫」而繼續迷失乎？或將重新肩負起存活的「不安感」而「抉擇去抉擇」乎（Wählen der Wahl）（SZ: 268）？因此，就算沒有任何倫理的規範，《存在與時間》的倫理意涵還是不可忽視的。《存在與時間》給予讀者一套法度，讓他們能作更好的自我理解與自我省察，甚或提供一生命的定向，而這一點，無疑正是哲學的基本關懷所在。因此之故，無視乎海德格一再的自我否定，《存在與時間》一書亦將因為這個定向的作用而得保其不移的價值。

不過，我對《存在與時間》於生命哲學上作正面評價，卻不表示海德格的說法無懈可擊。相反，在重新喚醒「生命的圖式程序」學說的意義與價值後，我們面前就立刻出現一大堆議題，亟待我們以批判的態度重新思量。

(5)康德圖式程序學說的範圍與方法

　　如比較海德格的生命圖式程序學說與康德的圖式程序學說，我們很容易便認為康德已被超越。一方面，海德格的時間概念作為「圖式學說」的核心，可追溯到人性的內在根源，而康德的圖式程序與時間的真正性質（以至兩者的關係）卻仍然「晦暗不明」；另一方面，海德格的 Zeitlichkeit 概念可以引申出 Temporalität 與歷史性（Historizität）的議題，這使得其生命圖式學說不僅在人生的自我理解上帶來豐碩成果，而且在存有論的理論層次亦顯得游刃有餘。

　　可是，康德的圖式程序學說是否真的如此偏狹？誠然，康德的圖式程序似乎只關注自然經驗，看來不像海德格那樣全面與深入，尤其是就此在的存活現象而言。然而，康德除了《純粹理性之批判》「超驗推述」後有「圖式程序理論」這經典性篇章外，往後還曾以其他形式講論圖式程序。在純粹理性批判的後半部，康德已經提出根據調配性的理念的圖式（A674/B702）。康德在後來的《單純理性界限內的宗教》（*Religionsschrift*）與《得獎論文》（*Preisschrift*）中，更進一步提出「依於類比的圖式程序」（Schematismus nach der Analogie, *secundum analogiam*）。[56]更重要的，康德除了將圖式程序視為一個認知程序，他在其餘兩大批判亦提出兩個可資比較而又同樣重要的「程序」（Verfahren）：在《實踐理性之批判》，他提出了「公式程序」（Typik），意指行動的自我立法的訴求，即自我能依據一「律令本身的圖式」，要求自己於遵從理性法則以行仁義之事時，不容有任何討價還價

56　參見 Kant, *Religion within the Bounds of Mere Reason*（*KGS* VI-65），*Preisschrift*（*KGS* XX-332）．

的餘地，一若自然律則的不容折衷。[57]在《判斷力之批判》分開
的兩個部分中，我們雖然找不到直接相關於圖式程序理論的內
容，但其中的「象徵程序」（Symbolisierung）[58]與「匠心程序」
（Technik, Technizismus）[59] 兩者，其理論地位與功能，完全可與
圖式程序理論相比擬。因此之故，我們可以宣稱，康德的圖式程
序縱使並未構成一個統一的理論，它其實是開放的，它的「靈活
性」足以切合於不同的領域而得以發展；而康德切入圖式程序的
不同進路，讓我們得以窺探人類心智的不同運作方式。相對來
說，海德格那涵概一切的歷史性的生命圖式學說，就反而失去了
這種開放性與靈活性。

---

57 Kant, *Critique of Practical Reason, KGS* V, pp. 67-72. 康德關於「公式程序」的
討論見於《實踐理性之批判》中 "Von der Typik der reinen praktischen
Urteilskraft"一章，該章的結構性位置與《純粹理性之批判》的 Schematismus
一章基本上對等。此外，特別應注意，康德在《實踐理性之批判》論 Typik
的章節中，也明確地把 Typik 定性為一「程序」（Verfahren, procedure）。

58 *Symbolisierung* 只於《得獎論文》*Preisschrift* 中有關上帝的論述出現過一次
（*KGS* XX-279）。但在《判斷力之批判》中，康德把「圖式」與「象徵」平列，
並把二者的分別了解為對概念的「直接的」或「間接的」展示。參見 *Kritik
der Urteilskraft*（*KGS* V-352）。

59 見 *Kritik der Urteilskraft*, §78（*KGS* V-413）. 此中得見 *Technizismus* 一詞的唯
一出現，在其他理論場合，康德多用 *Technik* 一詞。在《判斷力之批判》導
言初稿 *Erste Fassung der Einleitung in die Kritik der Urteilskraft* 中，康德清楚
指出：「有匠心的其實是判斷力；自然之所以被展示為帶有匠心，只是因為
自然會與判斷力那一〔帶匠心〕的程序相諧合，甚至以之為必須。」"[…] it
is actually the power of judgement that is technical; nature is presented as technical
only insofar as it harmonizes with, and necessitates, that [technical] procedure of
judgement"（*KGS* XX-220）. 此中特別應注意，康德在談論判斷力的「匠心」
時又再一次以「程序」（Verfahren, procedure）一語為之定性。

(6) 尼采與貝克對於泛歷史主義的保留態度

正因如此，海德格的學術同袍貝克（Oskar Becker）從當初傾向親近海德格，漸至於批判海德格。貝克在撰寫其主要作品《數學〔對象〕的存在》（*Mathematische Existenz*）時，曾經深受海德格歷史性此在理論的影響。[60]而他後來對海德格不滿之處，是認為後者傾向於把一切事情都「歷史化」。對於貝克來說，海德格的理論——最少在《存在與時間》期間——可以用「泛歷史主義」來概括，甚至可稱之為一「泛歷史的肅重哲學」（pan-historische Philosophie der Schwermut）。[61]為了抗衡泛歷史主義，貝克認為有需要另行設立一些有別於以時間／歷史為導向的圖式。首先，為了與海德格的「存活（在）」這核心議題相對壘，他寫了〈邊旁存活──論人的此在與此然〉（Paraexistenz: Menschliches Dasein und Dawesen）[62]這一文章。目的是說明歷史性的「此在」雖然是人存活的一種方式，但於此之外人更可以有他倡議的「歷史外的此然」（Außerhistorisches Dawesen, Extra-

---

60 海德格對貝克的影響，在貝整部著作中都可得見。參見 Oskar Becker,《數學的存在：數學現象之邏輯與存在論之研究》*Mathematische Existenz. Untersuchungen zur Logik und Ontologie mathematischer Phänomene*, zweite, unveränderte Auflage（Tübingen: Niemeyer, 1973），參該書 pp. 1, 74, 125, 181-197, 220ff, 314ff. 貝克此書與海德格的 *Sein und Zeit* 於 1927 年一同發表於胡塞爾編的 *Jahrbuch für Philosophie und phänomenologische Forschung* 第八卷之中。

61 "Panhistorische Philosophie der Schwermut"一語乃作者借用貝克 "schwermütig" 一詞對海德格早期思想的概括。參見 Tze-wan Kwan, *Die hermeneutische Phänomenologie und das tautologische Denken Heideggers*, op. cit., p. 158; Oskar Becker, *Dasein und Dawesen*, op. cit., p. 75。

62 Oskar Becker, *Dasein und Dawesen*, op. cit., pp. 67-102.

historical Dawesen）的生活方式。此中「此然」的特點正好不在
於「我」相（Ich），而在於人的「它」相（Es），如人自然而然
的肉身性的（leibhafte）面相。[63]而所謂「歷史外」又可再大分
為二，即 a）「前歷史」與「副歷史」（Prä- und Subhistorisches;
Vor- und Untergeschichtliches）[64]的現象，如與兒童與初民有關之
種種；與 b）「超歷史的」（Suprahistorisches, Übergeschichtliches）
的現象，如一些需要精神高度專注至於忘我的數學或藝術活動
等。因此，如果說海德格的「人學」區別了「掌握自我」
（Selbsthabe）與「迷失自我」（Selbstverlorenheit）兩種「存在模
態」的話，則貝克對海德格的批評與補充，就是應該在本真性與
非本真性以外，承認還有另一些可概括為「無我／忘我」
（Selbstlosigkeit, Selbstfremdheit）的存在模態──包括上述的前
歷史、副歷史和超歷史面相。對於貝克來說，人的此在（Dasein）
及其此然（Dawesen）是兩個同等地「本源」的領域，而後者是
不會消融於海德格的本真性與非本真性這一過分強調歷史性的兩
分法之中的。為了突顯這些異類領域的「別於歷史」的性質，貝
克遂乾脆稱之為「全然地根本為非本真的」（ganz und gar
uneigentlich）。[65]然則，這是甚麼意思？貝克的回答相當直接：
人生活出自然性，跟活出歷史性是同樣地重要的。人生許多時刻
中，吾人的歷史意識會帶出「負重」（Last）、「疑慮」
（Fragwürdigkeit）、「被投擲性」（Geworfenheit）、「悲劇性」
（Tragik）；但除此之外，人生亦應該活出較為「自然而然」的一

些相反的面相以資平衡，諸如「釋重」（Entlastung）、「絕慮」（Fraglosigkeit）、「被承載性」（Getragenheit）、「悲劇性的免除」（Freiheit von Tragik）等。換句話說，在海德格有名的「存在論的分別」（ontologische Differenz）的相對面，貝克還提出他號稱的「異存在論的無別」（paraontologsiche Indifferenz）。後者在「泛歷史的肅重」的壓迫下給予我們的生命以喘息，甚至釋放的機會，俾吾人得以真心欣賞，以至參悟自然，和讓吾人得以全心投入文化事業（例如藝術創造）。為了概述以上理念，貝克更為我們提供一個圖表，有趣的是他亦稱之為他的「圖式」。[66]雖然貝克的「圖式」尚未開展成為一完整的圖式論學說，而且許多細節尚存爭議之可能，但是他與海德格「對著幹」的意圖卻相當明顯。總的來說，貝克倡議的無非要全面檢查海德格那泛歷史性的此在分析。在這種分析下，貝克重新帶出自然（Natur）與精神文化（Geist）的獨立意義，認為兩者不應再被視為存活格式或歷史性的「衍生模態」。可以說，貝克重新恢復了康德的開放性，無論在人生、世界以至圖式學說，莫不如此。[67]

---

66 所列的「圖式表」乃作者按貝克書中原圖稍作輕微修改而成。參見 Oskar Becker, *Dasein und Dawesen*, op. cit., p. 89.

67 作者對貝克之興趣很明顯地是受業師蒲格勒的啟發，參見 Otto Pöggeler 兩篇與貝克有關的文章：1）"Hermeneutische und mantische Phänomenologie," *Philosophische Rundschau*, Band 13, 1965, pp. 1-39. 2）"Oskar Becker als Philosoph", *Kant-Studien*, Band 60, 1969, pp. 298-311. 另見作者博士論文中論貝克對海德格批評的一章，Tze-wan Kwan, *Die hermeneutische Phänomenologie und das tautologische Denken Heideggers*（Bonn: Bouvier-Verlag, 1982），op. cit., pp. 154-172. 值得一提的，還有如下一事。事緣作者於 2009 年到老師蒲格勒家探訪時，獲其親貽他與海德格自 1957-1976 年間雙邊通信共 95 函。其中，蒲格勒多次提及乃師的貝克。其中 2-XI-1959 一封他給海德格寫的長信（Nr.

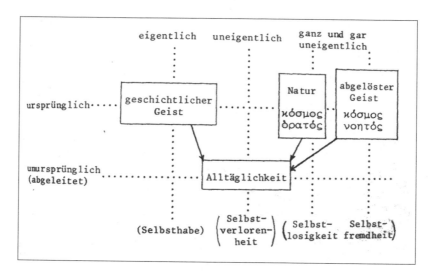

　　值得一提，貝克對於海德格「泛歷史主義」的不滿，事實上
與尼采的先見之明不謀而合。尼采在《不合時宜的省察》
（*Unzeitgemäße Betrachtungen*）一書的第二章〈論歷史對生命的
利與弊〉（Vom Nutzen und Nachteil der Historie für das Leben）曾
警告吾人：「過多的歷史是對生存著的人有害的。」[68]對於尼采

22）便論及貝克的哲學綱領與海德格之不同處。信中蒲格勒有「貝克其實是
　　一位『別有懷抱者』（ein "Wider-Sacher"），而非單純的敵人，因為他根本不
　　是敵人。他提出要抗辯的事情，確實是值得考慮的。今時今日『哲學』與精
　　準科學之間存在著的隔閡絕不是一件好事。」蒲格勒 Wider-Sacher 一語用得
　　很刁鑽，實指貝克認為歷史性並非不重要，唯不能獨攬一切，故必須於歷史
　　之外確保科學與藝術等領域的地位，此「別有懷抱者」一譯所由出。參
　　Martin Heidegger/Otto Pöggeler, *Briefwechsel 1957-1976*（hrsg.）Kathrin Busch
　　und Christoph Jamme. 計劃 2020 年出版。本文引用的是蒲氏於 2009 年親貽作
　　者的稿本，頁 38。

68 Friedrich Nietzsche, *Unzeitgemässe Betrachtungen II,* in KSA, Band 1, p. 329.
　　Untimely Meditations trans. R. J. Hollingdale（Cambridge: Cambridge University

來說，劑量過高的歷史意識足以導致「歷史的疾病」（historische Krankheit），這種病的徵狀是對「生命過度的鞭策」（Überwucherung des Lebens）。[69]更有趣的一點，尼采的文本固然可以用來支持貝克對海德格的批判，但是，海德格在《存在與時間》的§76 竟然引用過以上的說話（SZ: 396）。可惜的是，海德格只知著眼於歷史的正面作用之餘，完全漠視了它的「反面作用」。

(7) 東西對話的另一平台

眾所周知，晚期海德格對西方傳統形而上學的語言大表不滿。為了尋求其他表述方式，海德格訴諸詩歌，訴諸前蘇格拉底時期的重新詮釋，甚至訴諸東方思想（尤其是道家與佛家）。我們甚至可說，老莊等思想甚至一度被海德格視為可誘發他所期待的思維的「另一開端」的契機。因此，晚期海德格思想脈絡下的東西對話成為廣泛地被討論的課題。[70]在這些討論持續發展之際，另一段東西對話其實早已開始，而這段對話關注的卻是海氏的早期哲學，而不是其晚期哲學。可惜，這段東西對話在西方卻鮮為人知。關於這段對話，我們有必要提到兩個名字——唐君毅與牟宗三。兩位都是上一輩最具影響力的中國哲人。在 1952 年，唐君毅寫了一篇長文，作為他的力作《哲學概論》的附錄。[71]

Press, 1983），p. 67.

69 Nietzsche, *KSA, Band 1,* ibid., p. 331.

70 在眾多相關文獻中，參見 Graham Parkes ed., *Heidegger and Asian Thought*（Honolulu: University of Hawai'i Press, 1987），書中收錄著名學者論著包括 Nishitani（西谷啟治），Mehta, Pöggeler, Hwa Yol Jung（鄭和烈），及 Parkes 等。

71 唐君毅，〈述海德格之存在哲學〉，《新思潮》，卷 17-18（1952）。本文後收

他似乎不知道海德格半途而廢的存在論計劃跟存在問題有關，而只說該書的廢止是「壯烈的失敗」。[72]在文章中，唐君毅的重點落於《存在與時間》已「完成」的部分，亦即是談論「人生哲學」的部分。在詮釋海德格時，唐君毅援用了大量東方哲學的概念以作比較。例如，他藉孟子的思想說明海德格的死亡與決意（Entschlossenheit）概念，又藉王陽明的「良知」與先秦儒學的相關學說（例如「戒慎」、「恐懼」和「戰戰兢兢」等）以闡述海氏的「良心」（Gewissen）與「良心怖畏」（Gewissensangst）概念。[73]談到海德格的「無」（Nichts），唐君毅就以道家「虛無」的世界觀作對照；[74]當談到海德格的關注（Sorge）與「被投擲的可能性」，唐君毅就以佛家的「煩惱」（*kleśa*）、「業識」（*karma*）、「種子識」（*bīja-vijñāna*）格義說明；[75]當談到海德格的真理／非真理（Wahrheit/Unwahrheit），唐君毅則訴諸佛家的「無明」（*avidyā*）與「虛妄」（*māyā*）。[76]以上種種概念闡述，清楚顯示唐君毅對海德格的興趣與理解主要是在於其人生哲學。

另一位關鍵人物是牟宗三，他在 1971 年出版了一本比較哲

錄於氏著，《哲學概論・附錄》（香港：孟氏基金會，1965），頁 54-115。由於當時海德格《存在與時間》之英譯足本尚未面世，唐先生對海德格的理解主要是透過博魯克 Werner Brock, *Existence and Being* 一書獲得。Brock 該書有《存在與時間》的節錄，及其他海氏論著之撮要，如 *What is Metaphysics? Essence of Truth, Remembrance of a Poet,* 及 *Hölderlin and the Essence of Poetry* 等。

72 唐君毅，〈述海德格之存在哲學〉，頁 60。

73 唐君毅，〈述海德格之存在哲學〉，頁 88-90。

74 唐君毅，〈述海德格之存在哲學〉，頁 114。

75 唐君毅，〈述海德格之存在哲學〉，頁 74-78。

76 唐君毅，〈述海德格之存在哲學〉，頁 110。

學的力作《智的直覺與中國哲學》。[77]在此書中，他對康德與海德格一併提出異議，嘗試論證中國哲學傳統早有「超絕形而上學」與「內在形而上學」。有別於唐君毅，牟宗三對海德格的興趣不只於人生哲學，而關係於他欲以中國哲學為基礎建立一套道德的形而上學這份理論雄心。在消化海德格的過程中，牟宗三只稍瞥過《存在與時間》，即便束諸高閣，而將重點放在《康德書》之上。正如以上所述，我認為《康德書》其實是《存在與時間》的前傳。從某一意義的詮釋高地著眼，亨利希（Dieter Henrich）在其影響甚鉅的論文中，[78]對海德格那套康德圖式學說（以及超驗想像力作為「共根」之說）採取了否決的態度。亨利希所以否定海德格的說法，因為他認為海德格的詮釋已大大踰越了康德所能容忍的限度。有趣的是，牟宗三同樣否定海德格的說法，但是他的否定卻出於相反的理由——他認為海德格建基於有限性的存在論失諸保守和不夠徹底。

唐君毅與牟宗三都是中國哲學傳統的領軍人物。他們對早期海德格的興趣為東西對話這另一平台奠定了基礎。這另一套東西對話，縱然錯綜複雜，卻甚有哲學意義。這段對話在西方尚未見有深入探討，[79]但願未來能夠得到較多的關注。[80]

---

77 牟宗三，《智的直覺與中國哲學》（台北：商務書局，1971）。

78 Dieter Henrich, "Über die Einheit der Subjektivität", *Philosophische Rundschau*, 1955, pp. 28-69. 英譯本參見 Günther Zöller trans.,"The Unity of Subjectivity," Richard Velkley ed., *The Unity of Reason: Essays on Kant's Philosophy*, op. cit.

79 在上引由 Graham Parkes 編的論集中，唐、牟二人均未被提及。

80 近年劉保禧君於香港中文大學完成〈隱匿的對話：牟宗三與海德格論有限與超越〉為題的博士論文，其中即就有關問題作了精審的處理。

(8) 事理遺忘的指控

在終止了《存在與時間》的寫作計劃之後，海德格鄭重宣稱要告別西方傳統的「存在─神─學」（Ontotheologie）的哲學模式。對於海德格來說，「存在─神─學」以為能藉著某個超然的存在者的關連對存在的全域作出處理，這種只重存在者的研究策略卻往往因而無法通達存在本身。海德格認為這種探究的弊病在於「存在的遺忘」（Seinsvergessenheit）。海德格在其晚期的思想中，寧願選擇以一更直接的，但無法完全循理性途徑明確訂立的方式把握存在。他亦因而展示了一種特殊的思維方式，即他號稱的「同一性」思維。一般而言，海德格晚期帶有一定反智色彩的思想，早已招來不少批評，作者自己也從不諱言站在批評的一方。在一眾的批評者中，阿佩爾（Apel）對海德格（以及維根斯坦）的批判最為清晰響亮，他語帶雙關地指摘海德格為了身免於所謂的「存在的遺忘」而干犯了「事理的遺忘」（Logosvergessenheit）這更嚴重的錯誤。[81]這是極其尖銳的批判之辭，尤其當我們想到海德格倒向納粹的往跡，更覺阿佩爾的批評恰當而有力。在借用阿佩爾這一批判之餘，我想補充一點：我一向認為「事理遺忘」的指控主要適用於海德格的晚期思想，而不大適用於他早期的哲學。[82]順此思路，克饒爾（Steven

---

81 參見 Karl-Otto Apel, "Wittgenstein und Heidegger...," *Transformation der Philosophie*, Band 1（Frankfurt/Main: Suhrkamp, 1973/1976），p. 273. 此外，參見阿佩爾於一會議上對蒲格勒的評論，*Phenomenology: Dialogues & Bridges*（eds.）Ronald Bruzina and Bruce Wilshire（Albany: SUNY Press, 1982），p. 99.

82 參見作者的博士論文（前引）；另參見作者對海德格晚期思想的批評 Tze-wan Kwan, "Hegelian and Heideggerian Tautologies," 現已收於本書。

Crowell）最近亦反駁涂根哈特（Ernst Tugendhat）與皮平（Robert Pippin）對早期海德格的批判。涂、皮二人指控海德格《存在與時間》一書無力為真正的規範性（normativity）與理性思慮作出處理，而克饒爾卻指出恰恰在《存在與時間》以及相關的早期著作，例如《論根據的本質》（*Vom Wesen des Grundes*）中，海德格事實上隱密地為理性、思慮、良知等留下餘地，並將之放入有限此在的關注結構（分別是「情緒」、「理解」、「言談」三個面向）之中。換言之，海德格在恪守人的有限性為前提下，確對超驗哲學的轉化有一定的貢獻。[83] 但我於此必須指出，克饒爾為海德格所作的抗辯我是同意的，但這些抗辯正好也只能適用於早期的海德格，而無法為海德格後期思想的偏執開脫。

(9) 圖式程序學說：案例的重新審度

蒲格勒在《海德格的思路》一書指出[84]，《康德書》開闢了兩條海德格哲學可以進一步發展的道路。一條路是按照「存在思想」的朦朧構想再向前走，另一條路是以更全面而徹底的方式揭示此在作為有限存在者的形而上學。關於晚期海德格的存在思想，縱然我採取批判的立場，我也不得不承認這種同一性思維，就其有助於世人擺脫自矜和自大而言，實富於我所謂的宇宙洞見（cosmic insight），其精妙處頗堪與佛道兩家比肩。我對晚期海德格所以不滿，是認為其為了帶出這種洞見，未免犧牲得太多，

---

83 參見 Steven Crowell, "Conscience and Reason. Heidegger and the Grounds of Intentionality," Steven Crowell and Jeff Malpas, eds., *Transcendental Heidegger* （Stanford: Stanford University Press, 2007）, pp. 43-62。

84 Otto Pöggeler, *Der Denkweg Martin Heideggers*, op. cit., p. 87.

以至哲學作為一門學科所最需要維繫的內涵，如理性的思辨區分與對世務的審察思慮等基本功能亦一併因其「泛同一性觀點」而陷入危機之中。現在透過展示海德格哲學中隱含的「生命圖式程序學說」，以及其繼承的康德遺風，我們乃可以回頭申論：我們循一廣義的生命圖式學說回歸於一更為開放和更為靈活的哲學立場是可行的，這一回歸的可行性實超過一般人（包括海德格本人）的想像。[85]既然海德格在胡塞爾的超越論轉向後仍可重視《邏輯研究》（*Logische Untersuchungen*），為甚麼我們就不可以在海德格《存在與時間》著作中斷後仍然保持對書中的此在分析的興趣，甚至再進一步加以發展呢？

總而言之，《存在與時間》隱藏了一套「生命的圖式程序」的學說，此說不單指向一般意義的「世界」問題，而且與人作為個體或社會的存活問題直接相關，又可觸發豐碩的東西對話，因此我們實有充分的理據，重新開啟有關「圖式程序」的案例，作為進一步對生命與存在等大問題進行反思的平台。

With support of the Research Grant Council of Hong Kong. Project: CUHK 4559/06H

---

85 與《康德書》及較早期的演講集大相逕庭，海德格於較後的著作中（*Die Frage nach dem Ding* 及 *Kants These über das Sein*）對康德的批評趨於尖銳。參見 Hoppe, op. cit。

6

《形而上學導論》一書透露的「存在」問題
題
（2005*）

「是」（ist）這個字底單調和空洞
背後實隱藏了鮮為人知的富饒。
（GA-51: 30）

萬物皆因造化資（唐・皎然）

一、海德格思想中「存在」問題的曲折

「存在」問題在海德格思想中的核心地位，是毋庸置疑的。自涉獵哲學之初，海德格接觸的，已是亞里斯多德和布倫坦諾等古今名家詮釋下的「存在」問題，其早期力作《存在與時間》更假定是存在問題的標題化討論。但論者如要從早期海德格《存在與時間》一書探索存在概念的意涵，最終必大失所望。因為是書之中海德格一方面指出存在乃哲學的最根本問題（Fundamentalfrage），卻一直對西方傳統以「存有論」（Ontology）方法處理存在感到不滿，認為這樣不能把存在的真貌揭示。但存在的正面意義是甚麼？那時候海德格自己亦苦無頭緒。所以，《存在與時間》中的所謂「存在問題」的談論形成一很尷尬的局面：海德格只能反面提出「存在」已被遺忘了（Seinsvergessenheit），而不能正面加以處理。本為主角的「存在」，結果於理論層面只落得一席虛位。

「存在」對於海德格本人尚且如此艱深，對於他的讀者，其困難自必更甚。最代表性的例子是學者涂根哈特（Ernst Tugendhat）對海德格的存在問題從根本處的懷疑。涂根哈特提出的質疑是：存在問題是否非要提出不可，和即使提出了並找到答案，其好處在哪裡？涂根哈特「反出」海德格門牆這點學界固知之者眾。[1]另一更戲劇性的例子相信少被提及。時維 1956 年，

---

1 參見 Ernst Tugendhat, "Heideggers Seinsfrage," *Philosophische Aufsätze*（Frankfurt: Suhrkamp, 1992），pp. 108-135. 涂根哈特出身於美國史丹福大學，後到德國弗萊堡師從海德格，甚至參與海德格講課之筆錄有年（1950-52/1956）。然而，他於學習並浸淫歐陸哲學多年後，終於決定回歸英美哲學傳統。其後來的《語言分析哲學入門演講集》是獻給海德格的，但他的理由

一位名霍布拿（Benno Hübner）的弗萊堡大學學生因為要寫關於「存在」的博士論文，在乃師繆勒（Max Müller）的建議下約見了「祖師」的海德格，並真的獲接見和晤談了大半小時。根據霍布拿的回憶，他提出的問題是「存在能否作為一概念被理解？」海德格竟回答道：「概念！你想了解些甚麼？我已經考慮了 40 年了，直到了一個地步，只會看到黑色！」這回答結果把霍布拿嚇跑了，嚇得連本要跟繆勒寫的博士論文也一併放棄，並改弦易轍，終於成為了一位美學家，最後於西班牙的撒拉哥薩大學硯席終老。不過，他和海德格的緣份並未因此而斷絕。事緣他與海德格晤面五十年後，終於重新回到海德格的問題上，並以母語德文寫了一本對海德格整個存在議題大力批評的小書《存在的暗夜：思考四十年終只仍看到黑色》。書出版後據云被學者質疑他未有把海德格《存在與時間》之外的另一重要著作《哲學論集》充分考慮，霍布拿遂再埋首研習有年，而完成了另一本對海德格學說批評得更徹底的書：《存有痴狂者・海德格》（Martin Heidegger: Ein Seyns-Verrückter）。[2]

是：海德格「終於讓他獲得一份信念，是海德格關於『存在』的理解問題只能在語言分析哲學的框架之內才可以取得具體和可行的意義。」Tugendhat, *Vorlesungen zur Einführung in die sprachanalytische Philosophie*（Frankfurt: Suhrkamp, 1976），pp. 8-10. 就涂根哈特如何把海德格思想作一語言分析哲學轉化的問題，參看：Holmer Steinfath, "Ernst Tugendhat. Die sprachanalytische Transformation der Philosophie Heideggers," Dieter Thomä et al. (eds.), *Heidegger-Handbuch. Leben-Werk-Wirkung.* 2. Auflage（Stuttgart: Metzler, 2013），pp. 422-425.

2　霍布拿兩書出版資料如下： Benno Hübner, *Die Nacht des Seins: Vierzig Jahre Denken, um nur noch schwarz zu sehen*（Wien: Passagen Verlag, 2008）； Benno Hübner, *Martin Heidegger - ein Seyns-Verrückter*（Wien: Passagen Verlag,

　　海德格思想發展到了後期，論者或許認為他已放棄了「存在」的討論，這說法似乎有點誇大，因為儘管這時期海德格引入了種種奇特的概念去表述其思想，但到頭來，存在問題仍占著一關鍵的地位。然則，甚麼是「存在」呢？在成於 1935 年的重點著作《形而上學導論》中，海德格又說：「我們不能推論說存在只具現於名目及其意義之中。名目意義（Wortbedeutung）作為意義而言實在尚未構成存在漫衍的本質（Wesen des Seins）。」[3] 在成於 1936 年的一本論謝林的書中，海德格即便說：「有關存有之真相（Wahrheit des Seyns）之問題根本上是比亞里斯多德和他底後人的問題都更為原始的。」[4] 此中，我們看見海德格談的已再不是傳統哲學以為可自「存在者」的廣泛觀察與分析而獲取的「存在」的意義問題，而是舉凡一切存在諸相紛陳展現的「總相」。正如海德格有時刻意把這一「了義」的 Sein 拼寫為 Seyn，我們於需要時亦可把這了義的「存在」按舊習稱之為「存有」。

2008）。當知德文 Verrückter 一語實解作「瘋子」。有關事件之始末，可參考 Stefan Degenkolbe, "Das Rätsel Heidegger: Ein Psychogramm Heideggers von Anton M. Fischer, eine Studie zu Heideggers Nationalsozialismus von Emmanuel Faye und Essays von Benno Hübner über den Sinn der Seinsfrage," *Literaturkritik. de,* Nr. 1, Januar 2010（http:// https://literaturkritik.de/id/13800, 12 May 2020）。

3　Heidegger, *Einführung in die Metaphysik*（Tübingen: Niemeyer, 1953）. 以下簡稱 *EiM*, p. 67; GA-40: 94. 此外，海德格在 1973 年在 Zähringen 的研討會上亦清楚宣稱他後期談「存在」，著眼之處已不是存在之意義（Sinn），而是存在之真相（Wahrheit）。 見 *Vier Seminare,* Le Thor/Zähringen, Übersetzung der französischen Seminarprotokoll von Curd Ochwadt（Frankfurt/Main: Klostermann, 1977）, p. 110, GA-15: 111。

4　*SAMF*, GA-42: 110.

　　海德格《形而上學導論》一書醞釀於 1935 年，其時海德格
已徹底放棄了《存在與時間》自「此在」的時間性切入以了解存
在的計劃，和漸步入後期的「同一性思維」之中，自多種不同的
名相去直接講論存在。這些名相主要有「本然」、「開顯」、「真
相」、「漫衍」……。然而，此中的所謂「存有之漫衍本質」與「存
有之真相」之真正所指卻非以一般的哲學語言所足以刻劃，海德
格後期乃得以種種富於玄祕色彩的語言自不同角度去描寫「存
在」之所指。而當我們明白了後期所指的「存在」與《存在與時
間》中要處理的「存在」問題之根本不同的話，我們乃可以了
解，何以海德格要宣布中止《存在與時間》之撰作了。如果那迴
向於人的「此在」是僭越了「存在」的話，則嚴格而言，此在所
僭越的「存在」，其實並非《存在與時間》中的存在（的意義），
而是後期所指的那虛無縹緲般的「存在」或「存有」。然則，這
個「存在」到底所指的是甚麼？雖然學界出了蒲格勒般受到海德
格本人[5]和許多讀者肯定的疏解。然而，到頭來，存在的問題是
否因而得到充分的彰顯呢？

5　參見海德格與蒲格勒於 1957-1976 年間 95 通雙邊信函中第 25 通。該函乃海
　　德格於 29-Januar-1960 致蒲格勒者。信中海言及看了蒲 "Sein als Ereignis" 一
　　文後的觀感：「首先我要感謝閣下以『存在作為本然』這篇卓越的文章祝我
　　七十壽辰。這篇文章是討論我的思想道路至今最有洞見和最清晰的佳作。該
　　文一下子讓坊間大多數的『海德格文獻』顯得無足輕重。」（Zunächst danke
　　ich Ihnen herzlich für Ihren ausgezeichneten Aufsatz „Sein als Ereignis" zu
　　meinem 70. Geburtstag. Er gibt das Einsichtsvollste und Klarste, was bisher zu
　　meinem Denkweg gesagt wurde. Auch macht er das meiste der „Heidegger-
　　Literatur" mit einem Schlag überflüssig.）　參 Martin Heidegger/Otto Pöggeler,
　　Briefwechsel 1957-1976（hrsg.）Kathrin Busch und Christoph Jamme, op. cit., p.
　　57.

二、語言學的進路——「存在」問題的他山之石

　　作者向來認為，要窺見後期海德格存在問題的堂奧，1935年夏季講集輯成的《形而上學導論》（ Einführung in die Metaphysik ）一書應予特別重視。首先，此書離《存在與時間》為時不太遠，但已讓海德格於決定終止該書的著作後，有足夠心理距離重新反省自己的學問。其次，《形而上學導論》成於海德格一生最被文化、社會、政治等問題困擾的時期，這從《形而上學導論》書中海德格一再就納粹政府、美蘇霸權和歐洲前途等問題作出深切反省可見。從文化批判的意義上看，海德格《形而上學導論》和胡塞爾一年後發表的《歐洲科學的危機與超越論的現象學》幾乎可說是異曲而同工。

　　海德格後期思想逐步趨向神祕色彩固眾所熟知，然而，在《形而上學導論》書中，我們卻可找到海德格較合乎理性規範，和相對地最有理可循的關於「存在」的正面解釋。我指的是《形而上學導論》書中標題為「『存在』（sein）一詞的語法學與語源學觀察」（Zur Grammatik und Etymologie des Wortes ‘sein’）的一章。我所以說這一套關於存在的理論有理可循，是因為其中的討論除有一定的語言學理論依據外，更涉及跨越多種印歐語種的語言事實。

　　海德格此中所謂語法學，主要涉及現代語法學中的語詞的形態學（Morphologie）；[6]其所謂語源學，主要涉及語義學

6　現代語言學自洪堡特起把「語法」大分為句法（Syntax）與形態學（Morphology）二者〔此中的形態學亦即構詞法〕，洪堡特還清楚指出，印歐語法二者同步發展的同時，漢語則只重視句法，而沒有印歐式的以語詞屈折而發展的構詞法。

（Semantik）的問題。海德格在處理這兩個問題時，又顯出兩者之間有很緊密的理論關連。海德格先從一個語言上的疑問開始引導讀者思考。他提出的問題是：何以「存在」一詞的意義表面上如此空洞（leer），使用起來卻又如此飄忽（verschwebend）多變？

從上述問題的舖陳方式看來，所謂「語法學」與「語源學」二者之中，前者只有輔助作用，後者才是主要的關心所在。因為整章的論述最後要解釋的，正是「存在」一詞的意義問題，和循此意義所得以揭露的存在問題本身。

(1) 「存在」一詞的語法學考慮

關於存在的「語法」（或所謂「形態學」）問題，海德格的理路頗為繁複，現試就其大要條陳如下：

(a) 海德格首先指出，語法學的發展，在語言進化的歷程中，是很後才出現的。語言投入運用之初，語法根本未被整理。[7]

(b) 海德格重點討論了印歐語言的內部屈折（Flektion）問題。一般人常誤以為動詞中的「不定式」（*modus infinitivus*, infinitives）乃動詞的根源，其實不然。「不定式」是語言發展較後、甚至最後階段的結果。[8]

(c) 古人使用動詞時，最初根本無嚴格的語法限制，動詞的人稱、數、時、語氣等，都是按特殊情境的實際需要以約定的方式表達。因此，動詞每一次被使用，必同時表達了許多和語境有關的「獨特」信息。例如 λέγω 和 λέξαιντο 雖然都解作

---

7 *EiM*, GA-40: 58-62.

8 *EiM*, GA-40: 72-73.

「說話」，但 λέγω 指的是第一人稱、單數、主動、現在時的
直說語態，而 λέξαιντο 則指第三人稱、眾數、不定過去時
（Aorist）的祈願語態（Optativ）[9]，二者的分別涉及具體的生
活細節的差異，[10]甚至地域上的差異。[11]換言之，動詞的這些
用法都是帶有「處境」（situativ）性質的。相反地「不定式」
由於是一晚出而且把這些處境都抽離之後的「抽象概念的動
詞」，其所攜帶的反映具體語境的信息其實最少。例如 λέγειν
光光指謂「說」這一活動，便比 λέγω 和 λέξαιντο 意義貧瘠得
多了。

(d)「不定式」意義本已貧乏，一旦被加上冠詞成為一「動名詞」
（Verbalsubstantiv）後，貧乏便更進一步被築固下來。以 das
Sein 這動名詞為例，世人以為分析之即可得出「存在」的根
本意義，其實是摸錯了門路，當然注定徒勞無功。[12]

(e) 相對之下，海德格於是認為，若要循語言的渠道尋找「存在」
的意義，則從反映「存在」各種具體處境的「特殊動詞形態」
（bestimmte Verbalformen）入手，反而較有希望。就「存在」
或德語的 sein 一動詞而言，就是要從 ich bin、du bist、er/sie/
es ist、wir sind；又或 ich war、wir waren、sie sind gewesen 等
形態去作進一步探討。

9　嚴格而言，這些語法標籤在遠古時當然尚未出現，所以真正區別 λέγω 和
　　λέξαιντο 二者的，完全只賴語境的差異而已，一如下述。

10　*EiM*, GA-40: 68.

11　海德格更提到，荷馬由於到處採詩，其用語乃保留了和混集了各種希臘方言
　　的色彩，因此遠較形式語法發達後的希臘語更能保留原始特色與模樣。
　　（*EiM*, GA-40: 72）

12　*EiM*, GA-40: 59, 73.

　　就這樣，海德格即轉向「存在」一詞的語源學討論。不過，在結束語法學討論之前，海德格先提出一疑問，就是德文 sein一詞的動詞形態變化何以比一般其他動詞的形變要複雜得多！這個疑問涉及的是印歐語言的動詞有強弱之分（strong/weak verbs）的現象。所謂弱變化動詞是指一些無論怎樣變化，變出來的形態都只依照同一個詞根作詞綴上的輕微改變的動詞，海德格舉的sagen、sage、sagt、sagte、gesagt 是 一 例， 英 文 的 to kick、kick、kicks、kicked、have kicked 又是另一例。至於強變化動詞，指的則是一些變起來幅度較大的動詞。當然，西方語言中的強變化動詞，亦有程度上的分別。一般而言，涉及元音改變（vocalic change）便已算是強變化了，如德文的 trinken、trinke、trinkt、trank、getrunken 或英文的 to ring、ring、rings、ringing、rang、have rung 是也。至於變化強到連詞根（Wortstamm）也改變的，是很稀有的，例如英文 to go 可變出 went 已是極少見的例子。掌握了這些背景後，我們馬上能明白海德格提出的問題是重要到哪一地步。因為「存在」（sein）一動詞所涉及的變化的強度，居然除了詞綴多變外，連詞根也「變」出幾個之譜。

　　更有進者，「存在」一詞的特強變化現象，其實絕不限於德文 sein 一詞，而具有跨語言（主要是跨印歐語）的普遍性。我記得讀小學三年級時便曾問英文老師何以 verb to be 的變化如此複雜，而且完全無跡可尋。當年英文老師只以「習慣」二字解釋，當然沒有令我滿足。後來在大學先後修德文和希臘文，驚覺二者的「存在」動詞 sein 和 εἶναι 的情況比起 to be 變化之強亦不遑多讓，心中的嘀咕當然更厲害。後來當我讀到海德格《形而上學導論》一書時，多年的迷霧得到了初步的澄清，當時的雀躍，至今也不能忘懷。以下我們即試說明海德格如何解開存在動詞詞

根語義多變之謎。

(2) 「存在」一詞的語源學考慮

面對著如德文 sein 一動詞繁複的變化（Abwandlungsmannig-faltigkeit），海德格指出共可分離出 "es"、"bhu" 和 "wes" 三個迥殊的詞根，而且，這三個詞根都各自攜帶某種意義。在分述三個詞根前，海德格很謙遜地指出這只是一初步的觀察，一方面有待經驗上的進一步印證，而儘管經驗上證明站得住，觀念上應如何定位，亦可進一步商榷。在分述三個詞根時，海德格除扣緊德文 sein 的動詞變化外，還廣泛徵引其他印歐語作為側證。現先簡單引述海德格對三個詞根的說明，然後才加以疏釋。

(a) "es" 乃印歐語最古老的詞根，帶有「生命」的意思，其於印歐語存在動詞中的語例多至數不勝數。較重要的有德文的 sein、sind、ist；梵文的 asus、esmi、esi、esti、asmi；希臘文的 εἰμί[13]、ἔστιν、εἶναι，和拉丁文的 esum、esse、sunt 等。當然，我們不應忘記英文的 is。

(b) "bhu" 乃另一印歐語古老詞根，帶有「興起」、「生長作育」、「茁壯荏苒」、「不絕如縷」等豐富意涵。例子有德文的 bin、bist，和現在已不通行的 birn、birt、bis；拉丁文的 fui、fuo 等。而英文 being、been 當然也可歸入此列。海德格還把這

---

13 希臘文存在動詞 εἰμί 表面上並不帶 "es" 這個詞根，但深究之下，這是因為 σ 從原先的 ἐσμί 遺失的結果。隨後元音 ἐ- 按「補償性延長」原則變為 εἰ-，遂演成 εἰμί 這一寫法。參 Wilfred E. Major and Michael Laughy, *Ancient Greek for Everyone. Essential Morphology and Syntax for Beginning Greek*, Press Books, Creative Commons, URL: https://ancientgreek.pressbooks.com/chapter/5/（2020-10-09）。

個詞根與希臘文的其他概念掛鉤，以申說 bhu 詞根意義之深遠。他舉出的例子有希臘文的 φύω、φύσις、φύειν、φα-、φαίνεσθαι 等。[14]

(c) "wes"是第三個詞根，海德格認為乃日耳曼語獨有，而不見於拉丁語系。[15]Wes 語根帶有「棲息」、「徘徊」、「逗留」等意涵。例子有梵文的 vasami；希臘文的 ϝεστία, ϝάστυ[16]；現代德文的 war、waren、gewesen；英文的 was、were 等。此外，最富於趣味的是海德格借這一個場合提出 wes 詞根與他後來日益重視的幾個中心概念於語源上的關連：包括 Währen（enduring）和號稱為 das Sein（Seyn）的「動詞」的 wesen、es west 等。

三、存在三個語根底意涵的合流、拂抹與混淆

海德格這一番觀察，不單令東方人的我們耳目一新，即使對許多以印歐語言為母語的西方人來說亦屬新奇。最難得的，是海

---

14 關於 bhu 一詞根於「存在」以外的其他關涉，海德格主要參考了當時梵文及印歐語權威瓦克納格爾（Jakob Wackernagel）的意見。海德格於論 sein 的語法學一節已徵引過瓦克納格爾，在論 bhu 詞根一段後只簡略地註明參考了 *Zeitschrift für vergleichende Sprachforschung* 第 59 卷。後來託劉創馥君把該期期刊寄來，經過查證，指的應是以下的文章：F. Specht, "Beiträge zur griechischen Grammatik," *Zeitschrift für vergleichende Sprachforschung,* Band 59, 1932, pp. 31-131，特別是 pp. 58-64. 該文雖非瓦克納格爾所作，但作者的主要論點，許多還是參考瓦克納格爾的。

15 亦有論者指出 wes 語根只見於有關語種的過去式。

16 "ϝ" 是古希臘人改自腓尼基的原初字母中第六個字母，名為 digamma 或 waw，音值為 /w/，在荷馬（Homer）以前已再沒被使用。

德格列出「存在」的三個詞根後，隨即提出一系列問題作更深入
的反省，於此暫且不贅其細節，只試循以下途徑把問題作一疏
理。

(1) 關於從語詞的一些詞根去尋找意義這一種想法，首先涉及
的，主要是語言學裡的所謂「語音象徵」（sound symbolism）
問題。這一構想其實可遠溯於柏拉圖、中經萊布尼茲，近至
洪堡特和雅各布遜等許多學者都曾提及。其基本構想是「意
義」的產生並不必到了語詞單位出現時才成立，而可以在音
節，乃至元音、輔音、輔音叢的層次已見頭緒。這一層次出
現的意義，其特點就是模糊和未完全固定，正以其不固定與
模糊故，也因此可以有籠統但卻廣泛的指涉。

(2) 特別就海德格提出的三個「存在」詞根的意義而言，前人早
已有相若的意見提出過。如尼采便曾說 "esse" 帶呼吸的意
味，因而可有「生命」的意涵。[17]亞里斯多德亦早指出 "υ"
（bhu 的元音）此一元音由於有長吁之意味，所以有「生長」
之意。[18]此外，倫敦學派語言學家弗斯（J. R. Firth）指出印
度人相傳 Vuk 神創造世界時，就是透過唸 bhu 此一咒語。[19]
至於"wes" 詞根，若單就輔音 "w-" 而言從語音象徵角度看如
何帶出「逗留」的意思，實較難理解，但若細心看海德格舉
出的例子，我們不難發現全都由 w- 帶出一長的元音，這又未

17 Friedrich Nietzsche, *Die Philosophie im tragischen Zeitalter der Griechen*. In:
Sämtliche Werke. Kritische Studienausgabe, Band 1（Berlin: dtv-de Gruyter,
1980）, p. 847.

18 Aristotle, *Met.* Δ 1014b 15-17.

19 J. R. Firth, *The Tongues of Man & Speech*（London: OUP, 1964）, p. 5.

嘗不可與「逗留」這意涵構成象徵上的聯繫。

(3) 海德格列出的「存在」的三個語根，普遍存在於許多印歐語言（特別是日耳曼語）中。除海德格所舉列的經典語言例子外，作者曾向瑞典、捷克、俄羅斯、乃至立陶宛等多國友人請益，查詢其本國語的「存在」一動詞的變化方式，發現幾無例外地符合上述觀察。

(4) "es"、"bhu" 和 "wes" 三個詞根主要代表了「生命、興起、逗留」（leben, aufgehen, verweilen）（GA-40: 76-77）三個基本意涵。三者如何合流，並混進了各種語言的「存在」動詞的變化形態中，委實是不好回答的問題。不過這三個意涵之所以終於合流，並薈萃為一個動詞，可能因其都扮演著一雷同的語表功能。總的來說，可能都是從「大處著墨」，對天地宇宙人生的一些整全的體會。我們都知道許多文化的遠古時代都有物活論（holozoism）一類的想法，也都對日月盈昃、四時運化等自然現象感觸良多，而且世人一般都心繫乎一己所重視的人物的生息蕃衍，和在乎自己珍惜的物事能否「逗留」，因此存在三個詞根的普遍性和廣泛用度可算有理可循。總的而言，三者的意涵共同聚焦於天地萬物之作息作為一整全的現象之上。「存在」的基本主題，借用《中庸》的一句話，就是要開顯「天地位焉，萬物育焉」這個道理。這個意義的「存在」，如要更緊湊一點去刻劃，我認為可以脫離任何海德格本人的或西方固有的說法，簡單地借莊子之語言名之為「造化」。[20]

20　「造化」一詞，見《莊子・大宗師》：「今一以天地為大鑪，以造化為大冶。」後來成玄英疏《莊子・逍遙遊》時即曾說：「大海洪川，原夫造化，非人所

(5) 今日印歐語言「存在」動詞的不定式之毋復概括三個基本詞根，便猶如「存在」古老意義的拂抹（Verwischung）。另一方面，古往今來人們使用「存在」一動詞時，雖然很難準確追溯實指甚麼意思，但細察下又似乎隱約包含了三種原始意義的某一程度的混和（Vermischung）。海德格於是總結說，就是因為這樣的拂抹加上混和，「存在」動詞才顯得如此空洞和飄忽，然而在上述分析的洞燭下，存在動詞背後的豐富意義還是有跡可尋的。

四、作爲「繫詞」存在意義的空洞與富足

「存在」動詞雖變得空洞飄忽，但卻被廣泛使用。這一情況，其實是很意義深長的一回事，實應予一哲學的反思。

有些講法認為任何語句都可被化約為一主語配上謂語的結構，而「存在」無論如何都必可以某一種聯繫的身分居於其中。為了說明存在一詞這種無所不在的特性，海德格特別分析了「存在」用作「繫詞」（copula）時的情況。海德格認為，存在意義的太古玄機雖然在西方語法高度形式化後已被忘懷、拂抹和混和，但與此同時，存在卻得以「繫詞」（copula）的身分被廣泛使用。正因如此，那看似抽象、空洞的「存在」，反而讓萬事萬象各自獲得展現的空間。海德格為了力證存在動詞看似空洞而實富足的事實，曾不厭其煩地臚列了許多以 sein 當作 copula 使用，但卻有弦外之意的例子，並於其著作中一再申論。現先把最

作……」。又《淮南子・覽冥》：「又況夫官天地，懷萬物，而友造化，含至和。」

具代表性的例子，綜合列舉如下：[21]

i.　"dieser Mann ist aus dem Schwäbischen"

ii.　"das Buch ist dir"

iii.　"der Feind ist im Rückzug"

iv.　"Rot ist backbord"

v.　"der Gott ist"

vi.　"in China ist eine Überschwemmung"

vii.　"der Becher ist aus Silber"

viii.　"die Erde ist"

ix.　"der Bauer ist（mundartlich gesprochen）aufs Feld"

x.　"auf den Ackern ist der Kartoffelkäfer"

xi.　"der Vortrag ist im Hörsaal 5"

xii.　"der Hund ist im Garten"

xiii.　"dieser Mensch ist des Teufels"

xiv.　"Über allen Gipfeln / Ist Ruh".

　　列出這些看似刻板貧瘠的例句後，海德格筆鋒一轉，隨即指出，普遍地被使用的「存在」動詞 sein，在各種特殊語境下，往往可帶出特殊的意指。為了說明這一點，海德格繼續申明這些例句其實都可以被「改寫」，即把每句的 sein 替換成另一動詞片語（verbal phrase），從而開顯出五花八門的豐富意涵，一如下述：

21　我找到的篇章起碼有以下三處：*EiM*, GA-40: 95f; *Gb*, GA-51: 30f; *N-II*, GA-6.2: 246f. 這裡列出的十四個例句，是綜合了以上三處相差無幾的材料而組成的。

i.   Der Mann ist aus dem Schwäbischen - er *stammt* her; 他來自舒瓦比亞郡

ii. Das Buch ist dir - *gehört* dir; 這書屬於你

iii. Der Feind ist im Ruckzug - er *hat* den Rückzug *angetreten*; 敵人開始撤退

iv. Rot ist backbord - die Farbe *bedeutet*; 〔船運術語中〕紅色意謂靠岸方向

v.   Der Gott ist - wir erfahren ihn als *wirklich gegenwärtig*; 上帝真實存在

vi. In China ist eine Überschwemmung - dort *herrscht...*; 中國那邊水災肆虐

vii. Der Becher ist aus Silber - er *besteht aus*; 杯盞以銀子打造而成

viii. Die Erde ist - *ständig vorhanden*; 地球持續地在運轉

ix. Der Bauer ist aufs Feld - *hat seinen Aufenthalt dorthin verlegt*; 農人留在農田裡

x.   Auf den Äckern ist der Kartoffelkäfer - *hat sich* dort in seiner Schädlichkeit *ausgebreitet*; 馬鈴薯甲蟲在田間散播開來了

xi. Der Vortrag ist in Hörsaal 5 - *findet statt*; 演講在五號演講廳舉行

xii. Der Hund ist im Garten - *treibt sich herum*; 狗兒在園子裡跑來跑去

xiii. Dieser Mensch ist des Teufels - *benimmt sich* wie vom Teufel besessen; 這人的行為像著了魔

xiv. Über allen Gipfeln / Ist Ruh····- "*befindet sich*" Ruh? "*findet statt*"? "*hält sich auf*"? "*herrscht*"? oder "*liegt*"? - oder "*waltet*"?

　　看了這些例子後，我們得見，存在一詞的「空洞」只是一表面的現象而已。骨子裡，存在（起碼從語言學的角度看）其實宛如一張「百搭牌」（Platzhalter），看似空洞，卻可無孔不入、無遠弗屆，和無幽不燭地滲透到吾人的思維和世間事象的每一角落。海德格為例句「改寫」時一直很得心應手，充分說明了 sein 動詞豐富的潛在意涵。唯獨最後要改寫歌德於群山之巔深契萬籟俱寂時的詩句時，終於顯得猶疑，甚至最後放棄改寫。但他補充，這與其表示 sein 作為一 copula 表達能力的技窮，不如說更顯出了 sein 在詩人和讀者的澄明的心境中，其要傳達的意念早已「清晰明瞭得毋庸再加以解釋」了（"Verständigkeit" des "ist", die alle Erläuterung abwehrt）。[22]海德格反省「存在」的動詞，從抱怨其空洞、抽象與飄忽開始，慢慢引導讀者認識到表面上的空洞背後其實蘊藏著極強大的「表述活力」（Nennkraft）。[23]難怪海德格在其《尼采》及《基本概念》兩書中談到有關問題時分別闢一小節，名之曰「存在的空洞與富足」（Das Sein als die Leere und der Reichtum）[24]和「空洞與意義富足」（Leere und Bedeutungsreichtum），[25]並直言：「『是』（ist）這個字底單調和空

22　*Gb*, GA-51: 31. 按：*Grundbegriffe* 一書是按海德格於 1941 年夏季學期於弗萊堡的講集輯成的。

23　海德格常提及「語詞的表述活力」（Nennkraft des Wortes），參見 *EiM*, GA-40: 15, 54, 108 及《藝術品的起源》，*UdK* 42, GA-05: 32。此外，Nennkraft 一概念最遠大底可追溯到巴門尼底斯（Parmenides）的 ὀνομάζειν（Namengebung）概念。參見 Diels-Kranz, *Fragmente der Vorsokratiker*, Band I（Berlin: Weidmann, 1989），p. 239。

24　*N-II*, GA-6.2: 246ff.

25　*Gb*, GA-51: 28.

洞背後實隱藏了鮮為人知的富饒」。[26]《基本概念》書中，在分析「存在」一語無遠弗屆的用度時，海德格又說：「在這每一處，存在（Sein）豈不都盡顯得意態洋溢（Überfluß），直教一切存在者所能展示的豐富內容（alle Fülle des Seienden）都要從中汲取！」[27]

五、存在之「造化」

當我們指出，印歐語的「存在」作為繫詞除了語法功能外還於語義上扮演如此特別的角色時，我們必須自省，落在漢語的環境中，情況又如何呢？我們都知道古代漢語是沒有繫詞的。許多研究都指出，中國語文中用作繫詞的「是」字要到了東漢時代國人接觸佛經以後才發展出來的。[28]這現象或會引來疑竇，教人懷疑漢語如何能扮演印歐語「存在」動詞看似空洞而卻富足的表述活力。要回答這一問題，我們可引用洪堡特的講法。他認為漢語沒有走西方形式語法的路，卻別闢蹊徑，以種種代換的方式去處理語句中詞與詞的關係。[29]順著這一思路，作者近年曾著文申

26　*Gb*, GA-51: 30.

27　*Gb*, GA-51: 70.

28　周法高，〈論上古漢語中的繫詞〉，《中央研究院歷史語言研究所集刊》，第59本，第1份，1988年3月。

29　有關洪堡特（Wilhelm von Humboldt）的漢語研究可參見其主要著作 Über die Verschiedenheit des menschlichen Sprachbaues und ihren Einfluss auf die geistige Entwicklung des Menschengeschlechts〔1931〕及其致法國漢學家雷姆薩 Jean-Pierre Abel-Rémusat 的信（Lettre à Monsieu Abel-Rémusat sur la nature des formes grammaticales en générale et sur le génie de la langue chinoise en particulier [1827]）。有關之討論與評價可參見關子尹，〈從洪堡特語言哲學看

論，西方高度抽離的作為「繫詞」的存在動詞，漢語未流行「是」之前，亦可透過「者」、「也」、「乃」、「焉」等虛詞的靈活配合而得以表述，甚至連這些外在痕跡也隱沒，讓人們於字裡行間以心神領會句子中概念與概念間潛然的「聯繫」；而西方實質意義的所謂「存在」，漢語亦有「存」、「在」、「有」等詞對應之。[30]

　　「存在」一詞之所以要被廣泛使用，正是因為「存在」自有人類和自有語言之初，便是一最「普遍」的指謂。「存在」一詞之普遍，從海德格舉列的例句來看，在於其廣泛的適用性。「存在」一語之普遍用度，大底不同於「硬」（石頭）、「辛辣」（辣椒）、「汪汪」（狗）等特殊詞語。吾人仰望天際的雲霞，或抱著初生的嬰兒時，都絕不會想到「石頭」、「硬」或「汪汪」等意念，這正因為這些特殊詞語之用度已被約束於「特殊」的範圍之內。相反，「存在」之為事，卻是無所不包、無微不至、無孔不入、無遠弗屆、無幽不燭地與人類生活的所有環節有關，此即普遍之所謂「普遍」。吾人無論接觸任何事物，注意任何事項，產生任何意念，都要把有關的物事加以「存想」，予以招呼，讓其對吾人而言成為一些「在場」的物事或意象。凡此種種，某一意義的「存在」必然被帶出（ausgetragen）。因此，吾人一旦意有所動，一旦要意指（intend）任何物事，定必先從最普遍處意會其「存

漢語和漢字的問題〉，《從哲學的觀點看》（台北：東大，1994），頁 269-340。此外參見 Tze-wan Kwan, "Wilhelm von Humboldt on the Chinese Language - Interpretation and Reconstruction," *Journal of Chinese Linguistics*, Vol. 29, number 2, Berkeley, June 2001, pp. 169-242。

30 關於漢語中有沒有所謂「存在動詞」一問題，參見 Tze-wan Kwan, "On the Fourfold Root of the Notion of 'Being' in Chinese Language and Script," *Journal of Chinese Philosophy*, Vol. 44:3-4（September-December 2017），pp. 212-229。

在」。故存在既廣涉天地之造化，卻又同時繫乎人類一念之存想。如果借用法國語言學家本溫尼斯特的觀點：「存在的意念涵攝一切，存在本身並非一謂語，卻成為一切謂語的條件。」[31] 從這一點回溯，我們更能明白，何以海德格《存在與時間》中把人訂為「此在」（Dasein），並認為「此在」之所以為此在，是其具備「存在理解」（Seinsverständnis）此一稟賦之故！

然而，這裡又透出一組很重要的哲學問題：人們有了語言以後，表述工作愈分愈細緻，愈分愈專門是大勢所趨。「存在」以繫詞的身分能「普遍」地用諸萬事萬物之上，固使「存在」晉身為一百搭的普遍語詞。有謂世上芸芸存在者（die Seienden）都可以分為大小不一的類別，但「存在」既稱最為普遍，它除了是一普遍的語詞外，還是一個最大的「類」嗎？「存在」甚至能稱為一「類」嗎？「存在」概念的作用在那裡？還有沒有必要保留「存在」一概念？

西方自古以來都曉得「存在」是一最普遍適用的語詞，過往學者們大都只知循「類別」概念去設想存在之為普遍。然而，海德格早在《存在與時間》書中即已闡明了「存在」不可能是一「類」概念，因為小類的認知是不須建立在大類的認知之上的（如香蕉蘋果的認知不待於水果的認識），相反地，世上無論任何物事，不管屬於甚麼類別，就其「是」如此或「是」那般而言，都不能離開某一意義的「存在」去設想。

由此可見，「類別」的解說其實不能說明「存在」的意義何

31　Émile Benveniste, "Categories of Thought and Language," *Problems in General Linguistics* transl. M. E. Meek（Coral Gables: University of Miami Press, 1971），p. 61.

以似空洞而卻飄忽地幻化成種種切合世上無盡處境的意義。於是，「存在」對於萬象的普遍適用性便必須於「類」之外另尋依據！就這一問題而言，前文提及的「造化」的用意便可再次顯出。因為當吾人言及所謂「造化」時，語雖模糊，卻油然指向吾人存活於世上的一種「存在感」。吾人見萬物之荏苒興替而引起的「觸動」，正好回應了海德格《形而上學導論》書首章提出的形而上學基本問題：「到底為何要有事物而非空無？」（Warum ist überhaupt Seiendes und nicht vielmehr Nichts?）因為如果一切只是「空無」，則問題根本便不會出現。正因為不是只有「空無」，一切東西之「存在」為各該東西這回事，便縈繞於人前，拂之不去，而「造化」之言談即正堪成為吾人這些「存在感觸」的標誌。

如果這些問題顯得過於遙遠，我們是否可退一步先看看「世界」一概念？自康德和胡塞爾以來，世界作為吾人一切感知和行動的最大及最終的「界域」（Horizont）的意思已講得很明白了。對懷抱著「關注」的吾人來說，「世界」概念扮演的是一不可或缺的「導向」（Orientation）的角色。今「存在」比諸「世界」，又更為普遍，並更增玄妙。如果我們觀念上少不了「世界」，我們是否同樣地更少不了「存在」？沒有了「世界」，我們已然無法於眾多世中事物中作出「定向」；同樣，一旦沒有了更為普遍的「存在」，則普天之下的「存在者」如何顯得在場？而吾人所思所感之千頭萬緒又如何得以開顯？

總而言之，經過海德格一番解說，語言中的「存在」之具有至廣大至周全的指稱力（Nennkraft），其理固明。然而，是什麼使這成為可能？今經海德格《形而上學導論》一書論「『存在』一詞的語法學與語源學觀察」一章的啟示，「存在」之所以能無

遠弗屆，無幽不燭地普遍被使用，是因為一切存在者、一切物事、一切意念存想，莫不都是同一造化的一些片面。從這一觀點看，「存在」再不只是一百搭的動詞，再不只是原始的語言事實，而可直指那普遍無所不包的，把一切存在物一爐共冶的，並蘊藏著無窮原始生機的造化自身。

六、小結：存在問題的餘緒

　　海德格的「存在」問題，從來都被認為有如謎一般隱晦難明。在《存在與時間》書中，海德格提出了以「時間」作為探求「存在」的「界域」之方案，但暗地裡其實是用上了自亞里斯多德以來即已被西方採用的「存在類比」作為理論支架。但這一策略卻使「人」的時間性凌駕了「存在」，從而觸犯了海德格本擬恪守的人的有限性的底線，因而導致整個著作計劃的廢止，「存在」的問題遂又得懸擱。

　　海德格後期思想漸趨於玄祕誠如上述。《形而上學導論》中其實已充斥著這一特色，一兩年後的《哲學論集》，這一色彩更是變本加厲。正因如此，在海德格前後期思想這一重要的轉折點上，「存在一詞的語法學與語源學觀察」這一章更顯出其獨特意義。因為它讓研究海德格的我輩在投身於其後期思想的迷宮之前能找到一很「另類」的切入點，俾能以較有理可循的角度窺見海德格所謂「存在」的意指。

　　其實，海德格這一個繞過語言學的屏障以尋找通達「存在」之所指的企圖，後來在德里達身上找到了很有趣的回響。在一篇也是以存在繫詞為主題的文章裡，德里達引用了海德格於《論「人文主義」書簡》中如下的一番話：「把語言從語法解放出來，

讓語言較原始的理路得以彰顯，這正是思想和詩創將要履行的工作。」（GA-09: 314）[32] 德里達這篇文章的副題是「語言學之前的哲學」，其要把存在作為繫詞這一「語法」現象背後那有關「存在」的更原始的頭緒理清的意向是很明顯的。[33]

話說回頭，海德格的「存在」或「存有」概念既然晦澀到這一地步，我們今天嘗試越過語言學的限制，詮釋之為「造化」，會不會犯了「詮釋過度」（over-interpretation）的毛病呢。在回答這問題時，我們首先當指出，「造化」並不是 Sein 或 Seyn 的中文翻譯，而的確只是一「詮釋」。事實上，由於「存在」真的有如謎一般隱晦難懂，詮釋才變得必要，而海德格的同一性思維中諸如 Ereignis, Lichtung, 甚至希臘文的 φύσις, λόγος 等概念何嘗不也是一些對存在的詮釋！至於「造化」一語會不會詮釋得過度，這一點我不肯定，但總的而言，我覺得「造化」之說有幾個可取的地方，一是對漢語群體來說，「造化」這名詞大家大致都能理解其為無所不包的世運，俗語「造化弄人」固是一廣為人知的例子。至於在詩詞傳統中，「造化」一詞的強大感染力更俯拾皆是，如「造化甄品物」（潘岳）、「誰知造化心」（張九齡）、「造

---

32 引見 Jacques Derrida, "The Supplement of Copula: Philosophy Before Linguistics," *The Margins of Philosophy*（Hemel Hempstead: Harvester, 1972）, p. 179.

33 只是德里達這篇文章的主要著力處是要和本溫尼斯特作單向的論爭，目的是要推翻後者把思想化約到語言上去的想法云。就這一點而言，我認為語言與思想孰先孰後這個爭論其實意義不大，而且不可能取得明確的結果。竊以為語言與思想基本上「同樣原始」，和是協同地同步發生（gleichursprünglich, equiprimordial）的。所謂同樣原始，就是說思想和語言彼中有此，此中有彼，根本是「彼此不能見外」（being exterior），故很難說是語言抑思想可把對方化約。

化資大塊」（高適）、「豈知造化神」、「壯哉造化功」（李白）、「造
化鍾神秀」、「情窮造化理」（杜甫）、「仰嘆造化功」（韋應物）、
「萬物皆因造化資」（皎然）、「造化無言自是功」（楊巨源）……。
其次「造化」一語既有靜態義也有動態義，與帶情境性和歷史性
的「存在」實頗切合。最後，「造化」一詞最大的優點是其高度
的「模糊性」，這正因為吾人心下對「造化」總有所領會之餘卻
誰都說不出其實指甚麼。換言之，「造化」具足了空洞得來又富
足這一百搭色彩。而這一關鍵，正是《形而上學導論》中「『存
在』一詞的語法學與語源學觀察」一章對我們提供的最有用的啟
示。如果理解海德格對西方人都是一莫大的挑戰，則我們隔著一
度寬廣的語言鴻溝要以漢語去理解，其困難更不知凡幾。坦白
說，我們談論後期海德格的 Sein 或 Seyn，無論指稱其為「存在」
或「存有」，無論如何婉轉解說，最後都有如隔靴搔癢，哪裡及
得言「造化」之妙來得率直可親！因此，「造化」之於 Sein, 即
使有詮釋過度之嫌，但其親切之餘，從義理闡明的要求來說，雖
不中亦不遠矣！

黑格爾與海德格
——兩種不同形態的同一性思維
（2013） 劉保禧、謝昭銳、李康廷、伍一勤　合譯

繆勒（Max Müller）：「……黑格爾是海德格的……如假包換的、持久的、敵對的交談者（eigentlicher immerwährender 'gegnerischer' Gesprächpartner）。」

提要

　　西方學術傳統中，*Tautologie*/tautology 這一概念，漢語界一般譯為「重言」，但這個譯法其實沒有把概念最根本的「自我相同」或「同一者」（τὸ αὐτό）這個意思完全表達出來。所謂「重言」分別有邏輯上的和修辭上的理解，而二者不同程度上都帶有一定的負面意義，如修辭上指言說因重複而缺乏新意，和邏輯上指一些判斷因為在一切邏輯條件下都必真，反而於經驗上無所說明。由於這潛在的貶義故，解作「重言」的 tautology 並不特別受到推崇。但這個情況卻為後期的海德格所扭轉，海德格重申 *Tautologie* 一詞「同一性」的本義，並毫不猶豫地賦之以正面的價值。本文旨在點出黑格爾與海德格二人的哲學都帶有某一種色彩的同一性思想，而其中的同異，正是黑、海二者的哲學最值得比較之處。本文首先陳述問題的歷史背景，然後嘗試從眾多不同角度說明後期海德格的哲學在哪一意義下是「同一性思維」。接著，本文將說明黑格爾的學說在甚麼意義下也可以視為一個「同一性」系統，或更準確一點，視為一「擬同一性」（quasi-tautological）系統。接下去，我們將說明，正因為二者既類似卻又不同的哲學特點，海德格與黑格爾的正面衝突終究無法避免。最後，本文將把「兩種」同一性思維互相對照，再作反思與評論，以總結全文。

一、「同一性」問題的新向度

　　自現象學運動之始，「現象學」的性質與界說從來沒有定案。大家都看到，幾乎所有頂尖的現象學家都自有一套「現象

學」的定義。可是，現象學最不確定和最教人困惑的地方，是同
一個現象學家在不同的理論脈絡和不同的思想階段中對甚麼是現
象學可以有不同的理解與定義。眾所周知，胡塞爾鑄造了一系列
的形容詞，用來描述他心目中的現象學：描述的（descriptive）、
本質的（eidetic）、超越論的（transcendental）、靜態的（static）、
發生的（genetic），凡此種種，不一而足。海德格沒有胡塞爾那
麼熱衷使用「現象學」一詞，不過一般而言，海德格的早期思想
通常被描述為「詮釋現象學」（hermeneutical phenomenology）或
「存活現象學」（existential phenomenology）。如果考慮到海德格
思想後來的發展，則會發現「詮釋」與「存活」再不足以描述海
德格思想的特徵。在這個情況下，我們可以考慮「同一性」一概
念是否適用。

　　海德格在《存在與時間》書中多次用到「同一性」與「同一
性的」等語，[1]但其用法較為隨意，而總的而言指的正是略帶貶
義的「重複」。在 1961 年的《康德的存在論題》[2]中，海德格改
變了語調。在文章的結尾，海德格比較了康德「存在作為『置
定』（Position）」這著名的論題及他自己關於「存在」作為「源
源化育」（des währenden Anwesens）的想法，並以如下斬釘截鐵
的一番話總結了他自己探索存在的進路：

　　或曰：這一存在，這自身同一者 τò αὐτό（那同樣者 das

1　Heidegger, *Sein und Zeit*（Tübingen: Niemeyer, 1972）〔以下略稱 SZ〕，SZ: 35,
　　193, 318.

2　Heidegger, *Kants These über das Sein* 先於 1963 年以單行本出版，今收於
　　Gesamtausgabe, GA-09: 445-480.

Selbe）豈非要按照其自身（καθ' αὐτό）[3]，即要指涉於其自身才可被陳述？此中是否有一同一性（Tautologie）在說話？當然如此。然而，這是一最高意義的同一性，它並非一無所言，而是言盡了一切：從開始直到未來它都對思想有決定性。[4]

最後，在 1973 年 Zähringen 的研討會上，海德格再次提到這個術語。當他著手討論巴門尼底斯著名的第 8 號殘篇時，即指出這與他談論的存在的化育（Anwesen）有關。海德格甚至鄭重其事的說：「此中涉及的思想我名之為**同一性思維**。它乃是現象學的根本意義。」[5]仔細閱讀這句說話，有兩點是可以肯定的。其一，「同一性」的概念現在毫無疑問帶有正面意義，並展示了與傳統理解迥異的向度。其二，海德格是以極強的語氣提出其有關說法。海德格明確地論及「同一性思維」，縱使只有寥寥數次，但其語氣之重，和他提出這說法之晚（「同一性思維」是他逝世前三年提出的），讓我們可以很確定地說：「同一性現象學」、「同一性思維」以至某意義下的「同一性」是後期海德格思想的最佳概括。

---

3 希臘文 καθ' 來自 κατά 這一前置詞，可解作「按照」（according to）。

4 *Kants These über das Sein*, GA-09: 479. 順便一提，希臘文 αὐτό, 拉丁文 idem（identity 一字所由出），德文 Selbe, 英文 same 其實都可解作「同一」。

5 Heidegger, *Vier Seminare*（Frankfurt/Main: Klostermann, 1977）, p. 137, GA-15: 399：“…das Denken, dem hier nachgedacht wird, nenne ich das tautologische Denken. Das ist der ursprüngliche Sinn der Phänomenologie.”

二、海德格對決黑格爾

談到黑格爾與同一性的關係，情況就很不一樣。如上所述，海德格重視同一性的程度，一至於以同一性作為其後期思想的標記；相對而言，我們在黑格爾的著述中根本找不到任何蛛絲馬跡，可以顯示其對同一性有同等的重視。然而，如果翻閱黑格爾的著作，可以發現在《精神現象學》、《邏輯學》、《哲學百科全書》、以致在其眾多不同的演講集和短篇著作中，這個關鍵術語其實曾經多次出現。一般而言，黑格爾使用「同一性」一詞，其用意驟眼看來介乎中性或略帶存疑，時而甚至帶有貶義。[6] 但在許多其他理論場合中，黑格爾卻又往往歪離一般的用法，把「同一性」一詞用得帶有正面意義。

因此之故，吾人處理這個比較論題時必須步步為營，以免把一己之想法強塞諸黑氏之口。我必須一再澄清，黑格爾沒有明確倡議過本文將要談論的所謂「黑格爾式的同一性思維」。如果黑格爾真的需要標明其哲學的特點，他可能會選用「絕對」、「思辨」等用語，卻從沒有以「同一性」當作其哲學的標籤。我們在本文所能做的工作，就是循詮釋的途徑，看看黑格爾哲學中的一些關鍵用語，如絕對（das Absolute）、自我認知（Selbstkenntnis）、自身同一（Sichselbstgleichheit）等概念是否能與我們談論的「同一性」思維相通，如果能做到這一點，則黑

6　比方說，黑格爾 *Tautologie* 一詞，便常與「空無」（*leere*, empty）合用；參見 Hegel, *Phänomenologie des Geistes,* Werke 3, p. 137; *Wissenschaft der Logik II*, Werke 6, pp. 40, 97, 412; *Enzyklopädie,* Werke 8, p. 269〔本文徵引黑格爾著作，均採用通行的 Suhrkamp 二十卷 *Werke* 本，徵引時先列出原典名稱，再附以 *Werke* 卷數及頁數。

格爾與海德格之間的比較便有可能和才有意義。

　　誠如眾多學者所指，後期海德格的著述許多都涉及與先哲的對話。在芸芸現代哲學巨擘之中，康德與黑格爾是海德格的主要交談對象。總的而言，海德格對待兩位前賢的態度並不一樣，他對康德的態度大抵上頗為友善，[7]但是他對黑格爾的態度很明顯是不友善，甚至是帶有敵意的。就這一點，繆勒（Max Müller）的一番極具洞見的按語可謂一語中的，他認為黑格爾是海德格「如假包換的、持久的、敵對的交談者（eigentlicher immerwährender 'gegnerischer' Gesprächpartner）」。[8]

　　為甚麼海德格如此敵視黑格爾呢？最重要的原因是後期的海德格和後期的黑格爾實在有太多共通點。海德格恐怕讀者混淆其哲學上的意向，因此不得不視黑格爾為最大的理論勁敵。海氏幾乎在學思歷程的每一階段都會大費周章地要與黑格爾哲學劃清界線，以澄清己說。[9]《同一與分別》（*Identität und Differenz*）一書便是一個最鮮明的例子，海德格並非隨意將兩篇看似無關的文章合輯成書，事實上，該書第一篇〈同一律〉代表海德格對同一性

7　除了於 *Kants These über das Sein* 表明康德哲學和自己有「共同的旨趣」外，海德格還在《康德書》的第四版前言中承認康德是他在《存在與時間》一書的著述計劃「觸礁」時的一個避風港（*Zuflucht*）。關於海德格的康德解讀問題，可參見 Hansgeorg Hoppe, "Wandlungen in der Kant-Auffassung Heideggers," *Durchblicke: Martin Heidegger zum 80. Geburtstag*（Frankfurt/Main: Klostermann, 1970）, pp. 284-317。

8　Max Müller, *Sinn-Deutungen der Geschichte. Drei philosophische Betrachtungen zur Situation*（Zürich: Edition Interfrom AG, 1976）, p. 109.

9　關於海德格對黑格爾的批評，參見 David Kolb, *The Critique of Pure Modernity: Hegel, Heidegger and After*（Chicago: University of Chicago Press, 1986）, pp. 213-222。

思維的正面陳述，第二篇〈形而上學的存在神論的結構〉則透過否定黑格爾的哲學，反面「遮詮」自己的理論。

順著這條思路，我們可以申論：後期海德格必定在黑格爾身上找到一些跟他自己系統的雷同之處，而且這些相似之處必定是痛癢攸關的。當然，這些表面上的雷同之處必又同時暗藏嚴重分歧（否則海德格亦毋須視之為挑戰），以至於兩人的迎頭對壘成為無可避免。[10]海德格重視「同一性」，固無庸置疑，那麼「同一性」是否正是海德格與黑格爾兩人思想既近似復差異的關鍵所在？要回答這問題，我們當然無法從黑格爾的思想中找到明確指示，但是伽達瑪卻為我們挺身作證！

伽達瑪在《黑格爾的辯證法》書中，或直接或間接地提醒讀者，黑格爾處理邏輯的進路，以至其整體寫作風格都是「同一性的」。在該書的〈黑格爾與古典辯證法〉一文中，伽達瑪強調哲學的陳述跟日常經驗的陳述是非常不同的。經驗陳述中的謂詞，多數是要「表述一些簇新的和異質的」的內容；而哲學陳述中的謂詞，卻引發我們對主詞作深一層的反思。他認為：「相對於日常『表象式』的思維來看，哲學陳述總是帶點同語反覆（*Tautologie*）。哲學陳述表達了同一性（*Identität*）。」[11]其後，伽達瑪在〈黑格爾的邏輯學觀念〉文中更直接把焦點放在黑格爾的思辨陳述，並認為思辨的向度「要求思維退回自身」，思辨陳

10　就這一點而言，波柏在一次接受訪問時直指海德格是「當今世代的黑格爾主義者」，可謂只知海、黑二人學說之雷同，而昧於其迥異。參見 Karl Popper, "Die Welt im Gespräch mit Karl Popper", Sonderdruck des dreiteiligen Interviews, Februar, 1990.

11　Gadamer, "Hegel and the Dialectic of the Ancient Philosophers," *Hegel's Dialectic*, transl. P. Christopher Smith（New Haven: Yale University Press, 1976）, p. 18.

述要「在極端的同語反覆這一方面與意義無限的決定的自我揚棄
這另一方面之間維持中道」。[12]最後，伽達瑪在〈黑格爾：論『顛
倒的世界』〉一文總結自己閱讀黑格爾《精神現象學》的經驗，
他提到黑格爾著作的一章接一章讀下來，好像是說著「總是同一
樣東西」，又說黑格爾不同層次的論述「所要揭示的，不外是那
真確的和唯一的對象，或曰那同一回事的內容。」[13]

根據以上說明，我們可頗肯定地說，同一性確是黑格爾與海
德格思想的核心。亦因為以上的緣由，我們整個比較的進路非但
是可能的，更是值得的，和具有一定指導作用的。在接下來的兩
節，我們會詳細地探討黑格爾及海德格的系統在甚麼意義下可以
描述為具備「同一性」（縱然是不一樣的同一性）。由於有關的
爭議是由海德格激起的，所以我們會倒轉時序，先從海德格入手
討論。

三、海德格同一性思維的問題與特徵

在這一節，我將從不同的角度入手，嘗試解釋海德格自己提
出的「同一性思維」如何能幫助我們理解其後期思想中的一些關
鍵概念、立場和議題。

(1) **背景與動機**：眾所周知，海德格後期思想的發展，與他對傳
統形而上學和現代主體性理論的不滿大有關係。海德格認為
現代思想的主要毛病在其「人類中心主義」
（anthropocentrism），並認為這是今天所謂「現代性危機」

---

12 Gadamer, "The Idea of Hegel's Logic," *Hegel's Dialectic*, ibid. p. 95.

13 Gadamer, "Hegel's 'Inverted World,' " *Hegel's Dialectic*, ibid. p. 36.

（modernity crisis）的根源。換言之，海德格認為現代人過度強調人類的重要性，以致不但把存在邊緣化，從而把人類與存在的原初統一遺忘了，海德格有感於人類中心思想無論對自然生態，乃至對人際關係均構成前所未有的危機，情況令人憂慮。《存在與時間》一書雖有作徹底反省的意圖，但後來海德格終於發現是書本身潛在地亦踹入了「人類中心」的陷阱，而得改弦易轍。對比之下，後期的「同一性思維」正好提供一種足以對治有關危機的良方。同一性作為傳統邏輯和哲學的術語，它的字根來自希臘文 τὸ αὐτό，意指「同一的」、「自身」或「相同」。[14]當兩樣不同的元素被視為同一，意味著它們在某種意義下「共同歸屬」（belonging together）。現在海德格用到「同一性思維」這個術語，其實是在提醒大家，人類和存在原初地就是自身同一的（self-same）、和彼此共屬的（mutual belonging）。因為同一性思維的其中一個重要課題，就是勸說人類不要自別於存在，走上把存在對象化、敵對化的胡同中，而應以返歸宇宙「同一」的存在為志業。存在實包涵宇宙和人類萬物這一點，《形而上學導論》對 sein 一詞的語言分析，應該顯示得頗清楚。

(2) 方法：退後一步 —— 不待於存在者以思想存在（Schritt Zurück: Sein ohne das Seiende denken）：對於後期的海德格而言，傳統形而上學的毛病在於以為能夠通過觀察和反省「存在者」而對「存在」獲得充分的理解。這個想法促使現代哲

---

14 參見 Liddell-Scott, *A Greek-English Lexicon*. 9th edition（Oxford: Clarendon, 1966）, pp. 281-282; 字典中的解釋是 :"identical", "self", "the Same". 此外見 Heidegger, *Identität und Differenz*, GA-11: p. 36。

學致力於芸芸事物之中尋找一最高的存在者，並希望通過這最高的存在者來解決存在問題的謎團。海德格稱這種處理存在問題的方法為「存在─神─學」（onto-theo-logy）。為了擺脫傳統形而上學語言這一窠臼，海德格提出另一條進路，那就是「退後一步」（Schritt zurück），以靜默地省察存在自身的造化與漫衍（Anwesen）。退後一步讓人較易看見人類雖然無可避免地牽涉於造化當中，但他僅僅是造化中被「託本」（übereignet）的一員，而不是焦點之所在。必須注意，海德格不認為「退後一步」是要徹底否定傳統形而上學，亦不是要將之連根拔起。[15]反而，通過省察存在本身，傳統形而上學其實植根於人類和存在的本源關係之中這一洞見反得以揭示。[16] 恰恰是這個理由，海德格曾形容「退後一步」為「從形而上學退後一步返回形而上學的開展本質（*Wesen*）」。[17]通過這退後的一步，存在的冉冉漫衍對吾人的意義，得以在遺忘中被喚醒。與此相應地，海德格更提出「不待於存在者以思想存在」[18]的態度，讓我們直接專注於「存在」，和讓「思想」不致於歧出。當然，這句格言很容易被誤解，以為它要求我們思索存在的時候，必須置存在者於不顧，甚至予以摒

---

15 *Zur Seinsfrage*（1956），in *Wegmarken*, GA-09: 416-417.

16 在海德格較早期的著作《康德書》中，他已經有「此在的形而上學」（metaphysic of Dasein）的念頭。他將這種形而上學解釋為「必然要通過此在來展現的形而上學」（*als Dasein notwendig geschehende Metaphysik*, GA-03: 231），又說這種形而上學實乃人作為此在的「基本事件」（*Grundgeschehen*）本身。參見 *Kant und das Problem der Metaphysik*, GA-03: 242。

17 *Identität und Differenz*, GA-11: 60f, 77f.

18 *Zur Sache des Denkens*, GA-14: 5, 29.

除。[19] 本來，吾人要參透存在的道理，從「存在者」或一般所謂的萬事萬物入手，並無任何絕對不妥之處，中國宋儒裡的朱熹不亦有所謂「格物窮理」的主張嗎？如今海德格要擺脫存在者去思考存在，其理由有二；一是避免吾人以為掌握一最高存在者即可說明存在，二是要吾人避免過分注意現象的散殊面，而昧於存在造化的一體。「不待於存在者去思想存在」即要求我們摒除憫念和雜念，鞭辟入裡地參悟存在之為存在的道理。換言之，海德格無疑認為存在被遺忘久矣，為了讓這久遺的存在重新被掌握，我們才首先要將存在者暫時擱置一旁，以免繼續受傳統形而上學所遮蔽。一旦明白了存在造化為一體的道理，整個存在者的領域（當中包括人和世界萬物）便會重臨，並以全新的方式向我們呈現。

(3) **殊途「同」歸的新詞彙**：如果後期海德格仍算是現象學家，那麼他的興趣只集中於一個現象——存在這一原始事件（*Ur-Sache*）。為了將這個意義下的存在跟傳統形而上學的存在予以區別，海德格有時候會採用古老的拼寫法，把他要談的存在寫成 *Seyn*（可譯作「存有」）；有時候又會把 *Sein* 寫成帶有交叉號（*Durchkreuzung*）的 ~~Sein~~，藉此指涉他所說的「四合」。除此之外，他又創造了一系列的詞彙，嘗試從不同的角度捕捉存在的意蘊，希望藉此徹底的擺脫傳統形而上學語言的枷鎖。這些詞彙包括 Ereignis, Lichtung, Geviert, Ge-stell, Austrag, Zwiefalt, Geschick, Spiegel-Spiel, Sach-Verhalt, Ver-sammlung 等等，其數量之多，要仔細說明恐怕要另成一

---

19 *Zur Sache des Denkens*, pp. 35-36; GA-14: 41.

書！[20]雖然這些五花八門的詞彙各自有著不同的「意涵」
（connotations），但若細心追溯，就會發現它們最終其實都
「指謂」（denote）同一個整全的事態，亦即那包羅萬象的原
始事件——存在。無論從哪裡入手，只要有耐性，最終也會
通達於同一的「思想」脈絡。一言以蔽之，即使後期海德格
的新詞彙如何駁雜，它們總是談及同一樣東西。這也許就是
海德格終於以「同一性思維」來概括自己後期思想的緣由。
海德格首徒的伽達瑪在評論黑格爾思想時，指其總像在「說
同一樣東西」，很大可能正因其受到海德格的影響。

(4) 巴門尼底斯的重新詮釋：海德格眾多著作中，最能有助於體
會所謂同一性思維的是《同一與分別》（*Identität und
Differenz*）一書。書中，他特別一再藉著分析和重新詮釋巴
門尼底斯殘篇第 8 條中的名句："τὸ γὰρ αὐτὸ νοεῖν ἐστίν τε καὶ
εἶναι."中 τὸ αὐτό 的意涵，帶出同一性思維的基本理念。首
先，他指出傳統一般把這句話理解為存在（εἶναι）與思維
（νοεῖν）的同一。但海德格卻獨樹一幟地認為應把 εἶναι 和
νοεῖν 分別詮釋為「漫衍」（An-wesen）和「領受」（Ver-
nehmen）。此兩概念在後期海德格思想中都是舉足輕重的。
An-wesen 指的不是傳統形而上學中物質意義的存在，甚至也
不全是一般所謂的「在場」，而正是天地造化荏苒而來的開
展與哺育；注意此中的wesen/Wesen 再不是形而上語言中的
「本質」，而正正被了解為「存在造化」的「動詞」[21]。而前

20　參見 Tze-wan Kwan, *Die hermeneutische Phänomenologie und das tautologische
Denken Heideggers*（Bonn: Bouvier-Verlag, 1982）。

21　後期海德格明顯地把 wesen 當作 Sein 的「動詞」（Zeitwort）使用，最經典的

綴 An- 正是荏苒持續的意思，這和海德格《形而上學導論》
一書中論「存在之語法及語源」一章分析下 sein 的三個詞根
於語義上都一定程度地暗合。由於 An-wesen 的內涵太多了，
我們姑且簡單地稱之「造化漫衍」或簡單的「漫衍」。至於
Ver-nehmen，海德格認為其意涵恰好和主體哲學中的所謂
「象表」（Vorstellen）相區別，如果 Vorstellen 是一剛愎的占
據，Ver-nehmen 則是一謙遜的聽從、領會和接受，我們姑且
簡稱之「領受」。在芸芸萬象中，海德格還是一由舊章地認
為在造化之中，人具有一定的優勝之處（das Auszeichnende
des Menschen），就是人乃一能思想的存在者。[22]所以海德格
認為造化某一意義上亦在「聽隨」著人，而且好像把一切都
「託本」（übereignet）予人一樣。所以，傳統的所謂「思有合
一」在海德格的嶄新的詮釋下成為人之存活與存在底造化的
「彼此同屬」（Zusammengehören）。[23]在這彼此同屬中，造化
和人在同一的原始事件中彼此聽從和聽隨（einander
übereignet）。[24]在這一理解之下，人一方面被「安頓於存在當

表述方式可數 "Sein west…"。此外又自 wesen 引出 Wesen 或 Wesung 等抽象
名詞。因而乃有 Wesen des Seins 或 Wesung des Seyns 等說法。見 *Beiträge zur
Philosophie*, pp. 247ff; 251ff: 261ff; 288ff。此外，An-wesen, An-wesung 等另一
系列名相亦與此有關。關於 "wesen" 的「動詞」性格，伽達瑪有很確定的說
明。參見 Gadamer, *Hegels Dialektik: Fünf hermeneutische Studien*（Tübingen:
Mohr, 1971），p. 95.

22 *ID*, 22, GA-11: 38f.

23 參見 *Einführung in die Metaphysik*, GA-40: 117f, 146f, 198; *Identität und
Differenz*, GA-11: 38f; *Zur Sache des Denkens*, GA-14: 51。

24 *ID*, GA-11: 40

中」（eingeordnet in das Sein），[25]但亦因其與存在這份共業而要為天地造化承擔不可搪塞的責任，因為只有作為俗稱萬物之「靈」的人類，才最能體會和領受萬物與造化原是一體的這道理。[26]

(5)「存在」作為「唯一」的現象：「單一」、「獨一」、「元一」：萬物與造化原是一體這一個理念，幾乎可說是等同了後期海德格的全部關懷，造化意義的存在就是最應關注的「現象」。造化萬象既為一體，所以也是「唯一」的。海德格後期現象學中要談的，也就是這唯一的現象。這一要點我們可從幾個不同的角度說明之：（1）為了表達存在造化的唯一性格，海德格德文有時用「唯一者」（Das Einzige）以表述之。例如在《哲學論集》中，海德格便談及「存有的唯一」（Einzigkeit des Seyns）（GA-65: 73）；（2）有時說是那「單純的獨一」（Das schlechthin Singuläre）。[27]（3）有時甚至用拉丁文「唯獨的單一」（Singulare tantum），[28]以表慎重。Singulare tantum 這個拉丁文詞語，本指語法中的一些只用作單數的名詞（single only），但海德格挪用之於哲學，用以描述存在之造化或相關的理念，旨在顯出其終極的「單一性」。例如海德格至關重要的「本然」概念的陳述，從這段話中，我們可看到上述的一切如何都被併合起來：「本然（Ereignis）一詞在這裡的意

---

25 *ID*, GA-11: 38f.

26 *EiM*, 104ff, GA-40: 145ff; *ID*, 28ff, , GA-11: 44ff.

27 參見 "Der Spruch des Anaximanders," *Holzwege*（Frankfurt/Main: Klostermann, 1972）, p. 318, GA-05: 545. Julian Young 及 Kenneth Haynes 二氏把概念譯為 "singular as such" 亦頗不俗。

28 *ID*, GA-11: 45, 65.

思不再是我們通常所指的事情或事件。現在它被用作一唯獨
的單一。它所意指的只在單數（Einzahl）之中發生，非也，
它甚至已經不再是個數字，而是那唯一的（einzig）。」[29]（4）
Sach-Verhalt：然而，由於此一唯一的大關懷，其實是造化之
「漫衍」與吾人之「領受」彼此同屬的「同一」現象，而此
一現象亦可自其「揭示」（Unverborgenheit）或「隱匿」
（Verbergung）兩面看，海德格有時稱之為「相關實相」（原
文是 Sachverhalt[30]，或 Sach-Verhalt[31]）。在這意義下，「本然」
（Ereignis）亦不外是「相關實相」這「同一」的現象的另一
種表達方式而已。[32]（5）元一（Einfalt）：為了不讓這些五花
八門的新詞彙（思想工具！）擾亂他的整體性論旨（holistic
doctrine），海德格又反覆地使用了「元一」這個概念。「元一」
的德文是 Einfalt，其之為特別重要，就是後期海德格在討論
存在問題時，往往有需要把成雙成對的概念對比立說，如漫
衍／漫衍者、Anwesen/Anwesende、世界／事物。但這成雙
成對的概念總有一定的緊密關係，猶如一對對的「數偶」，
海德格慣常地把這些關係稱為「雙關」（*Zwiefalt*）[33]。但在分

---

29 *ID*, p. 29. 原文為：“Das Wort Ereignis meint hier nicht mehr das, was wir sonst
irgendein Geschehnis, ein Vorkommnis nennen. Das Wort ist jetzt als Singulare
tantum gebraucht. Was es nennt, ereignet sich nur in der Einzahl, nein, nicht einmal
mehr in einer Zahl, sondern einzig.”

30 *ID*, 22, GA-11: 38f.

31 *ZSD*, GA-14: 36f; *USp*, GA-12: 93.

32 “...der Verhalt beider Sachen, der Sach-Verhalt, ist das Ereignis.” in *ZSD*, GA-14:
36.

33 海德格把其「雙關」（Zwiefalt）概念先後應用於一系列的「數偶」（ordered
pairs）之上，例如 *Anwesen/ Anwesendes*（*Usp*, GA-12: 118, 128）；*Sein/
Seiendes*（*WhD*, GA-08: 228）；*Ding/Welt*（GA-73.2: 988）；*Sein/Mensch* 等。

析完這各種「雙關」的關連後，經常會以「元一」（Einfalt）
去統攝，從而把各種「雙關」的議題作最後的歸一，這就是
他後期常說的「雙關的元一」（Einfalt der Zwiefalt）。至於海
德格後期常論及由「天、地、神、人」構成的「四合」
（*Geviert*）[34]概念時，最後也同樣會搬出「元一」來作總結，
其目的正是要說明天、地、神、人息息相關、彼此共屬，說
到最後，還不過是存在造化的四個方輿的同一個「元一」而
已。這一理解下的「四合」因此也是「唯一」的[35]，這情況
海德格有時乾脆稱之為「四合的元一」（Einfalt des
Gevierts）。[36] 凡此種種，海德格背後的目的非常清楚，就是
即使有需要談論「多」，但談論完後，必須回過頭來貫徹並
維持同一性中「一」的關鍵地位。如是觀之，巴門尼底斯的
「太一」（τὸ ἕν）或 τὸ αὐτό 終於得到全新的定位，我們亦終
可明白，何以海德格晚年特別指稱同一性思維是「現象學的
根本意義」。

(6) 赫拉克利特式的元素： 赫拉克利特的學說對於理解後期海德
格思想，可謂最有助益。他的許多觀念都與海德格深深契
合。舉其最重要者，可數「一即一切」（ἓν πάντα）及「順應
天道」（ὁμολογεῖν）二者。這兩觀念的教益，盡顯於赫拉克
利特殘篇的第 50 條中，原文是 οὐκ ἐμοῦ, ἀλλὰ τοῦ λόγου
ἀκούσαντας ὁμολογεῖν σοφόν ἐστιν ἓν πάντα εἶναι（可譯之為

---

34 *Vorträge und Aufsätze*（Pfullingen: Neske, 1954），p. 150, GA-07: 152f.

35 參見海德格 "Das Ding" 一文。原文非常精采。"Diese Vier gehören, von sich
her einig, zusammen. Sie sind, allem Anwesenden zuvorkommend, in ein **einziges
Geviert** eingefaltet."（*VA*, GA-07: 175）.

36 GA-07: 175; GA-73.2: 954; GA-79: 17.

「不要聽從我，而要聽從道，要順應天道，認識一即一切，即便是智慧」）。[37]海德格在 1944 的講稿中認為真正意義的邏輯 ἐπιστήμη λόγικη 必須同時包涵「天道」（physis, ἐπιστήμη φυσική）與「人道」（ethos, ἐπιστήμη ἠθική）。[38] 此中，海德格其實要清楚的指出赫拉克利特學說涉及的是天道對人生態度的指導性。[39]天道或 λόγος 思想，海德格後期論之甚詳，這裡只打算指出一點：「順應天道」或 ὁμολογεῖν 之所以可成為人生在世的指導原則，是因為 ὁμολογεῖν 教人若只從一己的角度看事物，將會被得失榮辱之心所支配，永無安逸；只有把一己的觀點從一己提升到天道的層面，參贊天道的運化，才能對一切得失成敗泰然處之。此所以 ὁμολογεῖν 最後必歸趨於「一即一切」（ἓν πάντα）中的 ἕν 或「一」。藉著這一番反思，海德格再回應了現代文明的「人類中心」思想，提出「順應天道」作為未來文化的一個新的開始。若謂前者是一種剛愎的，和要把人置放於存在的「關係中心」（Bezugsmitte）的思想的話，則後者代表的將是一種虛懷的態度，旨在勸勉吾人自「中心」退出，把自己交託於天道，以與某一意義的「太一」共屬。人於萬有中雖仍有某一特別的地位，但已不能僭居「關係中心」，而應甘願被分配到萬有當中的一個「居中而偏側」的（exzentrisch）位置。[40] 這正是海德格「同一性思維」的神髓所在。我甚至認為這是海德格取法於古希臘所

---

37 Diels-Kranz, *Fragmente der Vorsokratiker,* op. cit. Band I, p. 161.

38 *Heraklit-Vorlesung*, GA-55: 204.

39 Heraklit ὁμολογεῖν 對人生的指導作用，和其殘篇中隱蔽的類比（analogy）有關，於此不贅。

40 *Heraklit-Vorlesung*, GA-55: 206; *KPM*, GA-03: 291.

得的最有智慧的思想元素。

(7)「同一性公式」──「同詞反覆」的思維模式：*Tautologie* 在邏輯上的一般理解是「同詞反覆」或「重言」。一般而言，都認為是意義貧乏的表現。一個句子如果被評為同詞反覆，就指「說了猶如沒有說」。然而，在海德格的後期理論中，他對於某一類型我們也可稱之為「同詞反覆」的句子的偏好，似乎到了樂此不疲的地步。他所使用的句式基本上可用如下的公式表達：

a X_n X_v-t [refl.]

其中 a 為主格定冠詞，X_n 和 X_v 分別為 X 語詞的名詞和動詞，由於 X_n 基本上盡是單數（唯一故），所以 X_v 相應地變為第三身單數而加上後綴 "-t" 作結，"refl." 指反身代詞 "sich"，是在動詞為反身動詞的條件下才使用。海德格談到其後期思想中最重要的 Ereignis 概念時，就常常說 „Das Ereignis ereignet"。這種同詞反覆的語句結構，他曾借 Ereignis 為例解釋如下：「本然一本而然焉。這樣說時，我們是從同一者出發對同一者說同一者。」（Das Ereignis ereignet. Damit sagen wir vom Selben her auf das Selbe zu das Selbe）。[41]由於此中的關鍵詞 *Das Selbe* 除可解作「自身」外，也可解作「同一者」，其與海德格認定最為重要的「同一性思維」可謂天作之合。這一種同詞反覆的基本模型，後來廣泛地出現在晚期海德格的許多其他重要理論場合中，如言：Das Ding dingt. Die Welt weltet. Die Sprache spricht. Der Raum räumt ein. Die Zeit zeitigt

---

41 *Zur Sache des Denkens*, GA-14: 29. 原文為："Was bleibt zu sagen? Nur dies: Das Ereignis ereignet. Damit sagen wir vom Selben her auf das Selbe zu das Selbe."

sich. Das Nichts nichtet. Die Stille stillt. Das Seyn west（wesen 乃 sein 的動詞固如上述）等。海德格在廣泛使用這些同詞反覆的句子的同時，特別申明這不但不是內容空洞，不但不是一無所言，反而是言盡一切（...nicht nichts, sondern alles sagt）。[42]我們可把海德格這種「同詞反覆」的表達方式稱之為一套「同一性公式」（tautological formula）。[43] 除此之外，同一性公式又可以另一種方式表達：

a X_{nv} a_g X_n

其中 a 為主格定冠詞，X_n 為名詞，X_{nv} 則為從 X_n 衍生的「動名詞」（verbal noun），二者由一屬格定冠詞 a_g 連繫起來。循上述例子轉換，則理論上可得出 Das Dingen des Dinges. Das Welten der Welt. Das Sprechen der Sprache. Das Räumen des Raumes. Das Zeiten der Zeit. Das Nichten des Nichts. Das Stillen der Stille. Das Wesen des Seyns...等語式。[44]凡此種種，都解釋

---

42 *Kants These über das Sein*（Frankfurt/Main: Klostermann, 1963）, p. 36, *Wegmarken*, GA-09: 479.

43 以「同一性思維」作為後期海德格思想的「綱領」，學界大概始於作者 1982 於德國發表的專著，但「同一性公式」的概念，則屬 2005 年作者於本文及 "Hegelian and Heideggerian Tautologies" 一文首發時才提出的構思；至於下文提到的「同一性怪圈」更是作者於本書結集前的發現。最近喜見西方學者終於有人提出了 "phenomenology as tautology" 及 "tautologous formulae" 的想法，參 見 Simon Critchley and Reiner Schürmann, *On Heidegger's Being and Time*（ed.）Steven Levine（London/New York: Routledge, 2008）, pp. 34-37. 又 見 Claus-Artur Scheier, "Die Sprache spricht- Heideggers Tautologien," *Zeitschrift für philosophische Forschung*, Band 47（1993）, 1, pp. 60-74.

44 上引循 a X_{nv} a_g X_n 同一性轉換式推出的例句，全部都可於海德格存世文獻中找到例證！譯成英文時，X_{nv} 通常用 gerund 表達，如 worlding of world 語式中的 "worlding"...

了海德格為甚麼會將自己的哲學稱為「同一性思維」。

(8)「同一性怪圈」：海德格的同一性思維，除了以同一性公式
表達的一系列表述方式外，另一個風格便是把許多個關鍵詞
在不予進一步疏解的情況下，以「A 是 B；B 是 C；C 是
D…；X 是 A」的方式共冶於一爐。這無非意會著，一談到
天下的至道，無論循哪一名相開始思考，無論從哪一角度切
入，最終各名相的終極關懷都可以相通。最經典的例子是：

Seyn ist Ereignis	存有即本然
Ereignis ist Anfang	本然即開端
Anfang ist Austrag	開端即帶出
Austrag ist Abschied	帶出即分離
Abschied ist Seyn. [45]	分離即存有

以上這個例子出自海德格 1941 年的一首短詩。但除了這個把
一群關鍵概念以一環狀結構串成一起的很典型的例子外，海
德格後期著作中充斥著類近的操作，就是在短短數行篇幅中
讓多個關鍵詞交互說明，讓讀者得見，一些驟看意涵迥異的
名相原來此中有彼，彼中有此。[46]到頭來，無論從一群關鍵
詞中哪一個開始談論，話鋒只雖稍轉，即可轉入另一概念，
如是息息相通，環環相扣，互攝互入。[47]在一份論「本然」

---

45 *Aus der Erfahrung des Denkens*（GA-13: 31）.

46 這一點實可與佛家華嚴宗的「因陀羅網」（indra-jāla）相比擬，此不贅。

47 這方面例子甚多，於此只枚舉一二：「真相乃屬於作為本然之存有的開顯
……開顯：是帶出的開顯。真相乃帶出（也即本然）的開顯。」（Wahrheit ist
die zum Seyn als Er-eignis gehorige Lichtung… Lichtung ist: Lichtung 'des'
Austrags. Wahrheit ist Lichtung 'des' Austrags, d.h. des Er-eignisses.）（GA-66:
314）。

的文稿中，海德格果然提出了「同一者的環構」（Das Ge-Ringe des Selben）這一講法，要表達的正是這一種理論方式（GA-73.2: 924）。後期海德格這一種有形或無形的概念迴環，實乃其「同一性思維」的又一重要特色。我們可名之曰「同一性怪圈」（tautological circle）。當然，這一種讓概念彼此交互支持的思維方式是後期海德格的特色是一回事，但這些思想特色是不是一種我們應該接受和予以肯定的，卻是完全另外一回事了！

(9) 存在的有限性——「無因可喻」：廣義而言的「同一性思維」，古往今來提出者亦不乏人，除前文側及的赫拉克利特外，斯多噶傳統、德國密契論、斯賓諾莎和黑格爾等學說或多或少有「同一性」的意味。其中，本章重點比較的黑格爾哲學的「同一性」取向由於與海德格構想中的「同一性」於關鍵上異趣，海德格乃一再鄭重指出他與黑格爾哲學有何根本不同之處。歷來帶同一性理念的思想通常都強調人的有限性。而海德格之所以不滿意黑格爾，正因為黑格爾雖然講人的有限，但卻不契悟存在整體亦為有限，理由是黑格爾以為思辨理性最後會克服一切云。[48]因此，後期海德格不單只言人之有限性，更言存在的有限性或本然的有限性（Endlichkeit des Seins, Endlichkeit des Ereignisses...）。[49] 所謂「存在的有限性」，最好透過海德格認為存在終究而言實「無因可喻」（Ohne Warum）一點去說明。在 1955/56 年間寫的《論充足理由律》（*Der Satz vom Grund*）中，海德格對萊布尼茲的充

---

48 *Zur Sache des Denkens*, GA-14: 59.

49 *Zur Sache des Denkens*, GA-14: 64.

足理由律作了全新的反省。最有趣的是，他明知充足理由律是西方現代文明，甚至是他常說的「原子時代」科技文化的精神支柱[50]，但他卻匠心獨運，硬要把萊布尼茲的充足理由律從一個完全不同的角度重新詮釋。本來重音為 *Nichts* ist *ohne* Grund 的句子被讀成 Nichts *ist* ohne *Grund*。本來指向「沒有東西沒有理由」或「凡存在必有理」的科學守則，一變而為「存在（虛無）無因」。海德格要說的其實是，因存在不同於存在者，只有存在者可有所謂理據，而存在由於本已是一切所由出的造化，故無法再訴諸某些存在者作為說明之餘，連其自身也再找不到甚麼更原始的理由或原因可講了。到頭來，面對存在此一大造化，還老在問原因是不濟事的，吾人所能做到的，只有「領受」。《論充足理由律》一書有兩處最為精采：其一是引述了巴洛克時期德國密契論詩人斯利西烏斯（Angelus Silesius, 1624-1677）一首詠嘆玫瑰花的詩：

> 玫瑰存焉沒為甚麼；
> 它綻放只因它綻放；
> 它漫不關注其自身，
> 不問有否人在窺望。
> （*Die Ros ist ohn warum;*
> *sie blühet, weil sie blühet.*
> *Sie acht nicht ihrer selbst,*

---

50 *Der Satz vom Grund*, GA-10: 189.

fragt nicht, ob man sie siehet.）[51]

其二是引用了歌德的幾行詩句，以與斯利西烏斯詩中 Ohne Warum 和 weil 兩個意念相呼應。詩曰：

何以幾時復哪方？眾神盡日皆緘口！

汝當安守於因為，且莫窮追問始由？

（*Wie? Wann? Wo? — Die Götter bleiben stumm!*

Du halte dich ans Weil, und frage nicht: Warum?）[52]

海德格隨即疏釋說，吾人對存在者不斷尋根究柢，問其理由，雖可得志於一時，但如此一直「追問下去」（*Und-so-weiter*），吾人終將無言以對。斯利西烏斯詩句中的「它綻放只因它綻放」令我們聯想到上面提及的同一性公式，就是僅僅為一關鍵的現象命名，然後讓它以自說自話的方式來重新「宣告」自身。歌德詩中的 weil[53] 一字，字面上一般解作「因為」，也即英文的 because。吾人生活中，一聽到 weil, because，「因為」，向來都在期待發話的人會提供一「理由」，以對追問中的事態作出「解釋」。今海德格所引歌德的 Du halte dich ans Weil 詩句中的 Weil，卻正是要傾覆 Weil 一字這日常用法，而解之為對存在中這朵玫瑰的冉冉綻放的質樸的「認受」。換言之，Weil 其實正是於一連串的「追問」下吾人對玫瑰花那無言的綻放再作解釋的徹

---

51 *Der Satz vom Grund*, GA-10: 53-57.

52 *Der Satz vom Grund*, GA-10: 185f. 歌德詩句出自 Goethe, *Werke. Hamburger Ausgabe in 14 B*änden, Band 1（München: Beck, 1981），p. 304。

53 海德格言及 Weil 於語源學觀點實與《形而上學導論》中列出的三種存在動詞的詞根中的最後一個解「徘徊」、「棲息」的 "wes" 有關。

底放棄，並取而代之對這綻放底事實直率地作再一次的「宣告」。這一宣告可說是對無因可喻的造化事實底如實的「舖陳」，海德格有時稱之為 Er-örterung[54]，而對存在這一最原始現象的「所在」（*topos*）的質樸的指出，海德格更稱之為「存在的拓撲學」（Topologie des Seyns, Seinstopik）。[55] 在回答「何謂存在？」這問題時，海德格說：「它就是它自己」。（GA-09: 162）這一種放棄理性追索，和甘於對存在作質樸認受的態度，後期海德格名之為「絕壑」思維。《哲學論集》中即見如下清楚表述：「當存有被定性為有限，其絕壑特色乃被肯定。」（GA-65: 269）

經過以上的討論，我們對海德格的「同一性思維」應該有了概括的理解。總言之，海德格認為他的同一性思維可以為我們指示出一條新的道路，通向那久被遺忘的存在。

四、黑格爾的系統在甚麼意義下也可稱之爲「同一性思維」？

正如先前所述，「黑格爾式的同一性思維」（Hegelian tautology）並非黑格爾本人的正式哲學議題；但從海德格的觀點來看，這其實是黑格爾潛藏的中心思想（似乎因此也影響了伽達瑪對黑格爾的解讀）。接下來的段落，我會討論黑格爾哲學的一些核心概念，並嘗試說明以「同一性」詮釋黑格爾實在有理可據。

---

54 *Zur Seinsfrage*, in *Wegmarken*, GA-09: 394; *Unterweg zur Sprache*, GA-12: 115.

55 *Aus der Erfahrung des Denkens*, GA-13: 84; Seminar in Le Thor, 1969 (GA-15: 344); GA-73.2: 1396. 有關討論參見 Otto Pöggeler, "Metaphysik und Seinstopik bei Heidegger", *Philosophisches Jahrbuch*, 70, 1962/63, pp. 118-137。

(1) **絕對**（**Das Absolute**）：在西方哲學史的論述中，黑格爾的哲
學往往被稱為「絕對觀念論」（absolute idealism）。「絕對」
是黑格爾哲學首要的關鍵詞，固如前述。黑格爾視乎不同的
論述場合，先後談及過「絕對理念」（absolute Idee）、「絕對
精神」（absoluter Geist）、「絕對知識」（absolutes Wissen），
甚或只說「絕對者」（das Absolute）。「絕對」一詞的拉丁文
absolutum，首先是由尼古拉・古撒努斯（Nicolaus Cusanus,
1401-1464 CE）引入哲學。*Absolutum* 一詞的字面意思是
「從……解開」（abgelöst von…），後來從這「解放」義而衍
生為「自足」（Selbstgenügsamkeit）的意思。這個詞原本用來
指謂像神那種超然地獨立於其自身以外的所有事物之特質。
斯賓諾莎（Spinoza）從傳統宗教信條解放出來，以「自因」
（*causa sui*）的概念去展開其討論。藉著「自身」（*sui*, self）
這元素的強調，「絕對」概念的「同一性」意味便立即顯出。
理論成熟期的黑格爾倡議的「絕對觀念論」，跟較早倡議「絕
對」的論者卻有所不同。黑格爾談論的「絕對」，指的是那
無所不包的動態的實在，而這一意義的實在實等同於普遍心
靈的運作，也即就是他所說的「絕對精神」。因此，黑格爾
所說的「絕對」既是實體（substance）亦是主體（subject），
既是存有（being）亦是思維（thinking），既是觀念（idea）
亦是實在歷程（real process），既是一（One）亦是一切
（All）。在海德格以至很多人的心目中，黑格爾的系統代表了
西方哲學最具野心的理論建構。透過實體與主體的綜合，黑
格爾相信存在和思維可被綜合成為徹底的統一體，即達致了
西方哲學自巴門尼底斯以來的重要目標。因此之故，海德格
曾說黑格爾是「最激進的希臘人」（the most radical

Greek）。[56]在實現這套計劃的歷程中，黑格爾同時把現代的主體性哲學推向高峰。在海德格眼中，黑格爾的形而上學不單是「存有－神－論」（Onto-theo-logie），更有進者，它甚至是「存有－神－自我－論」（Onto-theo-ego-logik）。[57] 簡而言之，藉著找出一條從人類心靈達至普遍心靈的道路，黑格爾把主體擬神化了（deified）和絕對化了（absolutized）。這個絕對化了的主體，由於同時可具體化為一個動的實體，乃因而得把所有東西無所遺留地、系統地囊括在單一的同一性之中，使得系統中的個別成員在系統的森嚴性跟前難以超脫。

(2) 自我知識（**Selbst-Wissen**）：在黑格爾的系統中，「自我知識」是另一個關鍵詞。我們藉此可以掌握其絕對觀念論的宗旨。黑格爾總是把自我知識理解為那潛藏的絕對精神對其自身的知識，而這知識是一點一滴累積而成的。這說明了《精神現象學》（*Phänomenologie des Geistes*）接近尾聲的部分經常出現「自我認知中的精神」（der sich selbst wissende Geist）的理由。相關說法明顯是同一性的構想。為了開展他的系統，黑格爾參照了柏羅丁（Plotinus, 204-270 CE）的「流出說」

---

56 此說引自伽達瑪，見 Gadamer, *Hegels Dialektik*, op. cit., p. 89. 值得注意的是，「希臘的」（being Greek）對後期海德格來說是一愈加貶抑的述詞。此外可參見 Otto Pöggeler, *Heidegger in seiner Zeit*（München: Wilhelm Fink, 1999），p. 240. 英譯見 Henry Pickford 譯："Does the Saving Power also Grow? Heidegger's Last Paths," in Christopher Macann ed., *Martin Heidegger: Critical Assessments*. Vol. IV（London: Routledge, 1992），p. 414.

57 據我所知 onto-theo-ego-logisch 這個專為黑格爾打造的形容詞，海德格只用過一兩次。我大膽地把它改為實詞形態。見 Heidegger, *Hegels Phänomenologie des Geistes*, GA-32: 183, 193。

（doctrine of emanation）和波那文都拉（San Bonaventura, 1221-1274 CE）的「心靈邁向上帝之途」（Itinerarium mentis in Deum）之思想，並將「絕對」描繪成一透過自我異化（self-alienation）和自我重新發現（self-rediscovery）而達致自我認識的自發過程。整個過程都為絕對觀念所決定。對黑格爾來說，只有當絕對精神放下所有知識的片面性，並以「通達的」（*durchsichtig*, transparent）視野洞察絕對精神本身的自發過程，才能夠實現自我知識的整個歷程。[58] 黑格爾《邏輯學》（*Wissenschaft der Logik*）中的一段闡釋他的「方法」的文字，充分地展示了其同一性的理論立場：「在這個過程中顯出了一種方法，是那自我認知的總念，因其主觀地及客觀地皆為絕對故，乃能把其自身收攝成為對象……。」[59] 考慮到絕對精神那種自我認識的本質，我們甚或可借用黑格爾所謂「同一性的運動」（tautologische Bewegung）[60]對這個完整的歷程予以刻劃。

---

58 海德格形容黑格爾的《精神現象學》為「意識的自我變異和自我覺醒」（Sichanderswerden und Zusichselbstkommen des Bewusstseins）。見 *Hegels Phänomenologie des Geistes*, GA-32: 40。

59 *Wissenschaft der Logik II*, p. 551. 這一段文字十分重要，必須引用整段原文："Die Methode ist daraus als der sich selbst wissende, sich als das Absolute, sowohl Subjektive als Objektive, zum Gegenstande habende Begriff, somit als das reine Entsprechen des Begriffs und seiner Realität, als eine Existenz, die er selbst ist, hervorgegangen."

60 *Phänomenologie des Geistes*, p. 126. 雖然 tautologische Bewegung 這詞早在論 Vernunft 的第三章中出現，但審其作為人類對自身關於事物的理解進行的「內省活動」及其「不另作新說」（nichts Neues）一含義，實也適用於更一般的「自我認識的精神」。參考 *Wissenschaft der Logik II*, p. 122。

(3) **自身同一性**（**Sichselbstgleichheit, Self-sameness**）：希臘文 τὸ αὐτό 的根源意義是「自身」並由此引申出自身等同或「同一」。在黑格爾的哲學中，「自身同一性」是個常被忽略、但肯定十分重要的操作概念。「自身同一性」這概念把 τὸ αὐτό「自身」和「同一」這兩個義項混和為一。「自身同一性」這個概念幾乎是徹頭徹尾地滲透了黑格爾的哲學系統（即其邏輯）的所有層次。[61]我們甚至可以把自身同一性（self-sameness 或 self-identity）[62]視為一黑格爾版本的「同一性運符」（tautological operator）。黑格爾系統包羅的許多現象，若從一些「抽離」（abstract）的觀點看來似是異質的事物，在這個「同一性運符」的運作下，往往可放置於一個較高的和較「具體」（concrete）的脈絡之中重新理解為一體相關之兩面：例如一般的自在存在（being-in-itself）和自為存在（being-for-itself）；或例如法律（law）和責任（duty），[63]實體（substance）與心靈（mind），[64]絕對自由（absolute freedom）和普遍意志（universal will）等等。[65]就如黑格爾所說，這種反思讓我們「得以保留事物的自身同一性和其本來是『一』這一真理」。[66]

---

61 這一論點參見 Werner Marx, *Heidegger and the Tradition*（Evanston: North-Western University Press, 1971），pp. 59-60。

62 德文 *Sichselbstgleichheit* 通常譯作英文的 self-identity。但嚴格而言，無論這樣譯或如本文譯作 self-sameness，德文中的 sich 作為反身代詞這一點都未能於英文譯法中得到全面的反映。

63 *Phänomenologie des Geistes*, Werke 3, p. 469.

64 *Phänomenologie des Geistes*, Werke 3, p. 324.

65 *Phänomenologie des Geistes*, Werke 3, p. 438.

66 *Phänomenologie des Geistes*, Werke 3, p. 100.

這種表面上分離、但在反思與思辨中得以達致的統一性，我們在形式上可稱之為「彼此分離者的自身同一性」（Sichselbstgleichheit des Aussereinanderseins）[67]或「在他者存在中的自身同一性」（Sichselbstgleichheit im Anderssein）。[68]在黑格爾的文本中，其中一樣最有趣的是「自身同一性」（Sichselbstgleichheit）概念有時候其意涵幾乎與「同一性」（Tautologie）[69]概念意涵一致，而這正是「同一性」概念在黑格爾系統中作正面使用的實例，這一點我們先前已稍觸及。我們可設想，若果將「自身同一」這小小的一個用作「同一性運符」的詞語從黑格爾的文本中剔除，則其整個系統架構便會像失去了魔法棒一樣，會隨之分崩離析，其重要可見。

(4) 奧伏赫變（*Aufhebung*）與思辨（**Speculation**）：廣義來說，奧伏赫變（一譯揚棄）與思辨也是黑格爾辯證法的關鍵概念，也同時是海德格批評的主要目標。若要理解這對概念，則必須涉及先前所述的絕對精神的自我知識歷程的問題。眾所周知，黑格爾在《精神現象學》中把奧伏赫變定義為「同時是否定和保留」，[70]意思是指把對某些事態的片面性摒除之餘，能同時以較不偏頗的方式保留同一事態的內容。但單單從否定和保留這兩重意思去看，並不能完全表達精神蛻變的動態面。基於這個原因，海德格認為應該於「破壞／否定」（tollere）和「保留」（conservare）之外加入第三元素：「提升」（elevare），以突顯奧伏赫變一語於字面上絕不應走漏的「提

---

67 *Wissenschaft der Logik I*, Werke 5, p. 212.

68 *Phänomenologie des Geistes*, Werke 3, p. 53.

69 *Phänomenologie des Geistes*, Werke 3, pp. 132, 316.

70 *Phänomenologie des Geistes*, Werke 3, p. 94.

升」這重要意涵。[71]至於思辨，雖然早期黑格爾已經使用這個用語，但看來要到《哲學百科全書》（*Enzyklopädie*）方告圓熟。基本上，思辨可被視為「邏輯的三種狀態」（three moments of the Logical）[72]中的第三狀態。第一狀態的「抽象」（abstrakt）又稱「知性」（Verstand），意指「思考中執泥於事物性質的固定性和特殊性」[73]的階段；第二狀態的「辯證」（dialektisch）又稱「否定的理性」（negative Vernunft），則指吾人心靈抱持著懷疑態度去探問的「往反推理的主觀的鞦韆轆架」[74]；相較之下，象徵著知識頂峰的是第三狀態「思辨」（spekulativ），又稱「肯定的理性」（positive Vernunft），它無非是絕對精神對其自身的完全通透的掌握（Durchsichtigkeit）。在這個意思下的思辨，其實是黑格爾系統中絕對知識或自我知識的標誌，也是黑格爾式的同一性思維的標誌。海德格在一個與傅嬰克（Eugen Fink）合辦的關於赫拉克利特的研討會和在Le Thor研討會上，特別指出思辨在黑格爾系統的根本重要性在其能開顯一「無限性的世界觀」。[75]

(5) **部分／整體關係**（**Part/Whole Relationship**）：基於黑格爾系統的思辨面向，以及系統無所不包的本質，人們一直感到困

---

71 Heidegger, *Hegels Phänomenologie des Geistes*, GA-32: 39. 有關議題，馮友蘭、錢鍾書等亦曾作討論。又 aufheben 在日常德語可簡單解作「拿起」。

72 *Enzyklopädie-I*, § 25, §79, Werke 8, pp. 91-92, 168.

73 *Enzyklopädie-I*, § 80. Werke 8, pp. 169f.

74 *Enzyklopädie-I*, § 81, Werke 8, p. 172.

75 Heidegger/Fink, *Heraklit-Seminar*, WS 1966/67（Frankfurt: Klostermann, 1970）, pp. 184-185; GA-15: 184-187; 另見 GA-15: 316.

惑：在黑格爾的系統裡，部分是否完全被吞噬於整體之中？
從形式上看，整體及其部分之間的關係緊密是無庸置疑的，
蓋整體顧名思義就是其部分所共同組成的整體，而部分則乃
整體的個別部分，故整體及其部分理應「共屬」、「等同」或
「同一」。但黑格爾在《大邏輯》中指出，所謂整體等同部
分，嚴格地說是指整體等同於所有部分湊成一起（zusammen）
的統一體（Einheit），故歸根究柢，整體其實是與整體自身同
一而非和其部分同一。同樣地，部分雖謂等同於整體，但此
所謂等同只是就等同於一分殊的整體的雜多性
（Mannigfaltige）下的部分而言，而部分之為部分又各顯其異
別性（Anderssein），故一整體的部分終究而言只與整體中的
部分自身等同，而非簡單地與整體同一。在討論這一問題
時，黑格爾謔稱，無論從整體著眼或從部分著眼都顯示「同
一種同一性」（dieselbe Tautologie），其意思其實是說整體和
部分各自與自身等同。即整體在一個「統一」（unity）的層
次上等同於由部分組成的統一的整體，而部分則在「異別」
（otherness）的層次上等同於一分殊的整體的部分。[76] 這樣談
「同一性」表面上讓整體和部分各領風騷，但其實不然。原
因是，黑格爾總是將統一性等同於「具體」的圓通智慧，而
將異別性等同於「抽象」的片面迷執，以致認定部分與整體

---

76 *Wissenschaft der Logik II*, Werke 6, p. 169. 統觀整體部分關係的討論，西方哲
學傳統古有柏拉圖，近有胡塞爾，都清楚指出了整體其實並非單純地等同於
其部分之總和，也即是說，如果整體是一個有結構性的系統的話，整體的內
容實多於部分的總和，而多出的「溢項」（Überschuss），便正是整體作為一
系統的系統特性。從這觀點去看，黑格爾的說法便更清楚可解。參見
Edmund Husserl, *Logische Untersuchungen*, Band II 中的第三研究。

之間的張力分析到最後只能從整體的觀點來消解。因此之故，「部分」在黑格爾的系統中從來得不到其應有的尊重和完整性。在不同的場合，黑格爾談到絕對實體／主體的絕對權力（absolute Macht），[77]而在這側重「整體」的絕對權力下，所有「部分」將無法倖免地都被納入於整體觀點下的那單一的同一性之下。

以上幾點，我認為應足以顯示「同一性」這個關鍵詞彙不單能與黑格爾哲學的主要哲學術語兼容，而且足以帶出黑格爾系統真正的整體論性質。

五、結語：黑格爾與海德格同一性思維的同與異

總結以上分析，黑格爾哲學的確有一點「天道性命相貫通」的意味，但海德格則自始至終不但沒有這種打算，而且一直以此為戒，甚至認為這正是一切傳統形而上學的毛病所在，並且認為黑格爾犯這毛病實已到了至極。因此，除了重新界定 Onto-theo-logik 一詞以對一般形而上學作批評外，更加意地締建 Onto-theo-ego-logik 一詞，專門針對黑格爾作最嚴正的批評，因為在海德格眼中，黑格爾無疑真的在設想人（ego）可上通於神（theos），而這是對海德格自己堅守的對人的有限性的最徹底的僭越。海德格自始至終為「存在」留下餘地，且於吸取了 Kehre 的教訓後絕不越雷池於半步。他後來除了講人的有限性外，更進一步談論「存在的有限性」、「本然的有限性」，其與黑格爾之學在「同一性」的表面相近的背後，精神境界之迥殊實在到了不可共量的地

---

77 *Wissenschaft der Logik II*, Werke 6, pp. 246, 282.

步。以下茲就數點對黑、海二人兩種「同一性」思維作一比較：

(1) **有限性與無限性的對決**：黑格爾與海德格最顯著的相同之
處，在於兩人的哲學同樣帶有強烈的整體論色彩。這個相同
之處，恐怕牽涉到兩人根源的洞見。可以說，海德格的存有
（Seyn）或「本然」（Ereignis）與黑格爾的精神都是無所不包
的。兩者亦牽涉某種自發的歷程，在這個歷程下，所有存在
者都同一地結合起來，包括人與世界。可是，縱使我們承認
兩人有如此重大的相同之處，他們的兩套同一性思維卻是勢
不兩立，依循著兩個相反的方向分道揚鑣——海德格堅守於
有限，黑格爾則趨向於無限。關於有限性與無限性，現代以
來德國哲學的四位巨擘似乎可以據此分為兩大陣營：主張有
限性一面的有康德與海德格，主張無限性這另一面的有黑格

	有限性陣營 **Finitude Camp**	無限性陣營 **Infinitude Camp**
	於主體論傳統中占據一 「特殊地位」 （Sonderstellung）	可化約為某一意義的 無限的超驗主體性
主體論者 **Subjectivists**	康德 **Kant**	胡塞爾 Husserl [sic 早期海德格]
同一性論者 **Tautologists**	後期海德格 **Later Heidegger**	黑格爾 **Hegel**
	指向無法丈量的絕壑 （存在自身的有限性）	指向思辨的自我知識 （絕對知識的通透性）

爾與胡塞爾。[78]更有趣的，是兩大陣營之中各有一位倡議同
一性思維的哲學家，亦即黑格爾與海德格；正因如此，兩大
陣營間的鬥爭，便更為鮮明（至於康德與胡塞爾間的關係，
則相對溫和得多）。黑格爾與海德格之間的對立之緊張，以
致於繆勒稱前者為後者的「宿敵」。其所以如此，是因為他
們之間的矛盾再不只涉及人類理性或主體性的有限或無限。
他們爭論的，是最根源和最關鍵的層次，亦即絕對精神與存
有本身的有限抑無限的問題。換言之，這場論戰終於演變為
黑格爾帶無限性意味的同一性與海德格帶有限性意味的同一
性之間的對壘，也就是說，這是絕對精神底思辨的通透性與
存有底撲朔迷離的絕壑之間的終極對決。

(2) **嚴苛與弛緩**：同一性思維在哲學上並非甚麼新鮮事物。海德
格雖然是「同一性思維」這個新詞的首創者，可是相近的思
慮卻其實在東西古今的哲學傳統中都曾留下過痕跡。事實
上，同一性思維可以觸發深刻的哲學反思，亦可以帶來豐碩
的智慧果實。然而，過度著力於同一性原則恐怕是會構成疑
問，甚至是危險的。就以黑格爾與海德格為例，我們就看到
了兩種形態的同一性思維都帶來了嚴峻的後果：就是黑格爾
的同一性思維無疑過分嚴苛（**stringent**），而海德格的同一性
思維則過分弛緩（**lenient**）。這個批評固無損於兩人真正的洞
見及其對哲學的貢獻，可是，兩種同一性思維同樣地或多或

---

78 因此之故，海德格將黑格爾與胡塞爾放進同一籃子一併批評。見 "Das Ende
der Philosophie und die Aufgabe des Denkens," *Zur Sache des Denkens*, p. 68ff,
GA-14: 76ff. 另一方面，傅嬰克亦以無限性與有限性為主線，劃分胡塞爾與
海德格的哲學。見 Dorion Cairns, *Conversations with Husserl and Fink*（The
Hague: Nijhoff, 1976），p. 25。

少對哲學有害。我常認為，概念區分（conceptual distinctions）乃哲學得以自省和得以經世致用的最重要的利器，反觀海德格，其早期的現象學理論固蘊涵了極為富饒的概念區分，但後期的海德格卻改弦易轍地漸漸放棄了區分；其同一性思維雖富於鑄造新詞，但皆趨向那元一、獨一與唯一的現象——存有。故其晚後發展的同一性思維雖然號稱能「言盡一切」，但其學說其實弛緩到了一個地步，已無力於指涉世界中的具體事態與現象。[79] 相比之下，黑格爾式的「同一性」思維對於揭示世界各種面相的貢獻肯定較為豐盛和富於姿彩。我們固然可指摘黑格爾的系統過於緊迫、嚴厲，過於籠罩一切和力壓一切，但是我們最少亦可得益於他對不同世間事務所作的「局部」的概念區分和理論分析，尤其是那些不同層次的「異別性」（如文化、宗教、音樂、家庭、政治等議題……）。當此同時，只要我們對於他帶緊迫性的同一性架構保持警覺就可以了。一言以蔽之，我們尚可從黑格爾哲學的一些局部的反思獲益，而海德格那種囫圇吞棗式的「一筆過的智慧」（wisdom in a lump sum）卻往往令人無福消受。閱讀後期海德格的著作，可能是很有啟發的經驗（如果我們明白他的意思的話），但持續地浸淫於後期海德格的同一性思維，卻可令吾人對世界的感覺漸漸變得弛緩，甚至讓人覺得沉悶。總的來說，過度沉溺於閱讀海德格的著作，特別是其後期的著作，對首先需要接受哲學思想磨練的初學者而言是絕不適宜的。

---

79 關於這一課題，參見關子尹，〈現象學區分與佛家二諦學說〉，《現象學與人文科學》第 3 期（台北：漫遊者，2007），頁 187-221。

(3) 「哲學的終結」之挑戰：黑格爾與海德格之間另一相同之處亦甚為有趣。查兩人先後同樣倡言「哲學的終結」（"End of Philosophy"）的意念，可說是挑戰甚至威脅到哲學這門學問的整體。然而，在這同樣的旗幟之下，兩人對哲學終結的理由卻不盡相同：對黑格爾來說，是因為哲學如達致絕對精神的境地，已經實現了其目標；對海德格來說，是因為哲學一直以來備受「存在—神論」的形而上學思維影響，以致未能走出一條通達存有的道路，存有的奧祕因而隱晦難明，遂鮮為人觸及。既然世人治哲學治了這許多世代而仍是把存在遺忘了，海德格乃認為哲學應該被新時代的思想取替。黑、海兩人既然作出此挑戰，我們便必須有相應立場予以回應。關於黑格爾，伽達瑪（Gadamer）與利科（Ricoeur）之間簡短的對話甚有深思，值得引錄。在一個會議上，伽達瑪說：「關於黑格爾，我是有保留的。在這一次的討論中，我將嘗試尋找一種方法，看看能否超克黑格爾的終點。」[80] 利科隨後回應說：「我完全同意伽達瑪教授的看法，即我們要放棄一種〔建基於〕絕對知識的哲學。現代哲學的悲歌，其實就是我們必須提出黑格爾的問題而不採納黑格爾的答案。」[81] 在此，我認同伽達瑪與利科對黑格爾的保留。但我不禁要問自己：為甚麼我們不可以是「部分的黑格爾主義者」（"partial Hegelians"）？只要我們把黑格爾系統的「思辨狀態」（"speculative moment"）放入括弧，或盡可能淡化，我們便可

---

80 引見 *Phenomenology: Dialogues and Bridges*（ed.）Ronald Bruzina and Bruce Wilshire（Albany: SUNY Press, 1982），p. 314.

81 *Phenomenology: Dialogues and Bridges*, ibid, p. 319

以從辯證法的智慧獲益，而又不必受制於一帶有決定性的「終點」。在這個意義下，黑格爾的系統對當代哲學的發展而言，仍然是有其合適性的。

關於海德格，事態則嚴重得多。海德格一面宣稱要把哲學解構，但他提出的「絕壑」（abgründig）式的思維卻把人類的智性活動引導致一個非常狹隘的同一性領域之上。「同一性思維」背後的智慧縱有其可貴處，卻無力應付人類當前面對的紛紜事務。例如說，海德格一面倒地對主體性的貶抑帶來相當嚴重的後果，主體性儘管有海德格批判中的「僭越」的危險，但其畢竟是人類最寶貴的智性的基礎，全面否定主體性，就等如在剝奪了人類理性地判斷自身事務、和理性地參與社會與世界的能力。[82]卡西勒遂跟隨許懷惻（Albert Schweitzer）的腳步，批評海德格說：「哲學一旦不再信任其自身的力量，哲學一旦讓步於一消極的態度，它便再不能完成其最重要的教育上的任務。」[83] 更諷刺的，是海德格本人似乎亦因這個原因而悲劇性地陷入了困境。關於這點，我想我們最少可以指責海德格關於納粹的錯誤政治判斷，美國學者謝漢（Thomas Sheehan）即直言海德格犯上了「政治上的思想幼稚」（political *sensu latiori*）的毛病，[84]謝漢這個批判

---

82 本書〈「主體」和「人格」——西方傳統的兩個「自我」形象〉一章中，作者即從跨文化的角度指出海德格對主體性的批判雖有道理，但實已「過當」。

83 Ernst Cassirer, "Philosophy and Politics," *Symbols, Myth, and Culture. Essays and Lectures of Ernst Cassirer 1935-1945*（New Haven: Yale University Press, 1979），p. 230.

84 我把 political *sensu latiori* 譯為「政治上的思想幼稚」是取意譯。這個說法源出於謝漢（Thomas Sheehan），見其對沃林（Richard Wolin）與洛克摩爾（Tom Rockmore）的書評，*Ethics*, Vol. 103/1, October 1992, pp. 178-181.關於海德格

和我說海德格後期思想近於「弛緩」可謂異曲同工。黑格爾在《精神現象學》中批評謝林（Schelling）談論的「絕對」太過寬鬆含糊，空洞得就像人們所說的「黑夜裡所有牛都是黑色」一樣，並批評其說是一種「空無知識的幼稚」（*Naivität der Leere an Erkenntnis*）。[85]在我看來，黑格爾這個極度嚴厲的批評，放之於海德格，在某個意義下亦不幸言中。

(4) 二者之間的「中道」是否可能？黑格爾與海德格的同一性思維固然都有其內在困難，但我們的批評亦應適可而止。分別而言，兩人的同一性思維都蘊藏了難得的洞見，縱有瑕疵，亦不掩瑜。黑格爾那種動態（辯證）的生命觀與歷史觀，以至其「調和」的觀念，無疑是人類精神文明的瑰寶（Gedankengut），其智性光芒閃閃生輝。海德格論人與造化的共屬一體，和論存在的有限性，同樣有著不可磨滅的光彩。更有趣的是兩者不同形態的「同一性」似乎能夠互相補足，恰好可以互為對方解窘。如果說黑格爾的理性系統過於強勢或過於嚴苛，以致籠罩一切，海德格的「居中偏側」說便正是一帖良方。如果說海德格的同一性思維過於弛緩，難以具體地對應世間紛紜萬象，那麼黑格爾那穿越世界不同層次的辯證思維也正是一劑妙藥。與其在黑格爾與海德格之間二者擇一，為何不可以於兩者之間尋找中道？為何不可以同時得益於兩者，然後超越兩者呢？相對於海德格退後一步那

參與納粹的事件，我完全認同洛克摩爾的評價，他認為海德格之所以如此看輕納粹統治下人的自由問題，是因為他把「主要的角色都賦予給了存在」（"offered the main role to Being"）。見 Tom Rockmore, *On Heidegger's Nazism and Philosophy*（London: Harvester, 1992）, p. 290.

85 *Phänomenologie des Geistes*, Werke 8, p. 22.

種謙卑與節制的態度,黑格爾哲學計劃的雄心壯志可謂彰彰明甚。[86]關於這「退後一步」,海德格的立場其實相當近於康德「超驗哲學」(*Transzendentalphilosophie*)那種逆所求能的哲學精神。[87]康德的「逆所求能」,讓吾人觀察人類經驗這個肥沃窪地所以可能的條件。[88]可惜,吾人卻無法從海德格的「退後一步」做到這一點,因為他的同一性思維吞噬了各種入世的智慧。我在上面的論述中批評了兩種同一性思維,一則太嚴,一則太鬆。在這個背景下,我不禁忽發奇想:一方面,我們既然發覺康德能像海德格一樣謙遜地承認人的有限性,但能不墜入「空無知識的幼稚」的危險中;另一方面,我們既可選擇從黑格爾辯證的洞見獲益之餘,而不取法其過於嚴苛的思辨性。那麼說來,康德是否就是我們從兩種同一性思維的困境中各退一步而可達致的中道?康德的學說是否可以有助於吾人把兩種不同形態的同一性思維的咒語解除?令西方哲學重獲新生,甚至百尺竿頭更進一步呢?抑或,在兩套極端的同一性思維之外,吾人可以在其他文化的哲學傳統中找到另類的精神資源,從而打破黑格爾和海德格兩種同一性思維的僵局,讓哲學整體重新取得力量,繼續充當人類文明的活水源頭?

---

86 其實,海德格倡議「退後一步」作為「思想」世代的關鍵時,他大概是有意地與黑格爾帶「提升性」的「奧伏赫變」觀念劃清界線。見 *Identität und Differenz*, GA-11: 45。

87 Kant, *Kants Gesammelte Schriften*, KGS-XVIII(Berlin: de Gruyter, 1928), p. 80. Refl. 5075: "In der transzendentalen Wissenschaft ist nicht mehr darum zu thun, vorwärts, sondern zurück zu gehen."

88 參見 Kant, *Prolegommena zu einer jeden künftigen Metaphysik...*, *Kants Gesammelte Schriften*, Band IV(Berlin: de Gruyter, 1903), p. 373。

8

海德格的「同一性」思維與道家哲學
（2005）

此中涉及的思想我名之為同一性
思維。它是現象學的根本意義
（GA-15: 399）

通天下一氣耳，聖人故貴一。（莊
子‧知北遊）

提要

　　海德格一生學凡數變，要徹底捕捉其思想軌跡，誠非易事。其前後期思想之結構與風格雖見異趣，但轉折（Kehre）中見曲通，不即卻又不離，不一還是不二。[1]本文主要討論其後期思想。一談到海德格後期思想，其予人的感覺，是語近奧秘，要條陳分析，必須有一定策略。要面對這樣的一個論域，古有明訓，就是「舉網必提其綱，振衣必挈其領」，作者多年前，即以「同一性思維」一觀念整理海德格的後期思想，就是希望收「提綱挈領」之效。然而此中所謂「同一」，主要是就人與存在之同一而言；本書前一章節即帶出一些海德格後期思想中的關鍵概念，說明其所以為「同一性思維」之理，於此不再贅述。本文即擬進一步指出，此所謂「同一性思維」與中國傳統道家思想竟有許多暗合之處。這說明了海德格晚歲對老莊學說表現了高度興趣和寄望，實事出有由；對此中關聯之掌握，正可為吾人理解海德格後期思想提供助益。最後，作者將對帶有某一種道家色彩的海德格思想作一些反省與評價，以結束本文。

一、同一性思維提出之原委及「同一」之三義

　　海德格撰寫《存在與時間》時，固然帶有很重的傳統存在論的色彩。然而，當他中斷此一計劃，並以之為「病」時，他實在

1　有關海德格思想前後期的轉折中的曲通問題，很生動有趣的一番解說可見 Wilhelm Weischedel, *Philosophische Hintertreppe* 一書中論海德格一章（München: dtv, 1985），pp. 274ff.

已經踏入了與西方傳統形而上學迥異的一種立場之中。他後期所談的存在，已經再不指「存在者的存在」（Sein des Seienden）或所謂「存在的意義」（Sinn von Sein），而是他所指的所謂「存有之漫衍」（Wesen des Seyns）或「存有底真相」（Wahrheit des Seyns）之揭露。[2]為了區別起見，海德格往往把 Sein 的拼寫法改為 Seyn（中文可譯為「存有」），使與他早前所指的「存在」區別。用較粗略的表達：海德格後期所謂的「存有」（有時偶還寫作 Sein）再不是語意上的所謂「存在」，而是指千古以來被抹拂了和遺忘了的，如今要重新揭示的那承載一切，涵攝一切事象之自然造化本身。

然而，所謂「造化」者，既近在咫尺，又遠在天涯。要妥善掌握，還要看能否找到恰當的切入點。海德格後期著作，許多都是散篇斷牘，其行文又用語晦澀，頭緒繁多。不過，就一己所見，「同一性思維」或許真的是一個能把海德格後期思想提綱挈要的關鍵。

查「同一性思維」（das tautologische Denken）一概念，乃由海德格本人於 1973 年在討論赫拉克利特（Heraklit）和巴門尼底斯（Parmenides）的一個研討會上正式提出的（後詳），不過有關的思緒，其實早已醞釀多時。先是在 1962 年 *Kants These über das Sein* 這小書的結語中，海德格重點地比較了康德的存在概念和他後期最熱中的話題——「源源的持續漫衍」（des währenden Anwesens），以便顯示他自己心目中的「存在」問題。在作總結時，他有以下一番話：「又或這一存在，即 τò αὐτό（同一者）是

2　海德格後期連 Sein 的拼寫法也要改為 Seyn，其「求變」的決心是非常明顯的。《哲學論集》（*Beiträge zur Philosophie*）一書即主要用 Seyn 一寫法。

以 καθ' αὐτό 的方式，即指涉於其自身才可被陳述？此中是否有一同一性（Tautologie）在說話？當然是如此。然而，這是一最高意義的同一性，它並非一無所言，而是言盡了一切：從開始和直到未來它都對思想有決定性。」[3]到了 1973 年在 Zähringen 的研討會上，海德格又再於討論存在的「漫衍」時作了如下一結語：「此中涉及的思想我名之為同一性思維。它乃是現象學的根本意義（Das ist der ursprüngliche Sinn der Phänomenologie）」[4]。海德格話說得這麼重，則「同一性思維」之為一切問題的關鍵所在，實應有一定道理。以下我們且就以「同一性思維」為線索，看看是否能把後期海德格的一些問題作一有效的梳理。

此間要稍為解釋我採用「同一性思維」這個翻譯的理由。「同一」這翻譯，從深層處考慮，可同時帶出三個層次的理境：首先，「同一」可以是對海德格畢生關懷的「存在」的一項「描述」。由於「存在」是那「獨一」的課題，而吾人從不同角度反覆所論及者，實皆指向同「一」的存在，這是「同一」的第一義。再者，「同一」可指讓同一個概念（如分別言的 Sprache、Ding、Ereignis）自說自話的「語言公式」，這種概念不假外求的自我揭示，是為「同一」的第二義。最後，也是最重要的，是「同一」可指「同於一」，而這涉及海德格思想對吾人的「指引」，就如赫拉克利特的勉勵吾人「上與天道合一」一樣，這是「同一」的第三義。在道家哲學中，「同於一」又可表之為「通於一」，則「同一」背後這份勉勵的意涵便更為清楚。

---

3   *Kants These über das Sein*, 36, *Wegmarken*, GA-09: 479.

4   *Vier Seminare*, 137, GA-15: 399.

二、同一性思維與道家哲學

後期海德格思想名相雖多，但只要掌握了頭緒，則其所要表達的，其實頗為單純，就是要自現代西方以人為中心的思維轉向或返歸於一與天地造化相和諧的思維中。從一跨文化溝通的歷史觀點看，近年愈來愈多跡象顯出，海德格自 1930 年代初已開始接觸老莊哲學，並從此一再公開表達對中國道家學說的心儀，和指出道家思想有助於對他本身思想的理解，甚至一度嘗試與訪德中國學者蕭師毅合譯《老子》經文。[5] 在已出版的全集本中，我們能找到海德格直接討論老子的文本雖不算很多，但一旦論及，便都觸及其思想的重大關節。較重要的，如在《通往語言之路》論語言本質一章中對老子的「道」推崇備至，一如下述：「或許在『道』（Tao）這詞中隱藏著的，是那能思的道說（das denkende Sagen）的所有奧祕中的奧祕。」（GA-12: 187）又如 1965 年為學生 Siegfried Bröse 慶生時引用了《老子》第十五章「孰能濁以靜之徐清，孰能安以動之徐生」句，以表達他對藝術於科技掣肘一切的時代那激濁揚清的作用。（GA-16: 618）老子這句話的中文原文，海德格甚至讓人寫成對聯懸於書齋中，以誌其精神志業。[6] 當然，單憑一些零星的線索要從發生論的觀點重

---

5 有關的歷史整理，德文首推 Otto Pöggeler, "West-East Dialogue: Heidegger and Lao-tzu," Graham Parkes ed., *Heidegger and Asian Thought*（Honolulu: University of Hawaii Press, 1987），pp. 47-78; 又參見 Pöggeler, *Neue Wege mit Heidegger*（Freiburg/München: Alber, 1992）. 漢語界就有關問題見張祥龍，《海德格爾與中國天道》附錄「海德格爾與『道』及東方思想」（北京：三聯，1996）。

6 業師蒲格勒後來即請熊偉把《老子》十五章同一句話寫就，並效海德格故事懸於辦公室之中（見本書末之插圖）。

建道家對海德格的影響很容易流於誇大。但有一點可以肯定的，是就基本精神取向而言，海德格後期這一種「同一性」思維與中國傳統道家哲學確實有許多暗合與相通之處，以至海德格有感於西方形而上學語言「技窮」之際，轉而對中國道家豁達靜恬的思想產生了一定的嚮往。今試就道家學說與海德格同一性思維於精神風貌有相應者舉其大要，以明此中梗概。

(1) 「造化」作為主要思想對象

海德格後期無論談存在（Sein）、存有（Seyn），乃至本然（Ereignis）、真相（ἀλήθεια）、薈萃（λόγος, Versammlung）、自然（φύσις），其意義雖各自不同，但所指者其實都是相通的，是名異而實同，都是海德格據其「同一性」觀點力圖深思的奧祕的不同面相而已。由於海德格行文理路複雜，要把這些概念連同其附帶的整個名相場域妥善地通譯，對翻譯者來說是極大的挑戰。不過，我覺得只要我們不只是在翻譯，而是在談論事理，或是在追溯海德格的步伐以圖窺探其設想的存在的奧祕的話，則在老莊哲學中，本來就有「造化」、「道」和「自然」等幾個名目可資參照。把這雙方的兩系列名相都掌握後，我們能否以一方的用語去翻譯另一方的用語是另一問題，但起碼可令我們相信，雙方是在談論著雷同的一回事。「造化」、「道」和「自然」三個語詞中，我多年來一直偏愛「造化」一詞，正因為我覺得其即使不用來翻譯海德格上列的任何術語，其神髓亦幾乎可與這些術語的任何一個契合，「造化」之為事，語雖模糊，但讓吾人自有體會。查「造化」一詞，見於莊子的：「今一以天地為大鑪，以造化為大冶」

此一壯語。[7]後來成玄英疏《莊子・逍遙遊》時即曾說：「大海洪川，原夫造化，非人所作……」。[8]又《淮南子》：「又況夫官天地，懷萬物，而友造化，含至和」。[9]至於後來「造化弄人」、「功參造化」、「筆參造化」等用語，其「用神」莫不都指向那流衍不息的天地萬物的運作本身，其為至大無所不包，其為「一即一切」，及吾人之已牽涉其中等意念，可謂活靈活現。我很喜歡把後期海德格的 Sein 或 Seyn 都比擬（不是翻譯）為「造化」，因為這在漢語思維的場合中比用「存在」這蹩腳用詞去設想事情（起碼對我本人而言）實在得多，直率得多，受用得多。

(2) 道與人之相應性

海德格推崇道家的「道」，是為人熟知的。但正如海氏的存在並非一孤立的形而上實體，而是與人「彼此共屬」一樣，道家言道亦不應只當作一形而上實體予以揣度。誠然，老子言「道」固有最高實體或終極實有的意思：最典型的有「道生一，一生二，二生三，三生萬物……」[10]和「有物混成，先天地生。寂兮寥兮，獨立而不改……強字之曰道」[11]等句。然而，除了這為數不多的文句外，《老子》一書談道時，幾都同時涉及人：有時是使道與人或人之活動並列觀察，有時是從人的角度去說明道的意義，有時則把道當作人之所持守之宗旨或效法的對象去論列。如

7　《莊子・大宗師》。

8　《莊子・逍遙遊》，成玄英疏。

9　《淮南子・覽冥》。

10　《老子・四十二章》。

11　《老子・二十五章》。

要舉例，簡直俯拾皆是：如「古之善為道者，微妙玄通」[12]；「為學日益，為道日損」[13]；「上士聞道，勤而行之」[14]；此中「為道」、「聞道」等用語很明顯地反映了老子的道或天道其實是帶有「人文」性格的。順此角度去細看，老子一書許多和道有關的陳述，如：「故幾於道」[15]；「執古之道以御今之有」[16]；「保此道者不欲盈」[17]；「以道作人主者，不以兵強天下」[18]；「天道無親，常與善人」[19]等，都表現了這一人文色彩。退一步說，即使離開道家思想，只從古文字上看，「道」字的金文字形從「行」（彳亍）從「首」，下面加上「止」（趾）；此中，「首」、「止」皆意會著「人」的存在，而彳、亍則除按古文字名家如羅振玉、高本漢等可解作「十字路口」，從哲學的觀點看，即就是人存活的世界[20]。至於近年出土的《郭店楚簡》中「老子甲本」中的「道」

---

12 《老子・十五章》。「為道」據《帛書老子乙本》。

13 《老子・四十八章》。

14 《老子・四十一章》。

15 《老子・八章》。

16 《老子・十四章》。

17 《老子・十五章》。

18 《老子・三十章》。

19 《老子・七十九章》。

20 羅振玉把「行」解作「四達之衢」，高本漢（B. Karlgren）則解作 "a drawing of meeting streets"。除解作「十字路口」外，亦有解「行」作吾人「步履之左右」，參見張自烈，《正字通・行部》，引見《國語詞典》網絡版。原文：「左步為彳，右步為亍，合彳亍為行。」二說之中，作者認為羅振玉、高本漢一說較可取。因此說較能顯出「彳」部在漢字整體的結構上可標示人類存活的「處境」這個重大議題。此外，應補充一點：漢字自隸變以後的「走底部-辶」（粵人所謂「撐艇邊」），其實是彳、止兩部件的合璧（辵），而這個解讀下的「辵」部，所表達的正也是「人活於世上」這一個基本處境。

字，甚至寫成人在「行」中的「彳人亍」模樣，則整體而言，古文字的「道」字的帶有鮮明的「處境性」的人文性格，是不容置疑的。[21]由是可見，「道」一概念即使後來被理解成帶有一定超越的

「道」字之古文字字形

地位，但卻不超絕人世，反可成為人之效法對象和價值依歸。此中涉及的道與人的相應性，亦正是《老子》全書和海德格自始至終都一定程度地恪守者，其中意念，借用儒學傳統「道不遠人」[22]觀念去形容，亦頗為恰當。從「道」回看海德格的「存在」，問題的相應便更明顯了。美國學者羅蒂（Richard Rorty）即便曾對海德格的「存在」作如下詮釋：「總而言之，我認為海德格的存在，用他的所謂超越論的德語去解讀，不外就是人與其身處的世界之間的關係……而這恰好是自然主義所無法讓我們看透的。」[23]

---

21 附圖的金文字形參見陳初生編，《金文常用字典》（西安：人民出版社，1987），頁 189。楚簡字形參見荊門市博物館，《郭店楚墓竹簡》，其中的《老子》甲本第六、十、及十三簡（北京：文物出版社，1998），頁 3-4。至於楚簡乙、丙兩本中的「道」字，其形態則與金文相近。

22 《禮記・中庸》。安樂哲（Roger Ames）、郝大維（David Hall）以「道不遠人」作為其討論老子專著之書名，並非偶然。見氏著，《道不遠人：比較哲學視域中的老子》（北京：學苑出版社，2004）。此外劉笑敢提出「人文自然」一概念，亦有類似之用意。見氏著，〈人文自然對正義原則的兼容與補充〉，《開放時代》，總 177 期，（2005），頁 43-55。

23 Richard Rorty, "Pragmatism without Method," *Objectivity, Relativism, and Truth: Philosophical Papers*. Volume 1（Cambridge: Cambridge University Press, 1991）, p. 74.

(3) 「一」之推崇

海德格酷愛「一」的理念，如強調存在之為「唯一」或甚至為「唯獨的單一」，固為論者樂道。回顧中國道家，其對於「一」的推崇，亦不遑多讓。首先，《老子》中有「得一」[24]的理想，指的正是對宇宙萬物的原始混一與和諧的掌握。因此主張，吾人與其在花花世界中對各種聲色趣味辨別而獲取眾多分殊的知識，不如退守於宇宙間那原始的混一的契悟，故曰「少則得，多則惑，是以聖人抱一為天下式。」[25]到莊子時，「一」的意義獲得更明確的肯定。例如說：「天地一體也」，「人與天一也」，「天地與我並生，萬物與我為一」[26]。又如：「自其同者視之，萬物皆一也」[27]。正如赫拉克利特和海德格一樣，莊子同樣強調「一」，認為天地、萬物、人倫之本為一體此不易的至理，並不因人的理解與否而改變。故曰：「故其好之也一，其弗好之也一。其一也一，其不一也一。其一與天為徒，其不一與人為徒。天與人不相勝也，是之謂真人。」[28]換言之，「一」乃一切之大本，世俗人與真人的分別，全在於看不看得通一切可自「同」和「一」去看。而「與天為徒」和「與人為徒」這個兩可，既是吾人的選擇，但也正就是道家對人勸化的主要關鍵。

---

24 《老子·三十九章》。原文為「昔之得一者：天得一以清，地得一以寧，神得一以靈，谷得一以盈，萬物得一以生，侯王得一以為天下正。」

25 《老子·二十二章》。

26 《莊子·齊物論》。

27 《莊子·德充符》。

28 《莊子·大宗師》。

(4) 與道合一

　　海德格與道家思想最相契合之處，是某一意義地都主張「與道合一」。論者談海德格存在與人「彼此同屬」（Zusammengehören）這一想法時，很容易只設想其為一形而上事態，而昧於此說對人事之指引。針對這一點，海德格一再以赫拉克利特殘篇第 50 條中的與道合一（ὁμολογεῖν）觀念予以說明。此說最重要的關鍵，就是誘導吾人去除私見以順從大道。這一番道理，中國道家中老莊二氏同都觸及。首先，老子便提出了許多相類的說法，如「故從事於道者，同於道」（二十三章），和「孔德之容，唯道是從」（二十一章）等，與 ὁμολογεῖν 之說可謂遙相呼應。到了莊子，則除了強調「同」外，還進一步[29]強調與「同」字一音之轉但帶有方向性的「通」字[30]。故此，所謂「同一」的形而上問題，便引出「通於一」這一行事守則。此中，莊子的「通」字更明顯地強調了必須捨離人的角度而上達於天道這個道理。故有「通於萬物」和「通乎道」[31]之說，復有「唯達者知通為一」[32]、「通天下一氣耳，聖人故貴一」[33]、「通於一

29　《老子》全書除「玄同」外，亦有「玄通」一詞，但這已是「通」字全書唯一的出處（十五章）。至於《莊子》書中「通」字則被使用達 41 次，其中許多是極富哲學意涵的。

30　從聲韻學角度看，「同」、「通」二字均可歸入「東」韻，皆「透」紐，是雙聲疊韻關係，二字於朱駿聲《說文通訓定聲》書中同居豐部，按音近義同之音訓守則，二字無疑有極密切之意義聯繫。

31　《莊子・天道》。

32　《莊子・齊物論》。

33　《莊子・知北遊》。

而萬事畢」[34]等議。「通」之所以是對人類行事之指引，是具體地教人超脱一己的「耳目之所宜」，拼棄對俗世間的差別和是非的執著，以達到「游心乎德之和」[35]或「縣解」的境界，而其最後的旨歸就是：「通乎道，合乎德，退仁義，賓禮樂，至人之心有所定矣。」[36]據蒲格勒引述，[37]海德格曾於不來梅（Bremen）作演講時引述《莊子・達生》篇中「梓慶削木為鐻」的故事。查《莊子》原文，故事中的木匠梓慶製作鐘架之所以有鬼斧神工的本領，是因為其於動工前懂得「心齋坐忘」，把種種俗世顧慮盡抛腦後，才入山林中視木材天性之合宜者而取之，這種去人慮、順自然的態度，即莊子所謂「以天合天」是也。

(5) 「四合」與「四大」之對應問題

就海德格與道家思想淵源問題，近年不少學者喜歡把海氏的「四合」與《老子・二十五章》的「四大」相提並論。就哲學史（特別是範疇史）的觀點看，哲學家把「論域」按一定「名數」予以區分，本乃司空見慣之事。即使收窄到「四分」而言，東西哲學的有關例子亦為數不少。[38]故海德格與老子這方面理論的

34　《莊子・天地》。

35　《莊子・德充符》。

36　《莊子・天道》。

37　Pöggeler, 見 Parkes ed., op. cit., pp. 55-56.

38　西方哲學先蘇格拉時期的「四元素」或「四根」說，便與印度傳統的「四大」如出一轍，但此說偏重於物質的構成。至於後來亞里斯多德的「四因說」：形式、質料、目的、動力（μορφή, ὕλη, τέλος, ἀρχή），則其實濫觴於柏拉圖的形相、容器、範本、工匠神（μορφή, ὑποδοχή, παραδείγματα, δημιουργός）之四分（見 Plato, *Timaeus*）。

「雷同」，本非不可思議之事。但要比較海氏「四合」（Geviert）
與老子「四大」，最大的困難在於二者分別而言的實在意義還存
在不少疑問。其中最大的疑慮是：四合中的「具神性者」（die
Göttlichen）是否指基督教中的上帝？若然，老子「四大」中便
苦無可相應者矣！這問題不解決，則四合與四大之比較便很容易
引出不相匹配的比附。簡單地說，基督教中的上帝乃天地創造的
主宰和「人神關係」中的主導者，但海德格的「具神性者」只是
天、地、神、人此「四合」中的一員，其份位與「上帝」大相逕
庭。換言之，海德格思想雖然「先天」地與基督教有不解之緣，
但究其終極旨趣，卻絕不能單以後者比量。所以作者一向認為，
海德格四合中的 die Göttlichen，與其指向基督教的上帝，不如說
是透過對比或「鏡象遊戲」（Spiegel-Spiel）以顯出人之為人（die
Sterblichen）作為有限的「不免於死者」對神聖經驗的尋求。換
言之，那「神聖的」是人類經驗中一些「無法踰越的界限」的倒
影。[39]而海德格獲取此一神聖經驗的靈感，與其說來自基督教，[40]
不如說是來自如艾克哈特師長（Meister Eckhart）等密契論者的
默示，以至荷爾德林（Hölderlin）、特拉克爾（Trakl）、赫伯爾
（Hebel）、塞蘭（Celan）等詩人藉天地感動而得的詩意，和最重

---

39 這問題如借助康德「本體」（Noumenon）概念的理解或許有一點幫助。查康
  德指出吾人無法對 Noumena 作正面的肯定，而只能作「負面」的使用，作
  為「現象所不是的」去理解。有關討論詳見關子尹，〈本體現象權實辨解〉
  一文，參關著《從哲學的觀點看》。

40 後期海德格就「具神性者」問題，及其與基督教的「上帝」的距離問題，可
  參見 *Beiträge*, VII "Der Letzte Gott" 一章, GA-65: 403ff。該章的題辭為："Der
  ganze Andere gegen die Gewesenen, zumal gegen den christlichen."

要的，是來自冉冉造化的存在感受。[41]在這一種理解之下，我們
不難發覺，「四合」和」「四大」的焦點其實都在於點出人之於
冉冉漫衍的存在之中的有限性。另一方面，藉著把人收攝入存在
四個象限中之一員，人有限之餘更無可選擇地，和是好是歹地必
須參與天地造化之漫衍這一要點亦立刻活現。正因這一緣故，海
德格把人的地位定性為「居中偏側」（eccentric），以與現代主體
性哲學中「主體」作為萬法的「關係中心」（Bezugsmitte）相區別。

(6) 「四合」──即「存在」即「虛無」

海德格後期思想以種種不同進路試圖對造化意義的「存在」
予以揭露，固如前述。所謂四合的學說，驟看雖極玄祕，說穿了
亦不外如是。這一點他自己亦多次直認不諱。海德格在 *Zur
Seinsfrage* 這本出自 1950 年代的極重要的小書中曾清楚說明，他
有時把 Sein 寫成帶有交叉號（Durchkreuzung）的 ~~Sein~~，正是要
表達，所謂「存在」或 ~~Sein~~ 實即「四合」的天、地、神、人交
織這一場合，而交叉就代表四者「集合」的焦點。[42]換言之，在
Sein 上面畫上交叉號並不像老師改習作般對 Sein 來個全面的否
定，而是表達天地神人四方交會為「一」便即就是 Sein 或
~~Sein~~。此中「一」這一基調又隱現於背後。更有進者，這一俾萬
物得以交叉集合的 ~~Sein~~，其實根本不能以任何「物」義的「有」
名狀之，因此其實等如是一「無」。海德格還引述達芬奇

---

41 以上關於海德格 die Göttlichen（divine）的詮釋，參考了蒲格勒 Pöggeler,
 Neue Wege mit Heidegger, Part D（Freiburg/München: Alber, 1992）, pp. 394ff;
 455ff; 471ff。

42 *ZSf,* 30-31, GA-09: 411.

（Leonardo da Vinci）的名句以表達這一點：「無並沒有中心，其邊界也就是虛無 […] 在眾多偉大的事物中，以虛無底存在為至大。」[43] 這一種依於「有」卻指向「無」的圖像表述，海德格名之為虛無的「刻劃」（Topographie）。[44]Sein 這一「無」又非一完全否定的無，反而是讓一切「有」自然運化薈萃的「無」。換言之，此玄之又玄的「無」，並非傳統邏輯中的「否定的無」（nihil negativum），而實可借用海德格自己的術語表之為一「原生的無」（nihil originarium）。[45]借老子用語，這或許就是「玄牝」或「天地根」。一說到這裡，海德格後期思想和道家老子學說相知莫逆之處，又再活現。事實上，海德格便在浸淫於《老子》翻譯的歲月中，藉著第十一章末句：「故有之以為利，無之以為用」一句話去加持自己有關有無的反思。[46] 因為藉著來自海德格這新的啟示，我們得見老子說的「天下萬物生於有，有生於無」這一句話的潛在意思。與其採一西方「宇宙論」的解析，老子或許只

---

43 Da Vinci, *Tagebücher und Aufzeichnungen*, Theodor Lücke, 1940, p. 4. 引見 Heidegger, *ZSf*, 27-28, GA-09: 419.

44 *ZSf*, 32, GA-09: 412.

45 海德格 nihil originiarium 之說，首見 *MAL*, GA-26: 272.「原生的無」一語和同書的「世界門檻」（Welteingang, world-entrance）這另一概念，就字面上講，都與下文的「有無玄同」問題及老子「玄牝」、「眾妙之門」等觀念相合。不過有一點必須補充的，是海德格於 1928 年間，尚未完全放棄繼續撰寫《存在與時間》之意圖，故上兩概念的提出，還是順著「此在分析」談「時間性」等觀念出發的，因而與後期的同一性思維於理論脈絡上其實不能直接比擬。

46 見 GA-11: 138; GA-75: 43. 其譯文為："Das Seiende ergibt die Brauchbarkeit. Das Nicht-Seiende gewährt das Sein." 引見：Lin Ma and Jaap van Brakel, "Heidegger's Comportment toward East-West Dialogue," *Philosophy East and West*, Vol. 56, No. 4（Oct., 2006）, pp. 519-566.

不過從正反兩面為悠悠的天地造化作「定位」和「刻劃」而已。這一種「有無玄同」[47]的道理，正說明何以老子可以說「此兩者〔有與無〕同出而異名，同謂之玄；玄之又玄，眾妙之門。」[48]

(7)「四大」與「同一性公式」

《老子‧二十五章》「四大」之說，固出自「故道大，天大，地大，王（人）亦大。域〔國〕中有四大，而王居其一焉」一句。其中「王」乃「人」中之至尊者，故以「王」概說「人」，這一點於理論上並無大爭議之處，故一般學者多予接納。但誠如上述，最大的問題，是後續的「人法地，地法天，天法道，道法自然」一句在一般句讀下產生了共五個詞項。那麼到底是「四大」還是「五大」便成了疑問？而且，在老子學說中，道的地位本不應低於自然，則五個詞項中的先後秩序又引出理論上的新疑點！面對這些問題，唐代學者李約對本章曾提出過一嶄新及極有創見的解讀，除可對上述理論疑點收廓清之效外，還竟然有助於吾人於老子學說與海德格同一性思維之間建立重要聯繫。基本上，李約把二十五章末段作了與傳統解釋迥然不同的句讀：即讀作「王〔人〕法地地，法天天，法道道，法自然」。[49]這一讀法，驟看雖

---

47 《老子‧五十六章》及《莊子‧胠篋》皆曾以「玄同」一語形容事理之間神祕的同一。「有無玄同」一語，多年前香港中文大學主辦「現象學與道家哲學會議」的與會學者賴賢宗君曾提出，今借用。

48 《老子‧一章》。《帛書老子》甲、乙本皆作「兩者同出，異名同胃（謂），玄之又玄，眾眇（妙）之門。」

49 見李約，《道德真經新注》。書凡四卷，收於《道藏》洞神部玉訣類。近世對李約這一解讀予以詳細解說者，首先當推高亨（見氏著，《老子正詁》（上海：開明書店，1943；中國書店，1988 年影印版），頁 61-62）。後高明於編《帛

然奇特，但完全有理可循。其與傳統句讀相比之下，顯出了如下理論特點：（1）「取法」所指的再不必是人、地、天、道和自然之間的順序關係，而可指人分別取法地、天、和大道。[50]（2）地地、天天、道道等疊字中之前者均為實詞而後者均為動詞。此中，李約的解釋極有見地：「其義云『法地地』，如地之無私載。『法天天』，如天之無私覆，『法道道』如道之無私生成而已。[51]如君君、臣臣、父父、子子之例也。」[52]這種實詞加動詞的疊字語言結構，除於古漢語常見外，竟然與海德格後期的「同一性公式」不謀而合。（3）由於二十五章前文中「自然」並不列於「四大」，因此「法自然」一語當不能於語意上與「法地地」、「法天天」等語等值，特別是其在李約的句讀下並不遵守「同一性公式」。然則「法自然」應作何解？順此探索，我們不難發現老子

書老子校注》時，亦曾徵引李氏之說（北京：商務，1995），頁 353-354。當代學者對有關解釋參與討論者，有黃克劍、王慶節二人。見黃克劍，〈老子道論價值取趣向辨略〉，《哲學研究》，2001 年第 6 期；王慶節，〈道之為物：海德格爾的「四方域」物論與老子的自然物論〉，《中國學術》雜誌，第十五輯（北京：商務，2004）。

50 李約即表之為：「王者，法地法天法道之三自然妙理而理天下也」。引見高亨，《老子正詁》，同上，頁 61。

51 李約以「天無私覆」、「地無私載」等語詮釋天天、地地固屬高論，但必須指出，有關言詞早已見於《莊子‧大宗師》。而且，這種天地無私的想法於先秦諸子間本極為普遍。參見 1.《禮記‧孔子閒居‧卷五十一》；2.《管子‧心術下》；3.《呂氏春秋‧紀部‧卷一‧孟春紀第一‧五曰去私》。此外《老子‧七十九章》「天道無親，常與善人」一語，亦與此說息息相關。

52 高明編，《帛書老子校注》，同上。至於高亨，他固然按李約之詮釋列出《老子》二十五章之正文，但於其後的討論中，雖讚賞李的解讀「義穎而瑩」，但卻又疑慮疊字中之後者乃後人訛予增益。高亨似乎但明此句非一層級效法關係，卻昧於疊字乃實詞居前動詞居後之玄義。

與海德格學說之間進一步的默契（詳下節）。（4）人於四大中既被明言為「居其一焉」，則其於造化中占一「地位」固得以肯定。[53]但由於人應當處處效法天地大道，則人於天地間應持一謙卑的態度這一種「居其中、偏其側」的願景，又再明瞭透露。

(8) 老子的「自然」與海德格的「本然」

自然與本然二詞，在老子學說和在海德格思想中，分別皆為頂級的關鍵詞。今日談論「自然」一詞，很容易被讀者按現代西方 Nature 的構想，了解為物理意義的「自然」，也即作為天地萬物的總體。事實上，《老子》二十五章在一般句讀下的「道法自然」這一句，亦很容易傳達類似的理解。經李約重訂後二十五章的「王〔人〕法地地，法天天，法道道，法自然」一句前段雖已有了「同一性」的新解，但「法自然」一句中的「自然」則仍然很易被當作一實詞去了解，如當作「地、天、道」三者或甚至四大之總稱等。但這種解釋顯然未能與李約「法地地、法天天、法道道」詮釋之精妙相匹配。另一方面，在高明的引文中，可見李約自己對「法自然」一語亦未見深究。查「自然」一詞，在《老子》五千言中出現了才五次。就理路言，都不宜當作外在實有去揣度，再從語法角度去分析，「自然」一詞之使用，「實詞」的意義並不明顯，反而是當作動詞或一般意義的謂詞較為有理。[54]

---

53 除了老子把道、天、地、人合稱的「四大」之外，易傳中亦有天、地、人「三才」的想法（見《易·說卦》及《易·繫辭下》），目的均是對人事表關注之同時確保人不會成為一居中的地位。

54 特別是第五十一章「夫莫之命而常自然」一語中，「自然」二字居於副詞「常」之後，其動詞性格即最明顯。六十四章「以輔萬物之自然而不敢為」一語中自然二字在漢語中根本不能從實詞上考慮，而明顯指萬物順本性冉冉之搏動

此中「自然」二字的意義大概是「依本性冉冉而然」的意思。如這一解釋成立的話，則李約句讀下的「法自然」即可順當地承接上句了解為讓吾人效法地、天、道一樣地「順本性而生化」的意思。自然二字這種帶有動詞（或謂詞）意味的性格，到了《莊子》一書的注解者手中，獲得了更明確的宣示。查郭象為〈齊物論〉中「天籟」及「日夜相代」作注時，即先後提出了「自己而然」和「自然而然」二語，[55]基本上把老子任造化萬物「自化」、「自定」[56]的理境說得更清楚。此外，郭象在注〈大宗師〉「畸於人而侔於天」一句時，竟然說出了「任萬物之自然」一絕妙的佳句[57]，不但充分顯出「自然」二字的動詞性格，而且把現象學「任其自然」（Seinlassen）這最重要的要求也一併表達了。從西方哲學來看，出自赫拉克利特而又與「自然」一詞相對應的古希臘語 φύσις（physis）一詞亦最為海德格樂道。但海氏思想名相之中，最能與老子「自然」相應的，還應數 Ereignis 一詞。海德格 Ereignis 一詞於漢語界先後有許多不同的譯法。[58]但諸多翻譯中

解，故充其量亦是一「動名詞」，而非一涵攝萬有意義的「實詞」。

55 郭象注莊子文本見郭慶藩，《莊子集釋》，第二版（北京：中華書局，2004），卷上，頁 50、55。此外見郭氏在注〈天地〉、〈則陽〉二篇注解（卷中，頁 429；卷下，頁 915）。這一要點，參考了錢穆，《莊老通辨》（香港：新亞研究所，1957），頁 394-397。錢穆特別強調的，是郭象此一對「自然」的理解，打破了一般對道家「道生萬物，有生於無」的舊說，因此說：「故亦必俟有郭象之說，而後道家之言自然，乃始達一深邃圓密之境界……」

56 《老子·三十七章》。

57 《莊子集釋》，卷上，頁 273。此外，郭象還有「任萬物之自為」（卷上，頁 115；卷中，頁 401）、「任萬物之自往」（卷中，頁 409）和「任萬物之自平」（卷下，頁 1064）等語。

58 由於概念之重要和詞義的困難，Ereignis 的漢語翻譯，現已呈一眾說紛紜的

譯作「本然」似乎最有理路可言。把 Ereignis 譯為「本然」除了
於字面上與德文 Er-eignis 一詞完全配合外，還有許多理論上的
優點。因為，這樣的話，即使海德格後期思想中 Das Ereignis
ereignet 此一絕句乃可順理成章地依據「同一性公式」譯為「本
然而然」，或甚至更傳神地詮釋為「本然一本而然焉」。從海德
格「本然」一詞的翻譯，我們可反過來對老子「自然」一詞作進
一步斟酌：就是我們可傚效「地地」、「天天」、「道道」之語式，
從「自然」一詞引出「自然而然」或更妙的「自自然然」一語。
「自自然然」一句式除了使很容易被當作實詞理解的「自然」獲
得哲學性的活力與深度外，最難得的，是能於吾人無盡的生活處
境中與現代日用漢語天衣無縫地配合，從而讓世間種種「現象」
自自然然地得以「出場」：例如讓吾人可以「自自然然地生活與
處事」，讓情侶可以「自自然然地戀愛」，讓事情可以「自自然
然地過渡」等。[59]從比較哲學的角度看，「自自然然」理路之順

局面。較主要的可列舉如下：「大道」或「本有」（孫周興）；「自身的緣構成」
或「緣構發生」（張祥龍）；「庸」（姚治華）；「自在起來」或「自起」（王慶
節）；「本成」（倪梁康）；「本是」（陳嘉映）；「本然」（張燦輝）〔參考王慶
節，前引書，頁 177〕。此中最後三個翻譯皆從「本」字著手，似乎無形中
形成了某些共識。作者近年雖一直主張用「本然」一譯，但未有書面詳及。
今既正式採用，乃詢之於張君，以謀徵引其典，然張君亦無法提供書面依
據。雖然如此，作者多年前與張君論及有關譯名時，確曾聽其言及「本然」
一譯（雖無提及理據），為免掠美，謹誌！關於譯名訂定的標準問題，請參
閱關子尹，〈從語詞場域理論看西方哲學經典的漢語翻譯問題〉，《現象學與
當代哲學》第二期（台北：城邦，2008.12），頁131-168。

59 作者寫到這一刻，以萬維網搜尋「自自然然」一語串，結果搜得吻合之句式
36,300 條。而上舉三個例子，正是信手地從其中頭三個查詢結果節錄而得
者。「自自然然」一語式威力之大，與印歐語言的「存在」動詞相比，可謂
有異曲同工之妙。（搜索日期： 26 July 2005）

遂,除與「本然一本而然」相諧合外,更與海德格晚期"die Welt weltet"、"das Ding dingt"等其他「同一性」的或「同詞反覆」的用語完全吻合。老子的「自然」與海德格的「本然」這兩個跨越時空的概念之間這種的「相知莫逆」的款曲一旦被接通,海德格「同一性思想」與中國道家哲學潛然的關係乃得以從根本處確立。

(9) 返歸意識

　　撇開種種學術名相上的雷同不談,海德格同一性思想與道家學說最互相契合之處,是其返樸歸一的文化精神。海德格後期常常提到「往後一步」(Der Schritt Zurück),[60]便即是這種返歸意識的濃烈表現,而前文談到的「不待於存在者去思想存在」,更可說是「歸一」的不二心法。就這方面的精神面貌而言,老子便有「復歸於嬰兒……復歸於無極……復歸於樸」[61]或「歸根……復命」[62]等態度。而為了達到返歸的效果,老莊二人都不遺餘力地勸化世人首先要拋卻世俗的智慧和由世間智而產生的種種分別。如老子主張「五色令人目盲;五音令人耳聾;五味令人口爽;馳騁田獵,令人心發狂」[63];和所謂「絕聖棄智,民利百倍」[64],「智慧出,有大偽」[65],「知其白,守其黑」[66],「知者

60　*ID*, 45-53, GA-11: 58-78.

61　《老子・二十八章》。

62　《老子・十六章》。

63　《老子・十二章》。

64　《老子・十九章》。

65　《老子・十八章》。

66　《老子・二十八章》,海德格於 1957 年 Freiburger Vorträge 中曾引述此章,

不博，博者不知」[67]等。至於莊子「齊生死」、「等壽夭」、「合同異」、「泯是非」等跡近詭辯的言論，究其根本，其實同樣是教人拋開世俗智慧的。這也是海德格不滿於西方哲學語言之餘，對道家學說深感興趣的原委。事實上，不少學者都指出，海德格晚後對東方哲學的興趣，正是因為他在老莊等學問中找到和荷爾德林詩一般能把世人引導致他所謂的「另一開端」的契機。海德格後來強調「鄉關」（Heimat）一觀念，背後的返歸意識亦非常鮮明。這返歸意識之形成，當與對時俗的不接受有關，然而，離開觀念世界落到現實上看，海德格之誤信「納粹」會為歐洲重新找到 Heimat 而投身於納粹政局，與老子相傳騎青牛出關西去之瀟灑撇脫相比，其差別之大，又不可以道里計矣。

(10) 人之有限及天地大道之有限

海德格後期雖對「人類中心」的思想極不認同，但對人於存在中應扮演甚麼角色這問題卻從沒有忽略。在分析《同一與差異》時，我曾指出海德格重申人因「能思想」而於存在中要承擔更大的責任，但又不能以一倨傲的姿態凌駕萬物。這與老子言「不敢為天下先」[68]和要吾人「以輔萬物之自然而不敢為」[69]，和

他用的是 Victor von Strauss 的譯筆："Wer seine Helle kennt, sich in sein Dunkel hüllt."（GA-79: 93; GA-11: 138）. 根據記載，老子這一段文字最為海德格樂道。

67 《老子·八十一章》。
68 《老子·六十七章》。
69 《老子·六十四章》。

莊子「獨與天地精神往來而不敖倪於萬物」[70] 和「唯道集虛」[71]
亦可謂如出一轍。海德格後來提到要世人把自己設想為「存在的
牧者」（Hirten des Seins）[72]，但他多次指出，要圓滿這一角色，
人必須同時是「虛無的留位者」（Platzhalter des Nichts）。[73] 二者
都涉及人於造化（Sein 或 Seyn）中應扮演的角色。對後期海德
格而言，存在固非具體，但卻與某一意義的虛無相通為一，因為
存在的漫衍中，虛無是形影不離。而人此中作為「存在的牧
者」，固指人當虛懷領受造化，包括善待造化生成的一切，而作
為「虛無的留位者」，指的是人（此在）當時刻地讓一己浸淫於
與存在榮辱互見的虛無底無始而來的怖慄中（*WiM*, GA-09:
118），以一「戒慎恐懼」的態度領受存在與虛無的生殺與化育。[74]
正由於存在與虛無這種「玄同」的關係，海德格除了強調人於存
在中這種「居中偏側」的「有限性」外，其與道家的又一相契之
處，是進一步透露了「存在」或天地大道也是有限的這一道理。
後期海德格曾直接談及「存在的有限性」，「本然的有限性」和
甚至「四合的有限性」，並指其為「有限性的一新的概念」[75]。

---

70 《莊子‧天下》。

71 《莊子‧人間世》。

72 *HB*, 90, GA-09: 342; *Die Technik und die Kehre*（Pfullingen: Neske, 1962），41.
除「存在的牧者」外，海德格也曾提過類似的「存在的保管者」（Verwahrer
des Seins）一概念，參 *EiM*, GA-40: 150。

73 *ZSf*, GA-09: 419; *Was ist Metaphysik?* GA-09: 118.

74 *ZSf*, 38, 海德格之原文為: "'Der Mensch ist der Platzhalter des Nichts.' Der Satz
sagt: der Mensch hält dem ganzen Anderen zum Seienden den Ort frei, sodass es in
dessen Offenheit dergleichen wie An-wesen（Sein）geben kann." 另 參 見 *Vier
Seminare*, 108, GA-15: 370.

75 參見 *ZSD*, GA-14: 64。

而晚期海德格常言及存在的「無因可喻」，和同一性思想拒絕以
理由（Grund）解釋事物的原因的「同詞反覆」，其實正好就是
所謂「存在的有限性」的主要標誌。凡此種種，在老莊學說中，
隱約亦可見端倪。先是老子曾有「天地尚不能久」之說，和「萬
物歸焉而不為主」[76]之議，指出了道雖云「大」，但有其「小」
的一面。而世人之所以要效法道，正是因為以道之大，亦表現得
如此「虛懷若谷」。不過，與海德格言悠悠存在的「無因可喻」
這一理境最相近的，倒亦可於《莊子》書的注疏傳統中得見。查
郭象析論〈逍遙遊〉、〈齊物論〉中如「大塊噫氣」、「天籟」等
喻言時，除提出「自然而然」、「自己而然」等注解外，還提出
了「不知所以然而然」這更進一階的慧解。[77]這與海德格「存在
無因可喻」之說豈不遙相呼應嗎？海德格與道家傳統在如此關鍵
的立場上竟如此一致，思之令人神往。

三、究天人之際：從今日觀點對「同一性」思維之評價

總的而言，「同一性思維」代表了海德格後期思想的總歸
趨。同一性思維之所以被海德格定性為「現象學的最根本意
義」，是因為其揭示出唯一最值得處理的現象──存在自身。海
德格這一「造化」意義的存在，是本然而然地不斷運化漫衍的存

---

76 《老子・三十四章》。

77 郭慶藩，《莊子集釋》，卷上，頁 55。而後來成玄英依此而作的疏，就這一
  點而言，亦多所發明。見《莊子集釋》卷上，頁 46、73；卷中，頁 429、
  551、695。

在，是吾人不歇地要仰仗的存在。在此存在當前，人應謀求與之
合一，因人與存在及萬物本為同一。在現代西方文明以自我為中
心的張力和由於這些張力而日漸形成的危機之下，海德格這種同
一性思維顯然是具有一定智慧的，而且這一種智慧正好是當今世
界最缺乏的，也因此具有莫大的時代意義。不過，海德格為揭示
這一種智慧，卻要付出很大的代價……。總的而言，其最大的毛
病是「同一」和「唯一」的存在看似包涵一切，但在某一意義下
卻霸道地「制宰」了一切。

貝克（Oskar Becker）於五〇年代時早已對海德格的思想作
出了「泛歷史的憂鬱哲學」的定性與評價。其用意是指出「歷史
性」雖然是人存活的一個重要的基本特性，但人的活動卻畢竟不
能以「歷史性」完全窮盡。[78]貝克的批評雖然於五〇年代才全面
提出，但其著眼點主要還是早期的海德格學說。如今順著貝克的
批評的精神，我們大可把後期的海德格定性為一「泛同一性的哲
學」。

綜上所論，海德格同一性思維之深契道家，已甚清晰明瞭。
二者最契合之處，是都觸及「究天人之際」的大學問。海德格自
中期以後對西方近世的主體性哲學的大力撻伐，其「不待於存在
者去思想存在」之觀念，其「漫衍」與「領受」之兩揚，其「退
後一步」乃至「居中偏側」等學說，莫不都與這一大問題有關。
這個天人之際的選擇與定位問題，道家的立場可謂鮮明：就是勸

---

78 關於貝克對海德格的批評，詳見 Tze-wan Kwan, *Die hermeneutische
Phänomenologie und das tautologische Denken Heideggers* 一書的第六章（Bonn:
Bouvier-Verlag, 1982）, pp. 154-172. 此外，參見本書別章〈人文科學與歷史
性——海德格與西方人文傳統的自我定位〉。

人超脫世俗，以臻於大道，即不要「與人為徒」，而要「與天為徒」。「不與人為徒」者即「不耦於俗者」或今日所謂「不合群」的人。這種人在西方自古已有相傳住在木桶中的狄奧根尼斯（Diogenes of Sinope），和據說住進烤室裡以避世的赫拉克利特，近世還有被各種世俗力量共同排斥的斯賓諾莎（Spinoza）等。這些與世俗相違的高人異士，《莊子》一書稱作「畸人」。當提出「敢問畸人」一疑問時，莊子借孔子的口吻解釋說：「畸人者，畸於人而侔於天。」[79]《說文》：「侔，等齊也。」此中，侔於天即「同」於天或與天歸於一的意思，其「同一性」意味當然十分顯著。在天人之際這一大取捨當前，莊子清楚俐落地選擇了前者之餘，還順帶借用孔子的嘴巴道出「故曰：天之小人，人之君子；人之君子，天之小人也」一語，把儒家君子、小人之辨來了一個大扭轉，雖然是惡作劇了一點，但其實正好道出了道家乃至海德格追求的「同於一」，歸根到底而言，必包括對人世種種價值的全新衡定！

海德格同一性思想的陳義高則高矣，但正在這個涉及天人之際的趣向與選擇問題上，卻並非全無缺點。要了解海德格的限制，我認為當年荀子對莊子的一番批評，堪足以給我們借鏡。查莊子「畸於人而侔於天」一語當然也是對自己的學問的自詡，殊不知荀子則針鋒相對地批評之為「蔽於天而不知人」。[80]荀子以此語批評莊子，或嫌苛刻，但如借用於海德格身上，則其鞭辟入裡之餘，更可謂切中要害。誠然，海德格絕非不明白人於存在（或天地大道）之中得承擔相當的責任。海德格所謂「同一性」

79　《莊子‧大宗師》。

80　《荀子‧解蔽》。

思維，就其深契大化流行而言，當然有其深邃智慧，但海德格的同一性思想卻過度地把吾人的關注轉向「天道」，以至忽略了「人道」。海德格固深諳人於存在中要承擔特殊責任（即所謂「居中偏側」），而且他的思想本有針對現世文化危機之意圖，但同一性思維過度籠罩一切、吞噬一切，只會令世人更昧於現世的人道。很不幸地，歷史洪流中的海德格本人，同樣是執於天道卻昧於當前，終於釀成畢生的嚴重政治過失，這對吾人而言，可謂當頭一棒。

荀子在批評莊子時繼續指出人事有許多「方隅」或「象限」，如利益實用、情欲滿足、法治術數、制度更迭、辭章辯說等等，[81]天道雖然重要，但在這一意義標準下亦不過是「道之一隅」而已。在這一問題上，朱熹所謂「物物一太極」一議，[82]亦顯出一定智慧。朱子「物物一太極」指的固是事事物物皆有至理。我們卻勿忘記，當朱子門人問及：「一理通則萬理通，其說如何？」時，朱子的回應是：「天下豈有一理通便能萬理皆通」。[83]故此，天道雖然披靡，然事理必須獨立地細心辯解之，俾獲取之！「物

81　《荀子・解蔽》。原文為「故由用謂之道，盡利矣。由俗（欲）謂之道，盡嗛矣。由法謂之道，盡數矣。由執謂之道，盡便矣。由辭謂之道，盡論矣。」解釋參見王先謙，《荀子集解》（北京：中華書局，1988），卷下，頁393。

82　朱熹：《語類・卷第四・性理一》。此外，參見黃宗羲，《明儒學案・第62卷・蕺山學案》。

83　朱熹，《語類・卷第十八・大學五》。類似的言論見：「萬物皆有此理，理皆同出一原。但所居之位不同，則其理之用不一。如為君須仁，為臣須敬，為子須孝，為父須慈。物物各具此理，而物物各異其用，然莫非一理之流行也。〔…〕凡世間所有之物，莫不窮極其理，所以處置得物物各得其所，無一事一物不得其宜。除是無此物，方無此理；既有此物，聖人無有不盡其理者。所謂『惟至誠贊天地之化育，則可與天地參者也。』」（同上）

物一太極」的主要啟示是說，吾人於天地之間要承擔責任，便非
要對現實上的種種事理有切實的認識不可，而這些個別事理的掌
握是不能以一籠統的「天理」替代的。要認識現實種種事理，除
了經驗科學外，哲學當然也應有貢獻的餘地，此所以除了形而上
學外，哲學還發展出邏輯學、倫理學、知識論、美學、社政治哲
學、法律哲學、語言哲學、歷史哲學……，乃至種種應用理論。
言「天道」固然有上達之益，但不能讓其壓抑「人道」和對現世
事務的認識和判斷，其理至明。從《形而上學導論》、《路標》
等著作，我們很清楚看到海德格談論「存在」是涉及很明顯的文
化政治理想的，但他對「存在」的執迷，卻大大地壓抑了他下達
於世間事務（即《存在與時間》中的 Innerweltliches），這終於促
成他於現實政治判斷上的嚴重失誤。荀子「蔽於天而不知人」這
間接批評，又豈無道理？

海德格晚年從「存在的思維」引出了「哲學的終結」的討論。
到底哲學在海德格以後是否真的無用武之地呢？一提到這一問
題，我難免想起當年曾和海德格公開辯論人與存在問題的卡西勒
（Ernst Cassirer）。正如荀子對莊子有「蔽於天而不知人」的批評
一樣，卡西勒在一篇名為〈哲學與政治〉的講詞中，借用了許懷
惻（Albert Schweitzer）帶著菩薩心腸般語氣的一句話對海德格
（和史賓格勒）作出了很精到的批評。卡西勒說：「一旦哲學再
不信任自己的力量，一旦哲學在一純粹地消極的態度面前讓步，
它便再無法擔當其最重要的教化的角色。」[84]海德格「哲學的終

---

84 Ernst Cassirer, "Philosophy and Politics," *Symbols, Myth, and Culture. Essays and
   Lectures of Ernst Cassirer 1935-1945*（New Haven: Yale University Press,
   1979），p. 230.

結」的議題當然與其後期的「同一性」思想脫不了關係，從卡西
勒的觀點看來，這與其真的能把人類數千年源源不斷的思想路途
來一個徹底拯救，不如說是海德格由於把人的自主性過分約束，
乃終至於把哲學置於一個「再不能履行其責任」[85]的地步。以海
德格學問之精純，心思之邃密，在「究天人之際」這道路上，還
尚曾履如此險境，為學之艱，為道之難，豈不教人慎思再三！

---

85 同上。

9

海德格思想與神學前後的轇轕及其晚後的「天地人神」四合學說
（2019*）

> ……人類並非按上帝形象造出的
> 絕對的刁民，〔反而〕上帝是人類
> 不真實的杜撰。（GA-31: 136）
>
> 存有之漫衍，猶如神與人的中
> 介。就是這一中際空間為神與人
> 開闢出其得以漫衍的可能。本然
> （Ereignis）這股激流，在其沖激
> 下，〔神與人〕兩岸才得以產
> 生……（GA-65: 476）

一、早年於神學與哲學之間的徘徊

在西方的人文傳統中，哲學與神學的關係可謂千絲萬縷。神學對於哲學既愛又恨。神學和哲學一者重信仰一者重理性，但由於二者分享了許多共同關心的議題，故二者之關係向來都極緊張。這一情況從使徒保羅於〈哥羅西書〉中提醒信徒要「慎防被哲學與空洞的妄言所迷惑」[1] 可見一斑。相對地，西方哲學傳統中亦不乏旗幟鮮明地反對基督教神學的例子，如休謨、斯賓諾莎、馬克思、尼采等。但卻也有一些哲學家因其學說與神學（尤其是基督教教義）相涉，而被「比附」為在宣示著一些另類的神學理論。最經典的例子是柏拉圖曾被指為「耶穌基督之前的基督徒」[2]，黑格爾亦曾被視為德意志觀念論的神學家。[3]

海德格思想與神學的關係，亦同樣撲朔迷離。長久以來，學界大都認為海德格代表的是無神論的立場，但近年以來，海德格早年的基督教背景，及這一背景與其學說的關係等問題在學界引起不少新的討論。[4] 一些依據歷史材料的研究顯出，海德格無論是 Habilitation 階段的天主教時期，或在馬堡轉向新教的時期，

1　《聖經・哥羅西書》2: 6-8。

2　持此一說法的最早可追溯到奧古斯丁，較晚近的可數尼采。

3　持此說較早的有 Richard Kroner，較新近的有 William C. Shepherd, "Hegel as a Theologian", *The Harvard Theological Review*, Vol. 61, No. 4 (Oct., 1968), pp. 583-602.

4　參見 Otto Pöggeler, *Philosophie und hermeneutische Theologie. Heidegger, Bultmann und die Folgen*（München: Wilhelm Fink, 2009）; John van Buren, *The Young Heidegger: Rumor of the Hidden King*（Bloomington: Indiana University Press, 2004）. 此外，參看 Laurence Paul Hemming, *Heidegger's Atheism: The Refusal of a Theological Voice*（Notre Dame: University of Notre Dame, 2002）.

其對宗教議題的高度關注，都大大地影響了他的學說。近年學者麥格夫 McGrath 便指出，海德格除了二〇年代許多講稿是直接討論宗教議題外，甚至 1927 年的《存在與時間》也隱藏了不少基督教傳統的元素 —— 例如「死亡的預計」（Vorlaufen zum Tode）、「解構」（Destruktion）、「關注」（Sorge, cura）、「憂虞」（Angst）等核心概念，如非出自馬丁・路德，便是出自奧古斯丁等。[5] 雅斯培憶述二人於二〇年代的過從時，曾語帶激賞的說海德格之於天主教（公教），是「出於其類，拔乎其萃」。[6]

業師蒲格勒（Pöggeler）許久以來即指出：「海德格的思想路途，自開始以來便負載著上帝的問題。」[7] 無可置疑，宗教議題從來都是海德格所關心。然而，就身分認同上看，海德格確實曾於作為哲學家和作為神學家之間顯得躑躅。海德格出身於公教家庭，自幼備受公教薰陶，還一度考慮過當教士，後只因健康等理由告吹。在大學裡，海德格首先攻讀神學，後來才轉哲學。海德格據稱於公教體系的發展不順利，乃漸漸傾向於新教，並對新教鼻祖馬丁・路德的神學作了深入研究，最後決定離開公教。這一段心路，可從他 1919 年 1 月 9 日給公教神父柯瑞比斯（Engelbert Krebs）的書信中得見。海德格信中清楚地表明他治

5 J. C. McGrath SJ, *The Early Heidegger and Medieval Philosophy: Phenomenology for the Godforsaken*（Washington D.C: The Catholic University of America Press, 2006).

6 參見 Karl Jaspers, *Philosophische Autobiographie*. Erweiterte Neuausgabe（München: Piper, 1977）, p. 96. 雅氏的原文是: "…der mit seinem Wesen darin stand und sie zugleich überwand".

7 Otto Pöggeler, *Der Denkweg Martin Heideggers*, 3. erweiterte Auflage（Pfullingen: Neske, 1990）, p. 266.

學採取的是「哲學的立場」，並表示不願「受到非哲學因素的束縛」，但又聲言不會犧牲其「對公教生活世界的高度重視」和「不會⋯⋯做過分苛評的叛教者」，更坦言「過一個哲學家的生活是艱難的」；不過，歸根究柢，他相信自己「負有哲學的內在使命」云云。[8] 總的而言，海德格因力圖擺脫公教而陷入困惑，但他希望以哲學家自持卻清晰不過。

海德格給 Krebs 神父寫信後兩年多，曾於 1921 年 8 月 19 日給首徒洛維特（Karl Löwith）寫信，信中卻表示不願意學生們把自己與尼采、祈克果和舍勒等相提並論外，還清楚聲明自己「不是哲學家」（daß ich kein Philosoph bin），而且更正面地把自己定性為一「基督教神學家」（dass ich ,christlicher Theologe' bin）。[9] 但輾轉到了《存在與時間》一書面世後，雖說該書中許多概念元素實脫胎自基督教，但作為一深度反思的思想成果而論，其與基督教神學的精神愈走愈遠，卻極明顯。所以，當十年前才因這一問題吃過老師悶棍子的洛維特撰文把《存在與時間》評論為一種「現世化的基督教神學」時，卻又遭海德格批評為「誤導」（abwegig）[10]，海德格就這問題的出爾反爾，委實令人費解！

8　參 見 Hugo Ott, *Martin Heidegger. Unterwegs zu seiner Biographie*（Frankfurt/ New York: Campus Verlag, 1992），pp. 106-7. 漢譯參考張祥龍，《海德格：二十世紀最原創的思想家》（台北：康德出版社，2005），頁 77-78。

9　引 見 Dietrich Papenfuss and Otto Pöggeler ed., *Zur philosophischen Aktualität Heideggers: Symposium der Alexander von Humboldt-Stiftung vom 24.-28. April 1989 in Bonn-Bad Godesberg*, Band 1（Frankfurt/M: Klostermann, 1990），p. 29. 又參見 Pöggeler, *Heidegger in seiner Zeit*（München: Wilhelm Fink Verlag, 1999），p. 265（Zur dieser meiner Faktizität gehört—was ich kurz nenne—dass ich ,christlicher Theologe' bin."）.

10　Otto Pöggeler, *Heidegger in seiner Zeit*, op. cit., p. 266。

　　從上引海德格在神父面前，和在學生面前的種種反應可見，海德格於神學與哲學之間的取態是充滿矛盾的。這不禁令我想起盧梭（Jean-Jacques Rousseau）在《愛彌兒》（*Émile*）中說的：「在信仰者當中，他是一無神論者；在無神論者當中，他卻是一信仰者。」[11]

　　海德格從神學轉入哲學的掙扎，從與他熟稔的友儕和學生口中都可得證。海德格本人於 1935 年給雅斯培的信中，即借聖經記載保羅的口吻直認不諱：「出身的信仰與大學校長工作的失敗猶如生命中的兩根刺一般。」[12]

　　從一發展的觀點看，海德格思想以神學議題為起點，幾乎是無可爭議的。而無論如何，其一步一步轉入了哲學，亦屬明顯不過。所以問題應是：作為一套哲學而言（或他後來所指的「思想」而言），其與他曾關心的神學還保持了哪一種關係？在我們深入探討這問題之前，讓我們看看幾位與他同時代的神學家如何看當年憑《存在與時間》一書震懾學界的海德格。

二、來自天主教的批評──德爾佩、斯坦恩

　　《存在與時間》出版未幾，不少基督教中人對海德格提出了極深刻的回應，除了本書序言中曾提到的烏斯特（Peter Wust）

11　Jean-Jacques Rousseau, *Émile*（Middlesex: The Echo Library, 2007）, p. 217. "Among believers he is an atheist; among atheists he would be a believer." 這番話引見於同樣是處於宗教與理性夾縫中的烏拉穆諾。參 Miguel de Unamuno, *Tragic Sense of Life* transl. J. E. Crawford Flitch（New York: Dover, 1954）, p. 53。

12　*Heidegger-Jaspers Korrespondenz* (hrsg.) W. Biemel und H. Saner, 1990, p. 157.

外，還有普利芝瓦拉（Erich Przywara SJ）、吉爾森（Étienne Gilson）等學者，但當中最特別的要數德爾佩（Alfred Delp SJ, 1907-1945）和斯坦因（Edith Stein, 1891-1942）二人。[13] 查德爾佩是納粹黨橫行時代天主教裡極少數敢公開與政府對抗，而終於殉道的神父。他曾於 1935 年發表了《悲劇性存活》一書[14]，這書對我們最大的啟示是，他從基督教的觀點出發，於讚賞海德格對人類處境的關懷之餘，卻對海氏著書的終極旨趣大施撻伐。在德爾佩眼中，海德格思想無異於一種「號稱有限的英雄主義」（Heroismus der Endlichkeit），其標榜的是一種「出自虛無的存活」（Existenz aus dem Nichts）[15]，是「泰坦式的有窮性」（Titanischer Finitismus）[16]。他認為這種英雄主義最大的悲劇，就是把世人通往宗教底精神價值的通道截斷了。德爾佩很嚴厲的批評說：「當今之世的這一種態度的悲劇性，在於其生命勇氣（Lebensmut）只是一莫大的幻象。因它既沒有基礎也沒有內容，最後也沒有意旨……〔人類〕的生命意志從來沒有這樣悲劇性地給挫敗過，也從沒有一項對存在意義的提問得到過這樣悲劇性

---

13 就這問題作者多年前寫了〈德爾佩（Alfred Delp SJ）的《悲劇性存活》及其對海德格的批判——德氏百歲冥誕紀念〉一文，刊於海南大學社會科學中心倫理思想研究所編，《啟示與理性》，第四輯《哲學與政治的共契》（上海：上海人民出版社，2009），頁 240-255。

14 Alfred Delp SJ, *Tragische Existenz: Zur Philosophie Martin Heideggers*（Freiburg i. Br.: Herder, 1935）.

15 Delp, *Tragische Existenz*, p. 83.

16 *TE*, 108. 哈伯瑪斯同樣把海德格的宗教立場定性為「英雄式的虛無主義」Jürgen Habermas, "Work and Weltanschauung: The Heidegger Controversy from a German Perspective" trans. John McCumber, *Critical Inquiry,* 15（Winter 1989）, p. 438.

的回答。」[17]最後，德爾佩在談到世界觀問題時提出了一連串的感嘆，和一個大問號：「說到底，這種哲學為我們帶來了一種沒有『上帝』的『神學』〔……〕。這莫非一種反神學（Gegentheologie）？」[18]

德爾佩對海德格的興趣和批評，一方面印證了海德格哲學與西方傳統神學基本關懷的共同淵源，另一方面卻正好顯出了海德格的「神學進路」踰越傳統神學之遠，一至於堅守宗教救贖理念的德爾佩由震撼以至於無法接受。作為天主教神父的德爾佩對海德格這種又愛又恨的心情固可想見；無獨有偶地，同一份心情在與海德格份屬同門，但後來皈依天主教迦密會（Karmel, Carmelites）的斯坦因（Edith Stein）的言詞中也清楚地流露出來。

早在 1932 年的一篇文章中，斯坦因便對海德格《存在與時間》一書下了如此的判斷：「〔該書中〕此在（Dasein）的中心地位，作為此在的本質的關注（Sorge）的強調，死亡與空無的重視，乃至種種極端的論說，在在地顯出了一幅沒有上帝的（gottloses）和正正是虛無的世界圖像。但是，〔該書〕卻又有一些言詞，似乎透露出一種可能，就是可以一下子得出相反的結果，即讓那自我否定的此在於一絕對的存在基礎中找到歸宿。」[19]對斯坦因來說，海德格最大的問題，在於其選擇了自絕於那「永恆的存在」之外，並因而自困於一「有限的存在」之中。斯坦因和德爾佩如出一轍地印證了海德格《存在與時間》中的學

17　*Tragische Existenz*, p. 83.

18　*Tragische Existenz*, p. 103.

19　見 Edith Stein, "Die weltanschauliche Bedeutung der Phänomenologie," 引見 Pöggeler, *Heidegger in seiner Zeit*, pp. 250-251。

說與基督教精神既相匹又相左這一根本矛盾。[20]

三、海德格對神學的回應——哲學作爲神學的「參照」

　　德爾佩和斯坦因於三〇年代對海德格《存在與時間》提出批評，從神學角度看，是完全可以理解的。二人都在指責海氏目中沒有上帝。這些批評，其實是《存在與時間》面世以後最早的一批回響，當其時也，海德格正逐漸走進影響其一生的政治漩渦中，上述來自天主教的批評，似未見其回應。不過，這只是表面如此而已；事實上，海德格早於 1927 年便已寫了一篇極有針對性的文章，該篇文章的標題雖是〈現象學與神學〉（Phänomenologie und Theologie），但真正要處理的，卻正是哲學與神學的關係問題。[21]

---

20 參見 Edith Stein, "Martin Heidegger's Existential Philosophy" trans. Mette Lebech。該文節自 Stein 的重要著作《有限存在與永恆存在》*Endliches und Ewiges Sein. Versuch eines Aufstiegs zum Sinn des Seins*, Gesamtausgabe, Band 11/12（Freiburg: Herder, 2006），Anhang（附錄），pp. 445-500.

21 "Phänomenologie und Theologie," *Wegmarken*, GA-09: 45-78. 由於這一時期，海德格與布爾特曼（Rudolf Bultmann）在馬堡因地利之便，常就神學與哲學的邊際問題討論，而海德格這篇文章中的一些中心概念後來布爾特曼又主動收納於講集 *Theologische Enzyklopädie* 之中，故論者如蒲格勒甚至提出，"Phänomenologie und Theologie" 文中的一些想法哪一些出自海哪一些出自布這問題仍有待研究。不過，其中如 formale Anzeige 概念乃海德格早已於 20 年代初（1920-21 WS）從祈克果借用這點，則決無疑問，而且文中的所有想法全為海德格首肯，亦不容置疑。見 Pöggeler, *Heidegger in seiner Zeit*, op. cit., p. 29。

　　海德格的理論進路是先從神學和哲學都是某一意義的「學
問」（Wissenschaft）這一點出發。藉著提出學問可有「存在者的
學問」（ontische Wissenschaften）與「存在論的學問」（ontologische
Wissenschaft）的二分，進而把神學歸入前者，和把哲學歸入後
者。在這種二分法之下，無論神學怎樣聲稱其關心的「對象」為
終極，但與哲學的「普遍」相比之下，其議題總是較為特殊的。[22]
由於海德格所指的「神學」根本上是基督教神學而非猶太教或其
他宗教的神學，所以嚴格而言，更是「特殊中的特殊」了。考慮
到神學這一「特殊性」，海德格甚至把神學進一步定性為一門
「實指的學問」（Positive Wissenschaft）[23]，即有特指對象的學
問。[24]當然，神學之有其對象，與生物學或物理學之有對象並不
一樣，但海德格認為就其各有特指對象而言，神學與自然科學範
疇下的各種學問只有相對的差別，而其與哲學根本無特指對象相
比，則乃一「絕對的差別」云。[25]神學和哲學之間這種關係，也
可以借語言學中的「標記」（markedness）理論說明。在處理語

22　"Phänomenologie und Theologie," *Wegmarken*, GA-09: 48. 基於同樣理由，海德
　　格在《康德與形而上學問題》書首章即重申西方哲學傳統把神學歸入「特殊
　　形而上學」（metaphysica specialis）之列，以 與存在論（哲學）之為「普遍
　　形而上學」（metaphysica generalis）相區別（*KPM,* GA-03: 9, 202）。

23　在這一場合，我不打算把 positive Wissenschaft 按常例譯作「實證科學」，其
　　理甚明。

24　"Phänomenologie und Theologie," GA-09: 48.

25　海德格把神學視為「實指」這一立場，根本不稀奇，其實可追溯到亞里斯多
　　德 episteme 的分類中，哲學或 ontology 乃屬普遍，而神學一如物理學和數學
　　都屬特殊這一觀點。參見 Aristotle, *Met.* E, 1026a22-33. 海德格後來於《康德
　　與形而上學問題》序言中重申神學乃一特殊形而上學 Metaphysica specialis,
　　其理相若，但不盡相同（GA-03: 9）。

言對象時，我們可作「非標記的」（unmarked）與「標記的」
（marked）的區別；而二者相較下，前者較普遍而後者較特殊。[26]
如應用到神學和哲學的關係上，則哲學是「非標記的」，而神學
是「標記的」。

那麼，神學嚴格而言的「對象」是甚麼？在這個明顯地極為
棘手的問題面前，讀者或會理所當然地回答：是神！不過這樣的
話，下一個問題便會出現：「『神』如何可以成為吾人學問的對
象？」海德格當然不會把我們帶進這一圈套中；事實上，他先發
制人地從反面明言：「上帝絕非神學的研究對象」。[27]此外，他更
從兩個層面正面地回答這問題。首先，他指出神學的對象可理解
為一歷史世界中的基督教國度（Christentum, Christendom）[28]，
但另一方面，海德格馬上指出，作為一歷史現象而言，基督教國
度在歷史傳承中，亦包括基督教國度中的信眾對基督教的自覺反
思（Selbstbewußtsein），因此乃提出可進一步把神學了解為基督
教內部的一些自覺的概念認知，包括對基督教的解經傳統、教會
史和教條史作反思，這些反思雖有其歷史性，卻不能只視為單純
的史實，而必須置於信仰的維度去了解。在這一理解下，海德格
乃把神學的對象稱為「基督性」（Christlichkeit）[29]，而其實質內

---

26 以英語語法為例，時態中的「現在時」是「非標記的」而「過去時」是「標
　　記」的，故前者為普遍而後者為特殊。這種相對關係也出現於「語態」中的
　　「直說語態」與「虛擬語態」之間；又或出現於「數」中的「單數」與「複數」。
　　此外，我們又可以漢字為例：「人」是非標記的，故可兼指兩性，而「女」
　　則是標記的，只能用於兩性中的女性。

27 GA-09: 59.

28 GA-09: 51.

29 GA-09: 52.

容就是「信仰」(Glauben)。

海德格這一種只接受「信仰」作為神學之對象,而否定「神」可成為神學之對象的態度,從主流神學的觀點看,實頗匪夷所思,但從哲學的觀點看,卻不難解讀:他的基本立場其實是:「信仰」涉及的只是信眾思想的「內涵」(intension)問題,而非「神」或上帝作為客觀存在的「外延」(extension)問題[30];換言之,只涉及人相信甚麼,而不是上帝是否存在的問題。從知識論的角度看,後者根本無法裁決,而前者則可。

不過,信仰之為信仰,對海德格來說,除了有其內涵外,更涉及信仰者的「意向性」(Intentionality)這一議題。說到底,無論信眾要信的內容是甚麼,其首先可被了解為人-此在-的一種存活方式(Existenzweise)。就這樣地,神學與哲學(或海德格當時心目中作為哲學的楷模的現象學)便找到接軌的可能了。海德格這一立場,其實於 1923 年的講論中,早便藉著「宗教感」(Religiösität)與「生命的實況體驗」的緊密關係很清楚地說明了。[31]對於海德格來說,神學雖言根在人類的存活方式,但由於其對象歸根究柢只能建立於信仰之上,故除了藉著「信」這一途徑外,根本無從「參與」(Teil-nehmen)。說到底,海德格認為「神學就是信仰的學問」。[32]神學不單只以信仰為對象,而且其本身乃是信仰的產物,並且有賴信仰才得以建立。神學這一特點,海德格並不因為站於哲學的立場而有任何疑慮。

---

30 勞思光教授在講課時曾就此問題作以下陳述:「上帝存在」乃一外延命題,而「我相信上帝存在」則為一內涵命題。

31 GA-60: 82.

32 GA-09: 55.

　　在論及神學與哲學的關係時，海德格清楚地指出，「信仰本身並不需要哲學」[33]，唯獨當神學要以概念方法檢視信仰這現象時，哲學的角色便有考慮的必要。至於要具體地為哲學與神學間的介面定性時，海德格用的說明方式是先扼要地點出重點，然後再層層深入地予以補充。他提出的最簡要的講法是：

(A)「存在論〔哲學〕的作用，只是針對神學基本概念的存在者層次的或曰前基督教的內涵，以充當神學的參照項（Korrektiv）。」[34]

　　要知 Korrektiv 一詞海德格用得很特別。它從 Korrektion 引出，我認為一般只循字面義譯作調整、修訂或調校都不大正確，而應循 Kor- 的意思譯為「參照」。蓋因海德格意欲顯出哲學之對於神學並無哲學對其他理性學問一般有直接的「指引」（Direktion）作用，換言之哲學之於神學，只能「參與引導」（Mitleitung），而不能如哲學之於其他理性學問一般能「直接推求」（Herleitung）。如果哲學的「作用」是「參照」，則哲學作為神學可藉以參照的「學問」便可理解為「參照項」（Korrektiv）。

　　為了說明哲學與神學這種獨特關係，海德格於基督教神學中的「罪」（Sünde, sin）概念與現象學中的「錯犯／虧欠」（Schuld, guilt）概念之間作出如下比較。海德格指出，在宗教經驗中，「罪」及罪的超克所帶來的「再生（新生）」（Wiedergeburt）都必須藉信仰去體驗，但此一切如要對信眾自身成為可解和可貴，便必須以某一意義的「前基督教」的生命存活經驗作為參照才可以成立，而現象學分析下的此在的「錯犯／虧欠」即能提供為一

33　GA-09: 61.

34　GA-09: 64.

參照項。誠然，正如上述，這只是一概念上的參照而已，而非一理性的推求，因為宗教的「罪」與「再生」都只能循信仰去體驗，而與理性絕緣！

哲學相對於神學，或具體地說，錯犯／虧欠相對於罪，其作用就是提供一「參照」。為了進一步說明這意義的「參照」，海德格又再用上了他的「形式標示」理論。這概念海德格曾於1921 年「宗教生活的現象學」這門課程中詳細談論過。略而言之，海德格借用了胡塞爾的「類同化」（Generalisierung）與「形式化」（Formalisierung）這一項區分，[35] 從而指出，這兩種方法雖都可以對某一特指的論題予以「普遍化」（Verallgemeinerung），但前者必受某一實質「類別」的內容約束，而後者則否，而只涉及對論題作一「取態關係」（Einstellungsbezug）上的本質性聲明。前者是自然科學中所常見，而後者則適用於人文領域。至於「形式標示」，海德格進一步指其甚至和「普遍化」的要求無直接關係，而乃一種現象學的取態方法。所謂「形式的」，指的就是「非實事」、「非內容」的意思。海德格斬釘截鐵地說：「形式標示不涉足於任何歸類，我們正要讓一切先懸而不決。」[36] 具體地說，「形式標示」是指吾人對某一種現象關注而要予以標示時（anzeigen），於鎖定了某一大致要關涉的範圍的同時，應對其內容屬性作開放與保留，即

---

35 參 Heidegger, *Phänomenologie des religiösen Lebens*（略稱 *PRL*），GA-60: 57; 參 Husserl, *Logische Untersuchungen*, Band 2, *Husserliana*, Band 19-1, §12（Den Haag: Nijhoff, 1984），258ff; *Ideen I, Husserliana*, Band 3-1, §13（Den Haag, Nijhoff, 1976），pp. 31-32.

36 *PRL*, GA-60: 64. "In the formal indication one stays away from any classification; everything is precisely kept open（man läßt gerade Alles dahingestellt）."

在不予以斷定的條件下標示其形式本質。今海德格在提出「參照」或「參照項」概念時，再以「形式標示」注腳，其用意至為清晰，就是指出哲學為神學所提供的「參照」不但不會對神學藉信仰所獲得的內容構成任何約束（Bindung），反而藉此一「標示」為神學獨特的信仰的本質內涵予以「釋放」（Freigabe）。在這一新考慮下，他乃就哲學與神學的關係修訂如下：

(B)「哲學乃是帶形式標示意味的、針對神學基本概念於存在者層次的，或曰前基督教的內涵所作的存在論〔層面〕的參照項。」[37]

　　誠然，在這一番解說下，哲學相對於神學的「用處」固然得到說明。但哲學與神學的關係問題除了從神學的角度觀察外，從哲學自身的角度看應如何了斷呢？要回答這問題，海德格對上引的解說又作了進一步的修訂：

(C)「哲學乃是一種可能的、帶形式標示意味的、針對神學基本概念於存在者層次的或曰前基督教的內涵，所作的存在論〔層面〕的參照項；但即使其不實際地扮演這一參照的角色，哲學也可以按其自己的方式存在。」[38]

　　此中，「可能的」這一補充是指，為神學提供「參照」只是哲學許多可能用度中的一種而已。至於後加的一子句「但即使其

---

37 "Phänomenologie und Theologie," GA-09: 65. „Philosophie ist das formal anzeigende ontologische Korrektiv des ontischen, und zwar vorchristlichen Gehaltes der theologischen Grundbegriffe."

38 "Phänomenologie und Theologie," GA-09: 66. „Die Philosophie ist das mögliche, formal anzeigende ontologische Korrektiv des ontischen, und zwar vorchristlichen Gehaltes der theologischen Grundbegriffe. Philosophie kann aber sein, was sie ist, ohne daß sie als dieses Korrektiv faktisch fungiert."

不實際地扮演這一參照的角色，哲學也可以按其自己的方式存在」，其意義更為明顯：海德格要藉此指出哲學完全可獨立於神學之外有其自身的本位。如果我們循西方文化史回溯，在神權籠罩一切的中世紀，哲學曾長期被視為神學的婢女（Magd, handmaid），則海德格的上述補充的意義便立即顯出。

四、從哲學看神學——涇渭分流中的包容可能

「哲學」可作為「神學」的參照這一論點，最重要之處，是指出了哲學和神學最終都是人作為「此在」的存活可能，因而起碼在這最關鍵的意義下是可以彼此共量的。但在這一最寬廣的共同基礎之上，神學和哲學便涇渭分流，因為二者所實踐出來的存活模式實有天壤之別，一者立足於信仰、一者恪守於理性；一者強調「信仰中的交託」（Gläubigkeit），一者重視此在全然的「自我承擔」（Selbstübernahme）。[39]海德格甚至說，在這意義下，神學背後的信仰及其秉持的存活方式，對於習慣了哲學富於高度可塑性的存活形式來說，向來都是「死敵」（Todfeind）。[40]

海德格在〈現象學與神學〉中的這一番話，表面上把哲學和神學的關係說得如此僵固，但深入一點看，他其實嘗試對神學和哲學兩種學問的分際問題站於哲學的立場上作出最大的包容。海德格一方面堅持哲學作為一學問有自己的理性原則，另一方面卻處處為神學建基於信仰這一獨特的「實證性」留下餘地。「哲學」以「形式標示」的方式作為「神學」的參照，其實是就信仰的存

39　"Phänomenologie und Theologie," GA-09: 66.

40　同上。

活模式「實質」上是怎麼一回事這問題「存而不論」，留給有信
仰的人按其自己的生活方式自己去親證。在〈現象學與神學〉成
稿數十年後，海德格於 1964 年加上了一個「附錄」，並名之為
「關於『當代神學中的一種非對象性思維與言說的問題』的神學
討論的一些線索和主要觀點」。[41]其中，他指出思維和語言並不
是非要以對象方式開展不可的，並隨即補充說：「明白了這一真
相，將引出一無可逃避的結果，就是神學終究必須決斷地認清楚
其主要任務的必然性⋯⋯，並且明白神學在考慮自身的思想範疇
和言說方式時，不能從哲學或其他學科借取資源，而必須實事
求是地從信仰出發為信仰作思考和言說。如果信仰有足夠的自信
能直指人之為人的本性，則真正的神學思想和言說將不需要任何
特別準備，亦足以應對吾人所求和於人群中找到共鳴。」[42]經過
一番抽絲剝繭的解說，海德格最後以如下一語總結討論：「在我
們的整個論題背後隱藏了神學的正面的任務，就是在基督教信仰
本身的領域中要按照信仰的本質，去思考其所要思考的，和說其
所要說的。」[43]海德格這個立場，其實非常明確，就是神學在涉
及「信仰」這獨特的領域中，應享有和應珍惜其自身的主權！其
實海德格早於馬堡大學任教之初，便已有類似的見解：「神學的
真正職責，從來都是：去尋找一種語言，這語言必須能喚起信
仰，並讓人安於（bewahren）這信仰中。」[44]甚至到了三〇年代

---

41 GA-09: 68. „Anhang: Einige Hinweise auf Hauptgesichtspunkte für das
    theologische Gespräch über »Das Problem eines nichtobjektivierenden Denkens
    und Sprechens in der heutigen Theologie«".

42 "Phänomenologie und Theologie", GA-09: 69.

43 "Phänomenologie und Theologie", GA-09: 77.

44 Hans-Georg Gadamer, "Die Marburger Theologie," in *Gesammelte Werke*, 3

中葉的《形而上學導論》，海德格還苦口婆心的站在神學的立場進言，教神學不要過分倚賴哲學，甚至說在原始信仰的眼中，哲學探求的方法對於神學其實並不相應，甚至應被視為一些「愚昧」（Torheit）。至於所謂「基督教哲學」（christliche Philosophie）這回事，在海德格看來，根本就是「牛頭不對馬嘴」（hölzernes Eisen）般的一種誤解[45]，甚至比「方的圓」更為荒謬！[46]

　　海德格這種態度，可說為基督教神學中所謂「信仰的跳躍」（Leap of Faith）留下了活路。在西方，這問題的意識濫觴自尼西亞前期教父土特良（Tertullianus），而大盛於近世的祈克果（Kierkegaard）。不過，在這個問題上，這階段的海德格似乎最受馬丁‧路德「因信稱義」的影響，海德格指出「信仰」乃一自足的和應有自己特性的論域，其實是在重申路德對深受亞里斯多德學說影響的經院神學的反擊。[47] 所不同者，是海德格當時已離開了宗教的陣營，而改為從哲學的角度出發。海德格提出「存活」才是更基本的論域，但由於仍要為宗教信仰留下餘地，乃有神學理論可借用哲學或現象學的原始現象（如存活）作為帶形式標示意味的「參照項」（而非「指引項」）之說，究其緣由，可謂煞費苦心。當然，對海德格來說，從神學自身的角度看，其應如何處理信仰之為信仰的實質內容，便得要神學中人自己去承擔，哲學提供的既只是一「形式」的標記，而非一「實質」的論斷，則從這裡開始，便再不應置喙。正如有一回學生於課堂上問

（Tübingen: Mohr, 1987），p. 197.

45 *EiM*, GA-40: 9.

46 *Nietzsche II*, GA-06.2: 132.

47 參見 McGrath, op. cit., p. 151.

及相關議題時，海德格曾回答說：「我們要尊重神學，便要對於它保持緘默。」[48]

五、晚後海德格對神學態度的轉趨嚴苛

總的而言，到了《存在與時間》前後的階段，海德格雖然肯定已從神學完全轉入了哲學，但他對神學的態度其實還是相當友善的，他在堅守哲學的本位之餘，還是衷心地為神學的自主性護航。就此而言，他似乎遵守了當年對柯瑞比斯神父許下「不會做過分苛評的叛教者」的諾言！不過，隨著歲月推移，特別發展到了後期，海德格對基督教信仰的態度轉趨嚴苛。但我們別以為海德格是特別與基督教過不去。如眾周知，在《存在與時間》的著作過程中，海德格的思想面臨重大的理論困擾，以至要改弦易轍。總而言之，他對西方哲學傳統自古典希臘以來的形而上學思維日益排拒。海德格最不滿的，是西方的形而上學只知慣性地於萬有中標舉某一最高存在者以解釋一切和宰制一切。至於神學，海德格雖有意為其劃出一基於「信仰」的自足的領域，但神學傳統實際的發展卻令海德格大失所望。其最失望之處，在於神學中人言之鑿鑿的「創造神」（Schöpfergott）在海德格眼中不外也是由人不自量力地製造出來的又一最高「存在者」（GA-65: 111）。海德格很清楚指出：「上帝是人類不真實的杜撰」（GA-31: 136）。海德格認為這無疑是對假想中的上帝〔和對存有（Seyn）〕最大的僭越。基於這一點，海德格認為西方傳統形而上學和基督教神學其實骨子裡都在秉人之微力去打造某一「最高存在者」，

---

48 參見 Safranski, op. cit., p. 162.

即都是某一意義的「存在－神－學」（Onto-theo-logie），故只是
五十步與百步之別。海德格這一態度，在去《存在與時間》一書
不遠的 20 年代末還不太顯著，但到了後來便愈見明晰！例如在
30／40 年代的《尼采》論集中，海德格甚至說：「直接地藉著
以基督教國度對 ego cogito 底自我確定的實在性的取代
（Umwendung），或間接地藉著以基督性對存活概念作出決定性
的收緊（Verengung），都進一步印證了基督教信仰是如何地吸納
了形而上學的基礎，和如何藉著這一番塑造把形而上學打造成為
西方文明的祭酒。」[49] 海德格這番話無疑在宣稱，西方哲學中的
形而上學傳統與神學傳統表面上互為水火，實際上是暗通款曲、
互相影響、互相倣效，攜手做成了西方文明的危機。

　　海德格自二〇年代末對基督教的態度日趨嚴苛，其實和他對
歐洲文化整體的理解有關。在 1932 年的《西方哲學的開端》課
程中，海德格便曾一竹篙地把羅馬文明、猶太文明和基督教文明
都棒打為對遠古希臘哲學開端（即所謂「第一開端」）的歪離與
扭曲。（GA-35: 1）如前所述，海德格認為基督教參與了傳統西
方哲學的形而上學的進路，另一方面也不滿天主教或基督新教藉
著種種教條的建立，助長了西方文明深層的「機栝」的形成。在
晚近出版的《黑色筆記本》中，海德格甚至把傳統神學，特別是
天主教教會視為與西方自柏拉圖以來層層積壓下來的攫奪文明如
出一轍。例如直指「天主教」（Katholizismus）的本質根本與基
督性（Christlichen）無關，也不盡在乎教會建制（Kirchlichen），
而在乎 καθόλον。查這個 Catholic 一語所由出的希臘字的本義正
是「普遍」，也同時是「整體」（das Totale）。故海德格指天主教

---

49 *Nietzsche II*, GA-06.2: 471-472, 476, 480.

會的宗旨其實在於「全民控制」（über das Ganze herrschen）云云。
（GA-95: 325） 在談及以飽學知名於世的耶穌會（Jesuits）時，
海德格卻指其無異於「專制國家的苛政」（Gewaltherrschaft des
autoritären Staates）（GA-96: 235）。換言之，基督教對於海德格
來說，其實也是機栝底「暴力」的一個重要體現。在遺著 *Vier
Hefte* 中，海德格甚至認為舊約聖經中號稱「唯一」的，而且不
能忍受其他神祇與之並列的上帝的想法，根本自絕於「神聖」這
領域之外，並認為這樣的神只會是一「暴君」，和「只會是人世
間所有獨裁者的榜樣」云云！[50]

　　雖然說海德格對基督教的態度轉趨嚴苛是他的思想經歷了
「迴轉」（Kehre）以後的事，但從一長遠的尺度看，這一發展其
實早見端倪。在距《存在與時間》和〈現象學與神學〉不遠的
1928 年的一個談論萊布尼茲的論集中，海德格重點地處理了現
象學中極重要的「超越性」概念（Transzendenz），並藉此再次
「側及」神學與哲學的分際問題。在這論集的一個腳注中，海德
格首先重申了哲學或現象學比神學更為根本的立場：「超越性這
疑難必須追溯到時間性和自由的問題上察看，只有這樣才可顯
出，那種把存在視為令人震懾者或神聖者的理解，到底和超越性
這個於存在論上迥然不同的議題有何相干。整件事的關鍵根本不
在乎從存在者的層次證明上帝的『存在』，而在乎把這一存在理
解（Seinsverständnis） 循 此 在 的 超 越 性（Transzendenz des

---

50 海德格 *Vier Hefte* 已於本書殺青前於全集本的第 99 冊出版，亦被列作《黑色
　筆記本》的一部分。在本章寫作過程中，其雖尚未面世，但海德格已曾多次
　提及。上述論點轉引自業師蒲格勒著作。Pöggeler, *Heidegger in seiner Zeit*,
　op. cit., p. 15.本書二刷時終於得見*Vier Hefte*原書，GA-99: 116.

Daseins）……去說明……。」[51]這番直接挑戰西方歷來上帝存在論證的話雖已相當尖銳，但仍可視為海德格《存在與時間》時期的一貫立場，但接下去，我們赫然讀到以下一段極帶震撼性的論述！且看 1928 年的海德格如何站在哲學的角度向神學施放冷箭：「在這〔學期的〕講論中，我故意把這些議題略過，因為在宗教情操（Religiosität）已變得極度虛假的今天，那辯證的幻妄已極為嚴重。〔我〕甘願承受無神論這一廉價的指責，況且在存在者的層次上這指責確有其道理。〔問題是，〕於存在者層次上，所謂對上帝的信仰，歸根究柢而言，豈非等同目中無神（Gottlosigkeit）？與那些一般的信徒比起來，或與某一『教會』的追隨者比起來，又或甚至與每一種宗教信仰的『神學家』比起來，那真正的形而上學家豈非更有宗教情操（religiöser）？」[52]

六、海德格與基督教：誰才是「目中無神」？

這到底是甚麼一回事？此中，海德格竟然指責基督教對上帝的信仰是「目中無神」！從常識的觀點看，這不是匪夷所思嗎？回溯德爾佩和斯坦因等基督徒固曾抨擊海德格的「此在」乃「目中無神」，這些指責出自 30 年代中，真想不到海德格似乎早有先見，並早於 20 年代末已就有關問題作了釜底抽薪的絕地反擊。當然，基督教指責海德格「目中無神」是完全可以理解的。相反地，海德格指責基督教「目中無神」便不能按常理去揣度，那麼，海德格對基督教這項批評，應如何解讀？

51　*MAL*, GA-26: 211.

52　同上。

在 1928 年的萊布尼茲論集中，海德格這一項指責，似乎只在針對基督教而發，當其時也，他對西方形而上學傳統還沒有後來的排拒，故在上引腳注中還對「真正的形而上學家」有所期待。但到了 1942/43 年一部論巴門尼底斯的論集中，我們終於看到，海德格同樣以「目中無神」或「無神論」等用語對西方的形而上學傳統提出如下指責：「所謂『無－神論』或正確理解下的『目中無神』（Götterlosigkeit），其實就是存在遺忘（Seinsvergessenheit）；這意義的存在遺忘自希臘文化沒落以後，一直把西方歷史震懾著，並且成為了西方歷史自身的根本面貌。從存在歷史冉冉展開的理解下，『無－神論』並非一般人設想那樣是自由思想家狂囂的結果。『無－神論』並非趾高氣昂的哲學家的觀點。『無－神論』絕非共濟會的機括那令人遺憾的怪胎，這一意義的『無－神論』本身已經是『目中無神』的最後一口濃痰。」（GA-54: 166-167）

正如前述，海德格批評傳統形而上學，並予之定性為「存在-神-學」，而「存在-神-學」之為病，顧名思義，就是形而上學家們以為仗人類之理解能掌握一最高存在，無論所指的是主體，抑是權力意志。因為這麼一來，形而上學無疑是打著無神論的旗幟去擅自打造了各式各樣的「神」，並同時把「存在」擱置一旁，和予以遺忘。對於海德格來說，這也是一種「目中無神（存在）」。當然，「存在-神-學」的指責，其實也同時適用於西方的神學。在 30 年代末論尼采的一篇文字中，海德格提出指責：「對神最大的打擊，並不在於指出神無法被認知，或指其存在無法被證明，反而在於把神視為確實存在和給提升為一最高價值。」對海德格來說，這一記對「神」最狠心的痛擊「並不來自一般沒有宗教信仰的旁觀者，反而是來自信眾和來自神學家」。

他極力批評道，把神解讀為最高價值其實「並沒有從存在去設想」。這種動輒無視存在的奧祕而放言能掌握一最高的存在者的態度，海德格除慣常地評之為「存在遺忘」外，更批評說，「如一旦介入神學的領域去，便無異於根本意義的瀆神（Gotteslästerung schlechthin）」。[53]

　　在 1997 年才出版，並堪稱《哲學論集》姊妹作的《深思集》（*Besinnung*）中，海德格有以下一段關於基督教神學更為徹底的話兒：「即使基督教的上帝也是偶像崇拜的產品，雖然基督教神學一向對經由偶像崇拜而生的神祇大力撻伐。」（GA-66: 239-240）話說把基督教的上帝崇拜視為偶像崇拜這種的講法，本來並不稀奇，因為一般世俗的無神論者也常這樣說。但海德格的重點其實並不在此，而在於他就基督教偶像崇拜所作出的解析：他認為基督教—猶太教上帝並不以某一種具影響力的原因〔按：如太陽、海〕為偶像，而是「把原因本身當作為偶像」（Vergotterung des Ursacheseins als solchen），也即「把有解析性的象表本身當為偶像」（GA-66: 240），他甚至把基督教的上帝描繪為「解析的工具」（Mittel des Erklärens）（GA-66: 239）。這說明了為何海德格把傳統神學與形而上學，甚至旨在解析一切的科技機括視為一丘之貉，這亦預示了他晚後「等待」的「終極神明」是怎樣地必須是和存在一般地無因可喻，和如何地無可解析，而只能虛懷領受！這如何說起呢？

　　後期的海德格既然以「目中無神」或某一意義的「無神論」對傳統形而上學甚至神學作出指責，則他顯然是對某一意義的

53　"Nietzsches Wort 'Gott ist tot'," *Holzwege*, GA-05: 259-260. 本段所有引述皆由此出。

「神」予以肯定，而這正好說明了，何以海德格晚年於眾多著作中一再談論與「神」相關的議題！若果其所指的「神」又不能是基督教傳統下的「上帝」，則所謂的「神」應如何理解？就在上面提到的 1942／43 論集的引文中，我們既清楚的看到，海德格其實直接地把「目中無神」與他後期思想極力批評的「存在遺忘」等同，如果對這兩個概念作簡單的成素分析，我們幾乎可肯定的說，後期海德格談論的「神」，肯定和「存在」有關，但這是一種甚麼關係呢？

海德格於 1953 年的《通往語言之路》曾說：「若果沒有……神學的淵源，我或將永遠不會走上思想的道路」。[54] 他重申了 1948 年曾說過，和後來被多次引用的話：「我的哲學是一份對神的等待。」（Meine Philosophie ist ein Warten auf Gott）。[55]

基於種種原因，論者如考夫曼（Walter Kaufmann）曾經認為：「海德格的存在是上帝的影子之一，除非我們認清這一點，並注意到他如何以『存在』取代『上帝』，否則其中許多段落都難以理解。」[56] 但我向來認為，考夫曼這一說法如當作海德格的理論淵源的一種解釋來說，雖還有一定道理，但我們卻絕不能據此把海德格《存在與時間》中的學說比擬為某一意義的基督教學說，因為這樣只會把《存在與時間》一書的發生歷程與其理論的本質混淆。

---

54 *USp*, GA-12: 91；*Der Spiegel*, 20, 1972, pp. 146-149.

55 同上，這話引見 Helmut Kuhn, *Begegnung mit dem Nichts. ein Versuch über die Existenzphilosophie*（Tübingen: Mohr, 1950），p. 151.

56 Walter Kaufmann, *Nietzsche, Heidegger and Buber. Discovering the Mind*, Volume 2（New Brunswick/London: Transaction Publishers, 1992），p. 185. 引見梁家榮，〈《存在與時間》的基督教源頭〉，會議稿件。

　　因此，考夫曼「存在乃上帝的影子」這說法頗有誤導的成份，實有釐清辨惑的需要。首先，所謂「影子」只能是一種隱喻的說法，其實際所指根本不能有嚴格的斷定。考夫曼大不了只能意會海德格的「存在」議題脫胎自神學中的「上帝」議題，或二者有某一種遙遙的理論對應，但除此之外，絕不能憑此區區一語證成二者之間有進一步的等值關係。事實上，海德格在《存在與時間》書中起碼在好幾個提及基督教神學的篇章裡，都顯出一種批評和劃清界線的態度。[57]就這一點，海德格自己在《論「人文主義」書簡》一長文中有更清晰和更直接的表述：「然則所謂存在是甚麼一回事？它就是它自己。未來的思想所最需要的，正是要經歷這一點和道出這一點。『存在』—它並不是上帝，也不是世界的基礎。」[58]

　　誠然，海德格後期思想中，上帝的「影子」一再的重現。除了談「四合」時將要出場的天地人神外，在 1936-38 年間的重要著作《哲學論集》（*Beiträge*）一書第七章也是最後一章「終極神明」（Der letzte Gott）這題目下，海德格加了一句篇首語：「與

---

57 *SZ:* 48, 49, 229.

58 見 Heidegger, *Brief über den "Humanismus"*,（Bern: Francke, 1947），p. 76. 原文為：*"Doch das Sein — was ist das Sein? Es ist Es selbst. Dies zu erfahren und zu sagen, muss das künftige Denken lernen. Das ‚Sein' — das ist nicht Gott und nicht ein Weltgrund."* 類似的口吻早見於 1922 年的亞里斯多德講稿，*Phänomenologische Interpretationen ausgewählter Abhandlungen des Aristoteles zu Ontologie und Logik*, GA-62（Frankfurt/Main: Klostermann, 2005），p. 230（Das Sein - im ‚es ist' - ist das Worauf des hinsehenden Umgangs schlechthin; es hat keinen Sinn, nach einem Woraus zu fragen. Es ist es selbst als *das* Sein und es bedarf dann keines *Daraus*.）

既往的〔上帝〕迥異，甚至與基督教的〔上帝〕迥異」。[59]在這一關鍵上，我們不能不撫心自問，這意義的「終極神明」或「最後的上帝」除了不可能滿足宗教人士對那能帶來救贖的上帝或神明的期待之外，其實對已是哲學家身分的海德格可以有甚麼內涵呢？誠然，海德格畢生一再承認自己對神學傳統有一定的歸屬感，甚至認為現代哲學中的費希特、謝林、黑格爾，甚至康德都有作為神學家的一面。[60] 事實上，現代西方哲學自笛卡兒以降，哪一位哲學家不曾談論過上帝！只是，他們談論的顯然都不是一般信仰者心中渴求的上帝，晚期的海德格談論的神，除了肯定不是基督教的上帝外，與傳統西方哲學家筆下的「神」也不可共量！然則他所「等待」的「神」是甚麼的一回事呢？

七、從「隱匿的神」到「隱蔽的存在」

筆者常覺得，無論是海德格早期的「存在」，還是其晚期論及的「神／上帝」或論存在的「真相」（Wahrheit des Seins），從理論色彩上看，都可能是海德格從馬丁‧路德（Martin Luther）的「隱匿的神」（deus absconditus, hidden God）概念取得靈感，再加以哲學的轉化而成的。路德在許多諸如《海德堡駁議》的場合中都曾談論過有關問題。[61] Absconditus 是拉丁文動詞 abscondo

---

59 *Beiträge*, GA-65: 403.

60 見 Heidegger, *Phänomenologische Interpretationen ausgewählter Abhandlungen des Aristoteles...*, ibid., p. 7.

61 參 見 Martin Luther, *Heidelberg Disputation*（Disputatio Heidelbergae Habita）, 收 錄 於 Gerhard O. Forde, *On Being a Theologian of the Cross. Reflections on Luther's Heidelberg Disputation, 1518*（Grand Rapids/Cambridge, UK: William B.

的過去分詞，後者有覆蓋、隱藏、掩埋、祕而不宣、和隱瞞等意義。[62] Deus absconditus 或 hidden God 概念的主要精神是指：神之為神也，本就常要隱藏其自身。此外，所謂「神」是完全踰越了人類理解的尺度的，即使說天啟（Offenbarung, revelation）讓人得「知」其存在，世人由此而能掌握到的神（即「天啟神」deus revelatus），也只是一鱗半爪的、片面的、而非全部的，而且其所得之一鱗半爪，也往往是最超乎世人想像，最撲朔迷離，和最難以理解及言詮的。換言之，即使有上帝，其於顯示其一鱗半爪的同時，即隱藏了自己。更有進者，天啟這回事本身也是隱匿的，和是無從徹底追根究柢的。回想海德格論存在的真相時，便正指出，真相的揭示（去蔽），正好便是以隱蔽的方式達成的。故所謂「作為去蔽的真相」（Wahrheit als Unverborgenheit）實可與對他曾有重大影響的路德的「隱匿的神」比觀。對傳統神學來說，上帝的「隱匿性」不外反映了人的有限性，但對後期海德格而言，他還更進一階地，在堅持人的有限性之餘，還宣稱了「存有」（Seyn）或上帝的有限性。這一級別的「有限性」，由於關及存在和上帝，顯然不能從一些屬世的性質的「缺乏」（privation）去談論，歸根究柢而言，還是只能設想為某一意義的「隱匿性」作為一無法言詮的奧祕。總而言之，當後期海德格

Eerdmans Publishing Co., 1997），theses 19-22, pp. 72-95. 海德格深受馬丁·路德的影響，是學界的共識，但在海德格存世的著作中，卻未見海氏徵引路德就「隱匿的神」的見解。反而見到海氏曾粗略地提及更早期的古撒努斯 (Nicolaus Cusanus) 的 *De Deo Abscondito* 一書 (GA-67: 173)。在路德以後，最能把「隱匿的神」觀念強調的要算巴斯噶。參 Blaise Pascal, *Pensées and Other Writings* (Oxford: Oxford University Press, 1995), p. 81, 140, 148.

62 *Oxford Latin Dictionary*（Oxford: OUP/Clarendon, 1968），pp. 10-11.

談及神／上帝時，他所指的再不可能是主流基督教信仰中那充滿圓實和應允救贖的上帝，而是把路德的 deus absconditus 概念化和哲學化後的一「無狀之狀」的，和仍只占一席虛位的「上帝／存有」。

當海德格論及「存在」作為一個「長久以來被沿用的、饒富意義的、但今天已成為陳腔濫調的用語」時，卻慎而重之地說「存在⋯⋯正是需要人類才可得以啟示（Offenbarung）、得以保存（Warung）、和得以形成（Gestaltung）」。[63] 此中我們看到，海德格摒棄了基督教信仰之後，不但仍時刻把「神」的問題宣之於口，更在談論「存在」時，把向來用於描述基督教「人神關係」的謂語如「天啟」（Offenbarung, revelation）都倒轉過來用於「存在」與人的關係上去！晚期海德格的「存在」類似於基督教的上帝但其實又迥然不同，此又一證。[64]

那麼，後期海德格所期待的上帝或終極神明可以是怎麼一回事呢？而這終極神明與「存在」又會是怎樣的關係呢？面對這一問題，我不禁首先便想起巴斯噶（Blaise Pascal）那縫在大衣內而且膾炙人口的座右銘：「阿伯拉罕的上帝，以撒的上帝，雅各的上帝，而非哲學家們的上帝⋯⋯」。巴斯噶這句話明顯地是要表達其對宗教的認同遠多於哲學。今或可設想，若海德格也要於大衣內縫一句格言，他會怎樣寫呢？會不會是：「非阿伯拉罕的上帝，非以撒的上帝，非雅各的上帝，更非哲學家們的上

63　*Der Spiegel*, 23, 1976, p. 209.

64　在西方漫長的思想史中，比馬丁・路德更早的尼古拉・古撒努斯（Nicolaus Cusanus, 1401-1464）就有關議題亦透露了同樣的洞見。古撒努斯見知於後世的理念，從其著作《飽學的無知》（*De Docta Ignorantia*）這名目可以得見。

帝……」！就這一議題，業師蒲格勒即作了如下的按語：「巴斯噶駁斥了哲學家們的上帝，然而作為現代之殿軍的海德格卻把神、人之間持續的辯證張力又再顛倒過來，因為海德格的思想已踰出了形而上學的樊籬。藉著把上帝的問題定性為關於最高存有的問題並予以撤回，海德格離開了這一形而上的傳統。沒錯的，思想是可以建基於一最高存有之上的，但思想也必因而要把自身的力量交託給這最高存有，並因而終將使其自身消解。海德格就是要避免這一種必然性。他再不談論上帝，而只談論存在。而且再不就這一存在的內容置喙！」[65] 蒲氏這番話，堪稱我認識的有關海德格與神學轇轕問題最有洞見的解說！

海德格雖謂一生在期待著神，但分別對神學和哲學都不滿意的他，其面對的困惑，在西方傳統，亦堪稱罕見。海德格在神學與哲學兩傳統的狹縫中左右突圍，故他談論的 Sein 大不了只是神學中的上帝的影子而非上帝本身，而他在思考 Sein 問題時，只能「虛立」之，而不能「實說」之。他的《存在與時間》一書的著作計劃終於要中途放棄，便正因為海德格在著作過程中才漸漸意識到以人的「時間性」去解釋存在的做法還是離不開傳統形而上學語言的窠臼，和還是把存在定得太「實」。到了《存在與時間》著述計劃終於宣告放棄，後期的海德格卻又改弦易轍，並重新檢拾起已被了解為造化的「存在」的探求。但他再不從人的角度去解釋存在的造化，而以種種表面上進路不同，但骨子裡其實同一的名相去直指這冉冉漫衍的「存在」如何承載了人和世

---

65 參見 Otto Pöggeler 為 Walter Schulz 專著 *Der Gott der neuzeitlichen Metaphysik*（Pfüllingen: Neske, 1957）撰寫的書評。*Philosophischer Literaturanzeiger*, Vol. 11, No. 8（1958）, pp. 337-341.

界，和如何於承載的同時，也遮撥了存在的「真相」，和導人於參與了普世之機栝的塑成。在這一種所謂「同一性思維」的開展中，海德格除了堅守不踰越人之有限性外，更放言存在本身無因可喻的有限。後期海德格特別強調要重新思考「真相」問題（Wahrheit, aletheia），他認為「真理／真相」的冉冉揭示，一方面既是「去蔽」（Unverborgenheit），但同時也是自行「隱蔽」（Verbergung），端的是神龍見首不見尾，這種解釋下的真相，終究而言，其與 deus absconditus 這概念之意向對象雖然不同，但用心幾乎是如出一轍。

八、海德格論第一開端以前的希臘天神

海德格那「一份對神的期待」既不能寄望於形而上學，也不能寄望於傳統神學，則對他來說，似乎只剩下兩條可走的路：一是「返本」，二是「開新」。這兩條路他分別稱作「第一開端」（erster Anfang, first beginning）和「另一開端」（anderer Anfang, other beginning）。前者就是要返回西方哲學未墮落的先蘇格拉底哲學思慮和古希臘悲劇時期如在《安提戈涅》（Antigone）中所展現的人與存在仍有緊密聯繫的世代之中；而後者則實指海德格借荷爾德林（Hölderlin）或特拉克爾（Georg Trakl）的詩意世界而希望重新貫徹的一種新的生活態度。而最有趣的，是無論是第一開端或另一開端的思想中，海德格都讓一些「另類」的神祇登場。只不過，對於早已不是一般意義的基督徒的海德格，他之所以依然談論諸神，只是因為神或上帝一語表徵著人對世界、對存在一般的「根源性」（Herkunft）這一終極的寄懷。

首先，海德格認為，先蘇格拉底諸哲人大都深諳存在之理，

並認為連更早的希臘神話亦與「存在」相鄰。他認為希臘人「既不會把天神擬人化，也不會把人類擬神化」（GA-54: 162-3），而都以自然為師。因為在古希臘人的思維中，天神和世人都是廣袤宇宙的一部分，都被存在所覆蓋。我們只要稍查考希臘的神祇，不難發現其幾都是一些自然力量的化身。而希臘神話中諸神之間或神人之間的矛盾其實都可追溯到自然力量的角力與消長，及其對人世的影響。最經典的例子是冥王 Hades 擄走 Persephone，令後者的母親也即掌管農作的 Demeter 因悲傷而怠職，造成大地失收，終於逼使 Hades 容許 Persephone 每年春天「歸寧」的故事[66]，而這神話實關乎四時運化。故海德格一再暗示古希臘的天神起源論（Theogonie）與宇宙起源論（Kosmogonie）兩問題其實息息相關。（GA-28: 356; GA-27: 384）海德格更說：「希臘神祇與其他神祇（包括基督教的上帝）最大的分別，是希臘的神祇都出自冉冉漫衍的存在，因此之故，即使『新世代』（即奧林匹克諸神）與『舊世代』的神祇[67]之間的鬥爭其實亦處於存在的運化當中……。在同樣的運化整體中，希臘的神祇正如人類一般，在造化安排（Schickung）面前，是同樣地無力與之抗衡。命運之神 Moira 同時掣肘著諸神與眾人；相反地，在基督教的理解下，一切造化皆出自作為創造者與救贖者的上帝的神聖『旨意』（Vorsehung, providence）。而作為創造者的上帝也同時對一切受造的存在者作出駕馭和計算……」[68]。總言之，海德格認為希臘的神統思想更能與他心目中的「隱匿的存在」相契合。由此更見其思想歸趨與基督教愈離愈遠。

---

66 此即希臘神話 Rape of Persephone 故事所本。

67 指宙斯（Zeus）系譜之前的 Ouranos 世系及 Chronos 世系諸神。

68 Heidegger, *Parmenides*, GA-54: 163-164.

九、海德格論另一開端下的「天地人神」

　　所謂「另一開端」，其實可了解為海德格鑑於現代文明經歷存在史底機栝的「暴力」以後，意圖於今日的世代為人類尋回一可與遠古希臘第一開端相比擬的精神世界，其目的是要「為人性的本質帶來歷史性的轉化」（GA-96: 65），而另一開端正是要體現這個轉化的「抉擇時刻」（GA-96: 66）。凡此一切，海德格在《黑色筆記本》中都說得很清楚。這一個歷史性轉化的關鍵，正是要處理現代文明「目中無神」的問題。我們較早指出，海德格對基督教傳統最不滿的，就是其「目中無神」，今其於另一開端中其實要重新訂立某一意義的「神」，雖然此刻要訂立的已絕非基督教的上帝。除了《哲學論集》中提到，但後來被海德格自己存疑的「終極神明」或「最後上帝」外，最能反映後期海德格構思中的「神」及其與存在思維一般底關係的，要數「四合」概念中的「天地人神」構想。但無論是前者或是後者，可以肯定的是，後期海德格談論的「神」不再是宗教世界的人格神，而乃他亟期待於人世間重新燃點起來的對神聖經驗的尋求，其目的正就是要對治人世間曠日持久的「目中無神」之患。

　　「四合」（Geviert）一詞首先出於 1950 年 "Das Ding"（The Thing）一講演。這其實是海德格用以說明 Ereignis 的一種說法。[69]但這一構思可追溯至 1936 年前後的《哲學論集》（*Beiträge*）。其中，海德格先有善蘊藏的「大地」與善發用的「世界」並列這一對立，再有「凡人」與「諸神」這另一對立。兩雙

69　在海德格 12-Dez-1958 回覆蒲格勒的信中，海德格特別強調「本然必須循四　　合的漫衍去設想」（Das Er-eignis ist aus dem Wesenden des Ge-viertes zu　　denken.）

薈萃，即構成了對 Ereignis 的設想。海德格書中甚至有圖如下
（GA-65: 310）：

$$\text{Mensch} \quad \begin{pmatrix} \text{Welt} \\ \uparrow \\ \leftarrow\text{E}\rightarrow \\ \downarrow \\ \text{Erde} \end{pmatrix} \quad \text{Götter} \quad （\text{Da}）$$

這個「圖式」中間的 指向四方的 "E"，應指（E）reignis 或
即「本然」無疑。[70]這個圖式到了 50 年代，終於發展為 Geviert
概念，所謂四合實由：天空（Himmel）、大地（Erde）、具神性
者（Göttlichen）、可腐朽者（Sterblichen）合成；為方便起見，
合稱時我們可簡言之為「天地人神」。[71]此四者不能單獨構成議
題，而存在於一「共屬」的關係之中。其中，「天」取代了原始
圖式中的「世界」，而動詞意義的「世界」（Welten）則成為涵蓋
四合的冉冉漫衍的本然。我們可據《哲學論集》中的圖式稍加修
訂，把四合圖示如下：[72]

$$\text{Sterblichen} \quad \begin{pmatrix} \text{Himmel} \\ \uparrow \\ \leftarrow\text{E}\rightarrow \\ \downarrow \\ \text{Erde} \end{pmatrix} \quad \text{Göttlichen}$$

海德格「四合」的德文表述方式，除了最常見的 Geviert

---

70 圖式旁邊括號中的 Da，指的是 Ereignis 實乃人、神等言說得以展現的「中間」
   場域（das "Zwischen"）。由 Da 衍生的 Da-sein，指的再不是《存在與時間》
   中的「此在」，而逕與解作「本然」的存在同階。

71 「人、神」或「神、人」之枚舉次序於海德格文本中時有差別。

72 關於兩個圖式先後的關係，參考了 Jeff Malpas, "The Thinking of World:
   Exploring the Significance of Heidegger's Later Philosophy," Yu Chung-Chi ed.
   *Phenomenology 2010 Volume 1: Selected Essays from Asia and Pacific
   Phenomenology in Dialogue with East Asian Tradition*, Zeta Books, 2010.

（fourfold）外，有時稱之為 Vierung（fouring）。從純粹的語法觀點看，作為過去分詞的 Geviert 和作為動名詞的 Vierung 都應出自 vieren 這一動詞。Vieren 這動詞德語古已有之，本解作「分作四份」或「四分」。[73]但海德格構思 Geviert/Vierung 時，卻反其道了解為天地人神的「四合」，即循四者之「薈萃」（Sammlung）去理解。四合概念的提出，讓海德格取得了一個可同時處理 Ereignis / Welt / Ding（Thing）/ Bauen/ Wohnen 等一系列問題的「同一性」理論平臺。

四合牽涉的天地人神四方的具體關係這問題，海德格的說法實帶有一定的神祕色彩。「四合」這個概念，在後期海德格思想中，理論牽涉甚廣。要了解其玄義，最重要的關鍵是「薈萃」。

所謂「薈萃」（Versammlung）是後期海德格經常祭出的「法寶」。要說明「薈萃」對後期海德格思想的意義可分兩層面解說。首先是從字源學上看，再而就理論上看。海德格談論「事物」（Das Ding）的字源是一大關鍵。德文 Ding, 或英文 thing 這兩個詞，一般人都按常識解讀為一些「物件」，甚至是一些死物。但海德格一如慣常地從語源的角度把西方傳統直到康德對 Ding 作為事物的理解先予懸擱，以便把 Ding/thing 作為「薈萃」的根本意義還原出來（GA-07: 175）。其實，無論從古高地德語（thing, ding），從古英語（þing），或古諾斯語（þing）來看，Ding/thing 最初皆指民眾為議事而集合的聚會。[74] 從歷史看，可

---

73 這一點，求諸格林德語字典，即可得證。參見 *Grimms Wörterbuch*, Vieren/ Geviert 條。

74 *Oxford English Dictionary*, Vol 3, p. 308. 又見 Richard Cleasby and Gudbrand Vigfusson, *Icelandic-English Dictionary*（Oxford: at the Clarendon Press, 1874），p. 18.

追溯到 930 CE 的冰島國民議會，在冰島語（屬古諾斯語系）即為 Alþingi，而且這個名稱一直用到今天。[75]由此看，海德格把 Ding/thing 解作 Versammlung, 和我們譯為薈萃/gathering，是完全有理可據的。

基於 Ding/thing「集合」之原義，其後來乃被引申為集合時要處理的事件或議題，至於再引申為「事物」則更是後話。由此可見，即便今天德文的 Ding 或英文的 thing，除了一般解的「事物」外，更可指「事情」，如 to handle things[76], to settle things… 等，而 things 與「集合」有關的原義益顯。

從理論上看，「薈萃」宣示了在某一場合中看起來是一孤立的「物」或現象其實是由眾多彼此相關的條件匯流而成的，而且這些條件彼此相關，並且共屬於一更原始的現象，在海德格而言，這通常便是存在。海德格曾把諸如「橋」、「壺」等事物之所以「成物」，解釋為存在（本然）漫衍下天地人神「薈萃」之所。薈萃是一個從宏觀處看事物背後的「同一性」原則的心法。它有一點像黑格爾的思辨原則（speculation），所不同者，是黑格爾的思辨建基於絕對理性，而海德格言下之「薈萃」及其背後的同一性緣由則無法以理說明，而只能當作一無理可喻的「絕壑」（Abgrund）去被接納、領受，甚至感懷。

在《論藝術之起源》和同期著作包括《哲學論集》中，海德格曾把世界與大地 Welt-Erde 相對而論（GA-65: 310, 410），但後

---

75 今天冰島的國會仍叫 Alþingi，首都雷克雅未克（Reykjavik）市中心的實體國會大樓即叫 Alþingihús。日耳曼語 "þ" 一般讀作 "th-"，故冰島人如以英語談及 Alþingi 時，一般直譯成 "Althing"，其「全體集合」或 Vollversammlung 之義呼之欲出。參 Cleasby/Vigfusson, *Icelandic-English Dictionary*, ibid., p. 736。

76 海德格即以這句式為例（*VA*, GA-07: 177）。

來似乎漸漸把「世界」的觀念擴大到成為存在整體的代稱，或用作體現存在的四合的代稱。1950 年〈語言〉一文中有一句話，直把「物物」（Dingen der Dinge, thinging of things）、「四合」、「天地人神」等議題以一最言簡意賅和「一爐共冶」的方式作了很全面的表述，最後並以「世界」總其成：「我們把那於物物中盤桓的諸相和以天地人神合而為一的四合總稱之為世界」。（*Wir nennen das im Dingen der Dinge* verweilte einige Geviert von Himmel und Erde, Sterblichen und Göttlichen: die Welt.）（*Usp*, GA-12: 19）

　　海德格論「四合」，有時會用「交叉」（Durchkreuzung）或「鏡象遊戲」（Spiegel-Spiel）去說明。所謂交叉，指的不外是天地人神薈萃的「焦點」。海德格多次表明，他有時於 Sein 之上加上「交叉」號而成的 S̶e̶i̶n̶（*ZSf, Wegmarken,* GA-09: 411），並非「刪除」（Durch-streichung）的意思，而指天地人神交叉薈萃而成四合之意。所謂鏡象遊戲，是指四合每一方都與四合的其餘三元素息息相關，如影隨形。對海德格來說，四合即就是存在冉冉漫衍而讓世界彰顯這一現象。以下一段引文最能把這一關鍵表達：「我們把那本然而然的鏡象遊戲稱為世界，這鏡象遊戲就是大地、天空、諸神、人間的歸一（Einfalt）。世界之漫衍，在於世界世化（Welt west, indem sie weltet）。這即是說：世界之世化（Welten von Welt, worlding of world）既不能循他者得以解釋，也不能由他者予以證立。」（"Das Ding" *VA*, GA-07: 181）[77] 而此亦無因可喻的同一性思維之又一經典發揮。

77　原文如下："Wir nennen das ereignende Spiegel-Spiel der Einfalt von Erde und Himmel, Göttlichen und Sterblichen die Welt. Welt west, indem sie weltet. Dies sagt: das Welten von Welt ist weder durch anderes erklärbar noch aus anderem ergründbar."

值得一提的，是上引文 "Welt west..." 一語中，「世界」除按同一性原則用了動詞 welten 外，竟還借用了「存在」的動詞 wesen，則對後期海德格來說，世界、存在，甚至本然，實指同一回事亦可以想見。

回溯海德格 1928 年論萊布尼茲講集中曾提出「世界門檻」Welteingang（world-entrance）一概念，要處理的其實就是「世化」Welten 的問題，但當時主要從 Dasein 之時間性切入，再輔以「何所入」（Wohinein）和 Ekstema 等概念（*MAL*, GA-26: 269）。後期言 Welten（世化）時，再不以人或 Dasein 獨尊，而從存有之漫衍（wesen）講起，並以四合說明世界之開顯，人或 Dasein 則被收納其中。而人之於存在，是名副其實的「居中偏側」了！

由於給「世界」一詞賦予了這麼宏大的意涵，海德格有時甚至把世界與四合二語揉合成為「四合世界」（Welt-Geviert），或把世界與鏡象游戲湊合而為世界游戲（Weltspiel）。如把上述眾多引文並列，則亦隱約可見 Die Welt weltet, das Ding dingt, das Ereignis ereignet 等議題其實暗裡相通。而對海德格而言，存在、世界、本然，實皆薈萃為「造化」一回之意義更顯。

十、世界作爲天地人神「四合」薈萃共屬的場所及人的定位

萬物與存在造化原是一體這一個理念，幾乎可說等同了後期海德格的全部關懷。因為造化就是最應關注的「現象」，而造化中萬象既為一體，所以也只能是「唯一」的。海德格後期現象學中要談的，也就是這唯一的現象。海德格這一種思維我們可舉以下幾個線索說明之：1）為了表達存在造化的唯一性格，海德格

德文有時用「唯一者」（Das Einzige）以表述之。2）有時說是那「單純的獨一」（Das schlechthin Singuläre）[78]。3）有時甚至用拉丁文「唯獨的單一」（Singulare tantum）[79]。4）Sach-Verhalt 概念：然而，由於這唯一的關懷其實是存在之「漫衍」與吾人之「領受」彼此同屬的「同一」現象，而此現象亦可自其「揭示」（Unverborgenheit）或「隱匿」（Verbergung）兩面看，海德格有時稱之為「相關實相」（原文是 Sachverhalt[80] 或, Sach-Verhalt[81]）。而其後期思想中的關鍵理念「本然」（Ereignis）亦不外是「相關實相」這「同一」的現象的另一種表達方式而已。[82] 5）Einfalt 概念：海德格後期提出「天、地、人、神」構成的「四合」（Geviert）世界觀，其目的正是要說明四者息息相關、彼此共屬，因此說到最後，還不過是四方面的同一個「元一」而已（Einfalt des Gevierts），因此這一理解下的「四合」仍是「唯一」的。[83]

天地人神這「四合一」，從海德格「思想」的角度看，並非四種各自獨立實存的存在物，而是存在造化中息息相關的痕跡而已，他們最終是甚麼？這個問題於存在的奧祕跟前，根本沒有終極答案可言。首先，海德格天地人神中的「人」，指的是「可歸

---

78 *Hw*, 318, GA-05: 545.

79 *ID*, 29, 54, GA-11: 45, 75.

80 *ID*, 22, GA-11: 38.

81 *ZSD*, GA-14: 24; *USp*, GA-12: 93, 150, 154, 165...

82 見 *ZSD*, GA-14: 24. 原文是 "...der Verhalt beider Sachen, der Sach-Verhalt, ist das Ereignis."

83 參見海德格 "Das Ding" 一文。原文非常精采。"Diese Vier gehören, von sich her einig, zusammen. Sie sind, allem Anwesenden zuvorkommend, in ein **einziges Geviert** eingefaltet."（*VA*, GA-07: 172, 176-177）

於腐朽者」（Sterblichen）的意思，就此而言，人無論一生如何
風光，其來自塵土，最終亦歸於塵土。海德格早在《存在與時
間》中便把拉丁文解人的 homo 循「泥土」（humus）去詮釋（SZ:
198）。就這一點，克魯格《德語字源詞典》即指出，拉丁文中
解作人的 humanus 一詞諸含義中有解作「塵世」（irdisch,
earthly）的一面，而這正是從解作土地和泥土的 humus（德文：
Erde）引申而得的。[84] 而基於同樣理由，希伯來文中，解作人（包
括其始祖在內）的 da Adam（亞當），亦與造人的泥土 ha Adamah
（האדמה）（Gen. 2:7）相通。[85] 海德格言下的「大地」（Erde），是
蘊涵無盡奧祕的，是最善蘊藏和最能包容的。

　　海德格有名的對四合的解說，即從「大地」開始：「物物延
綿於四合那油然歸一的混元之中，此歸一的四者即乃大地與天
空、具神性者與可腐朽者。大地躬身承載，並委曲成全，大地蘊
藏了水源與磐石，孕育了草木與鳥獸〔…〕。天空就是日邁月
征，是星光熒熒，是寒來暑往，是乍晦乍明，是連宵徹夜，是或
霽或晴，是陰霾密布，是萬里空明〔…〕。具神性者是〔向吾人〕
招手的神性信息，在神性的駕馭中其或顯示為神明，又或隱匿無
形〔…〕。可腐朽者即就是人，其所以名為朽腐，是因為人有一
死。死亡就是能有一死。只有人才有一死〔動物只會逝去〕，而
且只要人藏身於天地之間，和存活於神明之前，人便可有一死。

84　Friedrich Kluge, *Etymologisches Wörterbuch der deutschen Sprache*, 23. Auflage
　　（Berlin: de Gruyter, 1999），p. 387. "Das lateinisches Wort [humanus] wird als
　　‚Irdischer' zu einem Wort für ‚Erde'（humus）gestellt." 作者在構思有關概念的
　　相關性時，曾與吾友百里浩（Gerhold Becker）討論求證，並得結論有如上
　　述，此誌。

85　參見 David M. Carr, *An Introduction to the Old Testament. Sacred Texts and Imperial
　　Contexts of the Hebrew Bible*（Wiley-Blackwell, 2010），p. 85. On-line text.

〔…〕」（*VA* GA-07: 151, 179f）[86] 這段引文以大地的蘊藏開始，而以人的死亡告終。人由於與解土地的 humus 曲通，人之一死，最終其實又返歸於大地。在《黑色筆記本》最後出的一本中，海德格即就「死亡」問題作如下的表達：「死亡的本質：它乃存有之顯相的最高之隱密。」（GA-98: 127）[87] 海德格構思中「四合」的混元為一，由是可見一斑。在論述天、地、神、人四者時，海德格都說吾人必「舉一反三」地有所聯想，但未必便能深契此者四者實可歸一為同一造化（Einfalt der Vier) 的道理。而這四者的歸一，即就是海德格視為人類於世上得以穩妥地「棲居」的所在──即他所指的「四合」。換言之，所謂「棲居」就是「棲居於四合之中」。

海德格〈建造－棲居－思慮〉和〈物〉這兩篇文章重點雖然不同，但亦可彼此相通，且分享了許多理論元素，在論及物之成物這問題時，兩文都借用了橋（Brücke）、壺（Krug）等例子[88]，目的是要顯出，所謂「事物」不應只視之為一認知對象，

---

86 這段文字於 *Vorträge und Aufsätze* 的兩篇文章中重複出現，但文字稍有出入，可見海德格有多重視。中譯主要依據較晚出的 „Bauen Wohnen Denken" 一文，但也參考了 „Das Ding"一文。

87 原文為 :"Das Wesen des Todes: er ist das höchste Gebirg des Gelichtes des Seyns." 此中，海德格論可腐朽的人的死亡時，仍循 Seyn 去設想。句中 Gelicht（顯相）與 Gebirg（隱密）相對，意謂存有之開顯因人之死而復歸於隱密。

88 一般學者多舉海德格於 Das Ding 一文中 Krug 為例，以「四合」去解析人於世界中的存在處境這一意念，但其實早於海德格參與納粹的高峰時期已在醞釀類似的想法。在一次以校長身份對弗萊堡大學學生訓話的場合裡，海德格便借用對一位 1923 年因魯爾（Ruhr）法國佔領區中滋事而遭法國士兵射殺的 Freiburg 學生 Albert Leo Schlageter 的悼念而作出了近於「四合」的構想。（GA-16: 759-760）。此外，亦有論者如 Dieter Sinn 曾指出，在《藝術品的起源》文中海德格論及梵高（Vincent van Gogh）著名畫作「農夫的鞋子」時，

自然物固如是，甚至一般看似一製成品也不只是一技術性的對象。任一「事物」都可用以說明天地人神如何可於該物之上薈萃。我們要說明這論題，不必重複海德格舉列如壺或橋的例子。[89]大可借用海德格的口吻，自行演繹：且設想桌上放置著的幾隻蘋果：作為果品，蘋果吸收了大地的養分，因土質而長得饒富獨特果香，而其所由出的果樹又得到季度陽光和天時氣候的配合，乃使得這一造蘋果長得特別甜美。有老婦欣然購買了些蘋果，除因自己愛吃，還擬用這果品誠心供奉於其信奉的神明—佛陀—之前，以祈求神明庇佑。供奉完的蘋果，老太婆又會分發予兒孫，或餽贈親朋。在整個事件中，老太婆流露出的是烝民對神明的敬意，和世上人與人間的善意與祝愿。就在這幾隻蘋果中，天地人神都出場了，並且藉之薈萃為一。

海德格用類似這些例子，真正的焦點其實並不在某出場的「物」，也不全在天地人神這四合之上，而在乎四合背後那無狀可言的存在。而他要宣示的態度，既非一認知的陳述，更非一理論的證成，而是於難明的存在跟前的一番很特別意義的「思慮」（denken, thinking）。

海德格晚年放言「哲學的終結與思慮的重任」（Das Ende der Philosophie und die Aufgabe des Denkens），是眾所周知的，其捨

即已隱然有四合的影子。參見 Dieter Sinn, "Heideggers Spätphilosophie", *Philosophische Rundschau*, 14, 1967, pp. 81-182, 特別 p. 130.

89 事實上，波柏（Popper）便曾於 1990 年 *Die Welt* 的訪問中狠批海德格的學問「看來煞有介事，實則毫無內容」（...großartig klingen, aber keinen Inhalt haben）。他舉的例子正是 Der Krug（壺）schenket 一例。見 Karl Popper, "Ich weiß, daß ich nichts weiß - und kaum das. Karl Popper im Gespräch über Politik, Physik und die Philosophie." *Die Welt* im Gespräch mit Karl Popper, [Sonderdruck: Dreiteiliges Interview mit Manfred Schell. Aus: *Die Welt*. 1990, No. 42. 44. 46].

哲學而重思慮之意清楚不過。不過他此際所倡議的「思」已非一般理論下的哲學思想。在 1969 年的一次訪問中，海德格直言：「從形而上的角度看，思慮比哲學要簡單得多，但正因為其簡單，故實行起來卻困難許多。」（GA-16: 709）那麼說，「思慮」簡單在哪裡？其困難又在哪裡？海德格所謂思慮比哲學簡單，就是其放棄了哲學複雜的概念思維，而只專心於經營一種獨特的生命態度：也就是一種對冥冥存在的感恩與念記。這一種態度之所以困難，是因為現代人早就習慣了存在的遺忘。

把「思想」這樣感性地了解有何依據呢？海德格指出，「思」的德文 Denken（英：Thinking）的根源可追溯到 Dank（英：thank）（WhD, GA-08: 142）也即「感恩」這一意念上去。此外，由於「思慮」必依存於「記憶」（Gedächtnis），而後者海德格又界定說：「記憶乃思想的薈萃」（GA-07: 129），故「思」與「物」乃至「四合」皆可藉由「薈萃」而於意義上彼此相通貫。

我們應再次強調，在以橋、壺或如上述的蘋果等例子闡明四合交薈萃以成「物」的言談中，天地人神之彼此共屬，並不是各自以獨立的身分參與的：首先，四合中的「神」在德文用的並非「位格」意義的實詞 Gott 或 Götter，而是從形容詞 göttlich 衍生的名詞 die Göttlichen，即只是循「具神性」這一「屬性」設想，以與人「可腐朽」這一屬性相對立。而人－神之對語，又要以「存在」作為中介（das Zwischen）才有意指。這一要點，對於理解後期海德格如何為「神」的問題定調是極為重要的。這問題在《哲學論集》以下幾段論及人神關係的文字中有很清晰的表述：

「我們設想存有作為中介，並因而需要諸神，並指此乃人之所需。這樣說時，諸神與人不能被視為一些既給予的或當前的東西。」此語首先已把「神」作為客觀存在的地位予以解除。此外

更進一步指出，人、神二者之意義，也得依託存有（Seyn）方可成立：「……若非存有的真相借助『人』和『神』等詞語讓其自身得以表述的話，人、神等詞都會淪為無歷史意義的虛文。」又如說：「存有以作為神人的中介的方式漫衍，神與人都有賴這一個中介空間才獲開闢出其存在可能。」要說明此一大關鍵，海德格曾把作為神與人中介的「存有」或「存在史」很精闢地比喻為一股「本然的激流」（Strom des Er-eignisses），而人與神便被比擬為這一股激流的兩岸（Ufer），而且：「正因這股激流的沖激，兩岸才可產生」（GA-65: 476）。總的來說，對海德格而言，「神」並非首出，若無存有這個本然的中介，神、人 都將無從說起，而且，神、人二者是因存在之漫衍才互倚而生的。同書另一段落中，海德格以另一套言辭道出有關人、神，及存在本然三者之間這一微妙關係：「藉著把人類奉獻予神，本然把神交付予人類」（GA-65: 280）。對海德格來說，一如存在之於人有如「絕壑」（Abgrund），人與神之間之距離亦仿如「斷裂」（Zerklüftung）。

抱朴子嘗曰：「夫陶冶造化，莫靈於人」（對俗篇），有謂天地悠悠，海德格談四合中的「天」與「地」時，用的並非天文學或地質學的用語，而都從可被人感受的層面切入。這一點從前述「四合」中天和地的交代方式得見。故四合中，「人」仍顯得具有某一意義的優先性，但這又絕非海德格早已摒棄的主體性，而是一「思慮」的優先性，也即在每一物事的感知中懷抱着對冉冉存在的念記（Gedächtnis, memory）。對海德格來說，「思慮」就是吾人對存在的 dank/thank， 就有如上例中買蘋果的老太婆，每舉手投足，都滿是感懷與念記。

統觀海德格談論「四合」的許多文本中，作為「腐朽者」的人，在難以明狀的存在之中，畢竟還是要擔負一較特別的角色

的。就以深入談論「四合」問題的〈建造－棲居－思慮〉一文而言，其中的建造、棲居、思慮三者都離不開人的活動而可解。海德格該文以如下口吻總結建造與棲居的真諦：「建造物保存著四合，它們是以各自的方式珍惜四合的事物。珍惜四合，就是對大地施以拯救，對蒼天予以迎迓，對諸神有以期待，和對世人加以引導；這四種珍惜的方式就是棲居的簡單的本質。」[90] 而當我們談論所謂「珍惜」（Schonen），是誰在珍惜呢！當我們談論「棲居」，是誰在棲居呢？這除了循吾人的存活態度去設想外，還可依附到哪裡去談論呢！似乎海德格半生都在警惕不要陷入主體性哲學的窠臼，避免把人置於萬法之中心，但到頭來，無論怎樣重申已被「遺忘」的存在的主導性，人的關鍵角色結果還是難以抹煞的，儘管這已是一極盡「虛懷」的角色！這一境況，和佛家講「無我」頗相類似。就是破除「我執」之後，是否能把「我」的角色完全取消呢？佛家固常有「真如」和「涅槃」之說，然而說到最後，若無一最起碼意義的「我」，則是誰進真如？是誰住涅槃？

十一、「終極神明的邁過」

後期海德格重要文本《哲學論集・論本然》中多次提到「終

90　*VA*, 1954 版 p. 159, GA-07: 161。原文為 „Aus dem Geviert übernimmt das Bauen die Maße für *alles Durchmessen und jedes Ausmessen* der Räume, die jeweils durch die gestifteten Orte eingeräumt sind. Die Bauten verwahren das Geviert. Sie sind Dinge, die auf ihre Weise das Geviert schonen. *Das Geviert zu schonen*, die Erde zu retten, den Himmel zu empfangen, die Göttlichen zu erwarten, die Sterblichen zu geleiten, dieses vierfältige Schonen ist das einfache Wesen des Wohnens."

極神明之邁過」這議題，其用心一直存在爭議！書中最隱晦的一番話是說：「本然必然需要此在（Dasein）；這是因為本然要能把此在呼喚，並於終極神明邁過時奉上。」（GA-65: 407）。這個想法在後期海德格思想中，是除了「四合」之外另一觸及人、神關係的場合。然而「終極神明」是甚麼一回事呢？一如既往，這樣深邃的問題，海德格常常從反面切入。首先，終極（letzte）神明並非「剩餘」（restliche）的神（GA-71: 230）。終極神明到底實指甚麼這問題，向來撲朔迷離，莫衷一是。我們唯一清楚的，是其並非基督教的上帝或其他宗教中的神祇。在解釋何謂終極神明時，海德格按語曰：「一個超越存在和作為存在的根源的神便根本不是神，也不可能是神。〔因為〕存在比任何神都要更原始。」（GA-69: 132）

　　從正面看，他更直言：「終極神明隱藏於存有底真相之漫衍中，並且是作為本然地隱藏於本然之中。」（GA-65: 24）此中，他又很強調本然作為中介的角色，如說：「本然乃神的邁過與人的歷史之中介」（Das Ereignis ist das Zwischen bezüglich des Vorbeigangs des Gottes und der Geschichte des Menschen）（GA-65: 27）。如果存在本身是一絕壑（Abgrund），終極神明的認定便有如一斷裂（Zerklüftung）。海德格說存在為有限時，便曾相應地說終極神明那斷裂式的默示（Wink）正乃存在之為有限的最佳寫照。（GA-65: 410）對海德格來說，無論是絕壑或是斷裂，或甚至一度言及的「絕壑般的斷裂」（abgründige Zerklüftung）（GA-65: 331）都指無法憑理性予以斷定解。相對而言，海德格認為一般宗教以為確實無誤的神祇反只是形而上學的產物。其充斥於世上，只會把神性驅走（Entgötterung），讓真正的神性隱遁無蹤（entflohen），並永絕於人世。前文論及海德格指基督教上

帝崇拜是「把解析本身當作偶像」一點，其批判用心，可謂如出
一轍！

　　為求撥亂反正，海德格後來提出了「終極神明的神明化」
（Götterung des letzten Gottes）作為一項補救。此中，「神明化」
的德文 Götterung 其實是從 Göttern 這個動名詞衍生出來的抽象
名詞。[91] Göttern 作為一個動詞，在後期海德格思想中可謂意義
深遠，並循此創造了 Götterung 這一抽象名詞。Göttern 中文固然
可簡便譯作「神明化」，但如譯作「神而明之」，或更為傳神！
這麼一來，「終極神明的神而明之」對海德格來說就是讓存在那
可能隱藏著的「神」重新展示之途。總言之，這一意義的終極神
明看似很遙遠，但也可是信手可及。我的理解是，海德格設想終
極神明為一份對整個存在的神性的最原始和最直接的認定。要達
致這一分認定，並不能憑藉現代人一向自以為是的「理性」，而
是海德格後來愈益重視的「震動」（Erzitterung），然而震動當亦
離不開人的意向。這一點，如使與張載「一故神，兩故化」一說
比觀，或更可見此中之「神」非超越解，而必須藉人心之震動而
被帶出。[92]由是觀之，所謂神化或神而明之，與其只全是神自身
的問題，不如說也不能離開存在漫衍下人的取向而言。所以乃又
有所謂「神化的震動」（GA-65: 240）或甚至「終極神明底神化
的震動」（GA-94: 429）等說法。話說所謂「神化的震動」，說到
底其實和海德格早期〈現象學與神學〉中在批判神學之餘仍留下
餘地的「信仰」實屬同一個和人的存活有關的議題，只不過，信

91　在標準德語中，包括在海德格文本中，Göttern 這個字在絕大多數的情況下
　　都只不過是 Gott 這個名詞的眾數予格表式（Dativ Plural）。但在很特殊的語
　　法條件下，Göttern 是可以甚至必須解讀為一動名詞的！

92　參見張載：《正蒙・參兩》。

仰這議題在神學漫長的發展過程中，早已被形而上學騎劫了。[93]

　　對海德格來說，經歷了西方神學對「神」大言炎炎的理性解析後，今天只有詩人才最能感受到終極神明之必須，而荷爾德林肯定是其中的表表者（GA-73.1: 820-821; GA-94: 487）。這一種震動，無疑必須出乎人心，對海德格來說，其實是後現代進入另一開端後，讓人類親炙無可名狀的存在的不二法門。因此，這種「神而明之」而起的震動，也可帶出海德格所謂的「在『於此－存在』中對作為本然的存有底震動」（Erzitterung des Seyns als Ereignisses im Da-sein）。[94] 基於同樣理由，我們可明白，何以海德格在分析荷爾德林詩中的「神的雷電」（Gottes Gewitter[n]）（GA-39: 30; GA-04: 50, 72, 155）時，可比擬之為「暴露於存有（Seyn）的強大力量中」（Ausgesetztheit in die Übermacht des Seyns）（GA-39: 31）。由此可見，海德格後來一再儆醒吾人在新的世代裡要隨時警惕「終極神明的邁過」（Vorbeigang des letzten Gottes）的用心，而這一點和海德格談論四合時所指的「對諸神有以期待」可謂如出一轍。由此更見人類虛懷領受的角色仍是不能廢棄的。也即是說，為終極神明的出現作好準備，對海德格來說，是人類重新獲得安頓的福祉所在。（GA-65: 411; GA-94: 314）

　　後期海德格似在勸說，吾人要能敞開胸懷，虛位以待吾人生命中感到震動的一刻，以領略其斷裂一般的默示。而此一切，既

93　海德格順尼采的思路，把基督教國度（Christentum）謔稱為「人民的柏拉圖主義」（GA-06.2: 83）。

94　薩弗蘭斯基說得好，海德格為免人把「神」設想為一實體的存在，乃締造了「神化」（Göttern）一詞，以為神並非一既有的存在，而乃一對讓天地蒼生得以震動的「化」的歷程。Rüdiger Safranski, *Ein Meister aus Deutschland. Heidegger und seiner Zeit*（München-Wien: Carl Hanser Verlag, 1994）, pp. 359, 334.

無因可喻，亦無法計算，因一切視乎存有之乍明乍晦，或顯或
隱！後期海德格賦予人多種角色，其中即有所謂「最後神明邁過
底靜默的看守者。」（Wächter der Stille des Vorbeigangs des letzten
Gottes）（GA-65: 294）又有謂：「人類被存有自身的要求任命為
存有底真相的看守者（Wächter der Wahrheit des Seyns）（人之為
人作為關注，並根源於於此－存在）。」（GA-65: 240）[95]

「終極神明」就名相而言雖然極盡震撼，但海德格於《哲學
論集》後卻又很少對這意義的「神明」及其與人的關係再作跟
進。人神關係這大問題，後來要等到 50 年代才以「四合」這議
題重現。不過自近年海德格全集陸續出版後，我們終找到一些相
關的新材料。就是在 2009 年出版的全集第三輯第 71 卷命名為
Das Ereignis 的一輯未刊稿中，海德格留下了兩頁關於《哲學論
集》的六點自我總評。[96]其中第四點中便赫然有「本然仍未達成

---

95 如眾周知，《存在與時間》書中，海德格因人具有「存在理解」的特質，把
　　人稱為「此在」（Dasein），但在後期文本（如《哲學論集》）中，Dasein 被
　　改寫為 Da-sein，所指的再不是人，而乃作為本然的存在本身，這個意思的
　　Da-sein 我只能譯之為「於此-存在」以使與早期的「此在」區別。「Da-sein
　　的建基中所顯示的，就是本然。」（GA-65: 29）「這個領域，倘如下的表述是
　　充分，就是於此-存在（Da-sein），也即一中介，其之成立，是讓人與神得以
　　彼此分別和彼此交投，並彼此交託相適應。」（GA-65: 28-29）。

96 茲把海德格於全集卷 71 有關《哲學論集》之反思全文譯錄於下：Zu den
　　"Beiträge zur Philosophie（Vom Ereignis）" 論《哲學論集》 1. Die Darstellung
　　ist stellenweise zu lehrhaft. 論述在一些位置過於說教。2. Das Denken befolgt
　　die nur lehrhaft berechtigte Anlehnung an die Unterscheidung der "Grundfrage"
　　und "Leitfrage" innerhalb der "Seinsfrage". Diese selbst ist noch eher im Stil der
　　Metaphysik gefaßt, statt nach der Art der schon begriffenen Seinsgeschichte
　　gedacht. 思想所倚賴的是從存在問題中分出基本問題和引導問題這一區別，
　　但這區別也只有說教式的依據。而且這一切仍只以形而上學的風格理解，而

為一絕壑底純粹初始的漫衍」，隨後還補充說：「終極神明的想
法仍是不可思議的」（GA-71: 5）。學界都認定，《哲學論集》是
海德格於《存在與時間》之外最重要的著作，也是通往其後期思
想的大門。今海氏於回顧這一著作時，對其中的關鍵概念竟有如
此保留的自省，實難以想像！如是者，海德格本已像「謎」一般
的思想，便更添眩疑，顯得更難明！回心一想，我們之所以有這
一個印象，正因為我們常不自覺在期待海德格對所謂「存在」、
「本然」、「神明」等議題說得「更清楚」，但敢情這恰好並非其
所意願！後期海德格或徹底地認為把一切弄清楚根本是人類語言
和理性的迷執，乃有上述令人撲朔迷離的反思？在這一關口上，
作為讀者，我們可以做的工作已再不應限於如何能更「清楚」地
「明白」海德格的層次；取而代之的，是要慎重考慮對於海德格
思想的這一種套路如何作根本的「取捨」的問題了。

不是以早已構想出來的存在史的方式理解。3. Demgemäß ist auch „der
Anfang" noch vom Vollzug der Denker aus gefaßt und nicht in seiner
Wesenseinheit mit dem Ereignis. 因此，所謂『開端』仍只是從思想家的踐行
去理解，而非統一地從本然的漫衍去理解。4. In einem damit erhält das
Ereignis noch nicht die rein anfängliche Wesung des Abgrundes, in dem sich die
Ankunft des Seienden und die Entscheidung über Göttertum und Menschenwesen
vorbereitet. 同樣地，本然仍未達成為一絕壑（Abgrund）底純粹初始的漫衍。
這一絕壑正是存在者的來臨和諸神及人類之決定之所本。Der Gedanke des
letzten Gottes ist noch undenkbar. 終極神明的想法仍是不可思議的。5. Das Da-
sein ist zwar wesenhaft aus dem Ereignis gedacht, aber dennoch zu einseitig auf
den Menschen zu. 於此-存在（Da-sein）雖已從本然的漫衍去設想，但仍是太
片面地從人類出發。6. Das Menschenwesen noch nicht hinreichend geschichthaft.
人類的歷史向度未夠充分。（*Das Ereignis*, GA-71: 4-5）

十二、結語

　　海德格批評當今世界，包括基督教「目中無神」，又說「我的哲學就是一份對神的等待」，究其原委，不外因目睹現代文明處處受制於科技機栝所帶來的桎梏，而求在這一重大挑戰下，為未來的人類文明建議一新的方向，這即其所謂「另一開端」之所指。在 1966 年進行，但要等到 1976 年身後才出版的《明鏡週刊》（Der Spiegel）訪談中，海德格為這一份身後的文稿取了這樣的一個題目──「只還有一個上帝能拯救我們」（Nur noch ein Gott kann uns retten, Just Only a God can Save us）。此中，「上帝」的名號再次出場了。問題是，這句話是最易被誤解的。單從語法上看，這個「上帝」是帶「不定冠詞」的，即不確定的 ein Gott（a God），而非像基督教一般，是一確定的 Gott。此外，"nur noch"一語很明顯地意會句中有關「上帝」的論述並非實說，而乃一虛擬的、冀盼或期待中的條件。[97] 海德格雖出身於基督教家庭，但後來談論「神」的問題時，其矢口否認所指者為基督教的上帝，這一點已清楚地於其晚後多種文本中得證。在 1966 年的訪問中，海德格再次勸勉世人要作好準備，「隨時讓自己抱持一份坦蕩的胸懷，去迎受神的蒞臨或隱藏」，此中的「或隱藏」一語明顯地又是馬丁·路德 deus absconditus 精神的重現。

　　海德格不接受一最高的和確實存在的上帝，猶如他不接受形而上學家構想中的終極實在一樣。但從〈現象學與神學〉這少作

---

97 論者或有把 "nur noch ein Gott" 了解為「再一個上帝」（only once more a God）者，其實既不合乎德語的基本用法，也不切合文理。Nur noch 這一德語日用表式其實可簡單地譯作「只有」、「只剩下」（粵語：剩系），使用起來，雖無「虛擬」之格式，但有虛擬之意。

所見，海德格雖不接受基督教神學，但對於宗教「信仰」作為人的一種存在方式或精神面貌並不予以否定。事實上，他反對神學之餘，卻一直為信仰的自主性，特別是為所謂「宗教感」留下餘地。但話雖如此，海德格構思下的信仰其實也會讓一般的「信眾」陷入一個嚴重的困境。[98]事緣海德格認為傳統形而上學失諸僭越和過於獨斷，故他後期倡議的存在思維始終都不願把存在神祕的面紗揭除，即只作虛擬，而不予實說。存在到頭來，仍只落得一席虛位。這一思想格局落入海德格「宗教」轇轕中情況又如何呢？對他而言，信仰即使可保有一定的自主性，但只要信仰的內容是一全能和確實的上帝，也同樣地觸犯了海德格存在思維的神經。而且信仰愈是堅定，便愈會被海德格視為褻瀆和目中無神。此所以他自己晚後關於終極神明等言論，也只能虛擬而不能實說。海德格談論天地人神之「四合」，並不求通於「最高」的上帝。海德格的諸神，一如「存在」，亦只占一虛位，即只讓吾人有所期待。況且對於後期海德格來說，天地人神的「四合」中的人與神之關係也非自身成立，而有賴存在之漫衍，而存在本身卻又是無因可喻和不能實說的。

對於永遠懷抱著超越的悲願的世人來說，這或許是一份宿命。當年德爾佩批評《存在與時間》裡的海德格是「有限的英雄主義」，批評其為「泰坦式的有窮性」，和是一「悲劇性的挫敗」，這些從傳統神學看來十分負面的「評點」，似乎對後期的海德格仍然生效。[99]不過我們或應設想，此中的所謂「負面」，

---

98 海德格在談及基督教的「瀆神」問題時，曾清楚地把「信眾」和「神學家」合論，即是明證。參看 "Nietzsches Wort 'Gott ist tot'," *Holzwege*, GA-05: 259-260。

99 哈伯瑪斯同樣把海德格的宗教立場定性為「英雄式的虛無主義」"Work and Weltanschauung: The Heidegger Controversy from a German Perspective" transl.

正好是從海德格所唾棄的神學和他早已無法接納的基督教上帝的
角度設想的。其實早在德爾佩提出批評前幾年的 1930 年，海德
格便對德爾佩這一些評語作出如下的絕地反擊：「有限性的偉大
在那錯誤及騙人的無限性的影射下早已變得卑微和陳腐，以至人
們再無法把有限性和偉大一起去設想。人類並非按上帝形象造出
的絕對的刁民，〔反而，〕上帝是人類不真實的杜撰。」（GA-31:
136）就這一點而論，經過多番轉折，海德格與神學的的芥蒂大
底最終是無法彌補的！

　　對於不採取神學的角度看事物的人們則又如何呢？為何我們
不能倒過來以一較為「正面」的態度，把海德格思想這方面的有
窮性和悲劇性視為對海德格畢生綿綿若存的神學思想的一些正面
的評定呢？雖然這一意義的「正面」，其實不一定指「正確」（因
無所謂正確或錯誤故），而只表示「確認」（affirmation），或甚
至是「認命」。這即是說，所謂悲劇性的認受與承當，或許正是
人類面對一些涉及終極關懷的問題時，在毫無終極保證的條件
下，所能提供的最終極、最深刻，和也是最無奈的回應。海德格
豈不早在 1927 年的〈現象學與神學〉一文中即已斷言，與神學
的「交託」相比之下，哲學所最重視的，是此在全然的「自我承
擔」（Selbstübernahme）嗎？（GA-09: 66）海德格後來在《黑色
筆記本》中更簡單直率地確認：「存有自身即是悲劇性的……」
（Das Seyn selbst ist 'tragisch'）（GA-95: 417）[100]。至於與海德格
關於「神」的思想息息相關的帶「同一性」的存在思維這個根本
的議題，我們可如何接受？或是否接受？則便涉及對海德格思想
更深層的取捨問題了。

John McCumber, *Critical Inquiry*, 15, 1989, D: 438, E:450.
100 類似的觀念亦見於《深思集》（*Besinnung*），GA-66: 223。

10

海德格的納粹往跡及其「反猶」爭議（2018*）

豈知德國人民與國家實已成為一單一的集中營（Kz）……（GA-97: 100）

一、前言

　　海德格挾《存在與時間》一書所展示的哲學思慧，廣泛地被譽為二十世紀最偉大的哲學家之一，但另一方面，他亦因為 1933 年前後一段與德國納粹主義的往跡受到舉世的詰難。這兩極化的影響，充分地反映於哈伯瑪斯的海德格閱讀之上。哈伯瑪斯坦言本來對《存在與時間》極為欣賞，但一旦讀了「滲透著法西斯氣息的《形而上學導論》」，從此對海德格其人其行要全面重估！[1] 事實上，哈伯瑪斯 1953 年於《法蘭克福大眾報》上刊登的〈跟隨著和對抗著海德格去思考〉一文，揭櫫了二戰之後德國的第一波反海德格浪潮。[2] 到了 1987 年，智利學者法里亞斯（Victor Farías）出版《海德格與納粹主義》一書，帶動了第二輪影響深遠的反海德格論辯。而海德格的《黑色筆記本》2014 年起陸續出版後，其中的一些帶濃烈反猶太意味的言詞重新燃點起學界對海德格納粹往跡的疑慮，指責的聲音又再此起彼落，其中的領頭者包括筆記本的編者涂奧尼（Peter Trawny）。

　　如今，海德格去世已踰四十年，連他自知最富爭議和到最後才出版的雜稿也快全部面世的今天，我們對他這方面的言行，或可作一蓋棺定論。我從不諱言海德格的學問對自己所構成的重大激盪，但也從來認定其思想於過人的洞見背後藏有嚴重盲點。我常與生員說，我或未算是一海德格敵視者（Heidegger-Gegner），

1　Habermas, "Work and Weltanschauung: The Heidegger Controversy from a German Perspective,"（transl.）John McCumber, *Critical Inquiry*, 15, 1989,（D439, E451）.

2　Habermas, "Mit Heidegger gegen Heidegger denken. Zur Veröffentlichung von Vorlesungen aus dem Jahre 1935," *Frankfurter Allgemeine Zeitung*, 25-07-1953.

但與海德格肯定會保持一定距離（Heidegger-Distanz）。至於海德格的為人，我更從來都不欣賞，這也是生員熟知者，至於他的納粹往跡，我一向認為在這大是大非的議題上，海德格無論如何辯解也不能輕易搪塞。不過，以下的鋪陳中，我還是希望盡量做到對他公允。

二、海德格 1933 年前後的言行舉措——一些表面證據

海德格對納粹的誠心信服，從許多明顯的事件中都可得見。首先，海德格 1933 年真除弗萊堡大學校長之職後，從來都不恥於公開向希特勒「三呼萬歲」。[3] 當然，這和中國傳統帝制下臣子之慣常行止無異，所謂「公事公辦」，我們且先不予深責；對比之下，海德格在給朋友贈送自己的書這等與「公事」無直接關涉的情況下[4]，仍唯恐不周地向政權表示忠誠，明顯地已歪離了學者應有的獨立風骨！查希特勒當時雖已權傾一時，但在許多知識分子眼中，這正是最令人憂慮的。1933 年海德格於海德堡與

---

3 從海德格全集第 16 冊《講詞及其他公函》中，得見從 1933 年 5 月至 1934 年 4 月的校長任內，海德格於文件上 Heil Hitler 或 Sieg Heil，甚至 dreifaches "Sieg Heil" 等語共用了 37 次，加上 1937 至 1942 年間的 4 次，共用了 41 次（GA-16）。當然，實際用上的數目應遠不止此數。

4 有一回我到柏林自由大學舒密特比格曼（Wilhelm Schmidt-Biggemann）教授藏書甚豐的家中作客，舒氏介紹完他的主要珍藏後，拿出一本小書讓我看，原來是海德格最具爭議的《德國大學的自許定位》一書的首版。藏有這書本沒甚稀奇，但細看之下，原來是海德格送給某一友人的本子，扉頁上有海德格的親筆簽名，而最引人注目的，是海德格在簽名旁邊也寫了 Heil Hitler 二字（即「希特勒萬歲」）！

雅斯培晤談時，雅斯培即表達了這一份擔憂，並直言「難解希特勒這般教育水平的人如何能統治德國」，海德格沉吟半晌之餘，竟有如下匪夷所思和惹人詬病的回應：「教育不是問題，你看看他那奇妙的雙手！」[5] 海德格對納粹的風靡並不限於希特勒一人，他的一位學生馬田（Rainer Martin）指出，海氏曾把納粹第二號人物、也即俗稱「蓋世太保」（Gestapo, Geheime Staatspolizei）頭子和日後帝國議會議長的戈林（Hermann Göring）寫的一本內容卑劣的政治宣傳品送給教美學史的教授朋友楊辰（Hans Jantzen），並且在書的扉頁簽名致意，這還不止，最令人難以置信的，是海德格還在書中夾了一份有關戈林的剪報，可見海德格甚至對戈林這後來的一級戰犯也極為折服與重視。[6]

更有甚者，德國史學家鄂特（Hugo Ott）曾著書和於訪問中清楚指出，海德格於當弗萊堡校長任內曾向官方（包括 Gestapo）檢舉大學教職員中對納粹不信服的「政治不正確者」。鄂特更從弗萊堡的政府檔案中，找到海德格對日後的諾貝爾化學獎得主舒寶丁格爾（Hermann Staudinger）施壓的資料，包括向政府建議免除斯寶丁格爾職務，並以「解雇」方式褫奪其退休金的公函。此外，鄂特更提供檔案資料，力證海德格曾約見納粹要員，對舒寶丁格爾於第一次世界大戰時的活動作查無實據的誹謗，並導致後者被「蓋世太保」審查。我們從海德格全集卷 16 公開的材料

5　參 Karl Jaspers, *Philosophische Autobiographie. Erweiterte Neuausgabe* （München: Piper, 1977）, p. 101.

6　Hugo Ott, *Martin Heidegger: Unterwegs zur seiner Biographie* (Frankfurt/Main: Campus, 1988), p. 205.

得見，海德格其實於該年六月才因舒寶丁格爾的化學物料研究獲獎要公事公辦地上報文化部[7]，但不越數月即以密函對施背後插刀！鄂特慨然認為，這份祕密文件如在 1945 年已被公開，海德格肯定再無法於六年後在大學中恢復講課云！[8]

　　關於海德格於納粹崛起和他接掌弗萊堡大學的過程中對乃師胡塞爾的「打壓」與冷漠對待問題，可謂人言人殊。但以下兩則材料或能反映二人關係之實況。首先是海德格對胡塞爾的忿嫉與敵意根本遠遠於納粹崛起之前便見其端，這一點，從他於 1923 年 7 月 14 日給雅斯培的信函中表露無遺。當其時，海德格剛剛得力於胡塞爾的推薦獲得馬堡大學的教席，他恃著和雅斯培號稱曾締結學術上的所謂「戰鬥聯盟」的熟稔關係，在信中竟大放厥詞，除了對馬堡席位競爭對手的克朗納（Richard Kroner）出言挖苦並人身侮辱外，談到胡塞爾新近獲得柏林大學延聘一事，竟亦以極盡輕蔑和刻薄的口吻予以評述。我認為如果海德格只因為於學術上不同意胡塞爾的現象學而於課堂上或於著作中，從義理出發對胡塞爾怎樣批評都是可以接受的[9]，但他於致友人的信中對乃師的種種尖酸刻薄的言詞，則是萬萬不該。這些言詞並沒有損害胡塞爾，只損害了海德格本身的人格。[10]　海德格和胡塞爾

7　GA-16: 123.

8　當然，這份被 Ott 找出來的祕密文件結果也被收錄於全集第 16 冊《講詞及其他公函》之中（GA-16: 248-249）！此外，全集也記錄了海德格事後提出基於舒寶丁格爾於海外的名聲，「為了盡量避免外交壓力」，不宜對舒作過激制裁云云……（GA-16: 261）。

9　例如 *Hermeneutik der Faktizität*, GA-63: §15-16。

10　參 *Heidegger-Jaspers Briefwechsel*, nr. 16, 14 Juli 1923. 我比較過海德格函件的德文原文及靳希平兄的中文翻譯，靳兄把海德格的言辭譯得很「市井」，但

的關係固有許多學術上的交接面可以徵實，例如胡於支持海的
《存在與時間》出版後才細讀其內容及從而引起的震撼等。[11] 不
過，最令人感慨的是胡塞爾晚年給老學生孟克 Dietrich Mahnke
的信中談到其生活境況的一段話：「政局的發展已令我陷於凶險
的人身危機中。戰爭的經驗，和一些打著理想主義和宗教旗幟，
卻以最卑劣的鬥爭手段向我刻意地進行最可恥的誹謗，對於一向
抱著善意和樂觀態度的我，實在太震撼了。這些經驗令我多年來
無論健康上或於哲學上都大受打擊。」[12]

　　作為活生生的個體而言，常謂「人誰無過」；但過有分輕

其實是很忠實地把原文的「刻薄」反映出來。現把該信靳的節譯照錄如下：
「您當然知道，胡塞爾接到了柏林的聘書，他的舉止表現連個私人講師都不
如，把正教授的『正』當成了天國的永恆幸福……胡塞爾完全脹破了……他
擺來擺去，講著陳腐的老調──他在乞求別人的憐憫。他靠著『現象學奠基人』
的身分到處佈道，以此為生。沒人知道那是甚麼東西。無論是誰，只要在這
兒呆上一個學期，就知道，到底是甚麼回事了──他開始預感到，人們不再
跟著他後面轉了。……就這樣今天還要去柏林解救世界。」參薩弗蘭斯基
（Safranski）著，靳希平譯，《來自德國的大師：海德格爾和他的時代》（北
京：商務，2007），頁 165-166。看了這封信，讓我更無悔於自己多年對海德
格人格整體而言的負面評價！

11 主要見於胡塞爾於《存在與時間》書中的眉批及 Phänomenologie und
Anthropologie 一文。

12 節錄自 "Aus dem Schatzkästlein des Husserl-Archivs," 魯汶大學《胡塞爾資料
中心通訊》 Mitteilungsblatt 37（2014）, Husserl Archives, Leuven. 原文為：
Husserl an Dietrich Mahnke, 4./5. V. 1933: "Einmal schon stürzte mich die Politik
in eine gefährliche persönliche Krisis. Der Krieg und die meinen allzu
menschenfreundlichen Optim<ismus> erschütternden Erfahrungen über die
Weisen, wie Idealismus und Religion in niederträchtigster Weise als Kriegsmittel
benützt wurden, als Deckmantel für abscheulichste bewußte Verleumdungen, hatte
mich für Jahre gesundheitlich und philosophisch zurückgeworfen."

重，觀乎海德格上述的行宜，即使未致於大惡，亦非小疵，特別是涉及其以公權對學術同人行使無理打壓，已經與世人對學者應有的「自我操守」的期待相去甚遠。阿倫特（Hannah Arendt）曾感慨地說：「輕慢（Gedankenlosigkeit）與愚昧是兩回事，前者可以發生在最聰明的人身上！」[13] 此外，海德格另一學生尤拿斯更不客氣地以海德格為例子，提出一個最令人不解和遺憾的「謎」一般的事實：就是「一個思想家可以同時是一個卑下的人。」[14]

三、大學理念的政治化

在 1966 年進行，但身後才刊登的《明鏡周刊》訪問中，海德格被記者 Augstein 問及其納粹往事，海德格自辯說「自接掌大學校長職後，深明如不作出妥協便將舉步維艱」云云。[15]海德格這番回應，無疑承認了其於履行大學校長職務時，起碼已放棄了學者（尤其是高校主管）最應恪守的獨立性，並曾於言行上向納粹傾斜！但這一傾斜是到了哪一程度呢？

在〈德國大學的自許定位〉這篇就職講演中，海德格提出，在這新世代「學術自由」必須重新界定，即必須聽命於和服務於國家所需，乃有所謂的「勞動服務」、「捍衛服務」和「知識服務」

13 Hannah Arendt, *Vom Leben des Geistes*（München: Piper, 1979）, p. 23.

14 Hans Jonas, "Husserl und Heidegger", 引 見 Christian Dries, *Die Welt als Vernichtungslage. Eine kritische Theorie der Moderne im Anschluss an Günther Anders, Hannah Arendt und Hans Jonas*（Bielefeld: Transcript Verlag, 2012）, p. 451.

15 *Der Spiegel*, Nr. 23, 1976, p. 198.

三柱並立的教育原則（GA-16: 114）。他於同一時期的學生刊物中亦以如下的口吻「訓勉」學生：「你們存在的規律並不在於學問上的定律和觀念。領袖自己，而且只有他（Der Führer selbst, und allein）才是德國當今的和未來的現實和法則……」[16]，其向政權交心投誠獻媚的意味溢於言表，這番入於莘莘學子耳中的話，竟出自既是大學校長又是哲學家的海德格口中，實在令人啞口無言！

在 1933 年 11 月 30 日一篇名為〈納粹主義（國家社會主義）國家中的大學〉的講辭中[17]，海德格首先提及德國近代思想家洪堡特（Wilhelm von Humboldt）最膾炙人口的教育理念——即國家有義務為教育提供一切資源之餘，應對大學的運作不作干預，俾能自由發展這一理想。但語調一轉，海德格即提出大學在新時代中應扮演一個新的角色，其中的重點是無論教與學都必須政治化。他意謂時勢已經不一樣了，國家的性質早已改變云云。海德格認為，納粹的革命不單只是納粹黨政治權力的獲取，而乃「整個德意志此在（deutsches Dasein）的大變革」。他並認為「在新

---

16 GA-16: 184. 關於這句話的意義，海德格多年後（1960）在回應一位學生的指責時於回信中曾有一定解釋。讀者可自行決定是否可以接受。（GA-16: 568-573）。在 1966 年 9 月接受德國《明鏡週刊》（Der Spiegel）訪問時，海德格再被問及此問題時，他辯稱這話原先並沒在演講中，只後來在一份，學生報中加上，並解釋說：「我接任大學校長職務時，深明如不作妥協，便將寸步難行……」（Der Spiegel, Nr. 23, 1976, p. 198; 另見 GA-16: 657）。

17 "Die Universität im Nationalsozialistischen Staat" 一文現收於海德格全集卷16。該文獻是海德格於 1933 年 11 月 30 日於 Tübingen 博物館 Schillersaal 講稿。文件長凡 9 頁，以其詳盡故，所記內容應屬真確，唯文件以報告文體寫成，故所用之辭令是否準確反映海德格當日口吻，則應予存疑（GA-16: 765-773）。

的國家中，新的學生再不是學術的子民」，並指他們除了從事知識的服務（Wissensdient），還應參加衝鋒隊（SA）或親衛隊（SS）等組織。更認為革命已告一段落，並已為「進化」鋪好了路。隨之而起的就是真的踏入進化這階段，而當此之際，大學的改革非但未完結，反而是方興未艾云云。還說大學的變革絕不應只限於一些支節，因「納粹的革命其實現在和將會都是人類全面的再教育，對學生們固然，對後起的年輕教員們亦然。」（GA-16: 766）在解釋何謂「知識服務」時，海德格這樣說：「納粹主義國家乃一勞動的國家，因為新一代的學生知道他們有責任去貫徹政治性的知識訴求。因此，學生們都是勞動者。新一代的學生之所以學習，正因為他們是勞動者，而學習涉及一種鞏固及學習民族的知識的意志，藉著這一種意志，學生們乃得以成為國家中的一個歷史性的存在。」（GA-16: 770）

至於教員的角色，海德格提出要改變當時的自由學風，認為學問不應是「無目的」（ziellos）和「無彼岸」（uferlos）的，而應以國家民族之需要為依歸。言下之意，即指當時的教員於意識形態上「不達標」。[18] 對海德格來說，在新一代的大學中，教與學雙方都應保持高度的政治意識，並以此自持（因言 Selbstbehauptung）。他最後竟然說，傳統大學中講求的「共事」（Kollegialität）已嫌太負面，而必須被「服從」（Gefolgschaft）

18 事實上在同年（1933）五月海德格到雅斯培家作客，並於海德堡大學演講，據雅事後的記述，該演講之內容與年底於 Tübingen 所談論之內容基本一致。演講後，在與雅斯培交談時，海德格甚至直言於十年內大部分的在職教授應被替換。海德格還認為，當時的哲學教授實嫌太多了，而只三兩個便足夠云云。 參 Jaspers, *Philosophische Autobiographie. Erweiterte Neuausgabe* （München: Piper, 1977）, p. 101。

與「同志精神」（Kameradschaft）取代云。他甚至放言：「透過服從，教師與學生乃得以與國家連結起來」（GA-16: 772）。我們或應記得，海德格在《存在與時間》中是如何強調吾人應致力保持「本真性」，和從「別人的獨裁」中活出一「存活的獨我」。才不過幾年，海德格竟改用一新的「政治」口吻，引導學子去投身於納粹運動，如上述演講的辭令真的出自海德格之口，則以他早期的標準去衡量，豈非在自打嘴巴？又或借用洛維特的說法，海德格如要自圓其說的話，則或許他可辯稱，他已從一個體主義者變身為一集體主義者，而今日他要勸勉於新世代學子的，是要從「非本真」的個體此在，投身於一「德意志此在」（Deutsches Dasein），以分享一集體的「本真性」……[19] 問題是，「集體主義」和「本真性」可以兼容嗎？

作為自由主義先驅的洪堡特，在《對國家權力運作的界限試予釐定的一些觀念》書中已有極大膽和鞭辟入裡的見解——就是必須把國家（Staat）與國民（Nation）的角色清楚分開，他認為國家除了確保國民對外不受敵國的武力威脅和對內維持治安外，應避免行使任何「過當的權力」，他又警告世人，「國家過當的權力會讓〔國民底〕力量的自由運作窒礙」，而國家的一些不合適的建制最足以「削弱國民的力量」。[20] 相對地，海德格除了在大學校長就職演說的上述言論外，後來在 1933/34 在任期間的講課中有更露骨的說法：「人類的最高的實現在於國家」，又說「國

19　Karl Löwith, "My Last Meeting with Heidegger," Richard Wolin ed., *The Heidegger Controversy: A Critical Reader*（Cambridge: MIT Press, 1993），p. 142.

20　Wilhelm von Humboldt, *Ideen zu einem Versuch, die Grenzen der Wirksamkeit des Staats zu bestimmen*（Stuttgart: Reclam, 1967），p. 31.

家乃國民的最顯著的存在」，而最露骨的莫如「領袖的國家乃國
民於領袖身上的實現」。[21] 翻思洪堡特認為教育的最終目的是要
發展個人，並藉此促進社會的多樣性和見解的多元性，俾回饋一
代一代的個體人格的自由發展，今海德格以校長身分講的這些把
個人完全役屬於以元首為圭臬的「群體」的言論，和甚至所謂的
「領袖原則」，如果洪堡特聽到，肯定感到痛心疾首！

四、二戰前後對一己納粹往跡的粉飾態度

海德格於戰後因為納粹往事須接受法國占領勢力和弗萊堡大
學的政治檢查。雅斯培戰後於弗萊堡調查委員會的報告中提議保
留海德格的長俸，但中止其授課一段時期，以觀察其後續的著
作。雅氏報告中對海德格個人的判斷主要有以下一段話：「海德
格的思想方式，對我來說顯得完全不自由、獨斷，和難以溝通。
在當前的處境中，或會對學生產生十分有害的影響。」[22] 結果
是，海德格經歷了六年的禁止授課的時期。一般的講法，是海德
格在整個過程中都未有公開對自己的納粹往事清楚交代。但在資
料日益齊備的今天，我們還是可以找到一些線索，足見海德格這
方面到底有多少反思，和他的真正看法是甚麼。

---

21 Heidegger, *Nature, History, State, 1933-1934*. Trans. G. Fried and R. Polt
（London: Bloomsbury, 2013）. "...the highest actualization of human being
happens in the state,"（p. 64）"...the state is the preeminent being of the people
（Volk）,"（p. 57）"The Führer state . . . [is] the actualization of the people in the
leader." 必須澄清：上引言詞出自學生筆錄，但曾經海氏過目。

22 Hugo Ott, *Martin Heidegger: A Political Life* trans. Allan Blunden（New York:
Basic Books, 1993）, pp. 338-9.

　　海德格於弗萊堡校長任內，除發表了其知名的就職演說〈德國大學的自許定位〉外，許多年後，在一頁不早出於 1936 年，並且同樣以〈德國大學的自許定位〉為題的散稿中，海德格對自己的「納粹往事」有以下的一番解說：「或許人們終於有一天會明白我這演講中要促進的、要冀望的，和實在地要進行的是甚麼。我於校長任內犯了許多嚴重的錯誤。但最大的錯誤是如下二者：第一，我未有考慮到那些所謂同仁的刻薄，和學生團隊的無品味的背叛。第二，我沒有意識到，在政府部門面前根本不能推動一些有創意的事情和談論一些長遠的目的。因此之故，這些政府部門寧可因循其慣用的機制與學生們和同仁們周旋。」（GA-76: 216）坦白說，我看了海德格這段為自己解說的話，非但不會對他加深諒解，反只會對他的人格更為不齒。因為，他雖提及犯了兩項「最大的錯誤」，但其實根本不是真在反躬或「認錯」，反而是「諉過於人」！經過了歲月的淘洗，在需要反思及「深究」錯誤的原由的當兒，海德格還是不懂「反求諸己」的道理，其性格的固執和剛愎更見！

　　海德格於 1935 年的《形而上學導論》書中曾說：「當世許多號稱是納粹主義哲學的論述其實與〔納粹〕這運動的內在真理與偉大毫不相干……」（*EiM*, GA-40: 208）這一句話固然一直是海德格備受批評的焦點。查海德格曾於 1968 年給錫安運動推行者之一的Shlomo Zemach 去信，信中海特別引用了自己上述這句話，並隨即解釋說：他引這句話的目的是要據此為自己申辯，謂明白事理的人應不難理解這句話中對納粹的保留云云！[23]但只須稍作查證，我們不難發現，海德格這句話其實頂多可解讀為藉此

23　該信引見《海德格全集》第 40 冊編者跋（GA-40: 233）。

針對當時以海達（Johannes Erich Heyde）為首的一群「號稱」擁戴納粹的學者而發的批評，但其所批評的正是指此輩並未真懂納粹的「真理與偉大」云云！這豈不就是納粹中人的互相傾軋嗎！怎可以事後自己解讀為對納粹的「保留」呢？海德格自稱 1936 年對納粹已作「保留」，還有一點可以反證。事緣 1936 年四月初，海德格應邀到羅馬作關於 Hölderlin 的演講，而在公開場合和私下與老學生洛維特（Löwith）晤面時，海德格原來都佩戴著納粹的襟章！據洛維特的陳述：「海德格當時還認為納粹的路對德國來說是對的，問題只看〔德國國民〕能否『堅持』得夠長久。」[24] 當然，在這關鍵上，我們應該質疑，海德格心儀的「納粹」到底和現實中的納粹政權是否同一回事呢？對海德格來說，納粹主義到底好在哪裡呢？

五、海德格對納粹運動傾心的原委及其最終對納粹的失望

海德格之欣賞納粹，一般的理解是他憧憬納粹主義能為德意志民族帶來一條新的道路。其加入納粹黨，是有當「帝師」之意圖，或如雅斯培所描述，是希望能「為領袖當引導」（den Führer

---

24 Karl Löwith, "My Last Meeting with Heidegger," 同上。此外，海德格親口向洛維特承認「歷史性」這意念與他對納粹的認同有密切關係！並且說「歷史性」是他底政治取向的「基礎」云云。關於這一點，我認為不能以此為據說「歷史性」便是納粹運動的罪魁禍首！因為水能載舟，亦能覆舟，「歷史性」雖有被「誤用」之可能（參尼采），但也絕對可以有正面的意義。我們無充分理由說「歷史性」一定會生出納粹，所以我們最多能說海德格的政治參與和「歷史性」有某些理論上的關聯！

führen）。[25] 在 1933 那最火紅的年頭，海德格致密友布洛曼（Elisabeth Blochmann）信函中，一方面顯示了對世局的憂心忡忡，但同時也表現了對投身納粹運動的躊躇滿志：「目下事態的發展，讓我在當前的黑暗與無助中感受到一種不凡的和令意志提升的凝聚力，讓我們得以參與締造一以民族為基礎的世界〔…〕。我們必須以一嶄新的方式面向存在本身，才可以為德國〔民族〕找到其於歷史中的天職。」[26] 海德格這一種意圖，孔子和柏拉圖亦曾有過，故如其因為理念上的認同而參與納粹，其出發點尚可以理解。

海德格的納粹相關爭議中，法里阿斯（Farías）、費依（Faye）和沃林（Wolin）等批評得最為嚴厲，但學者如蒲格勒（Pöggeler）由於較早便看過揭開海德格後期思想序幕的重要著作《哲學論集》，故一直持一種想法，就是海德格傾心於納粹雖然是事實，但他之所以如此，是因為深深感受到歐洲文化，包括一戰後德國處境充斥著危機，因而對納粹心存幻想，就是以為納粹能為充滿危機的歐洲文明，和特別是為德國民族（Volk）與社會開闢一條新的道路，從而帶來新希望。用他後來的講法，他當時憧憬的，是一種「精神的國家社會主義」（der geistige Nationalsozialismus, GA-94: 135）。不過，海德格履任弗萊堡大學校長短短十個月後，便已幻想破滅而與納粹分道揚鑣云云。

如果循著許多今天得見的文件重溯，海德格終於與納粹背

---

25 Otto Pöggeler, „Den Führer führen? Heidegger und kein Ende,“ *Philosophische Rundschau*, 32 Jg.（1985），p. 26. 文中 Pöggeler 引用了 Willy Hochkeppel 1983 年於 *Die Zeit* 上發表的關於雅斯培的報導。

26 Heidegger/Blochmann, *Briefwechsel, 1918-1969*, hrsg. von Joachim Storck（Marbach a. N.: Deutsche Schiller-Gesellschaft, 1989），p. 60.

離，是雙方面的過程。首先，從思想層面看，海德格參加納粹後
漸發覺現實的納粹代表的是一種「庸俗的納粹」而非他心中嚮往
的「精神的納粹」（GA-94: 135-136, 142）。其次，從合作關係上
看，海德格遠遠高估了自己於納粹眼中的地位。納粹中人對於學
者海德格的想法根本是不理解、不信任和不重視。如果我們相信
海德格二戰後的自我檢討，則 1933 年當海德格的校長就職演講
才剛講完，納粹的一位部長級官員 Minister Wacker 即耳語海德
格，謂其觀點是一種「繞過納粹的私人納粹主義」
（Privatnationalsozialismus），和抱怨海的觀點完全沒觸及種族議
題云云。（GA-16: 381）。海德格於 1934 年中引退後，當時最擁
戴納粹的法蘭克福大學校長克里克（Ernst Krieck）便即批評海
德格的言論「充斥著猶太文人慣常的無神論和形而上的虛無主
義，乃因此是侵蝕和瓦解德意志民族的酵母。」[27] 又 1945 年底，
海德格向弗萊堡大學申請戰後恢復教席的一封信函中，海德格詳
述了自他卸任校長後納粹無論對他的出版和學術活動的參與都予
以打擊云云（GA-16: 397-404）。若此皆屬實，則納粹中人對海
德格的不信任與戒心由此得見。

　　同樣地，海德格與納粹蜜月期過後，對納粹的理解很快便產
生了巨大落差，他本來幻想納粹可以為歐洲文明和為德國帶來真
的希望，當他對納粹的行事方式愈加了解，便愈明白現實非但與
他的理想迥異，而且納粹本身正代表了他目之為人類文明大患的
一個歷史進程的最極端的發展階段。這個海德格後期日益重視，
也日益憂慮的歷史進程可從很多不同的角度去刻劃，最抽象的說

27　Guido Schneeberger, *Nachlese zu Heidegger. Dokumente zu seinem Leben und Denken*（Bern: Suhr, 1962），p. 225.

法是「存在史」（Seinsgeschichte），最具體的說法是科技「機栝」（Machenschaft, machination）。[28]然而，隨著納粹運動的種種非理性的發展，海德格於辭任校長和於表面上的切割後仍長時間與納粹保持一定聯繫，便已非「憧憬」二字所能解釋；其於戰後對自己的納粹往跡從未正面交代，只處處為自己文過飾非，更令批評的聲音不絕如縷！但隨著近年許多前所未見的文獻的出版（包括《黑色筆記本》），我們對海德格思想與納粹深層的瓜葛，應有進一步釐清的必要了。

六、「傳統反猶」的兩個層面 —— 經濟層面與文化層面

近年海德格的所謂《黑色筆記本》陸續發表後，由於其中不乏直接或間接地針對猶太民族的論述，而由於反猶本就是納粹歷史中最黑暗的一頁，於是，與海德格納粹往跡相關的指責便如火上加油。指責最後甚至升級到一個地步，就是認為海德格的思想自始至終都有反猶的傾向，因而其學術價值根本成疑云。在風雨飄搖中，海德格學會前會長費高爾（Günter Figal）宣告不願再承擔推動海德格研究的工作而辭任會長之職，並於一訪問中揚言「海德格主義必先要終止了，哲學才可回復正常」[29]，可說是這個爭議激起的最高的浪頭。

---

28 分析詳見本書最後一章。

29 參 "Interview with Günter Figal," posted by Laureano Ralón and Mario Teorodo Ramirez in *Figure/Ground*, on 18 August 2015. 網址：http://figureground.org/interview-with-gunter-figal/（2019-02-25）.

　　當然，「反猶」的情結，在歐洲其實有很悠長的歷史，廣及
社會各個階層，而產生矛盾的層面可包括宗教、文化、和特別是
不滿於猶太人的經濟活動方式。我們可把這意義的反猶簡稱為
「傳統反猶」（traditional anti-Semitism）。海德格在 1920 年給妻
子 Elfrida Heidegger（geb. Petri）的私函中，便曾抱怨猶太人把
把農村中的牲口都買光了，將造成入冬後肉類供應的困難云
云，[30] 這一個經濟觀點，可說是歐洲民族「傳統反猶」最典型的
情結，沒想到哲學家的海德格也不能免！

　　但是，對許多知識分子（包括對海德格）來說，猶太文化的
「威脅」絕不只在於經濟，而更見於文化活動，包括其於大學教
育中的強勢。

　　海德格曾於 1929 年 9 月 12 日去信布洛曼（Blochmann），
說德國正處於歷史的十字路口，要麼德國文化將走向「猶太化」
（Verjudung）的路，要麼便走向大德意志的復興云云。[31] 要知，
在德文裡 Verjudung 是一個帶有高度侮辱性的用語。[32] 海布二人
的書信集是 1989 年才披露於世的。其後又有學者於 *Die Zeit* 中
揭露，在前函寄出後約半個月（10 月 2 日），海德格給今天
DFG 前身的「德國科學緊絀基金會」（NG）副會長史禾拉（Victor

30 Heidegger, *"Mein liebes Seelchen". Briefe Martin Heideggers an seine Frau Elfride 1915-1970*, ausgewählt und kommentiert von Gertrud Heidegger（München: Random House, 2007）, p. 112.

31 Brief 12. September, 1929. *Heidegger-Blochmann, Briefwechsel 1919-1969*（ed.）Joachim von Storck（Marbach: Deutsche Schillergesellschaft, 1989）.

32 有一點必須指出的，是海德格前後相隔 13 年的信件中，「猶太化」這一帶有強烈反閃族意味的用語，早在 19 世紀末已在德國醞釀，並在希特勒的《我的奮鬥》（*Mein Kampf*）中赫然出現。

Schwoerer）的一封內部公函中又再用這字眼，並且有更露骨的
講法：「……我要明白一點講，我們已急不容緩的要考慮，我們
正面臨一項選擇，要麼為德意志精神重新找回真正踏實的力量和
教育家，要麼便無論廣義狹義都要容忍日益加強的猶太化底徹底
的挑戰。我們要找回自己的路，便必須能夠徐徐地和避免無謂爭
議而讓一些鮮活的力量得以開展。」[33] 字裡行間，海德格把德國
人對猶太精神文明帶有高度戒心的「傳統反猶」觀點表露無遺。
而且海德格這次表態的渠道並非私函，而是建制內部的公文，是
會有客觀影響的。上述兩通信函面世後，固重新燃點起舉世對海
德格納粹往跡的疑慮。多年後（2005）當海德格給妻子的書信由
二人的孫女（Gertrud Heidegger）出版後，我們甚至可得見海德
格這種於學術界中宣示反猶態度的口吻甚至可追溯到更早的
1916 年。當年海德格給妻子的信是這樣寫的：「我們的文化和我
們的大學的猶太化是讓人不安的，我認為德意志民族必須培養出
足夠的內在力量，以提升其自身。」[34] 由此更見海德格的「反猶」
思想實其來有自！

　　說到這裡，我們大概對海德格之有明顯的「反猶太」情結已
可以定讞，只不過，1933 年於意識形態上支持納粹和 1943 年於
種族滅絕政策上支持納粹是兩個很不同層次的事情，前者只是讓
人遺憾的過失，但後者卻是一嚴重的罪行。正如有識者如蒲格勒
和哈伯瑪斯都曾指出，海德格大概脫不了「傳統反猶」的框架，

---

33 引 見 Ulrich Sieg, " Die Verjudung des deutschen Geistes," *Die Zeit Online*,
　　Hamburg, 22 Dezember 1989. URL: http://www.zeit.de/1989/52/die-verjudung-
　　des-deutschen-geistes/komplettansicht（06-Jan-2016）.

34 Heidegger, *"Mein liebes Seelchen". Briefe Martin Heideggers an seine Frau
　　Elfriede 1915-1970*, p. 51.

而這不能證明他曾於思想上鼓吹或行動上涉足於後來令舉世震驚的、指向種族滅絕政策的「生物反猶」（biological anti-Semitism），二氏這一判斷，我當然亦會同意，然而，這是否表示海德格的「反猶」只止於歐洲歷來的「傳統反猶」呢？這一點正是本文亟欲深究的。

話說回來，《黑色筆記本》中，海德格反思納粹的活動時，竟然抱怨本是無根的猶太人因戰亂反得伺機移民海外，而德國民族最優秀的精英卻要化作蟲沙云云！（GA-96: 261-262）他寫這段文字為時不晚於 1941，這時候納粹令人髮指的種族滅絕政策其實已醞釀得如火如荼。此外，學者如蒲格勒更指出，在戰後已屆 1953 年出版的短論《阡陌》（*Feldweg*）中，其時納粹暴行早已昭然於世，但海德格仍只知對兩次大戰早逝德軍致敬，而對慘受納粹「清洗」的猶太亡魂竟無表達半點愧疚之情！他不但沒有為德國建造多個集中營以屠殺猶太人表現愧疚，於《黑色筆記本》中還竟厚顏至於只抱怨說在納粹的統治下，「德國人民與國家實已成為一單一的集中營」（GA-97: 100）。海德格雖謂 1934 年已抽身淡出，但以納粹日後行動的令人髮指，海德格作為他宣稱的歷史性的此在，又如何可對自己當日的有眼無珠與助紂為虐竟無半點反躬之意呢？海德格即使沒有直接參與「生物反猶」這戰爭罪行，但其對猶太人的偏頗無情則有目共見！

海德格的一些有關言論中，最被詬病的，就是在談論科技的「機栝」時，曾把毒氣室和集中營中的屍體處理比擬作機械化的食品工業云云（GA-79: 27）。不過，如果我們把這番言論的脈絡據前文後理去分析的話，則很清楚地，海德格藉此要表達的，是科技機栝的無情和全面掣肘，本實非針對猶太人。但作為曾支持納粹的思想家，這一比喻之失當，完全不顧及被殘害者的尊嚴和

猶太民族的情感，仍是教人遺憾的。總而言之，即使海德格得免於「生物反猶」的指責，他的整個心志對猶太的敵視和冷酷卻不言可喻。而其口不擇言之處，大概連西方自古最重視的四元德之首的「慎慮」（prudentia）都欠缺。

七、《黑色筆記本》中展示出的政治文化上的「同一性思維」

海德格對近代西方哲學的主體性理論，及其影響下現代人的自大抱有極大戒心，固然眾所周知。在他心目中，現代性危機絕非只關乎學術思想，更助長了現實世界的社會政治運作的攫奪性，其影響之廣實到了驚人的地步，最能標誌這一影響的，固就是上述的「機栝」。在數十年前早已發表的《形而上學導論》中，海德格曾把俄國和美國視同「形而上地同一」，他當時的解釋是：二者在政治制度表面上雖看似迥異，但其背後分享了同一份對科技的瘋狂，和同一份把蒼生對象化地駕馭的主體意識。在《黑色筆記本》面世以後，我們對海德格當年如何理解國際政治大勢可看得更清楚。

海德格論列當時的國際政治處境時，常常把德國與敵對的列強合觀。與其強調敵我的「不同」，海德格愈來愈強調其「共通」的面相，其中一個共通點就是「布爾什維克主義」（Bolschewismus）。按一般對歷史的理解，布爾什維克（Bolsheviki, Bolsheviks）本乃蘇俄革命過程中冒現的一個政治力量，其本義是指列寧（Lenin）控制下的「多數派」。但當時西方世界，特別在納粹德國大力鼓吹種族讎恨的理論家 Alfred Rosenberg 的政治宣傳下，一改而把「布爾什維克」與當時被言

之鑿鑿的「猶太陰謀論」相提並論，指的是猶太人正在各地借助不同勢力（包括共產主義）以控制全世界的陰謀云云。乃有當時所謂「猶太布爾什維克」（Jüdischer Bolschewismus）陰謀論這種非驢非馬的講法。這一當時極為流行的想法，直接反映在希特勒《我的奮鬥》書中。[35] 而《黑色筆記本》中所指的布爾什維克主義，也必須在這一背景下觀察方可。因此，我們可理解為何海德格說：「布爾什維克完全不屬於俄羅斯」（GA-96: 124）。[36] 然而，海德格不同於當時盛傳的猶太陰謀論的地方，就在於他不把布爾什維克主義只追溯到猶太而止，而直追溯到歐洲現代文化根源的「形而上學」之中：「布爾什維克主義與亞細亞〔按：大抵指蒙古人〕和與俄國農奴都無關，而實出自西方近世的理性主義形而上學。」（GA-96: 47, 281）猶記得 1933 年前後海德格最風靡納粹時最強調「民族」和「種族」的重要，但在《黑色筆記本》中他就此作了重大的修正。此中，他改而認為，「血緣」、「人種」、「民族」等議題於「存在」的考慮下，都不再重要了（GA-95: 340），甚至鼓吹某一意義的「民族的完全的非種族化」（vollständige Entrassung der Völker）（GA-96: 56）。把這一轉變兌入國際政治的考量上看，海德格主張：「要以種族原則去對抗布爾什維克主義是同樣的荒誕，這只是昧於二者於形態迥異背後實出自同一個形而上的根株。」（GA-96: 57）此中所謂「種族原則」如發展到極端，當然會涉及納粹的「生物反猶」無疑。而海德格明顯地要指出，種族主義與布爾什維克其實有一共同的精神

35　希特勒（Adolf Hitler）《我的奮鬥》第 14 章「德國於東歐的政策」。

36　此所以連《黑色筆記本》編者的 Peter Trawny 也曾著書名《海德格與猶太征服世界陰謀論之神話》*Heidegger und der Mythos der jüdischen Weltverschwörung*（Frankfurt/Main: Klostermann, 2014）。

內核（也即他所謂的形而上根源），故不能以種族主義對治布爾什維克，而必須從形而上學的根本處著手處理。

同書稍後，他進一步把法西斯（Fascism）也拉進來比併，並且把這一切背後的支配力量盡歸諸「機栝」：「納粹主義不是布爾什維克主義，而後者也不是法西斯主義，但二者〔按：指意大利和德國作為甲方，蘇俄作為乙方〕皆是機栝的徹底勝利，是現代世界極成的方式，乃民族精神被計算地誤用的結果。」（GA-96: 127）海德格這個思路的發展，使當時正在進行的戰爭中的敵我界線愈顯得模糊了。且看他如何再度引用他那「形而上的等同式」：「同樣地，專制的社會主義（變身為法西斯主義與納粹主義）實乃現代文明發展完成的（另類的）形式。布爾什維克主義與專制的社會主義從形而上的觀點看，是同一回事。」（GA-96: 109）由此可見，二戰期間德、意兩個「軸心國」，在海德格眼中，其實與蘇俄的中央集權式的無產階級專政是一丘之貉。至於英國，海德格除放言其文化膚淺和無品味外，亦嘗指其與俄國於骨子裡其實也是一致的，而「二者之所以無可避免地成為勢同水火的死敵，是因為二者渴求的〔權力〕是一樣的。」（GA-96: 173）

至於大家早已熟知的，海德格曾把俄國和美國視同「形而上地同一」這一主題，如今在《黑色筆記本》中又再次閃亮地出場了，而且這回是英美也被同等看待：「資本主義的英美『世界』與反資本主義的『布爾什維克主義』[37]，何以二者儘管表面上對

---

37 在另一場合中，海德格把「布爾什維克主義」進一步界定為「極權的國家資本主義」（autoritären Staatskapitalismus），如是使上引的等同式更具意指。（GA-96: 134）

立，但骨子裡卻一致呢？因為二者有相同的本質，就是主體性和純粹智力的無條件的開展。」（GA-96: 235, 114）同書稍後話題一轉，甚至把德國納粹自身也算進這一「同一」等式之中，如直接的說：「因此，美利堅主義、納粹主義與布爾什維克主義皆表現形而上學發展到終極時的那機栝的本質。」（GA-96: 282）此外，海德格在 1945 年二戰後的一份交代自己校長任事的文件中，更曾把共產主義、法西斯主義和世上的民主政治（Weltdemokratie）一爐共冶，認為皆「權力意志普世發展」的結果（GA-16: 375）。注意此中談及的並非個別國家，而是各種制度文化。

如果把《形而上學導論》和《黑色筆記本》中前後出現過的一些形而上的等同式加起來，則在海德格眼中，舉世列強均如同出於一個大染缸明矣！這個思路所指向的結果，就是他所指的紮根於存在自身，並於近世銳化為人世之大患的那只知崇尚科技和計算性的「機栝」。此中所透露的，是一種「形而上」觀念對政治現實的凌駕性，海德格認為此皆因西方向來根深蒂固的「機栝」使然，固直宣之為「……機栝對歷史的終極勝利，或一切政治於形而上學跟前的敗陣」（GA-96: 57）。用更簡單的方式表述，海德格於《黑色筆記本》中早已醞釀了「形而上學作為後設政治」（Metaphysik als Meta-Politik）的說法（GA-94: 114），直可把國際間的政治大染缸「背後」的原委直接溯源於形而上學。世人提到形而上學，一般都視作虛無得不食人間煙火，今海德格作出如此指責，駭人聽聞之餘，又著實令人無言以對！

海德格還補充說，乘著「全球主義」（Planetarismus）之風潮，機栝的業力很不幸地已然占領了全世界！此中，海德格所說的「全球主義」就是今天我們掛在口邊的「全球化」議題

（Globalisation）。只不過，在海德格眼中，全球主義對人類的意義，盡都是負面的：「這所謂全球主義，實乃機栝底力量的本質發展，其力量足以把本是牢不可破的都予摧毀，而這也是〔把一切〕陵夷化（Verwüstung）的道路上的最後一步。」（GA-96: 260）[38] 在這個所向披靡的大勢下，海德格是如何了解猶太人的角色，一至於構成「反猶」的指責呢？就這關鍵的角色問題，海德格的回答就是：猶太民族精明的計算或算計的天賦（rechnerische Begabung）對其他民族而言，首先目之為挑戰，進而爭相效尤，從而大大加強了「機栝」的普世業力。（GA-96: 56, 282）

　　一反 1933 年前後對「國族」的重視，海德格漸漸認為，「機栝」的發展實乃人類文化的共業，在這對全球發展極具掣肘性和支配性的路上，所謂民族和國家的差異，都再不重要了。「機栝的勢力終於發展至於以下最關鍵的一些狀況：目中無神而導致的毀滅性，人性之被歪曲，人之淪為動物，地球之糟蹋，世界的宰制。〔就這一點而言〕所謂民族、國家、文化，都不過是表面的差異而已。」（GA-96: 52）海德格不但再不重視民族的重要性，更反而提出「民族主義」其實是最易被利用的一種意識形態：「民族主義不會因為單純的〔跨民族的〕國際主義（Internationalismus）而被超越，而只會因而被擴展，並升級為一個系統。這意義的民族主義不會因為國際主義變得更人性化並從而被消解，正如主體主義不會因為集體主義而被消解一樣。〔因為〕集體主義只不過是人類的主體性從全體角度去看而已。」

38　德文原文：„Dieser aber ist der Planetarismus: der letzte Schritt des machenschaftlichen Wesens der Macht zur Vernichtung des Unzerstörbaren auf dem Wege der Verwüstung.“（GA-96: 260）

（*Humanismus-Brief,* GA-09: 341）順著這一思路，今天所謂「全球化」之國際趨勢到底能否把世界列國潛伏的種族思維化解，海德格當然亦會認為不容樂觀。從晚近世局的發展，我們不難發覺，全球化除了有利於現代人的各種生活方式（如金融、體育、資訊、醫藥、技術、商品／品牌、娛樂）的傳播這個表面優勢背後，其實也助長了世界各地域、各民族之間的「爭霸」意識，令各種衝突更趨於頻繁，令彼此間的矛盾更表面化，並由此增加了各國之間和各民族之間的敵意。為了把這份普遍地存在於列強之間的「爭霸」意識清楚表達，海德格曾借尼采口吻把現代文明人類彼此攫奪的敵意稱為「捕獵獸眈視」（Raubtierblick）。（GA-54: 159）

　　海德格雖然認為西方列強都逃不開「機栝」，但列強之中明顯對美國或他時而狠稱的「美利堅主義」的指責最為嚴厲，這從以下這段文字中表露無遺：「美利堅主義可以歷史地斷定為現代無條件走向陵夷這終局的現象。俄羅斯〔文化〕無論表現得如何殘酷和僵固，它的世界卻同時有著先天的土地根源。相反地，美利堅主義卻把所有東西都七拼八湊，並且被它拼湊的都難逃被刨根挖底的命運。〔……〕俄國還未達到這個形而上的陵夷的領域裡，因為除了『社會主義』，俄國還保有一開新的可能，而這對於一切的美式文明（allem Amerikanertum）而言，根本便已不可能。俄羅斯始終根植於土壤和對〔科技的〕純智帶有敵意，至使它不可能擔負起〔把世界〕鏟成曠野（Verwüstung）的歷史能耐。」（GA-96: 257-8）如是看來，美國文化才是海德格最為深痛惡絕的人類文明大患。他預言了美國文化深層的虛無主義的無法抵擋之餘，還為美利堅主義把人類帶到絕境訂下一粗略的時間表：「在美利堅主義中，虛無主義發展到了其頂峰。〔…〕但這

一段歷史最早要到 2300 年才會再出現。屆時美利堅主義將會因其空洞而瀕於衰竭。直到那一天，人類無知地大步走向毀滅的當兒，卻昧於正在走著這段路，更遑論得以克服之。」（GA-96: 225）

我記得我還在求學時，曾在牟宗三先生家親耳聽他講過「西方哲學當時得令」一語，意謂無論我們主觀地如何重視中國哲學，卻改變不了一項事實，就是西方之思想對於世界才最具支配性！當其時也，海德格還在世，真想不到他原來也早有類似的議論。海德格很清楚指出，中國這個「有四千年豐厚傳統的世界，自十九世紀末以來必須要與我們〔西方〕的技術世代相抗衡」（GA-16: 617）。而且，「儘管中國和印度其實都有古文化，但到了今天，整個地球都屬於西方。西方並不是一地理的概念，也不是地理的擴充，而乃歷史的〔概念〕⋯。」（*Über den Anfang*, GA-70: 107）而其所以如此，是因為標誌著西方的科技機栝早已於西方的歷史源頭（Anfang）處根業遠種！此外，海德格幾乎洞燭先機地預知了東方學術界日後所要面對的歐洲中心影響：「我們這一種歐洲思維是被邏各斯決定和以此調校好的。但這完全不表示，古老的印度、中國及日本的世界沒有他們的思維。相反地，帶著西方世界邏各斯性格思維的我們，在嘗試進入這些陌生世界之前，必須首先質問自己有沒有具備應有的耳聰，俾得以明白這些陌生的思想。現在歐洲思想挾全球主義的影響，這個問題會顯得更加逼切，特別是現在的印度人、中國人和日本人都習慣了只以歐洲的思想方式去表達其所經驗的一切！」（GA-79: 145）以上一段文字表面上雖顯出了海德格對認識東方抱有一定誠意，但更清楚的表達了，他從心底認為，世界史的發展已經「同一化」到了一個「歷史」的地步，就是當今人類文化所面對的危

機，一切都已取決於西方。

海德格這種把西方主要政治強權以同一種尺度指責的態度，即他所謂的「全球主義」（Planetarismus），其實是一種政治與文化層面的「同一性思維」。如再加上本書另章提到的「存在史」和「機栝」等考慮，這其實是以「存在」和「機栝」全面概括人類文化與政治制度的觀點。

反猶問題不禁令人想起，很長久以來，南洋地方的華人常被稱為「東方的猶太人」，理由是在南洋諸民族眼中，華人最擅於營商。時至今日，中國基於類似的經濟或甚至文化理由成為了美國的頭號敵人，這會不會是反猶的一種變調呢？回到海德格的時代，雖然他針對的先是猶太人，其後是美國，但在《黑色筆記本》等文本中，我們赫然發現一些針對「機栝的中國」（Chinesentum der Machenschaft）（GA-94: 432）和「全球主義下的中國」（planetarischen Chinesentum）（GA-90: 74）等言辭，看來海德格把普世民族文明一爐共冶，和於政治上要貫徹其同一性思維的意欲，似乎比我們想像的更為鮮明！

八、海德格是否涉及某一意義的「形而上反猶」？

儘管海德格不至於主張「生物反猶」，其對猶太民族早有成見，固是不爭之實。但觀乎《黑色筆記本》中所展示的反猶言論，幾無疑問地都不只停留在歐洲歷來的「傳統反猶」的層面，而明顯地有一定的理論意指。用另一種講法，「傳統反猶」基本上脫不了一些民族間的敵對情緒，但海德格於《黑色筆記本》和其他文字的一些關於猶太的論斷卻顯出其反猶背後是有一定的想

法，固吾人不同意之餘，也不能只從情感的層面否定之或睥睨之，而必須從理論上予以嚴正審視，俾以好好駁斥。

在《黑色筆記本》中，反猶文字的總篇章其實不多，但卻零散地分布於好幾個卷子之中，並與許多中後期海德格的重要思想名相糾纏，其中最重要的有「存在史」、「機栝」、「存在離棄」等。總的而言，作為哲學家的海德格，為反猶找到了一更高層次的理由：就是猶太人一般都具備的精打細算的天賦（rechnerische Begabung）[39] 助長了海德格眼中西方文化歷來最大的弊端－機栝，並因此把人類文明推到「離地」（Bodenlosigkeit）和「無根」（Entwurzelung）等危害的高峰！這一個論點，其實已超越了歐洲傳統從情感出發而產生的對猶太民族的敵意，而被上綱至一理論的層面。而且在作為一代思想家的海德格筆下，愈演愈烈。這一層次的問題，我們可稱之為「形而上反猶」。這一個重點，海德格便曾清楚道出：「關於猶太人在世界上所扮演的角色這個問題並非一種族的問題，而是關乎某一種生存方式的形而上問題，這種生存方式直要把一切存在物自存在中徹底地連根拔起視為一種歷史任務！」（GA-96: 243）[40] 海德格這段引文最耐人尋味的地方，是雖以猶太問題作為話頭，但其批評劍指之處，卻是瀰漫

39　GA-96: 56. 此外參見 GA-95: 97. "…zähe Geschicklichkeit des Rechnens und Schiebens Durcheinandermischens, wodurch die Weltlosigkeit des Judentums gegründet wird."

40　由於這一段引文關係重大，特徵引原文： "Die Frage nach der Rolle des Weltjudentums ist keine rassische, sondern die metaphysische Frage nach der Art von Menschentümlichkeit, die schlechthin ungebunden die Entwurzelung alles Seienden aus dem Sein als weltgeschichtliche »Aufgabe« übernehmen kann." （GA-96: 243）

於世上的一種普遍的生存方式，而這種生存方式涉及的是存在物從存在的「母體」中被抽離和被「毀棄」這一「形而上」議題！由於這一項指責非獨指向猶太人，而乃一普世的挑戰（其實同時指向西方列強，甚至實同時也指向納粹德國自身），故已不能說是一個單純的種族問題云云。

海德格又說：「在機栝的世代，種族被升級為歷史底關鍵的和自足的原則，而這本即是機栝的後果，機栝之為機栝，其業力在於要把存在者的一切領域都壓制於一些可規劃的計算之下。種族思想使得生活變得有所倚仗，也即某一種形式的計算性。猶太人長久以來便已習慣了循著種族的原則去生存，也因此之故，當這種族原則被〔各國〕無限制地使用時，猶太人要起而激烈對抗。」（GA-96: 56）當我們引用這段說話去說明海德格反猶太背後的理據時，必須認清幾點：一是海德格認為所謂種族思想（Rassengedanken）是機栝的一部分，二是他試圖製造一種印象，俾這一種思維顯得同時批判猶太人和德國人，甚至批判全球的強權，三是認定猶太人由於很早便已是這一種機栝思維的先行者，和是既得利益者，因而備受後起欲採納這一思維的強權（對猶太人而言，最直接的就是納粹德國）的競爭與打擊。

《黑色筆記本》部分出版後，不少學者指出，平情而論，海德格在踰 600 頁的篇幅中，所謂反猶太的言詞不過是十餘個例，而且，如把這些言詞置之於脈絡中去理解，則未嘗不可以找到有理論之所指，而非世俗理解的傳統反猶。當然，亦有論者循這理論的途徑予以批評，例如涂奧尼（Peter Trawny）正便以此為據，把對海德格的指責「上綱」為一「存在史的反閃族主義」（seinsgeschichtlicher Antisemitismus）。但是，「存在史的反猶」，如按上面的分析，只說明了海德格曾循「存在史」的觀點而有反

猶的言詞。如眾周知，海德格所謂的「存在史」乃一針對整個西方文化的全盤的反思，從縱軸上看，上可追溯到柏拉圖，下可及於黑格爾、尼采，乃至於當代的胡塞爾和海氏自己，從橫軸上看，則同時針對了廣泛的形而上學思維，包括整個基督教傳統，這是他貫徹如一的態度，這問題必須另章從根本處細說從頭。故「存在史的反閃族（反猶）」這一項指責雖有所指，但在吾人未進一步說明「存在史」一概念前，其實焦點難以確定！所以，在這一章的討論中，我建議簡單的借用上引海德格就這問題的定性，把他這一種從理論層次的反猶思想，稱之為「形而上反猶」。當然，海德格的反猶言行，無論被定性為「傳統反猶」抑「存在史的反猶」抑「形而上反猶」，固都應引為憾事。但是，我們不應倒過來說海德格的反猶傾向造就了他有關「存在史」或「機栝」等思想，並以此為由對他的思想一筆否定。因即使我們要批判海德格關於「存在史」和「機栝」等理論，也必須從思想的高度為之，方為恰當和方夠徹底，如只單純地混淆了對其反猶所作的道德上的指責，則便大大的把問題簡化，並把我們應關注的核心問題輕易地放過了。這一系列問題的意旨，必須分章論列，現在且讓我們先回到反猶的爭議上去。

九、雅斯培關於德國人「罪過問題」的反思（*Die Schuldfrage*）

為了對反猶的議題和對納粹犯下的戰爭罪行達致一較全面的判斷，我們不妨再參考雅斯培。雅氏的妻子是猶太人，本已被安排遞解，後因美軍及時進駐海德堡而幸免。作為納粹的一位邊緣受害者，雅斯培戰後於海德堡大學復課後，把自己的首批講稿輯

成《罪過問題》（*Die Schuldfrage*）一書。雅斯培這書最重要的貢獻是清楚闡明：二戰之後問「德國人是否有罪？」這個問題不能平面化地簡單回答！即不應一刀切地把不同層次的「罪過」混為一談，而應按各人牽涉的方式和深淺予以區別。就此，雅斯培區別了四個不同的罪過概念：即是「刑事罪行」（kriminelle Schuld）、「政治罪責」（politische Schuld）、「道德罪疚」（moralische Schuld）和「形而上罪業」（metaphysische Schuld）四者。[41]

雅斯培提出，四種罪過會帶出四種結果：1）首先，刑事罪行的觸犯，若是證據確鑿，應針對犯罪者個人作出「刑罰」（Strafe）；2）至於政治罪責，雅氏認為由於是一國之民必須共同承擔者，乃有所謂戰爭「償債」（Haftung）的考慮；3）道德的罪疚涉及的是每人對自己於戰時的個人行為的反思，反思的結果會引起個人的「懺悔」及「自新」（Buße und Erneuerung, Reue）；而4）形而上的罪業則會促使包括一己在內的整個民族對自身的罪過經歷作徹底和重新的「審度」，從而帶來「吾人自我意識的轉化」（Verwandlung des menschlichen Selbstbewußtseins）。[42]四種罪過之中，首兩者涉及法制，故可以藉外力執行。而後二者並不涉於法制，只存乎一心，故必須由個人乃至全民「內在自發地」（von innen kommen）處理或實踐。[43]

---

41 Karl Jaspers, *Die Schuldfrage*（Heidelberg: Lambert Schneider, 1946）. 以下只徵引該書頁數。順道一提，這書的原版我曾於2013年於弗萊堡大學演講期間於海德格常光顧的 Restaurant Oberkirchs Weinstube 外的舊書攤撿得，並因而注意到有關的議題！

42 Jaspers, *Die Schuldfrage,* p. 35.

43 Jaspers, *Die Schuldfrage,* p. 42.

　　書中雅斯培重申了盟軍於二戰後組成紐倫堡軍事法庭時訂定的守則，指出審判並不針對德國國民，而只針對納粹政權中的個人，而且也不針對所有納粹中人，而只針對明顯地違反了國際軍事法庭所清楚界定的罪行，包括參與策動戰爭（損害和平）、殘害戰犯、干犯人道（如奴役、流放、謀害平民，乃至種族滅絕）。更重申要針對的圈子只集中於納粹諸領袖及主要執行機關，如內閣閣員、SS、SD、Gestapo、SA 成員，及德軍的高層指揮官等。如果就這樣高的門檻而言，則一介書生的海德格，以其從未受納粹重視，並早於戰爭未開始已與納粹疏離而言，當然談不上要負任何「刑責」。

　　至於政治罪責，雅斯培 1946 年撰書時固認為德國人應就戰爭賠償作全面承擔，事實上於二戰後頭幾年，德國被要求作鉅額戰爭賠款，和按摩根索計劃（Morgenthau Plan）實行非工業化制裁（deindustrialization），以至德國全民幾乎都生活於飢餓邊沿。但後來的歷史發展卻產生了轉機。事緣美、法、英三個盟軍戰勝國吸取了一戰後對德徵取鉅額賠款而最終導致反效果的教訓[44]，

---

44 第一次世界大戰後，德國作為戰敗國必須履行凡爾賽和約（Treaty of Versailles）中指定的 1,320 億黃金馬克（German Gold Mark）（相當於 96,000 噸黃金）的鉅額戰爭賠償。這份沉重的負擔令德國很快便面臨破產。一個重要關鍵就是 1923 年德方因無力付款而引起的法軍入侵魯爾區，激起了德國民憤，隨而引生了由希特勒等策動的所謂慕尼黑「啤酒館政變」（Beer Hall Putsch）。政變雖以失敗告終，但事件終讓納粹藉社會持續不穩而崛起，並終於取得權力。1933 年希特勒當權後，更拒絕償還一戰賠款，轉而傾全國之力於軍事擴張，終於釀成二次大戰。二戰後，西德政府自 1953 年起重新清還一戰遺下的債券本金，並與國際社會達成協議，俟德國有朝一日重新統一後再清還一戰賠款自 1945-1952 年的利息。這份承諾，終於自 1989/90 柏林圍牆倒下及兩德統一後啟動。據有關資料，德國因一戰而承擔的所有賠償，終

加上需要重建歐洲以制衡蘇俄，遂決定改弦易轍，推行「歐洲復興計劃」，即俗稱的「馬歇爾計劃」（Marshall Plan, ERP），大大削減了對德徵收戰爭賠款。然而，這個本屬全民共同承擔的罪責問題，卻曲線地影射於海德格身上。這就是：當作為納粹受害者的雅斯培顯示了德國民族應勇於共同承擔的同時，作為納粹一度的支持者的海德格於戰後卻只知對盟軍的掣肘表示怨懟，甚至於在自己的日記本中忿懣戰爭讓本來無根的猶太人因戰亂反得伺機移民海外，而許多德國大好青年因而犧牲云云！（GA-96: 261-2）雅、海二人人格的分別立見。

關於道德的罪疚問題，雅氏指的是基於過往各種原因而為自己的行為產生的懊悔，如懾於納粹淫威而表示的妥協，和納粹活動的消極參與，也包括出於錯誤判斷而把理想與熱忱錯誤地寄情於納粹的往跡。雅斯培說得很明白，道德的罪疚必須由每人自己經過內在反思而自行表露，又吾人雖可就此討論，但每人是否有這意義的道德罪疚，外人總無法置喙，甚至無法知曉。就這一點而言，海德格的表現如何，大家心中有數。

雅斯培說的形而上的罪業，可指吾人目睹他人經歷苦難乃至犧牲時，自身無法施以援手反而存活下來所生的「業」，關鍵是這「業」會帶出個人對存在的全面反思。道德的罪疚和形而上的罪業都繫於人心的自反，不同的是前者主要針對個人的行止，而後者針對的是整個事件，就其都對過往作出反思，理應皆足以影響吾人未來的行為。道德罪疚帶來的懺悔固出自道德感情不能自已的自責。但雅斯培更強調的，是形而上罪業涉及的是知性上的「轉化」，故可能有更深遠的影響。正如雅斯培所說：「對每一個

於在 2010 年 10 月 3 日，亦即兩德統一 20 週年當天連本帶息全數清付。

有思想的德國人，在這些災難所造成的形而上經驗的衝激下，其對存在與自我的理解都會產生轉化。〔…〕由此得以滋生的，很可能是未來的德國〔民族〕精神。」[45]

十、重新反思海德格的反猶責任

海德格既然也自詡猶太問題並非一種族問題而是一形而上問題，則他在戰後是否曾有感受到雅斯培所謂的「形而上罪業」呢？我們看到的似乎是相反的現象。海德格戰後忿懟德國人和一己受苦之餘，對猶太人的莫大苦難卻置若罔聞。難怪哈伯瑪斯就這一問題直言海德格只知「諉過於人」。[46]

雅斯培《罪過問題》這本小書中，雖然一次也沒提及海德格，但卻完全籠罩了海德格的反猶議題，而書中論及德國人對於一己的罪業應如何「清洗」的以下的一番話，雖向來被人忽略，卻正中海德格的要害。

「有一種極端的想法，認為世界終歸會走到一盡頭，並且認定沒有任何作為可終免於失敗，和認為在一切事物中便埋藏了腐敗的根苗。這一種想法使得一個一個的挫折都依樣葫蘆地導向一

---

45 Jaspers, *Die Schuldfrage*, p. 66. 雅斯培說形而上的罪業會影響一國之國民未來的生命態度，有兩件事情可資參考：一是 1970 年西德總理布蘭多（Willy Brandt）於波蘭二戰死難者紀念碑前倏然下跪的舉措。二是 2015 年德國總理默克爾（Angela Merkel）一口氣收容了逾一百三十萬敘利亞難民。總的而言，雅斯培就德國人罪過問題的反思，比起鄂蘭提出的，並帶一定程度「開脫」意味的所謂「惡的平庸性」（banality of evil）要深刻得多，和積極得多。

46 Jürgen Habermas, "Work and Weltanschauung: The Heidegger Controversy from a German Perspective," trans. John McCumber, *Critical Inquiry* 15（Winter 1989）, p. 450.

個共同的挫敗。而他的一切力量乃都給虛耗於這一抽象之
中。」[47]

接下去，雅斯培提出了更尖銳的反思，雖然海德格肯定不會
愛聽：「吾人如覺得自己被羅織於一罪疚與贖罪的整全體之中，
儘管這或許帶有一定的形而上真理，但這種想法卻很容易誘使作
為個體的吾人，對於完全只關乎一己的事情心生迴避！」[48]

上文在分析海德格的「形而上反猶」時，我們指出，海德格
自與納粹形式上切割後一直刻意把當世列強彼此間的「惡」等量
齊觀，最後才指出猶太文化是世人競爭攫奪的始作俑者，而又謂
凡此一切又都出自西方自古以來即在蟄伏的形而上學的機栝。在
《黑色筆記本》中，海德格甚至把西方文化這一種歸趨視為一種
「世界意志」（Weltwollen）的宿命（Geschick），或曰是一種「集
體的罪業」（Kollektivschuld)，而這集體罪業影響之重大，甚至
連「毒氣室之恐怖也無法比擬」云云！（GA-97: 99）這一種極
盡歪曲的思想可理解為表現於政治文化層面的「同一性思維」。
藉着把世上一切政治對立紛爭都「大而化之」地歸入「機栝」這
個沾滿了極權意味的概念之中，海德格無疑在營造一個理論平
台，把一切罪業的判準平面化、模糊化，讓個人的罪業顯得無可
奈何，和再無從追究。因此，海德格把猶太問題的「形而上
化」，其實是最不願意承擔形而上罪業的最佳實例！因為，於一
「普遍」中尋找迴避，或於一普遍之下聲稱「無助」，其實就等
於為一己的罪業乃至罪疚尋找一份「免責聲明」（disclaimer）！

就這一種態度，雅斯培的觀察十分深刻：「設想自己是在一

---

47 Jaspers, *Die Schuldfrage*, p. 100.

48 Jaspers, *Die Schuldfrage*, p. 100.

整體中生存，並在此整體中顯得無能為力和只能消極地參與。
〔…〕把自己視為被一整體的罪業所支配，一己的作為乃顯得無
足輕重。如果淪為失敗者，則此皆因一整體中的形而上的窮途
（metaphysische Ausweglosigkeit）所造成的困擾使然。」[49]雅斯培
這番話不正是在指斥海德格嗎？雅隨後進一步說：「有人會把自
己的不幸解讀為由所有人的罪業所造成，從而為自己的不幸賦予
一形而上的重力，並藉著達成如下的一個新奇的怪念頭（neue
Einzigkeit）：在這個世代的災難中，德國乃一充作代替的犧牲
者。德國代替了所有人受苦。在德國人身上，所有人的罪業爆發
出來，而德國也得為所有人贖罪。」[50]雅斯培 1946 年暗諷的「怪
念頭」，指的是把二戰中德國所扮演的角色，從施暴者
（perpetrator）改為受害者（victim）。這一種想法循歷史常理看
來，真的匪夷所思，但當《黑色筆記本》面世，我們發現這正是
海德格的寫照。就此而言，我們不得不佩服雅斯培的先見。

　　雅斯培這一番非常含蓄的批評，多年後終於由不少海德格批
評者如沃林、法蘭森等講得更明白：他們會認為海德格藉著「把
存在刻劃為無所不能的後設主體」，或曰「藉著把存在升格為一
絕對的歷史主體，和把人類貶低為只得聽從存在及其宿命的布施
者」，海德格是否意圖藉此避免承擔自己的納粹往跡，並從而為
德國淡化乃至抹煞其戰爭罪責！[51]

49　Jaspers, *Die Schuldfrage,* p. 99.

50　Jaspers, *Die Schuldfrage,* p. 100.

51　參見 Richard Wolin, *The Politics of Being. The Political Thought of Martin
　　Heidegger*（New York: Columbia University Press, 1990），pp. 149, 142.「後設
　　主體性」是 Wolin 在轉述德國學者法蘭森（Winfried Franzen）之見解。見
　　Winfried Franzen, *Von der Existenzialontologie zur Seinsgeschichte*（Meisenheim

　　總而言之，海德格自早歲開始即有反猶的傾向是很肯定的，但這首先只涉及歐洲長久存在的「傳統反猶」情緒。至於一些批評者希望把對海德格的指責升級到「生物」的層次，這點是可予保留的。至於與納粹運動的糾葛一點，我們大概可接受他自己的解釋，即基於某一意義的「精神上的納粹」的憧憬轉而對現實的納粹運動有所幻想。不過落入現實的角色中，其對師長、對同人都曾有過不當的言行，在權力當前未能表現出學者應有的理性思考和獨立風骨，並且於戰後對自己這方面的往跡，除極力粉飾外，從未作清楚的公開交代，更遑論悔意。到了《黑色筆記本》面世，我們看到的，非但不是對納粹罪行的甚麼深切的反思，反而是對時代、對同人、對盟軍戰後非納粹化措施，甚至對整個人類文化存在的種種怨懟之詞。特別是在這一系列遁詞中，他竟把對舉世的責難升級到一「形而上的」或「存在史」的層次，並把猶太文明視為要為掣肘著現代文明的褫奪性與算計性負責的罪魁禍首，從而把德國發動戰爭的罪責和最終「清洗行動」的惡行顯得「無可避免」。凡此種種，我們即使不能對他直接參與戰爭作道德上的指責，但正正對於作為哲學家的他的這些「形而上」的遁詞，乃至對於他的人格，只能表示極度遺憾。總而言之，與雅斯培「形而上罪業」之為一種集體反躬比起來，海德格的「形而上反猶」無疑是在鼓吹一種集體卸責！

　　有關這問題，德里達早於八〇年代末，於討論海德格的尼采詮釋時已洞燭先機地有以下一精警的疑問：「……種族思維（Rassengedanke）乃被形而上地而非生物學地解釋……藉著把決

---

am Glan: Anton Hain, 1975），p. 125. 相關的批評亦可見於 Aaron James Wendland 於香港中文大學的一次系內演講。

定的方向逆轉，海德格是把這『種族思維』紓緩了抑或加劇了呢？種族的形而上學和種族的自然主義或生物主義相比之下，是更為嚴峻抑沒那麼嚴峻呢？〔……〕」[52]

---

52 Jacques Derrida: *Of Spirit: Heidegger and the Question* trans. Geoffrey Bennington and Rachel Bowlby（Chicago: University of Chicago Press, 1989），p. 74.

11

海德格的文化批判
——「存在史」、科技的「機栝」及文明的「桎梏」
（2019*）

鄉關淪喪成為了世界文明這一
〔存在〕形態的普世命運。
（Heimatlosigkeit ist ein Weltschicksal
in der Gestalt der Weltzivilisation.）
（GA-16: 713）

一、「存在」、「存在史」（Seinsgeschichte），與人類的參與

海德格《存在與時間》著作計劃的中斷，固與他對自己處理「存在」方式的不滿有關。但「存在」這個一直只有一席虛位的議題，在海德格晚後的著作中卻一再重現。而且，除了「存在問題」、「存在的意涵」等原來的探討角度外，還多出好些新的理論平台，和一系列的新名相。舉其要者，有「存在的真相」（Wahrheit des Seins）、「存在的遺忘」（Seinsvergessenheit）和「存在的離棄」（Seinsverlassenheit）等，此外又提出一系列新的與存在相表裡的名相，如「本然」（Ereignis）、「帶出」（Austrag）、「開顯」（Lichtung）、「機栝」（Machenschaft）等。這些新概念名相，立意雖殊，但其終極所指實一，在「同一性思維」的涵蓋下，他們彼此共屬，相互支援。但眾多術語中，最令人觸目，也最讓人費解的，當數「存在史」一詞。

「存在史」或「存有的歷史」（Seinsgeschichte）這個用語，無論用中文、英文、甚至德文來表述，均甚費解，且易誤導。關鍵是：「存在史」和「存在」根本也是同一回事。對於後期海德格，由於所謂「存在」或有時他所稱之「存有」（Seyn）並不解作一靜態的現象，而指一冉冉地衍生的歷程（Fortgang）（GA-6.2: 444），故後來愈傾向於把「存在」直稱為「存在史」：「存在史即就是存在自身和只是存在。」（*Nietzsche II*, GA-6.2: 447）要進一步說明這帶歷程意義的存在或存在史，我們可從德文 Wesen 這個概念側面切入。

Wesen 這概念傳統德國哲學本解作事物的「本質」。但從「存在」問題出發的海德格則不同意這解讀。直到四〇年代，他

先是從事物所以稱為存在的基礎（Grund）去理解 Wesen，但踏入五〇年代以後，便愈是把 Wesen 設想為我們所謂造化意義的存在的流衍歷程本身。後期海德格常有 "Das Sein west" 這個連一般現代德國人都無法理解的表式。[1]為了要說明這一點，海德格首徒的伽達瑪便一針見血地指出，海德格的 wesen 根本被用作 Sein 的動詞（Zeitwort des Seins）[2]。查 Sein 本身即出自存在動詞的 sein，何以不沿用 sein，而要另覓 wesen 為動詞呢？理由其實很簡單，是因為日常德語中 sein 早已被慣用作解存在事物意義的 Seiende 的「存在動詞」（verb to be），例如：Der Mann ist alt。如今海德格既設想 das Sein/Seyn 為造化意義的存在，便當然要為這意義的存在另訂（或重新發現[3]）一合適的動詞，以明

---

1 雖然 wesen 用作存在的動詞是後期海德格的習慣，但他這一用法最早甚至可追溯到其少作《論鄧司各脫的範疇與意義理論》（GA-01: 260）。

2 參 Hans-Georg Gadamer, *Hegels Dialektik: Fünf hermeneutische Studien* (Tübingen: Mohr, 1971), p. 95.

3 海德格於著作中一再地提醒吾人，從語法的角度看，德文 wesen 先是有動詞之用（GA-07: 31；GA-08: 240），而指的最初並非事物的「本質」，而乃事情在世上的發生、漫衍、運作與延伸等。除了曾追溯到梵文的 wesan 外，亦曾引用歌德深喜的赫伯爾（Johann Peter Hebel）詩句中 "die Weserei" 一詞，並解釋說 Weserei 實指「民眾薈萃讓農村的生活方式得以保存（west）的市民會堂（Rathaus）」（GA-07: 31）。這種解釋無疑是一種「知識考古」的工作。Weserei 這用語，作者自十九齡習德語以來，從未聽聞，讀海德格書得知後，查《格林字典》也查不到，更遑論其他如 Wahrig 字典了。但最近借互聯網之便，終於找到德國黑森林山區一家 Wirtschaft（餐館）名為 Zur Weserei。經細心追索，原來赫伯爾曾是這餐館的客人，這一點餐館的網頁也提及，唯其對 Weserei 一字沿起的說法卻與海德格不同，彼認為出自解舊時該區管理機關 Verwalter-Verweiser。但這解釋其實與海德格並不完全相左，因為海也提到動詞義的 wesen 也於 Hauswesen（家計）和 Staatswesen（國計）

這造化意義的存在的「動向」。這種用法的 wesen，及順此勢而又再被抽象化的動名詞 Wesen 或 Wesung，我建議中文譯之以「漫衍」[4]，以誌其流衍變動之含義。對存在及其「動詞」這番辨解，首先有助於我們明白何以「存在」即等如「存在史」。

對於後期海德格來說，「存在」既然是唯一的現象（singulare tantum），其當然是無所不包的。存在或存在史既然無所不包，也當然包括人。但人在存在之中，卻扮演了哪一角色呢？這個問題，海德格終其一生都在思索。以下兩段出自後期的文字，極傳神和直接地把「存在史」與人類文明既不一亦不異的關係點出：「存在史既不是人類的歷史，也不是人類與存在者和與存在的關連的歷史。存在史即就是存在自身和只是存在。然而，由於存在要動員人類以於存在者之上確立其自身的真相，人因而被捲入存在史中⋯⋯」（*N-II*，GA-6.2: 447）又或說，「存在史乃存在的宿命，存在運施於吾人，同時隱匿其漫衍。」（Seinsgeschichte ist das Geschick des Seins, das sich uns zuschickt, indem es sein Wesen entzieht.）（*SG*, GA-10: 90, 164）。此中，海德格把存在之「動」設想為某一意義的「運送」（Schickung），對於領受著存在的人類而言，即成為帶有宿命意味的「機運」（Geschick）。而對海德格來說，存在史（Seinsgeschichte）與存在機運（Seinsgeschick）也只不過是一義之稍轉而已（GA-10: 90, 95, 131）。

等用語中得到反映，而其所指，正是家或國的「興起（walten）、管治（sich verwalten）、發展（entfalten）和式微（verfallen）」這歷程（GA-07: 31）。話說這餐館已於 2019 年底結業而只以 Hotel Garni 方式運作了，逝者如斯乎！

4　Wesen 與 Wesung 雖然都是從 wesen 導出的動名詞，但意義稍有不同，前者指漫衍之過程，後者有時指漫衍之結果。二者之關係與本章下文將談論的「本然」與「帶出」之關係相若。

　　從結構上看，「存在史」之所指固如前引，即根本就是冉冉漫衍中的「存在」自身。由於存在本身緘默無言，吾人唯一能察見其一鱗半爪的，說穿了，仍不外是人類的文化，對海德格來說，存在史的重點當然在於西方。然而，存在史卻首先是個隱匿的議題。因為存在於歷史長河中雖承載了人，但人於存在中棲居，卻如身在五里霧中，是從來都不容易得窺存在之全貌的。當然這亦與存在漫衍的隱匿性有關。更有進者，存在中的人看不見存在的真相之餘，卻時而因無始而起的自矜而使得承載著人的存在愈顯得遠離，甚至盡被遺忘。

　　存在與人的關係好比中國哲學傳統中的「天」與「人」。在海德格筆下，人生於世上最容易自矜於其於萬象中的獨特性而據此揣度一己於存在中的「特殊」地位，因此好好一個存在，在人的解讀下，便產生種種問題。中國諺語有謂「天下本無事，庸人自擾之」。這一情況，海德格也有自己的說法：「人所以於眾多存在者中顯得突出，是因為人能認識存在者作為一存在者，並因這一認識之故而與該存在者產生一定關係；雖然與此同時，人並不能通曉及掌握其所以突出的原委。就因為這一緣由，於存在史〔……〕中，人乃於〔存在〕給他發放的存在者領域當中〔為自己〕打造出具有多種形態的霸權。」（GA-6.2: 444）人既與天地之間的一切存在物共同被存在承載著，故人類於世上於眾存在者之間建立的文明，包括其中人出於對其身邊的事物的計算與擺布意志而打造出來的霸權，由此而開闢的歷史時空，和在這時空中積聚的張力與危險，都成了存在於歷史中漫衍的結果。這一結果海德格總稱之為「機栝」，又或偶而稱之為一「流毒」（Unwesen）。這一種歷史的積聚，有一點像佛家說的「蘊」或「陰」，其一方面可以繼續積聚下去，最後導致徹底的存在遺忘，但或可在這一

關口上，由人正視這與日俱增的危險，而警覺起來，尋求一重新契入存在造化的可能。在《存在與時間》書中，海德格談及歷史性（Geschichtlichkeit）時，所指的都是「此在」的歷史性。但在後期的思想中，歷史性的討論已經不再以此在（也即是人類）為樞紐，而改以存在為依歸。在 1941 年開設並名為《基本概念》的課程中，海德格把一章節命名為「存在的歷史性及人類於存在（本質）漫衍中的歷史安頓」即清楚地說明了這一點（GA-51: 84）。

所以歸根究柢來說，存在史雖然肯定牽涉到人，但首先卻不是人的問題，而只是存在的議題，但另一方面由於存在緘默無言，卻又必須以某一種方式借助人的關注，讓人拋開其慣常自矜的世界觀，和身跳入一些存在較能清晰透露其漫衍的「裂口」中，進行海德格所謂的「存有史的思維」（Seynsgeschichtliches Denken）（GA-66: 370; GA-69: 170）之中。換另一講法，海德格是在要求吾人一旦進入了這一種另類的思維模式後，「把人類本質的問題全面地按存在史的方式（而非存有論的方式）重新思慮（umdenken）」（GA-65: 103）。[5] 這些考慮的基調，以下一語亦可見一斑：「人所謂參與存在史，是按存在之要求（Seinsanspruch）這本質所決定的，而非依據人於存在物中的具存、處事，和行動決定的。」（GA-06.2: 448）海德格《哲學論集》一書，就是從這一基調上產生的。海德格思想這一發展，其實已步入某一意義的密契學說的範圍。而人於此四無掛搭的存在之中當如何存活？人面對著存在應維持哪一種關係和抱持哪一種態度？這些問題便持

5　這所謂另類的思維，可比作唯識「五位百法」中的「無為法」，以其不入五蘊故，乃能把前四種世間法之虛妄如如地顯出。

續地成為海德格於天人之際的反思焦點。

　　總言之，海德格言下的「存在史」必須循其晚後的「同一性思維」去解讀：「存在」一方面是無所不包，其處處關係著吾人之餘，卻又隱匿得無因可喻！如果用一些我們較易懂的講法，海德格的「存在」或「存在史」，一言道破之，實指那亙古以來即冉冉地開展中的天地造化，及由此而孕育或「衍生」出來的人情物理。「造化」一語出自《莊子・大宗師》：「今一以天地為大鑪，以造化為大冶…」莊子「造化」一語之用法帶有「鑄造者」之意，與海德格所指者不盡相應，反而後來朱子《大極圖說解》：「此天地之間，綱紀造化，流行古今，不言之妙」[6]一語用得更玄，或可借以說明海德格所指之鋪天蓋地、古往今來的，也即「存在史」意義的造化。

　　這一意義的存在造化，吾人既無選擇地必須廁身其間，其又非吾人有限的心智能窮究其理。此冉冉漫衍之存在，海德格亦曾明確指並非基督教的創造者「上帝」，而以其無始而來及無因可喻故，海德格甚至力指「存在」自身亦帶有某一意義有限性。換言之，基於某一終極的有限性，存在於掣肘著人類的同時，亦不能自持為一終極的實有。海德格所謂「存在的有限」，其實是一極神祕及費解的問題，其不單只是對人而言費解，而乃自身即無解。這意義的無解的存在，海德格有時稱之為「絕壑」（Abgrund，英文一般譯為 Abyss）。[7]

6　參見朱熹，《太極圖說解》，《朱子全書・13》（上海：上海古籍出版社，2002），頁 72-73。

7　此概念的德文 Abgrund 可指削然壁立的深淵，取其難以涉足到達的意思。

二、存在與虛無——有無玄同

　　這一個存在史的歷程，不能以一客觀的發展時序表述固然。海德格甚至以他一貫的「反智」的語調，還是回到「本然」這個同樣撲朔迷離的概念交代這個他明知無法迴避的議題：「存在史裡發生了甚麼東西？我們不能這樣去問，因為這樣便宛似真有發生這回事和真有某些東西在發生。其實所謂的發生就是那唯一的事情。唯獨存在稱『是』（Das Sein allein ist）。那到底發生了甚麼呢？如果我們要找尋的是某一發生事件中發生的某一東西的話，則〔只能說〕無事發生。無事發生，本然一本而然（Nichts geschieht, das Ereignis er-eignet）。」（GA-6.2: 485）這段玄奧莫測的話如何解讀呢？

　　要知海德格在《存在與時間》階段儘管對「存在」議題的底蘊尚未完全掌握，但已把「存在」（Sein, Being）與一般意義的「存在者」（das Seiende, beings）嚴格區別。一旦釐清了後期海德格的「存在」或存在史為某一意義的「造化」後，存在與存在者之差別乃有較為清晰的定性。很概略地說，若存在者是對象思維展示下的芸芸事物的話，則存在或存在史便是假想凌駕於客觀對象思維之上的最原始的「給予」（Es Gibt）。芸芸存在者可被吾人對象化為一定的「物」和被吾人經歷為一定的「事」，但存在本身卻不是一可予對象化地展示的事或物。在這意義下，若存在者是「有」，存在便只能是更原始的「無」，故曰「無事發生」。老子說「大象無形」，說「常無〔，〕欲以觀其妙」，其立說雖殊，但語境卻可相比擬。然而何以「無事發生」又可與「本然」這問題連上關係呢？

　　後期海德格的用以說明存在的「本然」，並非一單純的「有」，而實出入於有無之間。關於「無」這問題，海德格於

1963 年致日本學者小島威彥的信中，慨嘆他較早的短論《何謂形而上學？》中談論有無之間的問題時，歐洲人對此中的「無」一般都誤解，倒是該文譯成日文後馬上取得共鳴云！[8] 其實海德格在《存在與時間》著作計劃放棄後的轉型期間，已經蘊釀著把存在／時間與某一意義的能生成的「原始的無」（nihil originarium）比觀（*MAL*, GA-26: 272），和蘊釀了把這能產的「無」視為事物世界的「突破口」（Einbruch in das Seiende），即所謂「世界門檻」（Welteingang, GA-26: 277ff）[9]，或視之為某一意義的「原本事件」（Urereignis, GA-26: 274），甚至是「原歷史」（Urgeschichte）等想法（*VWG*, GA-09: 159; *MAL*, GA-26: 270, 274）。凡此種種，都與他後期談論的「存在史」和「本然」一脈相承。所不同者，是轉型期時海德格並未完全放棄《存在與時間》階段的存有論建構工作，而所謂「原生的無」其實與他所說的人生命底「時化」（Zeitigung）而展示出各種世中事物這一綻放（Entrückung）與超越無異。[10]

　　在《存在與時間》著作終止後的幾年間，海德格一直思考一個重大議題，就是吾人在探求存在的意義時，「無」對比於存在是一種怎樣的關係？和「無」對吾人有何影響？有一很長的階段，海德格都常問「終究而言何以有事物而不是虛無？」（GA-09: 121, 169, 381f）。藉著對「虛無」這終極可能情況的存想，存

8　見海德格 "Brief an Takehiko Kojima", GA-11: 160。

9　海德格把「無」視為「世界門檻」一點，與禪宗「無門關」理境雖然不一，但涉及同樣原始的問題，值得比較。

10　關於海德格於這一轉型時期的一系列名相的引入，及其中的理論困難，可參見 Tze-wan Kwan, *Die hermeneutische Phänomenologie und das tautologische Denken Heideggers*（Bonn: Bouvier, 1982），pp. 71f, 83f, 142f。

在的意義首先便將更耐人尋味，而吾人亦因對無這終極邊際可能的戒懼（Angst）而對存在的態度更為認真。

後期海德格由於堅守存廢無因的「絕壑」思想，故「虛無」根本便是「存在」或「存有」底「無因」（Ohne Warum）的標記。這一大關鍵，以下一語可清晰道明：「存有作為絕壑就是虛無」（Das Seyn als Abgrund ist das Nichts, GA-68: 48）。故後期海德格談論的「無」，甚至再不是轉型期那能「生成」的無，而是司「約束」的無，其作用正在於約束「存在」，使其之為「有」不得被理解為「實有」。用海德格的同一性公式表達無的這一功用，就是 Das Nichts nichtet。用中文表達，可考慮權譯作「〔虛〕無以沖虛」。這種處處以「無」制「有」的措舉，廣泛地見於後期海德格思想之中。誠如海德格於《黑色筆記本》中所慨嘆：存在最難以想像的地方，「甚至比『無』還要奇特的地方，是存在自己常把『無』當作自己的影子一般到處投射。」（GA-94: 432）更有進者，這一制約意義的「無」，往往是吾人慣常地只知關注五色紛陳的存在者之餘得以猛然瞥見那與「虛無」榮辱互見的「存在」的重要契機。至於「虛無」如何能從反面玉成「存在」的思維，並連結到「本然」意義的存在，海德格身後陸續出版的文本屢有觸及。其中同屬《哲學論集》姊妹作的《存有的歷史》有極精闢但也極艱澀的表述。以下先引原文，再試詮譯之，和解釋之：

> Das Sein ist das Nichts.
>
> Das Nichts nichtet.
>
> Die Nichtung verweigert,（daß Seiendes aus Seiendem jemals ‚sei').
>
> Die Verweigerung gewährt（die Lichtung, in der, was wir

Seiendes nennen, aus- und eingehen und zuweilen anwesen kann）.

Die Gewährung er-eignet das Inzwischen（des Zeit-Raumes）.

Die Er-eignung ist die Jähe des Stimmens.

Das Stimmen ist die erste Erschweigung.

Die Erschweigung ist das anfängliche Wort.

Das Wort ist das wesende Seyn...."

存在即虛無。

虛無以沖虛。

沖虛即拒絕（謂存在者『出於』存在者云云）。

拒絕即資育（開顯，在此開顯中俗稱之存在者乃得以隱遁與出場，或甚至時而冉冉漫衍）。

資育一本而然〔帶出了〕那間隙（Inzwischen）（即那時間—空間）。

本然即聲響的乍現。

聲響即首度的緘默。

緘默即開端的言詞。

言詞即那漫衍中的存有。（GA-69: 140）

上引文字若以德文閱讀，則除語法上可勉強合成章句外，從語義審度之亦不易通讀。究其原因，一是涉及海德格思想最神祕的一面，二是海德格這類文稿原來不擬發表，而只記載其一己所思。今若要擬譯為中文，其解讀之困難，必又進一階。此刻只須指出這段文字道出了幾個與「存在」問題相關（相通）的重大課題：1）上引文字開宗明義即指出「存在即虛無」這個道理，由

於這道理非對象思維所能解，我們可稱之「有無玄同」；2）正如存在之「動」為「漫衍」（west），虛無之「動」可表為「沖虛」（nichtet）；3）承上句「無以沖虛」，所謂「沖虛即拒絕」即上文所說的「以無制有」或所謂「約束」從存在者（包括人）得以說明存在等僭越的意圖；4）正如海德格常宣稱「無視存在者以思考存在」（Sein ohne das Seiende denken），必須反過來自有無玄同出發去說明存在者，這即所謂由無所展開的「沖虛」去理解此存在物與彼存在物如何冉冉地出入於有無之間；5）這即作為「本然」或「開顯」解的「存在」；6）所謂「資育」（Gewährung）一語由於用上了「本然」之動詞 ereignet，按同一性原則，只能就是存在之開顯自身。而此開顯所「帶出」[11]的「間隙」（das Inzwsichen）[12]，實即後期海德格所指的讓世界諸法相進出的「時間—空間」（Zeit-Raum）[13]。7）接著是引出了聲響、緘默、言詞等廣義的語言哲學問題。8）而此一切最後迴向於「存有」（也即後期海德格的所謂存在）。9）從結構上看，上引一組共九句的文字先從「存在」與「虛無」兩個實詞的同一切入，然後由虛無的實詞引出其動詞 nichten，再由動詞引出其動名詞 Nichtung，然後由此動名詞引出另一動詞 verweigern…動名詞

11　這句中的「帶出了」是作者因漢語之需要而補注的。但「帶出」（Austrag）實亦海德格相關的重要術語，解釋詳見下一節。

12　「中間」（Inzwischen）是「當中」（Inmitten）與「期間」（Unterdessen）的合稱，前者帶空間義而後者帶時間義。因此，海德格可以說：「這中間（作為開顯的所在）就是存有所漫衍出的結果（Wesung）本身——即存有所一本而然者。」（GA-69: 110）

13　海德格後期談的「時間—空間」是直依於存在而立義的，與《存在與時間》中依於人類活動的時空迥殊。

Verweigerung…。如是者，九個短句自有無玄同開始，有如「接龍」一般歷過多個名相，句句都帶同一的意味，最後迴向存在／存有自身。這又一次印證了本書前文所指的「同一性怪圈」。在這怪圈中有一個特別重要的概念，就是馬上要談論的「本然」。

三、從「本然」（Ereignis）之「帶出」（Austrag）了解存在

海德格後期的眾多理論名相中，以「本然」（Ereignis）一語最早引起學界注意。這當然得力於業師蒲格勒多年前因獲海德格面授未發表的著作而寫成的〈存在作為本然〉（Sein als Ereignis）一文，特別是該文發表後獲海德格肯定其解釋的正確。[14]此外，1989 年海德格的重要遺作《哲學論集》（*Beiträge zur Philosophie*）面世，在這刻意地以通俗方式表達的書名背後，那真正反映該書內涵的副題赫然地就是「論本然」（Vom Ereignis），本然之重要可見。在解釋 Ereignis 的意義時，海德格多次提醒不應按此字的日常語用解作「事件」（Vorkommnis, event）或「發生的事情」等，而應回到中古高地德語的 er-äugen，並解之為「看到」（Erblicken），「使展現於目前」等（GA-11: 45）。從《格林字典》可見，由於古德語的 eräugen 後來漸拼寫為 ereigen，而相應地，另一密切相關而且解作「顯示」（erscheinen）、「開顯」（offenbaren）的 Eräugnen 也漸被寫作 Ereignen。[15] 由是，兩個意義遂有合流的趨勢。海德格後來引用

---

14 見本書前引海德格致蒲格勒信函。

15 參 Jacob Grimm und Wilhelm Grimm, *Deutsches Wörterbuch*, "Eräugnen" 條。

更古的 Ereignung 一詞，並解釋之為帶現象學意味的「展示自身」（sich zeigen, GA-73.2: 1328），亦屬有跡可尋。

　　Ereignis 的翻譯問題，似乎對全世界的讀者都是一個難題。在眾說紛紜之下，我認為不妨考慮 Ereignis 在哪一種解讀下較有助於顯出 Sein「存在」的意涵。既然 Ereignis 的真正的語根在解「眼目」的 Auge（eye），而 er-äugen 字面上有「使開眼」或「使張目」之意，故可帶出「目測」、「看到」（to catch sight of, to make visible）（ID, GA-11: 45；Usp, GA-12: 249）等意涵。而被看到也同時表示有物「顯示」，也即見證有事物「存在」等意思。這背後的道理，英語中的 "to see the light of day" 最能顯出，因為此語即有「面世」的意思，也就有「成為存在（者）」之意。不少英語學者循德文 Ereignis 和 er-eignen 有「使-合適」（to suit）的意義而譯之為 appropriation 和 "en-owning"，其取意當然是循解「自身」的 eigen（own）切入，但其最大的缺點是因而使 Ereignis 潛在的「存在」意義無法彰顯。在漢語哲學界，現象學術語的譯述向來百家齊放，海德格的用語當然不例外。若論爭議之多，則以 Ereignis 一語尤甚。許多年來，我都主張譯「本然」，這一譯法不從「眼目」切入，唯除了「本」字表達德文 eigen 和 Ereignis 作為自然而然但卻無因可喻之本源外，最重要是用作虛字的「然」字在古漢語中即隱含了「是」，也即存在的意涵。[16]

---

http://woerterbuchnetz.de。

16　「然」字於古文字的構形上本解作烤炙狗肉之意，本義為燃燒。但自被假借作虛詞後，即帶有「是」的意蘊。《論語·雍也》：「何為其然也？」邢昺疏：「然，如是也。」後來的文言文中許多帶「然」的構詞亦大都如此。如「若然」、「當然」、「竟然」、「依然」、「未然」、「仍然」、「雖然」、「已然」……

海德格「本然」一概念除了本身難解，其對學者帶來最大的挑戰是其可以 -eignis 這個詞綴為基礎，透過前綴的替換，衍生如 Enteignis, Übereignis, Vereignis, Zueignis 等相關概念，構成一獨特的語詞場（Wortfeld, lexical field）；而每一概念除可當實詞使用外，又可隨機改為動詞（包括其分詞及由此產生的形容詞）。更有進者，又可按同一性原則，讓這同一詞場的多個用語交織成句。

一個很好的例子是為了表述「本然」的有限性，海德格即以帶「隱匿」意義的「隱然」（Enteignis）作出以下的陳構："Vom Ereignen her gedacht, heißt dies: Es enteignet sich ... seiner selbst. Zum Ereignis als solchem gehört die Enteignis. Durch sie gibt das Ereignis sich nicht auf, sondern bewahrt sein Eigentum."「從本然設想，可這樣表述：本然隱然地匿藏其自身。如此的本然有屬於它的隱然。本然不會因隱然而放棄自身，而會保存其稟性。」（ZSD, GA-14: 28）[17]

作為存在的一種解讀方式的「本然」之所以進一步衍生出如 Enteignis, Übereignis, Vereignis, Zueignis 等難以通盤翻譯但於德文起碼於語意上實有所指的用語，是因為存在或本然並非一孤高獨立的議題，而是「同一地」與存在者之用度、與世界之揭示，與人之參與等問題互為滲透和彼此共屬的，故在不同考慮下乃要

其中，不少同時是帶有「時態」的「是」，不少是帶有「模態」的「是」。有關問題，容日後另文處理。

17 此外，在較晚出的文獻中，我們可舉出另一例子："Der Ring der Enteignis, der enteignend in den Anfang der Lethe der Vergessenheit die Gewahrnis des Brauchs ereignet [...] An-fang und Letze | Ereignis der Enteignis."「隱然之環，在隱匿與遺忘的開端，即隱然地讓用度的葆存一本而然。〔…〕開端與終了 | 隱然之本然。」（GA-73.2: 924）

用上不同的動詞或動名詞！

海德格後期的同一性思維中，除了「本然」及其相關的語詞場外，另一個最能顯出本然與世界的相聯性而又最能與之匹配的概念就是「帶出」（Austrag）。Austrag 一詞，在德語中用起來頗多變化，其中一個最重要解釋是「後果」（Folge）。[18]若循語根上解讀，Austrag 是「出-Aus」與「攜帶-tragen」的組合，所以「帶出」幾乎是直譯，這譯法正好指向本然漫衍所得出的「結果」，或所展示的世界內容的意思。但由於「本然」意義的「存在」本即一渾元的總相，故雖可循分別的觀點設想其漫衍出的內容，但此內容又不是外在於本然存在。在海德格後期著作中，最能把「本然」與「帶出」這種既同一又分別，既不即又不離的關係說明的，正是 1956/57 年間的講稿輯成並隨即發表的《同一與分別》（*Identität und Differenz*）。這本小書其實由兩篇論文組成，一篇是〈論同一律〉，另一篇為〈論形而上學的存在神論性質〉。在這本書結集時寫的簡短的序言中，海德格很清晰地把結集的用心道明：「到底分別如何可從同一的漫衍產生，這要讀者自己去尋找了，其中的法門是要去聆聽本然與帶出之間如何得以合拍。」（GA-11: 29）[19]

在後期文本中，海德格把「本然」與「帶出」合論的情況簡直是數不勝數，其中，最常見的表述是中性的「本然與帶出」（Ereignis und Austrag）（GA-69: 4）；但另外的表述如「本然即是帶出」（Ereignis ist Austrag）（GA-66: 25），又或「本然作為帶出」

---

18 參見網上 *Grimms Wörterbuch*。

19 這段話的原文是： "Inwiefern die Differenz dem Wesen der Identität entstammt, soll der Leser selbst finden, indem er auf den Einklang hört, der zwischen *Ereignis* und *Austrag* waltet."（海德格的斜體）

（Ereignis als Austrag）（GA-69: 25, 95）及還有說不完的其他大同小異的方式，都較重於宣示二者之同一性。[20]

存在本然地漫衍循存在史的角度看，總會推陳出新地衍生種種「後果」，故抽象名詞的「帶出」其實根本就是從這後果角度看的「本然」。最能把二者這一特殊關係詮述的，是海德格較少見，但別具深意的表達方式：「本然的帶出」（Austrag des Ereignisses）（GA-97: 222）。[21]表面上看，這個語法上的屬格表式（Genitiv）所傳達的正是指「帶出」乃「本然」的一廣義的「後果」。然而我們必須立即指出，這所謂後果不能循一般經驗科學的「因果」去理解，更不能循黑格爾一般的「目的論」去揣測。何以故？因為對海德格而言，本然存在自身即是「無因可喻」（Ohne Warum）的，故其漫衍也難以任何目的去比擬。「本然的帶出」一語，只道出「本然」相應地有「帶出」這個亦為無因可喻的道理，此外無他矣。「本然的帶出」這個罕見的表式出自海德格前幾年才出版的《黑色筆記本》中的《注解》卷之中。在提出了這表式後，海德格竟然緊接打了一個極有趣的比喻：「然則蘋果樹不會議論蘋果，而只負載之，待到秋熟，便讓它們墜下來。」（GA-97: 222）[22] 這一比喻的用心與《論充足理由律》（Der Satz vom Grund）中的玫瑰開花綻放的比喻其實非常近似。因

---

20 我常覺得，本然和帶出本是同一回事之餘又可分別說這一情況，我們可把後者譬喻為前者的「攝像底片」（photographisches Negativ）。這個比喻，海德格曾用以說明存在與桎梏之關係，但今如用之於本然與帶出，亦甚恰當。

21 海德格另有「存在的帶出」（Austrag des Seins）的說法（GA-11: 56），可謂異曲同工。

22 這一比喻的原文為："Aber der Baum redet nicht von den Äpfeln; er trägt sie; im Herbst läßt er sie fallen."（GA-97: 222）

為，從經驗的眼光看，玫瑰開花和蘋果樹長蘋果本來自可以有很多植物學、地理學、氣象學上的解釋，諸如花粉傳播、物種繁殖、季節氣候等說之不盡的因果系列。但是玫瑰開花或蘋果樹結果作為一回事而言為何非要成為存在造化中的如此一回事不可，便難以有終究的道理可言矣。

總而言之，本然所帶出的（ausgetragen），便是分別相下的世界萬象的種種內容，雖然從特定的時空所察見的事象一般都不能讓本然存在的「全豹」得顯。其中「開顯」出的「真相」即下一節要交代的重點。

四、從「真相」（Wahrheit）與「開顯」（Lichtung）了解存在

後期海德格在重拾「存在」問題時，放棄了《存在與時間》循「存在的意涵」入手的法門，而常言及「存在的真相」（Wahrheit des Seins）。德文 Wahrheit 一語，中文一般譯作「真理」，本書改譯為「真相」，目的是要使海德格思想中的 Wahrheit 與一般循「對應說」（adequatio, correspondence）設想的「真理」相區別。海德格思考「存在的真相」問題時，所謂「真相」，當指存在漫衍所揭示或帶出的事理。海德格解釋 Wahrheit 時，都會循希臘文 ἀλήθεια 切入，這個字又可再分拆為「否定詞」的 ἀ- 和解「隱匿」或「遺忘」的 λήθη[23]。希臘文 ἀλήθεια 相當於德文的 Unverborgenheit。假若 Wahrheit, truth 或我們譯的「真相」都是從正面表述的用語的話，則 ἀλήθεια, Unverborgenheit（去蔽）

---

23 Λήθη 即相當於上一節最後一段引文中的 Lethe.

（unconcealment）或 Entbergung 都是從反面切入的用語。這也意味著，海德格理解的存在真相之所謂「揭示」，其實是藉著某一意義的隱蔽（Verbergung）的摒除而達成的。又由於在海德格後期的同一性思想中，「存在」本即覆蓋一切的造化，而存在又即就是存在史，故所謂「隱蔽」及此隱蔽之「揭除」，只可能都是存在自身包攬的內容。而所謂存在的真相的揭示，也必須置之於歷史的發展角度之下，視之為存在的內涵一直的隱匿性的冉冉揭除，而隱蔽與去蔽其實只是同一回事在同步地進行又互相依存的兩面。[24]

存在之帶有隱匿性，指的是存在所「揭示」的，其實並不是其自身的全部真相，而是摻雜著眾多存在者之假相的這一「真相」。這一種情況海德格曾表述如下：「存在是以這樣的方式保持其真相的〔…〕以前這種自持的方式就是 ἀλήθεια。ἀλήθεια 藉著為存在者的去蔽，乃達成了存在的隱蔽。」（*Hw*, GA-05: 337）換言之，海德格基本上認為，「存在」最詭詐之處，就是於揭祕自身的當兒，不斷釋出有關存在者種種疑幻似真的片面，誘使參與存在的吾人以為這樣就已掌握了存在者的存在，卻反而離存在愈遠（所以言「存在的離棄」（Seinsverlassenheit））。[25]「存在離

---

24 海德格除常以 ἀλήθεια 說明存在的真相外，更甚熱衷於借助赫拉克利特的 φύσις 概念去解釋，特別是會援用赫氏第 123 殘篇 φύσις κρύπτεσθαι φιλεῖ。這句話一般的解讀是「自然愛隱藏自身」。但海德格一貫地引領吾人回到希臘語的原始經驗去，分別把 φύσις 直解作自身浮現的存在，而把最關鍵的 φιλεῖν 解作「原本的恩賜與資育，因與其本質相屬」（GA-55: 128），並由此進一步直接詮釋：「φιλεῖν 所謂愛，即於同一之中的共同歸屬。」（GA-10: 95）

25 GA-69: 151. Seinsverlassenheit 一詞廣泛見於海德格後期之著作。此外，其有

棄」其實和更極端的「存在遺忘」（Seinsvergessenheit）一樣，對海德格來說，都是全方位地影響著人類的「存在史」在人的參與下的不同表述而已。海德格認為，這意義的「存在」的開展，從思想的層面上看，積累成西方源遠流長的、旨在尋求終極最高實有，而終於發展出既凌駕了現實世界，也同時離存在愈來愈遠的形而上學與「虛無主義」（GA-45: 185）。在這意義下，海德格除了循尼采的思路把傳統形而上學視為虛無主義的溫牀外，也認為傳統形而上學是「最極端的存在遺忘」（GA-05: 273）。

後期海德格的重要課題既是「存在的真相」，而真相又可被解釋為「揭示」。承前所述，存在因其漫衍，必「帶出」世間諸種內容。換言之，存在的漫衍或揭示必須藉著世間法之展列以達成。這一點，海德格於 40 年代後補的〈《何謂形而上學》後記〉中說得明白：「存在的真相就是：存在之漫衍從來都不會沒有存在者，而也從來沒有一存在者沒有存在而得以成全。」（GA-09: 306）對海德格來說，存在與存在者合起來就是那一同一的存在，但若「分而說之」（Unter-Schied），存在與存在者卻猶如唇齒相依，彼此共屬。這一大關鍵，《同一與分別》這短論亦言之甚詳：「存在與存在者之分別實即〔存在的〕臨近與〔存在者的〕到達的分說：是二者那既揭示亦隱匿的兩雙帶出」（GA-11: 71）。[26]「兩雙帶出」（Austrag beider）一語隱然有存在帶出存在

名的〈德國大學的自許定位〉一文中提及的「現代人之被離棄於存在者之中」一語，其理亦同（GA-16: 111）。又《哲學論集》中關於 Seinsverlassenheit 及存在的歷史之關連也有極詳細之說明。（GA-65: 117ff）

26 這段文本極為艱澀，原文為："Die Differenz von Sein und Seiendem ist als der Unter-Schied von Überkommnis und Ankunft: der *entbergend-bergende Austrag beider*."

者之餘，也把自身帶出之意，此上文所謂唇齒相依之謂也。

換言之，海德格認為存在雖為「同一」，但其漫衍即可分說為其自身與其所「帶出」的存在者之「分別」（Differenz）。存在這一種「寓揭示於隱匿中的帶出（der entbergend-bergende Austrag）」（GA-11: 71）對於被捲入存在漫衍的吾人，將意味著甚麼呢？誠如上述，由於本然 Ereignis 的意義源自「使張目」，而畢竟世中的存在者不一定真的有目可張，故海德格終於提出了「藉著張人類之目，本然一本而然」一說（Das Ereignis ereignet in seinem Er-äugen des Menschenwesens⋯）（GA-12: 249；GA-07: 98）。如是者，存在、存在者，及其中的人類的關係乃成為一不能迴避的大問題！

正如存在與虛無是互倚和彼此相關一樣，海德格談「真相」時也是存在與存在者交織和真假摻雜的。換言之，存在於歷史的長河中，從來沒有把自身的全部真相披露這一回事。存在透露其自身，必定是藉著釋放出種種似是而非的假象去進行。所以真相的揭示，同時也是因為部分真相的隱瞞而顯示出的一些假相。要進一步說明此中梗概，我們得談一談後期海德格的極重要的概念：Lichtung。Lichtung 一語，海德格前後期的用法大相逕庭。在《存在與時間》中，Lichtung 或 gelichtet 是要循「光」（das Licht, *lumen naturale*）（SZ: 170）的比喻去理解，視為人（此在）藉以理解存在的洞燭能力。但在後期海德格思想中，Lichtung 再不是此在的屬性，而實與存在同一，即直接關乎存在底真相的揭露本身。此中，Lichtung 要循動詞 lichten（剪除）去理解，即解作「稍予清減，使顯得通透和開揚。例如於茂林中把樹木清除以闢一場所」（GA-14: 80）。這意義的 Lichtung，英文一般譯作 clearing，我們可譯之為「開顯」，而這意義的開顯便必只是背後

無盡神祕與隱蔽的「蘊藏」中暫且披露出來的一鱗半爪而已。因為此中所涉及的，首先也不盡是人的問題，而是存在史本然的漫衍中芸芸事物事理得以出場面世或離場隱遁的時空場域，而人又只是適逢其會地被牽涉其中而已。就這一點，我們於海德格 60 年代已出版的〈哲學的終結與思維的任務〉演講中可找到兩段非常重要的話：「開顯乃為著一切出場者及離場者所設的空域」，同一句話更詳盡的表述是：「……開顯乃那待占的空域（das freie Offene），在這空域中，純粹的空間和綻出的時間，和於其中一切出場的和離場的物事可找到其得以薈萃或隱遁的場所。」（GA-14: 81）從這兩句話所見，所謂「開顯」其實涉及的根本是和存在史、本然或真相等同一品位的重大議題，怪不得海德格直借用歌德 Ur-sache 和 Urphänomen 來刻劃其重要（GA-14: 80）。而這又一次印證了何謂「同一性」思維！ 27

---

27 關於「開顯」與「真相」甚至「本然」可按同一性齊一地演繹這一點，30 年代中蘊釀但晚出的《哲學論集》及其後續的《深思集》（Besinnung）中也有很重要的申述。而且更帶出一些極盡玄奧的想法，都是我在餘下的篇幅無法深究，甚至認為不值得去深究的。以下只舉列其中最重要的一些想法：1. 「真相」可解作「開顯中的隱藏」（lichtende Verbergung）。2. 在《哲學論集》中，海德格重新檢拾起《存在與時間》計劃曾應允的拆解工作，把西方哲學歷來重要的里程碑從一存在史的角度重溫。所不同的，是把整個發展視作存在某一意義宿命一般充斥著隱匿性的揭示。3. 此中，所開出的「時─空」（Zeit-Raum），再不是人底此在的時化或綻放的結果。後期海德格談的「時─空」其實是存在本然造化讓物事得以出場或隱遁而開闢的「間隙」（das Inzwischen，也即前文一注釋中所譯的「中間」）。其中，本然向外綻開（Entrückung）乃生「時」，向內歛收（Berückung）而成「空」；前者就是時化（zeitigen），後者就是空化（räumen）。由於 -rücken 是「推挪」的意思，我們也可以說：當本然挪出即「綻開」成時間，而當其挪入即「歛收」為空間（GA-65: 384）。而這意義的時空的綻開與歛收，即讓世中事物被「帶

　　這一節中我們把真相與開顯兩個概念放在一起討論，是因為對海德格來說，二者都觸及事態的「揭示」問題，而且，二者都先是「存在」的問題，但一觸及某些內容的揭示，人的某一種中介的角色便終究不能迴避，儘管海德格堅持人這一角色不可能是一主體性的角色。此外，我們把 Lichtung 譯作開顯，是意會其會開闢出一些「空域」（das freie Offene），而這即與海德格構思下人的某一意義的「自由」（Freiheit）接軌了，儘管這所謂「自由」已不是建立於人的意志上的自由，而只在乎吾人於存在開顯出的空域中能否抱持一同樣是「開敞」的心胸予以迎迓。

　　總而言之，存在的「真相」這種方式的論述其實反映了海德

出」。4. 後期海德格談的時間和空間當然再不是像《存在與時間》中從人的「生生」去設想，而都是直接與存在自身相關的。但這裡的時空也再不可能是牛頓設想的作為物理世界中的實在，《哲學論集》有以下一語：「時間與空間（根本上）並不『是』，而只在漫衍。」"Zeit und Raum（ursprünglich）'sind' nicht, sondern wesen."（GA-65: 385）此中，海德格直接讓時間和空間兩概念使用存在專用的動詞 wesen（漫衍），則時間和空間再不指吾人生命之「動」，也不指世界的物理實在，而直接是存在漫衍的方式明矣。5. 存在由此而開闢出的「時一空」（Zeit-Raum）組合（Gefüge）便被設想為存在史中讓事物得以出場的一些「裂口」（Erklüftungen）。6. 早期一直解作人的存活方式的「此在」，亦被改寫為帶分號的「於此一存在」（Da-sein），和被理解為本然存在所揭示出來的一些承載著歷史的「瞬息場所」（Augenblickstätte），而所謂存在者的出場及離場都在這些歷史場所中找到各自的機遇。7. 存在之開顯對人類構成了一種召喚，要其在這些歷史的裂口上作出本質上的改變（cf. GA-66: 108）。換言之，一直被牽涉其中的吾人類，終將面臨存在的呼召，對此種種場所的內容拆解之，並重審之，以期邁向更能領受存在再再奧祕的「另一開端」云云。8. 人於存在這些關隘上能否順利改變，視乎人能否學會「思考」，和能否捕捉到那「終極神明的邁過」。海德格似認為這是人類面對科技文明機栝的唯一出路。

格對西方文化史（包括哲學史和神學）的一種非常扭曲和負面的
史觀。由於存在真相承載了一切，海德格遂把這意義的摻合了隱
匿性的真相稱為一「源域」（Urgrund），此中的 Ur- 當然有源頭、
原初的意味；由於存在揭示出的真相根本無因可喻，要面對之，
便得奮而投入，故稱之為「絕域」（Abgrund），此中的 Ab- 猶如
一絕壑斷裂；又由於存在揭示出的內容，充斥著種種歪曲，故又
可視之為一「破域」（Ungrund），此中的 Un- 猶如德語中毒草
（Unkraut）或惡棍（Unmensch）之為 Un-。若說黑格爾眼中，精
神的發展乃一「絕望的旅途」（Weg der Verzweiflung），對海德
格來說，歷史的發展便猶如一「錯誤的淵藪」（Grund des
Irrtums）（GA-09: 197），雖然海德格認為這些「錯誤非屬於『人
類』……而乃（存有）開顯的漫衍」自身（GA-66: 112）。其所
以如此，循後期海德格一貫的態度，因為這「淵藪」既是破域、
也是絕域，但終究是存在這源域！

　　換言之，海德格認為，西方自柏拉圖以後的形而上學傳統的
基本結構，其實就是遺忘了存在本為一體造化之至理，而只各自
地循存在所「帶出」的存在者出發，把注意力集中於某一最高存
在者，以為從而便可以找到「存在者的存在」（Sein des
Seinden）。形而上學的這一種基本結構，涉及海德格常提到的
「存在論的分別」（ontologische Differenz）。西方人由於慣常區別
出某一（最高）存在者以自重，並以為挾之即足以掌握存在之奧
祕，又因過份標舉人的認知[28]，愈助長了人的驕矜，終因人的自
大讓文明步入險境，甚至走入一無法避免的「歧途」（Irre）。海

28　對海德格來說，傳統神學和形而上學思維，都離不開這窠臼，參見本書論
　　「神學膠轕」一章。

德格曾指稱「存在區分實乃一危險」（ontologische Differenz als Gefahr）（GA-15: 309），即是此意。然而，存在與存在史既是唯一，這些錯誤與歧途，和當中牽扯在內的一切，都無可避免地構成了吾人處身的時空世界：「若沒有這些錯誤，便沒有機運與機運之間的關聯，便也無所謂歷史了。」（*Hw*, GA-05: 337）故對海德格來說，所謂「存在史」根本就是一個關於「存在」漫衍在歷史中發展出來的可怕的「真相」，是現代文明一筆有待「解構」的撇賬；而其中需要檢討的問題，必須遠溯於古希臘哲學傳統的「第一開端」（Erster Anfang），及自柏拉圖以來因為存在離棄逐漸造成的「存在的走樣」（Ver-wesung）（GA-65: 115）與墮落（Verfall），而其影響下及於整個悠長的西方傳統，這傳統自現代以來，結集成為充斥著攫奪意味的人類中心主義和主體性精神。而黑格爾作為現代精神發展之高峰，乃成為海德格的「宿敵」，至於現代殿軍的尼采，便更被海德格形容為西方攫奪性文明的最高形式！（GA-47: 324）這意義的存在史於現實世界的客觀後果，是導出科技文明最具掣肘性的「機栝」（Machenschaft）（GA-65: 110）與人類社會的「桎梏」（Ge-stell）。

五、現代文明之「機栝」及現代人的「捕獵獸」性格

Machenschaft 一字從最簡單的 machen（make）衍生。Machenschaft 在德國南部口語中由來已久。此字原指「造出的東西」，引申有「作為」、「行事方式」等意思。後來進而被用作負面意義的「手腳」（illicit practices）。在海德格後期思想中，Machenschaft 所指者則是現代科技文明背後以工具理性支配一切

的念力框架，及其於世上的客觀影響。這意義的 Machenschaft 可譯之為「機栝」。海德格「機栝」的意義其實很飄忽，而且包涵了一整系列的文化現象。

從字源的角度看，Machenschaft 除出自解「製造」的 machen 外，也和解「權力」的 Macht 有關，而且二者在海德格的構思中有極緊密的關連。此外，由於海德格認為存在與人共屬，所以其所謂機栝，既出自存在，又關乎吾人。故一方面有所謂「存在的機栝」，但換一個角度，又可一轉而為「人類的機栝」，即把機栝視為那包括著人類文明在內並因而掣肘著吾人的那無因可喻的「存在」於現實世界開顯的一種形態（參 GA-69: 69）。[29] 例如當他說「存在發展成為機栝」（…das Sein sich in die Machenschaft losläßt）（VA, GA-07: 89）即是此意。

Machenschaft 一詞主要用作單數，但也可用作複數。單數時指人類主體於世上的種種作為和作品（Gemächte[30]），海德格常用的單數的「機栝」，指的正是存在漫衍下「假手」於人類而發展出的文化成果。這些成果人類「誤以為出於自己的手」（vermeintlich eigenen Gemächten）（GA-16: 713）。特別是進入技術主導的世代以來，在對象思維下的科技文明所產生的一切，其實掣肘著吾人的物質建設之餘，往往反便成為世人據以自矜和彼此競逐的業績。在這意義下，海德格乃可用眾數的「科技世代的機栝」（Machenschaften des technischen Zeitalters）（WhD, GA-08:

---

29 海德格的原文是：" Die Machenschaft ist die Wesung des in seiner Wahrheit ungegründeten Seins." 可譯作：「機栝乃本是無因可喻的存在之漫衍。」

30 Gemächte 一字海德格用的是古義，解作「製成品」，但現代德語已多解為男性生殖器。

189）去表達。總而言之，無論用的是單數或眾數，「機栝」最終都指向那出自存在但客觀化為歷史文化現實的技術框架。在這框架的軌約下，人類文明發展成為千篇一律的、虛無的、單面的和以攫奪為圭臬的文化體系。

在《哲學論集》中，以下的一段說話很清楚的表達了這一點：「機栝（Machenschaft）指的是甚麼？〔…〕乃一自行束縛所引發的後果。是哪一意義的束縛？是那讓一切都徹底地變為可計算和可解釋的圖式（Schema），藉此凡事都被擠壓成同一模樣，以致於對自己完全陌生，甚至比陌生還要顯得更為異類。」（GA-65: 132）海德格又把機栝於現代社會中的激化歸罪於主體性：「藉著把全人類置於科技操控底全球性的霸權之下，人類的主體主義發展到了極限，這一霸權把人類樣板化（Gleichförmigkeit），而且根深蒂固到了一個程度，讓地球牢牢地被科技完全支配了。」（Weltbild des Zeitalters, GA-05: 111）

為了強調機栝的掣肘性時，海德格常把「機栝」與更富於掣肘意味的「桎梏」（Ge-stell）相提並論！（GA-6.2: 471）甚至把機栝稱為「桎梏暫時的名稱」（GA-6.2: 445）。更有趣的，是甚至以機栝去指現代人類社會充斥著彼此攫奪意味的政治博奕世界。在《哲學論集》及題為《深思集》（*Besinnung*）的一部後續文集中，海德格對「機栝」問題又作了進一步的論述，強調人因而被逐步「鎖死在存在離棄的境地」（GA-65-274），人乃過渡成為一種掌控「技術巨靈」（das Riesenhafte der Technik）的「技術化動物」（das technisierte Tier）（GA-65: 98, 275）。海德格強調機栝中所釋放的暴力之所向披靡，直教吾人許多抉擇都被褫奪，甚至陷於失控。海德格指出在這機栝的權謀中，一切權力為求自我擴張，「必須不斷尋找新的敵人」（GA-66: 20），落入思想領

域中，最典型的發展便是日益囂張的主體性之必須尋找相關的對象性。此中於人類社會中形成的緊張與對立，不單影響了個體與他者間的關係，更影響了國與國間的關係。[31]

　　海德格借用尼采的用語，認為現代人的存在本質乃一「捕獵獸」（Raubtier）（GA-47: 58; GA-55: 224; GA-66: 27, 30），並把人類主體的帶征服性、計算性、詐騙性、突擊性的「注視」直稱為一「捕獵獸的眈視」（Raubtierblick, das Spähen）（GA-54: 159）。[32]而人這種捕獵獸，與自然界一般的野獸比起來，其更屬害、更可怕的地方，正因為人類的理性能把一切事與物對象化，和加以精密計算、解析、預測，從而發展出科技，製造出機器，從冷兵器到核武，並可動員經濟手腕與統治機器，使得人類的捕獵本質得以系統地和淋漓盡致地發揮。《黑色筆記本》即這樣地形容所謂「現代人」：「以最優良的科技裝備起來的捕獵獸，把存在的暴虐完全地實現出來……」（GA-95: 397）這段重要引文除了把「科技」與「捕獵獸」兩個概念連起來，還提出了一個極重要的概念－「存在的暴虐」，這是甚麼一回事呢？

31　海德格這一個觀察放之於當世的政治更顯出其道理。不久前才逝世的美國學者華雷斯坦（Immanuel Wallerstein）多年前已指出，美國立國以來一直要尋找一敵人以保持其強國本色，華雷斯坦提出這說法時，蘇聯尚未瓦解，到了蘇聯解體，再不足以與美國抗衡以後，**蠢蠢欲動的中國終於成為美國的頭號敵人……**

32　明末清初三大家中的顧炎武於《日知錄》卷十三《正始》裡區別了「亡國」與「亡天下」二者，並以「率獸食人」為「亡天下」之象。所謂亡天下，實指人因「仁義充塞」而致，其用心與海德格指因存在離棄而至的鄉土刨根與陵夷可相比擬。

六、「存在的暴虐」與「人類的計算」如影隨形

海德格提出「存在的暴虐」（brutalitas des Seins）概念並沒有一般人以為的道德上的意涵。海德格別出心裁地以拉丁文表述，是要使存在的暴虐與人類作為理性動物的動物性（animalitas）互相映照。如眾周知，西方哲學自亞里斯多德以來，即把人視為一「理性的動物」（ζῷον λόγον ἔχον, animal rationale）。今海德格故意使 rationalitas 與 brutalitas 相對，是要藉此指出，存在的「暴虐」（brutalitas）乃是人類的「理性」（rationalitas）的倒影這個道理。海德格指出：「人的本質是早已被決定了的。人乃〔…〕一能發明、製造和使用機器的生物，人又是一能對事物加以計算的生物，即能把一切置於其理性的計算與考慮之下的生物。」（*Gb*, GA-51: 90）人之日益驕矜，終至於把一己的理性「擬神化」（同上），卻同時為人類自身帶來了危險，而此危險於現代最為顯著。

海德格「存在的暴虐」與「人類的計算」這個對比其實要說明：人類文明愈是運用理性去計算，便愈把人發展科技後的捕獵獸性格發揮出來，回過頭來便會承受來自存在愈大的暴虐，而這是完全沒有討價還價的餘地的（GA-95: 394-397）。此中的道理，如以新古典經濟學的觀點看，其實很簡單：就是人會成為土地、資本以外最重要的生產條件。也就是說，技術膨脹很容易使人成為操作生產工具的勞動力。在大規模生產模式中，一群群的人很容易成為被剝削的對象。用海德格的說法，廣大的人群會淪為世上各式攫奪活動所需的「人力資源」，甚至淪為與生產物料（Material）齊觀的「人頭物料」（Menschemmaterial）（GA-05: 289）。海德格甚至慨嘆說：「一切物料的誤用（Vernutzung），

〔可〕包括（人）這一材料。」（GA-07: 94）

　　海德格似認為情況還不止於此，因為除了備受剝削的一群人會淪為「物料」外，相對地作為生產工具擁有者的另一群人亦會在其表面威風背後完全被攫奪的意識所支配而營役於世。就這樣地，人與人的關係只餘下攫奪和被攫奪。結果，全人類都因而要面對被「物化」（Verdinglichung）的危機。[33]到頭來，人類被自己的理性反噬，是自作自受。現代人這份存在處境，海德格有如下深刻的詮述：「無條件地提升超人類（Übermenschentum）的權力就等如把劣人類（Untermenschentum）完全釋放。動物的本能與人類的理性將變得同一。」（GA-07: 93）這一殘酷的情境，在戰爭中尤為嚴峻，海德格甚至說，戰爭乃「存在離棄的後果，人成了（最重要）的材料。」（GA-07: 93）從存在的角度而言，人類作為存在漫衍最重要的材質，其所以無法免於承受「存在的暴虐」，正是因為人乃一切誤用（Vernutzung）的根源。從「存在」的角度看，人既是誤用的主體，也隨即把自身打造為誤用的對象（GA-07: 91）！

　　從許多跡象看來，海德格對理性的不信任，一至於只從其「利害計算」去了解理性之功能，這與他對啟蒙運動以來的現代性整體的不信任有關。一談到這裡，必須補充的是，啟蒙運動除了重視理性外，也極重視人的個體性。在政治思想範疇中，歐洲自由主義先驅的洪堡特便最重視個體性，並據此提出廣及政治、教育和語言理論的最具代表性的例子。他在少作《對國家權力運

---

33 物化一概念在海德格著作中數不勝。除本字外，還曾把「對象化」這一意向描述為「使物化的對象化〔活動〕」（Verdinglichende Objektivierung）。（GA-58: 111, 187）

作的界限試予釐定的一些觀念》[34]書中清楚提出教育的目的在於
發展個人，而完善的教育體制的兩大條件，除了「行動的自由」
外，便是容許不同個體發展出「情況的多樣性」。就這一要求而
言，我們看到，早期的海德格，由於深受祈克果的影響，還是非
常重視人的個體性的，《存在與時間》一書中「此在」的「本真性」
的強調便是明證。但在海德格後期思想中，情況便全然逆轉。因
為在「同一性」思維中，「個體性」的價值不但再沒有被正面肯
定，反而是連同人類的理性和主體性一起被指為激發存在暴虐的
因素，和參與了存在機栝的建構。海德格對人類理性和作為個體
性根源的主體性的不信任與敵視，甚至於認為二者根本上是虛無
主義的原由所在（Ursache des Nihilismus）（GA-06.2: 85）。

七、「語言是存在的屋宇，和是人類的樊籬」

　　根據海德格的思路，人於存在跟前其實根本沒有真的作為可
言。自視為萬物之靈的人類，向來認為最足自恃的，除了廣義的
理性，便要數語言。事實上，希臘文 λόγος 一詞同時可解作理性
和語言。而自洪堡特以來，人類的心智和語言要同步地演化，已
是學界的常識。但在海德格的構思中，理性與語言二者根本逃不
了「存在」的掣肘，對吾人而言，都不足為恃！

　　對亞里斯多德來說，人之異於禽畜在於「人是能言的動
物」！查亞里斯多德在《解析篇》（*De Interpretatione*）中對語言
的理解，基本上是一種「工具觀」，即視語言只是吾人藉以表達

34　Wilhelm von Humboldt, *Ideen zu einem Versuch, die Grenzen der Wirksamkeit des Staats zu bestimmen*（Stuttgart: Reclam, 1986）.

自己的「工具」。海德格則反其道說：「人類自以為是語言的締
造者和專家，但其實語言從來都是人類的主人。當這一主從關係
一旦逆轉，人乃墮入一奇特的機栝之中。語言乃成為表達的工
具。」（*VA*, GA-07: 193）此中所謂「語言乃成為表達的工具」驟
看似尋常的語言工具論，但設想對海德格來說人與存在的「主
從」關係既已「逆轉」，則語言早不是人類之工具，反而乃「存
在」（也即「本然」）得以「表達」之工具明矣！

　　其實亞里斯多德的語言工具觀在西方雖長久地是一主流想
法，但自近世普通語言學興起以後，亞氏這一看法因為把語言現
象過於簡化而早被超越。其中，同時也是普通語言學之父的洪堡
特把語言問題挖得最深。總的來說，洪堡特的語言理論既有「科
學」（wissenschaftlich）的一面，也有「神祕」（mysterisch）的
一面。[35]作為一個從經驗切入的德意志觀念論者，洪堡特的基本
進路是先從經驗上可較清楚掌握的「語音」（Laut, speech sound）
入手，再看人的心智能力如何能在這語音的基礎上找到自我表達
的途徑，甚至得以向極盡抽象的領域發展。故洪堡特作為「普通
語言學之父」之餘，仍不失為一德意志觀念論者，這問題筆者曾
有專文詳論，於此不贅述。[36]

35　參見 Wilhelm von Humboldt, *"Kawi-Schrift", Darmstadt* edition, Band V, p. 392f,
　　405, 415. 此外，當今結構語言學祭酒的喬姆斯基（Noam Chomsky）極受洪
　　堡特影響。故其於致力發展語言學「科學」的一面之餘，亦深明語言有其「神
　　祕」的另一面。參見 Noam Chomsky, *Language and Mind*, Enlarged Edition,
　　Harcourt Brace Jovanovich, 1972, p. 100.

36　參見關子尹，〈洪堡特《人類語言結構》中的意義理論──語音與意義建
　　構〉，《從哲學的觀點看》（台北：東大，1994），頁 219-267。另參見 Tze-
　　wan Kwan, "Wilhelm von Humboldt als deutscher Idealist: Ein

　　但正由於洪堡特語言學說內在的兩面性，後世受他啟迪的學者便各取一瓢。例如喬姆斯基雖看得出對洪堡特來說語言現象終歸是一個「謎」（mystery），但卻選擇開發洪堡特語言理論中的「科學」成分，即循語言習得（language acquisition）這一問題，把這謎一般的語言現象解讀為人類語言「以有限資源，作無限運用」的生成機制，從而突破了當時流行的行為主義語言學，建立了二十世紀有廣泛影響的「轉換生成語法」。同樣地，伽達瑪亦傳承了洪堡特語言理論，他採納的不是「語言學」的，而是「語言哲學」的進路，重點在於把語言視作一切理解、思維、人際溝通，乃至世界觀建構的不可踰越的介質，從而把語言設置為詮釋學的最主要理論平台。就這一點而言，作為海德格首徒的伽達瑪，其實是借助了洪堡特的理論把海德格看來神祕的理論以較平實的方式重新鋪排。[37]至於強調語言於社會實踐中扮演溝通功能的哈伯瑪斯，學界一般只注意其所受英美語言哲學如塞爾（John Searle）等之影響，對他與洪堡特之理論淵源則談論較少，但哈伯瑪斯其實和伽達瑪一樣，可視為從社會科學角度繼承洪堡特的範例。[38]

　　philosophiegeschichtliches Plädoyer," *Die Realität der Idealisten*, ed., Hans Feger and Hans Richard Brittnacher（Köln: Bohlau-Verlag, 2008），pp. 95-112.

37　這問題可參見 1979 年哈伯瑪斯於伽達瑪獲頒「黑格爾獎」（Hegel-Preis）儀式上以前度獲獎人的身分為伽達瑪宣講的贊辭（Laudatio）。見 Habermas, "Urbanisierung der Heideggerschen Provinz," *Das Erbe Hegels*（Frankfurt: Suhrkamp, 1979）.

38　相關議題參見柏林自由大學學者特拉斑德 Jürgen Trabant, "Habermas liest Humboldt," *Deutsche Zeitschrift für Philosophie*, Berlin, 41（1993）4, pp. 639-651. 此外，參看作者未發表論文〈略論哲學語言及其「操作空間」〉。

　　至於海德格對洪堡特的解讀則屬另一極端。其實以海德格學
術性格的剛愎，他對洪堡特的語言理論，態度是十分曖昧的。他
在《存在與時間》中雖稍表欣賞，後來卻認為洪堡特的語言理論
並不完備（SZ: 119f, 165f）。在《通往語言之路》書裡，特別在
〈語言之路〉一文中，海德格即把洪堡特較「科學」的一面視為
受制於歐陸哲學歷來的意識活動和主體性理論，並予以貶抑
（GA-12: 241）；相反地，他反而大力地強調洪堡特思想中「神祕」
的一面，並使之與他自己一貫的神祕主義傾向相配合。然而洪堡
特語言學所謂的「神祕」，只不過是指人的語言能力與人的心智
能力是同源異出（gleichursprünglich, equiprimordial），而且同步
地相輔發展。即指人類之理性歸根究柢亦難以繞到語言之背後對
象化地予以全面說明，也即後來學界所謂語言的「毋踰其背」
（Unhintergehbarkeit）而已。然而，這一意義的「神祕性」卻遠
遠不能滿足海德格的要求。海德格大力批評洪堡特不應把語言的
根源單單安置於人類主體性的心智活動去處理，他力陳傳統基於
邏輯的語言理論只適合處理對象義的存在物，而對於「存在」的
思維根本不切合。海德格認為，所謂的日常語言，「一再地和廣
泛地被誤用以至於被說殘（vernutzt und zerredet）」（GA-65:
78），至於傳統形而上學語言更完全被機栝的「擺布」意向滲
透。在《論「人文主義」書簡》中，海德格甚至揚言：「只有棲
身於存在中，人才『有』語言。」而「語言實乃存在底帶開顯性
／隱匿性的蒞臨。」（GA-09: 155, 158, 326）

　　為了說明語言與「存在」的關係，海德格力求於日常語言之
外別闢蹊徑，並提出「道說」（sagen）比「言說」（sprechen）更
為根本的說法。即視後者為人的活動，而前者則乃存在的顯示云
云（GA-12: 235-8；此外參 GA-15: 249）。如果言說的目的是描

述世界中的對象事物，則道說如何能顯示存在呢？此中，海德格提出，道說不一定要說話才可達成，因為有時不說話或「緘默」也可以有所說明。例如我看見有人在大言炎炎，所言者卻乏善足陳，則與其搭口應酬，我們可選擇緘默，因為此刻的一段緘默便已說明一切了。相同地，我們身處自然美景之中，或生命見證重大經歷之際，不一定要和人交談，此時的片刻靜默，可能勝於千言萬語。同樣地，海德格指出在存在跟前，我們由於不能以對象語言有任何作為，故存在之前，緘默（Erschweigen）便尤為重要了。海德格在《哲學論集》中甚至借用希臘文的 σιγᾶν 一語，提出了「緘默學」（Sigetik）一概念。（GA-65: 78f）海德格指出，這意義的緘默其實可堪與傳統向來極重視的「邏輯」相提並論，只不過其作用並不在於取代邏輯（或存有論），因為二者根本屬不同層次，而且緘默比邏輯更為原始。海德格認為「緘默甚至不是一種『非邏輯』，因為這樣便正逃脫不了成為某一意義的邏輯」（GA-65: 79）。海德格似認為一般的邏輯乃至所謂升格了的辯證邏輯都不外以處理存在者間之關係為務。今若要直接契悟存在，無言的緘默乃成了一另類的心法。海德格這意義的緘默，與他常言及的與「象表」（Vorstellung）相對的「領受」（Vernehmung）可謂異曲同工。特別耐人尋味的是，在一份小標題為「存在思維」的殘頁中，我們赫然發現海德格把「同一性」與「緘默學」兩個意念連接起來組成 "die Tautologie-sigetik des Entsagens"，即「廢去言說的同一性緘默學」。（GA-76.2: 1371）

這一番道理，我們如借用老子《道德經·四十一章》「大音希聲」一語相印證，想海德格或能贊同。查歷來老子註解中，漢代的嚴遵對這句話便有如下解釋：「大音希聲，告以不言。言於不言，神明相傳。默然不動，天下大通。無聲而萬物駭，無音而

萬物唱。」[39]其中「言於不言」與「天下大通」，豈不正是「廢去言說的同一性緘默學」嗎？人謂海德格後來深契老子，此又一證！

海德格的存在思維非常重視「耳」（Ohr）的作用，並多次勸勉吾人善用自己的「內在的耳聰」（innerer Ohr）（GA-08: 161; GA-16: 481），即提出了「聽」並非只是感官的耳的「聽取」（aufnehmen），而可以是某一意義的心靈的耳的「領受」（vernehmen）（GA-10: 71）。這一點，與《莊子・人間世》談「心齋」時所說的「无聽之以耳而聽之以心，无聽之以心而聽之以氣」頗有異曲同工之妙。另外，海德格曾說：「大音不響於耳，而響於心」（GA-85: 111）。說得徹底一點，海德格的「聽之以心」其實就是於存在跟前採取一種「聽從」，甚至是「服從」的態度，因為對海德格來說，「聽從」（hören）與「服從」（horchen）只一音之轉，正如「聽覺」（Gehör）與「服從」（Gehorsam）只可謂「音近義同」（參 GA-85: 8）。因為說到尾，「只有〔對存在〕服從，聽才為可能」（GA-85: 110）。不過，這樣的一種語言思維，我們可以接受到哪裡呢？

在一篇題為〈語言的本質〉的重要論文中，海德格再一次傾覆了傳統的所有語言觀：「『語言的本質』這個標題勢將地位不保。這標題之意蘊，實指向思維的一種經驗，其可能性可試陳述如下。Das Wesen der Sprache: die Sprache des Wesens. 後句若不要只流於前句的刻意倒轉的話，則其中的 Sprache 與 Wesen 兩個語詞都必須替換。」（GA-12: 166）那麼，把「語言的本質」倒過

39　參見漢・嚴遵《道德真經指歸》。https://www.chineseclassic.com/content/1573, 28-04-2020。引見陳雄根，〈郭店楚簡《老子》「大器曼成」試釋〉，《中國文化研究所學報》，新 9 期（2000）頁 237-244。

來的 die Sprache des Wesens 中的兩個名詞應如何替換或表述
呢？按本書以上的論述，die Sprache des Wesens 其實就是「〔存
在〕漫衍的言詮」。本然的詞根在 Auge（目）固如前述，那麼，
如果說存在之奧祕須藉著「張吾人之目」才得以開顯，則造化之
漫衍為何不亦須藉「振吾人之耳、動吾人之心、鼓吾人之舌」才
得以言詮呢！在《黑色筆記本》最後面世的篇章裡，海德格有如
下一段話：「在世界的隱密中，語言讓〔世界的〕枯寂得以穿透
〔存在的〕顯相以揚聲。」（GA-98: 193）

　　對後期海德格來說，世界與存在就有如同一個啞謎，海德格
把語言比喻為「世界的廟宇」，而對於「四合」一分子的吾人而
言：「只有在這世界的廟宇中，也即在語言中，思維才得以〔於
存在中〕棲居。」（GA-98: 195）

　　對後期海德格來說，人的一張張嘴巴，不過是存在假其「發
聲」以顯示自身的媒介而已，存在與語言二者之間，孰主孰從，
便更清楚不過了。這一論旨，卻導出更嚴重的真相，就是語言根
本是存在機栝的一部分，而且存在的暴虐又與人類理性之算計如
影隨形。正如海德格在《論「人文主義」書簡》中所指：「語言
不啻是存在的屋宇，和是人類的樊籬。正因為語言乃人性之樊籬
的緣故，歷史上的人群與眾人乃無法於其語言中得到安頓，因而
對人類而言，語言之機栝乃成為人類之牢籠。」（HB, GA-09:
361）從海德格的角度看，人類與其在自由地使用語言，不如說
是不自覺地不斷在承受著存在假語言而行使的「原始暴力」
（GA-97: 451）。他這一種語言觀，大大地影響了後現代思潮對
語言的負面理解和不信任（如德里達）。[40]這同時說明了，何以

_____

40 阿佩爾把後期海德格對後現代思潮（包括德里達）的影響解讀為海德格「存

海德格對人類語言運用得最系統和最極致的形而上學採取如此負面的態度。對海德格來說，西方形而上學在萌芽階段起即背離了和放棄了遠古希臘本來饒富的存在思維（即他後來常說的「第一開端」）（GA-67: 145），乃有必要於他後來倡議的「另一開端」之中予以超越！

八、機栝影響無遠弗屆

在《黑色筆記本》中，海德格有以下一段非常令人震撼的話：「『機栝』的威力無遠弗屆──甚至目中無神也遭杜絕、人之為人變得有如動物、大地被糟蹋、世界陷入算計，凡此一切，已成定局。民族、國家、文化只剩下門面上的區別。機栝已再沒任何法子可予以抑制或消解。」（GA-96: 52-53）以上引文中，「機栝」被描寫為一足以讓一切文化被無差別地挫平的巨靈，這一點固可理解為後期海德格「同一性」思想於社會政治層面的宣示。但引文中海德格說「目中無神（Gott-losigkeit）也遭杜絕」一點卻特別費解。查海德格曾以「目中無神」分別指責傳統形而上學和基督教，可知其關心的根本不是基督教上帝的存廢問題，而因為他心目中對於「神聖」有一份與一般宗教信仰不同的期待，說穿了其實只關乎人追求神聖經驗的一份渴求。由是觀之，今這段引文中海德格抱怨機栝讓「目中無神也遭杜絕」，其涉及的是哪

在史」思想的「去超驗哲學」（detranscendentalization）的結果。參 Karl-Otto Apel, "Meaning constitution and justification of validity: Has Heidegger overcome transcendental philosophy by history of being," *From a Transcendental-Semiotic Point of View*（ed.）Marianna Papastephanou（Manchester: Manchester University Press, 1998）, p. 104.

一更為根本的問題呢？海德格回答說：就是現代人類社會缺乏一種能力，教人麻木得「連神性之存廢也甚至無法進入被考慮的領域。」（GA-96: 17-18）換言之，機栝的這種影響，無疑讓世人的精神文明墮入「去精神化」的深淵。今海德格因世人連傳統的「目中無神」也談不上而感失望，可說與他後期多次提出對「終極神明」應有所期待這一想法相吻合。

回顧過去短短二百年間，人類對地球予取予求。如海德格抱怨謂：「大地成為資源」（GA-78: 185），「自然變成為唯一的一個龐大的加油站，成為了現代科技與工業的能源」（GA-16: 523），「原料備受剝奪」（Rohstoffausbeutung）（GA-96: 107）。人類對生態造成的傷害，不斷地衝擊著地球自我修復能力（resilience）的底線，以至許多傷害成為不可逆轉[41]：首先是人類生存空間迅速的擴張，及於其上遠超於前代的固定設施（如水泥建築），然後是人口爆炸造成的大量垃圾積聚，和由於過度砍伐而帶來的沙漠化趨勢，人類追求舒適生活引至的臭氧洞擴大（近年雖似有反覆之勢），全球空氣、河道乃至海洋的嚴重污染，跨越城市的霧霾天氣，人類的污染加上濫捕導致物種大規模的滅絕，相反地富國人民為滿足口欲而造成的過度畜牧，藥物的濫製、濫銷和濫用所造成的廣泛健康危害，過度碳排放導致的溫室效應，和連帶地迅速加劇的全球暖化和氣候變化威脅，及由此而

---

41 人類近世技術發展對地球所造成的龐大壓力問題催生了一個新興的技術名詞：「人類紀」（Anthropocene）。不少學者甚至從這一視角去衡量海德格思想的意義。參 J. Zwier, V. Blok, "Saving Earth: Encountering Heidegger's Philosophy of Technology in the Anthropocene," *Techné: Research in Philosophy and Technology*, 21（2/3）, pp. 222-242. https://doi.org/10.5840/techne201772167。

引起的兩極冰原的極速崩塌和全球水位上漲，互古凍土（permafrost）的溶解而引起遠古病毒的重新釋放，一再的核子洩漏而造成對人類健康長久的危害！凡此一切，都源於人類把地球視作可占據之以提升生活舒適條件的「資源」，而此資源成為人類爭相攫奪的對象，最後連人自身也淪為「人力資源」，以至戰爭成為「存在離棄的後果，人成了（最重要）的材料。」（GA-07: 93）隨著科技的改進，人類的武器不斷升級，從冷兵器到火器，到終於發展到核武；而武器系統得到資訊技術「優化」後帶來的恣意的狂轟濫炸，卻進一步激化了民族仇恨與國際恐怖活動。不旋踵，生物化學的進步也大大的加重了實驗洩漏或被誤用於有形無形戰爭的危險。挾著全球化的大勢，這些危險對人類構成更大的詛咒。換言之，科技機栝的業力與影響，從生態危機擴散成為社會經濟，乃至政治、軍事與全人類的危機。

海德格心目中的「科技文明」（Technik），是跨越理論、生態，乃至社會政治的一系列的文化現象的總稱：如借用哈伯瑪斯的分析，可包括具體議題如：工具理性、實證科學、技術發展、工業勞動、官僚化國家、機械化戰爭、文化操控、公共意見獨裁、都市化群眾運動、資源競逐、環境破壞、軍事角力，乃至國際爭霸等。[42] 循着這些方面去設想，我們不難發現，海德格本來充滿期待的納粹運動，不論觀念上設想得如何完美，在實踐上其實正把上述各種表徵完全體現出來，而且其具體表現出來的結果，把人性最可怕的面貌都暴露於人前！只不過，海德格一直求

42　Jürgen Habermas, "Work and Weltanschauung: The Heidegger Controversy from a German Perspective," trans. John McCumber, *Critical Inquiry* 15（Winter 1989）, p. 445.

宣示，這些由「機栝」而帶出的惡果，並非獨見於納粹，而乃西方文明根業遠種的「桎梏」（Gestell）。

　　機栝對世界掣肘的深遠，固如上述。對海德格來說，機栝的影響之所以鋪天蓋地，是因為機栝最終源自存在本身。如以其「同一性思維」的眼光看，機栝甚至可說根本是存在自身的展示。

九、機栝與「美利堅主義」及「共產主義」的兩面挑戰

　　技術一理念固源自希臘文的 τέχνη，對海德格來說，技術代表了存在漫衍的結果，也即存在顯示存在物的一種方式，就是讓一切都表現為可計算、量度、解析和利用於製造的一種視角，也即就是機栝。對海德格而言，機栝是一種共業，雖根植於存在，但與人類歷來的參與實脫不了關係。海德格認為，這種對一切加以「算計」的原罪，歷史上的猶太人雖是始作俑者[43]，但是發展到了他那一世代，最能把這「積習」發揮得淋漓盡致的，和把其潛在的危險推到最極端的要數美國和蘇俄。

　　如眾所周知，海德格 1935/36 年間於《形而上學導論》課上曾強調「美國與俄羅斯乃形而上等同」（GA-40: 40），並解釋這由於「二者對脫韁般的科技有同一股恣意的瘋狂，和對蒼生作無理的操控」（GA-40: 40-41），又說二者「對世界和對精神〔文明〕採取同一種態度」（GA-40: 49）。在後續面世的文本中，海德格對這重大議題有更詳細的透露。其矛頭從指向美、俄兩國，漸改

43　作者對海德格這一態度的批判，見本書前一章。

為指向「美利堅主義」和「共產主義」兩個觀念體系之上。首先，
海德格對與大地仍保有連繫的俄羅斯傳統似仍有一些肯定與幻
想。至於美國或他直稱的「美利堅主義」，其怨恨便大多了，大
到認為「美利堅主義讓虛無主義達到了頂峰」（GA-96: 225），和
直斥美利堅主義為「最醜惡」（übelst）（GA-96: 36）。就文化根
源而言，海德格認為美利堅的精神面貌並非土生，而根在歐洲：
「美利堅主義是歐洲的東西。它是〔…〕那仍然不羈的『鉅大精
靈』（Riesenhaften）的一個仍未被理解的變種（Abart）。」[44]
（GA-05: 112）海德格說，美利堅式對「鉅大」的嚮往特別之處，
是其追求「量」之餘，會把量的追求偷換為「一種獨特的質」
（GA-05: 95），海德格如得知日後有美國總統的競選宣言是 "to
make America great again"，一定會無限感觸。海德格還指出，美
利堅愈追求鉅大，必愈促使其同步地要克服極小。海德格當年舉
出的例子有「原子物理」，如他知道今天美國納米技術與晶片研
發及其應用的話，當更啞口無言。總的而言，美利堅主義，就是
要透過精細的計算去塑成鉅大的權力以駕馭和控制一切。不過海
德格即補充說，精密算計使「一切顯得隨時可完全估量的同時，
正會因而導致詭詐莫測」（GA-05: 95），因為這樣的話，以前本
來不可能的都會變成可能的了。海德格不啻認為美利堅主義那精
於「極細」的「鉅大」是歐洲一直醞釀的「機栝」的充分體現。
在同時期撰寫的《哲學論集》中，海德格更清楚指出，這份對
「鉅靈」的風靡，根本便標誌了西方文明因被科技機栝完全駕馭
而造成的存在離棄（GA-65: 135-138）。並認為美利堅主義戮力

---

44 在另一講論中，海德格本其同一性思維，也曾把美利堅主義視為「布爾什維
　　克主義」的變種。（GA-53: 86）

於要「將一切把文化連根拔起的力量都集合在一起」（GA-96:
257），因而把現代文明內在的張力引爆，讓現代歐洲步入終
局。在《黑色筆記本》中，海德格補充說，正由於「美國人徹頭
徹尾源自歐洲」，故美國的「存在離棄」和「去歷史化」同時也
是歐洲的自毀（GA-97: 230）。在 1942 年的 Hölderlin 講論中，
海德格認定了美國將要把西方包括其自身文化所由出的歐洲文化
根本鏟除，並且就美國向軸心國宣戰一事認為這是「美國走向去
歷史化和自毀」的最終極的行動（GA-53: 68）。

　　對海德格而言，美利堅主義的權力架構不單只對美國本身，
而且對世界、對人類都帶來了衝擊。首先是海德格提出了歐洲各
國包括納粹德國都有「美利堅化」的傾向，即認同和參與了美利
堅追求「鉅靈」的這「同一股恣意的瘋狂」。[45]在論謝林的講論
中，海德格直稱：「我們早已陷入那最乏味的美利堅主義之淵
藪，只知把效用看成真理，和把此外的一切都打成為不切實際
的玄思與夢想」（GA-45: 54-55）。對海德格來說，作為美國敵國
的納粹德國，可說已變身為一種「被普魯士精神鞭策過的無
限制的超美利堅主義」（ein preußisch gestraffter unbedingter
Überamerikanismus），但也認為這樣的「超美利堅主義」根本不
能真的超越英美世界，只會被其鉗制而把德意志祖國也斷送了
（GA-96: 270, 274）。此外，海德格對美利堅主義的另一項更大
的指責，是其藉於世界舞臺崛起的影響力，把「全球主義」與

45　德國的「美利堅化」問題，其實自威瑪共和以來許多學者都已提及，最有名
　　的例子是韋伯（Max Weber）於〈科學作為使命〉一文：「在許多重要方面，
　　德國大學的運作已經美國化，正如德國國民生活一般。」參 Max Weber,
　　"Science as a Vocation," H. H. Gerth and C. W. Mills eds., *Essays in Sociology*
　　（Abingdon: Routledge, 1991），p. 131.

「白癡主義」（Planetarismus und Idiotismus）二合為一（GA-96: 266），前者讓科技機梏的影響更無遠弗屆（GA-96: 260），後者讓人類社會愈趨於膚淺與迷失，令海德格最心痛惡絕的「存在離棄」之大勢更無法挽回。

在同出自 1940 年代初的一份稿件中，其中有小題為「機梏」的一段文字中，海德格宣稱「作為存在漫衍的機梏，本身也有其流毒（Unwesen）。」此中所謂流毒，海德格指的就是「造就了把傳統盡予毀棄的人類，而這一種毀棄表現出來的正就是形而上學的傳統」，並且特別指出：「而這個流毒的流行是預設給予美利堅主義的」。海德格最後還不忘補充一句：「〔美國〕這一種像刨根一般的和其實是無盡的欺詐的『道德』，若與一切亞細亞的野性比起來還更要恐怖一些。〔…〕而我們是否充分的認識到，所有恐怖的東西其實都在於美利堅主義，而非俄羅斯呢？」（GA-67: 150）這一再清楚顯出，海德格在反思世界文化危機的問題上，最痛恨的終究是美國！

至於美國奉行的民主政制，甚至一般人認為堪稱民主代議機制堅實後盾的新聞傳播，海德格同樣是非常敵視的。這一點在《黑色筆記本》系列較晚出的《註解》（Anmerkungen）中有特別清楚的透露：「新聞傳播（Journalismus）是屬於技術（Technik）的。它其實是公眾所必須的幻象的技術操控，這些幻象使得『國民』──也即群眾──得以想像自己在當家作主。民主制度（Demokratie）乃一全球欺詐（Planetarischen Schwindel）的假名。」（GA-97: 146）然而在這一關鍵上，有一點必須先認清，如果民主是一種欺詐，則海德格筆下這種欺詐的真正來源其實並不在這制度本身，而在於存在的「機梏」。上引文接著這樣說：「〔民主〕這用語是騙人的，即使把它視作由下而上的『民粹政

治」（Pöbelherrschaft）來看亦然；因為連民粹也是一個幻影，那看來由廣大的從業人員構成的統治霸業其實是那無條件的機栝所釋放出來的掣肘意志。」（GA-97: 146）

* * *

同樣地，海德格談論共產主義時雖然著眼點是前蘇聯的模式，但他一再強調「共產主義」的根源亦不在俄羅斯（Russentum），而也是歐洲形而上權力哲學的子遺；此所以他把批判的焦點從俄羅斯改為指向歐洲土生的共產主義本身，或他認為同樣是出自歐洲「機栝」文明的「布爾什維克」。

在兩篇出自 1938 至 1940 和都關乎《存有的歷史》的文本中，特別是較短的第二篇，海德格於討論「存有的歷史」這重要議題時，曾以 Κοινόν 一概念為切入點。這兩個文獻的特點是要讓存有史／存在史的討論與歷史的現實接軌。Κοινόν 一語的引用，驟看不易理解，但只要明白這個希臘文其實解作「共同」（common），便不難明白海德格的筆鋒實指向共產主義這個歷史現實。海德格指出，一般理解的「共產主義」之所謂「共同」，是「由大家共同分享同一的東西：如大家做等量的工作，支取同樣的酬勞，吃同樣的食物，和有同樣的享受的這一種秩序」（GA-69: 193），但其實共產的實情並非如此。海德格認為共產主義的精神在於「建立唯一的政黨，藉著先決地訂定行為的單一形式，和以同一種形式的態度訂定對一切事情的操作和一切事物的價值，從而打造群眾的本質。」（GA-69: 192）換言之，海德格直指共產主義之「共同」，就是徹頭徹尾的排除異己以追求「同一」，以維持權力的延續。

關於共產主義的權力結構方式，海德格也有很深刻的分析。他指出，為了有效地把群眾納入一些單一的形式以方便統治，權

力必須集中於「僅僅少數」（Nur-Wenigen）。這掌權的少數之為少數，「絕非相對於無權的廣大群體而言的少數施暴者」（GA-69: 194），而是權力自身得以具足和為了相對穩定而發展出來的結構。其目的就是避免掌權者個人的意願過於突出而招忌。所謂「槍打出頭鳥」，過分突出個人最終很容易導致一己權力的削弱。「因此權力會促使掌權者讓自己保持無名（namen-los），和讓其行動無法掌控。」但與此同時，又必須有一些機制讓掌權者的真正意志能廣被群體知曉，要達到這目的，共產主義乃發明出由「『僅僅少數』之間的共同協定」作出集體承擔，從而使這少數人的權力得以成立和鞏固。最有趣的是海德格很直接地指出，這種寡頭式的權力組合中，「僅僅少數」掌權者之間的關係，「既不會是表面上很感性的『同志』（Komeraderie），也不會是締盟者之間盲目的誓盟，而是彼此於冷淡地互不信任和互相監視之餘，又得藉之以彼此依存。」（GA-69: 194）共產黨雖謂崇尚集體領導，但共產政權不時有強人脫穎而出，成為獨裁者，亦是歷史常識。而海德格在上述文本中，竟花了不少篇幅刻劃這些獨裁者的心境和處境。他的意思是說，一旦成為了獨裁者，上面論及的「僅僅少數」所提供的政治上的「保護傘」便會失效。海德格認為一獨裁者一旦獨攬大權後，將要承受兩方面的鉅大壓力。首先要面對一己以外的整個被他壓制的人群的反作用力（Gegenmacht）；另一方面是要承受他自己給自己的更龐大的壓力，就是要不斷要保持一己的絕對權力，即在不斷的挑戰下持續地鞭策自身創造種種平整（Eingleichung）敵對力量以維繫一己絕對權力的可能，而這種創造的無盡的壓力「足以把一獨裁埋葬」。所以海德格慨歎說：「誠然，一『專制者』和一『獨裁者』與他們表面的權力擁有者〔形象〕對比起來，可能最為不堪。」

（GA-69: 190）

　　海德格一方面固認為共產主義制度中有被勞役的一群「低端人」與表面上是權力擁有者的「超人」之分別，但我們千萬勿以為海德格因而把共產主義的「業」全都歸究於掌權的「僅僅少數」，甚或一「獨裁者」。他認為共產主義真正在當家作主的，「不是人民，不是某一個人，甚至不是僅僅的少數」而是「單一形式的齊一化」（Eingleichung in die Einförmigkeit）（GA-69: 195），用政治的術語講，就是制度和「組織」（Organisation）。而即使這個組織其實都是「存在漫衍的機栝底無可抗拒的結果」（GA-65: 195-6）。也只有這樣，共產主義的權力才顯得超越一切人類意志地絕對和不容挑戰（unbedingte Unduldsamkeit）。海德格因此直言：「共產主義是根本地非人性的」（Der Kommunismus ist überhaupt nichts Menschliches）（GA-69: 195）。不過，若我們細心觀察，海德格這句話，與其是一項道德指責，不如說是把共產主義在世上的影響完全歸諸那掣肘了一切的存在機栝！由於海德格把這一種對群體的動員與控制視為是西方形而上傳統實踐權力意志的結果，乃得以總結說：「從無限制的機栝取得權力的授予（Ermächtigung der Macht）就是共產主義的本質。」（GA-69: 191）和說：「共產主義於歷史上取得權力，標誌了現代底極成。而其導致的全面的意義喪失（Sinnlosigkeit），即構成了這世代的存在特徵。」（GA-69: 37, 201）當知海德格上引文中所謂「權力的授予」，其實正觸及世人現今常常談論的「合法性」（legitimacy）的問題。但與其設想這合法性建立在一個民主的程序上，海德格言下的「權力授予」卻是建立於非人力所能駕馭的「存在的機栝」之上。由於按同一性原則，這不外就是存在、或存有、或存有史！而這也正說明了，為何重點地討論共產主義和

標有 Koινóν（共同）一語的兩個文本的標題正是「存有的歷史」
（Seynsgeschichte）！

然而，此中的關鍵問題是：海德格這樣把共產主義理解為完全被存在所支配，教人身處其中，無論扮演哪一角色都是身不由己，這麼一來，海德格是否無形中使共產主義任何不合理的惡都變得無可追究！或曰：這樣把共產主義的歷史事實盡歸諸「存在」機括，會不會無形地為共產主義的一切作為開列了免責條款，和曲線地讓共產主義正中下懷地獲得了某一意義的「天命」的授予呢？

誠然，在《黑色筆記本》中，在觸及這一敏感問題時，海德格似還是認為西方文明由於存在遺忘的「業」，即使不考慮外來的挑戰，也會因為內在的因素隱藏危機。就此而言，乃提出：「是否應就美利堅主義和共產主義及無條件地坐大的技術主義（Technizismus）考慮西方需要承擔的責任問題。」（GA-97: 161）但我認為，一旦談及責任，我們起碼應該區別幾個層次的問題，一是制度的層次，二是國家的層次，三是國民的層次。就制度而言，人類社會自古至今其實在嘗試著不同的社會政治制度，不同制度總可以說得很理想，但每一種制度實踐起來總有某些長短；故單就理念而言，我們雖可衡量不同制度的優劣和作出檢討，但卻很難予以「問責」。責任問題起碼要當某一主權國家把某一套制度落實後才可提出。然而，國家雖可予問責（例如在戰爭賠償上），但同一國家中的不同個體成員就其行為所應承擔的責任卻不可一概而論，而且責任的終極承擔者總在於個人，這一點是很難爭議的。就此而言，海德格上引「共產主義是根本地非人性的」一語，其實是很危險的。因為他這說法是實實在在地把一切都訴諸「存在」，並無疑為某一制度下的個人行為給予免責條

款。要駁斥這論點，我們可從康德找到很好的理論支持。對康德來說，一個人即使十惡不赦，我們也不能否定他的人性，因作為一個有選擇自由的人，人行惡時總不可能不設想行事的相反可能，故任何人，哪怕是罪大惡極，也不可以自稱「不是人」或借海德格的口吻自稱「沒人性」而獲得免責。[46]因為，對康德而言，個人的一切罪惡都是可歸罪的，和可予追究的！[47]但我們別忘記，康德這一番辯解要成立，先要假定人有選擇的自由，而這正是海德格的同一性思維所懷疑的！

話說回來，海德格在 40 年代大力批評美利堅主義和蘇俄為首的國際共產主義，固指其骨子裡（形而上地）都被技術主義那攫奪性的世界觀所支配。由此得見，對海德格來說，現代文明的真正危機，與其說是在於某一種政治制度，其實是在於科技機栝那全球性的掣肘。

在論及中國共產主義時，海德格似乎看到了問題並不只在於西方。當年中共雖尚未取得政權但其聲勢日壯，想海德格必有所聞。《黑色筆記本》有這樣的紀錄：「倘若共產主義在中國取得統治權，我們或可猜測，是不是也因此之故，中國便會為技術〔主義〕敞開了大門！這個過程將是怎麼一回事？」（GA-97: 441）歷史的發展終於對海德格的疑問給予了答案。中共真的取得了政

---

46 參見康德，《道德形而上學》中論人的意念作為 arbitrium liberum 而言，其行為的善或惡不可能是完全的隨意的 libertas indifferentiae。見 *Metaphysik der Sitten*, KGS, Band VI, pp. 225-226. 此外，就這一點，康德《實踐理性之批判》中提到的「理性的事實」（Factum der Vernunft）概念也可推出同樣的結果。

47 雅斯培（Karl Jaspers）於二戰後曾出版一本名 *Die Schuldfrage* 的小書，對罪與責任的問題有很深刻的分析。可堪與海德格就相關問題的態度比較，有關討論見本書別章。

權，而經過了大半個世紀的蟄伏，共產中國終於在技術導向方面，取得了讓西方列強側目的成績。除了在武器開發方面躋身入美蘇的競爭行列，在資訊技術和通訊制式方面也取得了重大發展；於創新的人工智能領域方面，更開發了高端的人臉監控技術，甚至已計劃好把這功能應用於全國實施的信用評級制度，則其對人群的掣肘、組織、監控與駕馭，勢將發展到一無以復加的田地。當然，這一發展大底非海德格所樂見。這些晚近的歷史演化，也間接印證了海德格的 Machenschaft 觀念雖從西方的形而上學傳統出發，但其對時代診斷掣肘的深遠，卻絕不限於西方！在1966 年接受德國《明鏡周刊》（*Der Spiegel*）訪問中被詢及技術主義全球泛濫這問題的意見時，海德格清楚的表明，無論是民主、法治、又或是基督教的世界觀等文明機制對於人類對治科技掣肘危機而言都是不濟事的「半吊子」（Halbheiten）（GA-16: 668-669），反而，他竟提到：「或終有一天俄羅斯或中國的古老傳統會醒覺過來，並為人類帶來與技術世界建立一些自由的關係的可能！」（GA-16: 677）就全人類面對著許多共同挑戰的今天，海德格這一番期待當然是很難得的，但我不禁要問，若果海德格堅持他所謂的存在思維和固執於存在史的高度制約性的話，則西方以外的「古老傳統」的有用的思想資源是否真有可用武之餘地呢？

十、技術的擺布性——「桎梏」及其希臘源頭

要說明存在的機梏如何會與人的機梏合流為一，我們必須跟隨海德格回溯到希臘哲學的源頭去梳理。機梏問題脫離不了現代的技術文明（Technik）。單從字面看，這問題明顯地與希臘文中的 τέχνη 有關。在分析 τέχνη 概念時，海德格曾明言一切必須從

遠古的 φύσις 這概念講起（GA-76: 316）。他在小題為 φύσις 的一段文字中倡議：「要從康德（謝林、黑格爾）回到亞里斯多德，還要越過亞里斯多德直達阿納芝曼德的格言去。」（GA-76: 33）這個源遠流長的問題，只能長話短說如下：

如眾周知，海德格對西方先哲自柏拉圖以降一直到當代的胡塞爾都不滿意，反而對先蘇哲人如赫拉克利特和阿納芝曼德等非常膺服。先蘇諸哲人許多殘篇及其中不少重點概念如 λόγος, φύσις, ἀλήθεια 等，在海德格的重新解讀下，都變成了他晚後銳意要申論的「存在」的遠古的表達：「φύσις 乃是最原始的，也是支配了整個西方哲學史的對存在的決定。」（GA-69: 6）對海德格來說，後世一般譯為自然（Natura）的 φύσις，本義是「興起」（Aufgehen），其意義與希臘文的「存在」（τὸ ὄν）相鄰。在《形而上學導論》中，海德格借手上的粉筆為例，很清楚地指出，τὸ ὄν 可以有寬狹兩解，即可解作某一存在的實物，但也可從寬解作使某實物得以呈現為該存在物的存在基礎，即某一意義的 Sein des Seienden（GA-40: 33-35）。海德格批評亞里斯多德雖然在《形而上學》中懂得把 φύσις 了解為渾然意義的存在之整體，但在《物理學》書中，卻又把 φύσις 了解為只是存在中的「能生長」之物（Gewächs），即 φύσει ὄντα 這一部分，並使與「人為」之物（Gemächte, τεχνεῖ ὄντα）並列。換言之，相對於西方早期如赫拉克利特那渾然一體的 φύσις 觀念，亞里斯多德是把 φύσις 觀念大大收窄了，並因而突出了與 φύσις 相對的「人為」的存在，並且進一步日益循「人為」的角度去重點地談論「物理學」。對海德格來說，亞里斯多德無疑是使存在問題向「人」傾斜的始作俑者。而機栝這影響及支配了西方文明後續發展的「業力」就此便誕生了：「此中，機栝（Machenschaft）這用語是存在漫衍下

對自然（φύσις）的一種再詮釋，在這詮釋下，自然將被了解為一種很特別意義的製造（ποίησις, Mache）方式。」（GA-69: 46-7）

換另一角度看，海德格分析 τέχνη 概念時，常澄清希臘文的 τέχνη 並不能直接解作現代歐洲語言中的 Technik 或 technology。海德格認為，τέχνη 必須循意義相關的 ποίησις 去理解，因二者都可解作「引出」（Her-vor-bringen）[48]，也即讓某事某物被「引領出場」。海德格借用柏拉圖《飲宴篇》對 ποίησις 的界定：「凡促使不在場的成為出場的，便都是 ποίησις。」重點是：「帶領出場」可以用許多不同的方式成事；它並不單指手工製作意義的引出，也不單指盼望或吟詠等藝術性創作。在希臘語中，解作自然興起的 φύσις 其實也是一種帶出。海德格甚至說：「φύσις 其實是最高地位的 ποίησις」（GA-07: 12）。然而，正如希臘文解存在物的 onta 可大分為自然的存在物（physei onta）和製成的存在物（technei onta），解作「引出」的 ποίησις 後來又被分為「出於自身」（ἐν ἑαυτῷ）與「出於他者」（ἐν ἄλλῷ）兩大類。前者漸與收窄意義後的 φύσις 相關聯，而後者則漸與收窄意義後的 τέχνη 關聯起來。海德格解釋甚麼是「引領出場」時，進一步指出，這概念其實和「真相」、「揭示」（Entbergen）的概念互為表裡。並隨即指出，所謂技術其實也就是一種揭示。對海德格來說，西方古代的

---

48 Hervorbringen 於日用德語中一般解「製造」，但依海德格從字根入手便可解作「引出」。此中，「引出」一譯，與前文在分析 Austrag 時譯的「帶出」無論就語義看或從事理上看都是互為表裡的。兩詞表面上分別使用，但背後意理相貫通的情況，重要的先例可數康德《純粹理性之批判》中「界限概念」（Grenzbegriff）與「權宜性概念」（problematischer Begriff）。參作者舊作〈本體現象權實辯解〉。又 Hervorbringen 又可分拆為 vorbringen 與 herbringen，可參看鄧曉芒的分析，〈海德格爾《築・居・思》句讀〉，《西方哲學探蹟》，（上海：文藝出版社，2014）。

自然科學乃至西方現代的科學技術都是存在史的一部分，也都是
存在開顯出來的內容。海德格認為，現代科技文明固然建基於力
求精準的自然科學之上，但同時地，自然科學特別是物理學之長
足發展，也回頭是建基於技術儀器製作的改進之上。[49]這個挾自
然科學開顯出的技術文明的特色，就是誘使吾人認為一切事物，
包括自然、天空、大地都可作精密量度、計算、差遣、調度，和
予取予求地加以擺布（stellen）和處置（be-stellen），人類眼中的
自然資源便淪為一些置存（Bestand）的庫存（Vorrat）（GA-07:
17）。而這一切技術算計駕馭之所以可能，其關鍵就在於因果
律。海德格對科技的這一觀點，固鮮明地劍指現代科學技術，甚
至在與以統計力學超越了因果律的量子物理學新星海森堡
（Werner Heisenberg）辯論時亦有寸土不讓之勢。[50]海德格認為科
技的這種態度，可稱之為「對自然的挑釁」（Herausforderung der
Natur）。現代科技仗自然科學的數學模式，把自然解讀為「可予
處置的置存」（bestellbarer Bestand）。在這種挑釁之下，整個自然
被看成為科技發展的資源：風力和水力可轉換成電能，除可即時
運用，也可予以儲藏；大氣可被分解出氮，從大地所得的礦物可
提煉出不同元素，包括發展原子能的鈾。人類全面進入了對自然
加以擺布和處置的世代（GA-07: 16）或海德格常提到的「原子世
代」（Atomzeitalter）（GA-10: 45ff; GA-11: 10f; GA-79: 123）。海

---

49 在科學與科技二者之中，海德格認為，科技對自然的「擺布」固較為明顯，
　　但就現代科學把自然當作「可預計的力的整體」（GA-07: 22）予以研究而言，
　　其對自然的「擺布」，並不輕於科技，而且影響更為深遠。

50 詳見 Otto Pöggeler, "The Hermeneutics of the Technological World: The Heidegger-
　　Heisenberg Dispute", *International Journal of Philosophical Studies*, 1, 1993, pp.
　　21-48.

德格在接受《明鏡周刊》訪問時甚至指出，在這原子世代中，哲學早已被控制學（Kyberetik）取代了（GA-16: 670）。

為了表達機栝宰制而形成的現代文化發展模式，海德格創制了一極重要的概念：「框梏」（Ge-stell）。Gestell 一詞在日用德語中本指一個放置物品的架子或框架，但在海德格的構思下，卻指存在史漫衍之下的現代技術世代帶有擺布性和挑釁性的文明框架：「那一促使人類集中地把被揭示出來的〔東西〕當作置存去處置的那帶挑釁性的責求，我們稱之為框梏。」（GA-07: 20）[51]

然而這一切都是人類的錯嗎？就這問題，海德格說得非常清楚：「現代科技作為有擺布意味的揭示而言，並非只是人類的操作……也不是只在人身上發生，而且人也不是其得以發生的關鍵。」（GA-07: 20）「框梏乃那一個擺布的結果。此一擺布把人類擺布成把現實世界當作置存〔的資源〕一般地施以擺布。」（GA-07: 20）因為科技的擺布不是某一個人的意志所決定的。對海德格來說，科技的擺布是深入到人類社會的結構層次，和以「組織」（Organisation）的方式去施為的。此所以他在《形而上學導論》中指稱美、蘇乃「形而上地等同」時，提出的解釋是「二者對脫韁般的科技有同一股恣意的瘋狂，和對蒼生作無理的操控」。（GA-40: 40-41）此中，譯作「操控」的德文原文正是也可

---

51 「框梏」對人類構成的掣肘對海德格來說，主要是由於技術理性的計算。這一點他之前的韋伯提出的資本主義的「鐵籠」（iron cage），和他之後的馬庫色（Herbert Marcuse）提出的「單向度人」（one-dimensional man），作為文化批評理念，可說淵源有自。參 Marcuse, *One-Dimensional Man: Studies in Ideology of Advanced Industrial Society*（New York: Routledge, 1991）；另參 Alfred Schmidt, "Herrschaft des Subjekts. Über Heideggers Marx-Interpretation," *Martin Heidegger. Fragen an sein Werk. Ein Symposion*（Stuttgart: Reclam, 1977），p. 59.

解作「組織」的動名詞 Organisation。海德格甚至說,「組織」根本就是「技術」操控的「孿生姊妹」(Zwillingsschwester)。(GA-94: 364)

由於桎梏對海德格而言根本便有如存在或本然的鏡象底片[52],故某一意義下,可說是存在把人類捲入桎梏結構性的漩渦之中,使人類參與了存在或桎梏這危機的共業。

為了清楚申明對自然之「處置」不盡出自人類之手,海德格竟有如下神來之筆:「只因為人類本身被挑釁去對自然的能源作出挑釁,〔對自然〕處置式的揭示才會發生。」(GA-07: 18)言下之意,是人作為存在史的一個環節,其實是被挑釁去挑釁,和被處置去處置。他更補充說:「如果人類是這樣地被挑釁和被處置,那麼,人類豈不比自然還更原本地要歸入置存(Bestand)之中呢?」(GA-07: 18)所謂置存,指的本是被視為資源或原料的自然,今海德格其實是問:人類普遍地視自然為資源的同時,自己本身是否早已淪為「資源」?海德格的答案當然是肯定的,他於多種著作中和不同場合中祭出德語 Menschenmaterial(人頭物料)(GA-50: 81; GA-67: 247 etc.)一語便足以佐證。現代科技所向披靡之餘,人類自身已被物化了。

由於對海德格來說,存在雖無因可喻,但卻是一切的源頭,若然如此,則存在和本然其實根本是桎梏的幕後「元兇」明矣!這個說法固與海德格後期的「同一性」思維切合,但這種說法會不會進一步為人類整體要承擔的責任開脫了呢?這是持續地引人疑竇的。

---

52 海德格 1969 年於 Le Thor 的一個研討會中有一個很傳神的說法:「桎梏可說是本然的攝像底片(das photographische Negativ des Ereignisses)。」(*Vier Seminare*, GA-15: 366)

十一、機栝的「宿命」可否得以懸解？

　　現代科技把人類引領到的那一種帶擺布意味的揭示的道路，海德格稱之為「機運」（Geschick）。但這一意義的機運並非吾人個體的命運，而乃一存在揭示的宿命，這一宿命使人置身於歷史中的一些開敞空間（Freie）之中。然而海德格竟認為，人的所謂自由（Freiheit），就是於此開敞之中才得以確保云云。此中我們可見，海德格一反哲學傳統從主體意志的角度去了解自由的想法，竟然改從存在揭示的開敞性去談論人類無法逃脫的所謂「自由」。但這一新解的「自由」實即存在「開顯」（Lichtung）出來讓人類暴露於存在底機栝的掣肘下所得承受的存活空間而已。如果海德格所言不虛，則吾人接受這意義的「自由」的代價就是要先失去「自主」！

　　海德格隨着指出，栝栝這一份宿命，同時也是一份危險，而且是一份「最高的危險」。這危險「使人自己成為了『置存的處置者』（Besteller des Bestandes）」（GA-07: 27-28），甚至自己也成為了人力的儲存！很諷刺地，現代人類一方面自擬成為地球的主宰，但卻在擺布地球的同時，毫不自覺自身也被擺布了，並因而失去了自我，和失去了其作為存活者的本質。與此同時，這使得人類自己無法親證存在揭示為栝栝之外的其他可能性，即難以從另一角度去重新思考和體證存在。一言以蔽之：「栝栝宿命地把 ποίησις 歪曲了。」（GA-07: 29）

　　就在技術文明帶出的危險顯得最逼切的當兒，海德格一再地引用德國詩人荷爾德林的名句：「然而哪裡有危險，拯救便也在

那裡滋長！」（Wo aber Gefahr ist, wächst das Rettende auch）。[53]

這即是說，在桎梏把吾人擺布得最危險之處，海德格卻看到了一線轉機。就是作為存在的一種遣送（Schicken）而言，桎梏的揭示背後其實還隱藏了大地（Erde）無盡的奧祕。在海德格首徒伽達瑪的解讀下：「大地就是真相，而非物質」，以其神祕及善藏故，「其乃一切之所由出，而又乃一切消失後之所歸趨。」[54]換言之，大地承載了存在的神祕性。而這些都是存在於桎梏之表象之外一直蘊涵著，並足以持續地為世道人生帶來滋潤的內容。只欠吾人適當地讓這些內容於心中滋長，作為他朝拯救之用。

桎梏的「危險」與存在的「拯救」之間這充滿弔詭的共存，從以下一語盡顯：「桎梏之所以是一種威脅，是因為其讓吾人持續地以為處置乃揭示的唯一方式，使得人步入要放棄其對存在開敞的危險之中。而在這極度的危險中，人類於存在的資養中最根本的和無法摧毀的份位乃得以展現。」（GA-07: 33）

海德格多番勸說吾人，在面對著技術文明時，不要只著眼於和追逐那些「技術性的東西」（Technisches），而必須洞透讓技術得以發展背後的「本質」，而「技術的本質正好不是技術性的」（GA-07: 7, 21, 24, 36; GA-08: 25, 140; 另見 GA-76 及 GA-79），這一本質（或嚴格而言的「漫衍」）正就是既「危險」但卻一直蘊涵「拯救」，卻又可發展成為桎梏的存在自身。最後海德格給

---

53 荷爾德林此語在海德格著作中多次被引述，最重要的一起出自〈技術的問題〉（Die Frage nach der Technik）一文（VA, GA-07: 29-35）；此外見 GA-04: 21; GA-11: 119; GA-79: 72。

54 參 見 Gadamer, "Heidegger's Later Philosophy," trans. David E. Linge, *Philosophical Hermeneutics*（Berkeley: University of California Press, 1976），p. 223.

予吾人這樣的忠告：「我們要直視（blicken）危機，和期盼（erblicken）拯救的滋長。」並要不斷培育對拯救的感受。

在海德格構想中，於存在的漫衍之下，人被擺布之餘，首先得背負起桎梏的構成，然後又必須懷抱拯救的可能。從人自身的角度看，「這份拯救讓人類得以瞥見及返歸其本性的最高價值。這些價值在於讓人對這片大地上一切已揭祕或未揭祕的各種事理予以保護。」（GA-07: 33）

後期海德格談論存在問題時，嘗指出作為本然解的「存在」的動詞是 wesen，並再由此而推衍出 Wesen 或 Wesung 等可解作「漫衍」的動名詞，固如前述。然而，存在於發展出像桎梏這般的怪胎之餘，還孕育了哪些正面的元素留給世道人生呢？為了回答這問題，海德格又引導我們回到 Wesen 一詞去。他解釋說，Wesen 實與解「歷久」、「荏苒」的 Währen 相通，並指出存在假技術發展之途其實也是一種「持續保存」（Fortwähren），並進一步徵引歌德詩句中解「持續資養」的 Fortgewähren，並循這些概念間深層的「同一性」去說明即使號稱為危機的桎梏也隱藏了持續保存甚至持續資養的潛能，和讓存在與人類文明足以自救的可能元素。但這些元素具體地說到底是什麼呢？說到底，海德格指那本出自存在的「桎梏」也隱藏了拯救，其用意是說：吾人一旦明白桎梏只乃吾人對存在的一種帶擺布性的「解讀」的話，便當從中醒覺，這其實並非存在唯一可能的顯相。說到這裡，海德格終於被逼把焦點回轉到科技這概念根源的 τέχνη 和 ποίησις 概念上去，並暗示這些一直隱藏著的祕密就是：美的藝術生活、詩的創作，乃至神人宿命的對決之神話等最原始意義的和未被歪曲前的 ποίησις 了（GA-07: 34-36）。

海德格這番語近奧密的思路，和他後來一直強調的第一開端

與另一開端理論，可謂息息相關。這種態度說到底基本上是一種
復古主義（Atavism）。平情而論，這種態度作為個人修養和作為
生活方式的另類選擇或會有一定參考價值，但其是否可作為今日
已發展成為「桎梏」的世道人心的一種普遍的對治方向呢？這一
點實在是讓人懷疑的。

十二、詩意與「鄉關」的再尋：桎梏中透顯的「另一開端」（**Anderer Anfang**）

海德格曾對納粹主義有一定幻想固眾所周知，但隨著這份幻
想的泯滅，後期海德格於思想上必須重新整頓。筆者於本書別章
即清楚指出，海德格後期愈致力指出，現實世界中的納粹運動，
其實與舉世列強一樣都同被現代文明背後的捕獵性格所支配，都
是一丘之貉，都以不同方式讓人類社會從存在中連根拔起。

對後期海德格而言，他常談到的「另一開端」，就是面對機
栝發展到現代文明以後的一條對治之方，也即他所期待的於危險
中的拯救。由於海德格對傳統的形而上學、現代科學，乃至建立
於啟蒙理性之上的現代哲學都不信任，乃得另闢蹊徑，俾重新尋
找返歸「存在」之途。這方面的主要路途有二：就是詩歌和藝
術。

對海德格來說，詩人的天職是為凡人「探求隱遁的天神殘留
的足印」，或用詩人的口吻說：「……在世界的暗夜中，一邊唱
詠，一邊留意隱匿諸天神的孑遺」（*Hw*, GA-05: 272）。我們當
知，海德格的天神肯定不會是他多番屬言摒棄的基督教上帝，反
而是他後期常寄望的「終極神明的邁過」，或如在天地神人「四
合」中的「具神性者」（die Göttlichen）。

　　在《形而上學基本概念》講集論及「哲學的基調」的討論中，海德格引述了德國浪漫派詩人諾伐利斯（Novalis）的名言：「哲學其實就是鄉愁（Heimweh），是一種無論身處何方也要與鄉關親近的衝動。」（GA-29/30: 7）[55] 在〈誰是尼采的查拉圖斯特拉〉一演講裡，海德格借解讀 *Zarathustra* 書第二部分 Der Genesende 一節之便，分析了所謂「鄉愁」的希臘根源 νέομαι 即指所謂「返歸」，而與 νέομαι 相關的 νόστος 實即歐洲人所謂的懷古－Nostalgia（GA-07: 102）。海德格一再指出，對鄉關的渴求，必定是當人離開了鄉土並廁身於異域（in der Fremde）後才來得熱切（GA-16: 494, 579; GA-13: 123-4）。其弦外之音，就是人類文明的發展，早讓人遠離了遠古時人們於造化中活得自在的境況，而愈變得猶如置身於異域。對海德格來說，「鄉關淪喪成為了〔全球化的〕世界文明這一〔存在〕形態的普世命運」（Heimatlosigkeit ist ein Weltschicksal in der Gestalt der Weltzivilisation）（GA-16: 713; GA-09: 339）。[56] 此中，所謂鄉關淪喪成為一普世共業之議題，海德格更在《論「人文主義」書簡》中使與馬克思的「異化」（Entfremdung）理論相比擬。[57]海德格甚至問曰：「存在被人離棄到了一個地步，是否必終於要藉著把一切存在者弄得天翻地覆，從而宣示其自身？」（GA-09: 353）所以，他後期的思想特別重視要為人類重新尋找真正的「鄉關」（Heimat）。海德格認為，西方整個形而上傳統皆離不開存在遺

55　海德格所引諾伐利斯一語的精神面貌與唐代詩人崔顥〈黃鶴樓〉詩中的「日暮鄉關何處是？煙波江上人愁」一聯可謂神似。

56　GA-16: 713 有類似的言詞。

57　GA-09: 339. 有關比較參 Alfred Schmidt, "Herrschaft des Subjekts. Über Heideggers Marx-Interpretation," *op. cit.*, p. 57.

忘的染指，乃得要有另一新的開始。西方文明步入了現代，人類
的理性背後的「擺布」意向帶來了存在底暴力的反噬，那本極神
聖的「四合」極遭陵夷。在《形而上學導論》中，海德格把現代
性訂定為「世界之昏黯」（Weltverdüsterung），並對其表徵作出
如下極深刻的描繪：「世界之昏黯〔中〕…諸神皆隱遁，大地遭
毀壞，人生成了群戲，平庸反被趨之若鶩。」（*EiM*, GA-40: 48）
這一股鄉愁無形的鞭策下，人類會產生一種「返歸」的衝動，但
由於時間不能逆轉，「返歸」遂只能是古風於今日之重塑。後期
海德格一再強調的「另一開端」，和天地神人的「四合」（Geviert）
理念，正是海德格期盼中的遠古鄉關的重新發現。[58]

　　海德格坦言，當今世界「最發人深思的事情就是我們還未學
會思考」（GA-08: 7）。要扭轉這一局面所需的「另一開端」（Der
andere Anfang, the other beginning）的想法，主要見於海德格於
30 年代中葉撰作但要到了 1989 年才正式面世的《哲學論集》。
該書中，「另一開端」有時稱為「開端思維」（anfängliches
Denken）。「開端思維」為何是一項拯救？開端思維其實是對「開
端」的思維。然則何謂「開端」呢？海德格的回答非常直接：「開
端（Anfang）就是存在本身的漫衍……」（GA-65: 58）。這透露
了，海德格所謂「開端」並不能靠人類自己死用力地憑理性去達
成，而還得從體證「存在」入手。他隨即補充說：「這樣的開端
只可以是『另一個』開端，而且是要藉著與『第一個』開端拆招
的方式進行。」（GA-65: 58）海德格這番話正式帶出了第一開端
與另一開端的關係問題。所謂第一開端，其實是存在於遠古希臘

58　參見 Frank Schalow and Alfred Denker, *Historical Dictionary of Heidegger's Philosophy*
　　（Lanham: Scarecrow, 2010），p. 41.

人的原始思維裡對天地和對存在的感動，但日後因形而上學走上偏鋒而漸漸退色，和終於開顯為現代帶擺布性的科技機栝這整個危機的「歷史」。而「另一開端」即要求吾人當下反思第一開端後續發展所帶來的教訓，撥亂返正，俾吾人重新開始學習「思維」的方案。上面所謂的「拆招」，是德文很常見的 Auseinandersetzung，字面上正可解作「拆開」，但在日用德語也有與他人磋商理論、討價還價之意。有學者指出，此字一般的英譯 discuss 所由出的拉丁文 discutere 其實也有「擲成碎片」的意思，故另一開端須與第一開端「拆招」即是此意。用更直接的講法，對海德格來說，活在今天的吾人其實滿腦子都已沾滿了現代文明的遺毒，要重新開始，便必須針對性地把這些毒素排除。這與《存在與時間》原初構思的第二部分的「拆解」（Destruktion, deconstruction）於理念上可謂不謀而合。

對海德格來說，在另一開端中，人類理性，包括哲學，特別是傳統形而上學是時候退場了，因為「〔對〕存在者的可解釋性，是那詩意般的存有之漫衍的真正的敵人。」（GA-67: 172）此語一出即再顯出，於海德格筆下，人的理性乃至人的語言對於終極議題是如何的無助！同時也帶出了後期海德格對詩的重視，因為現代科技把人類原初於存在中所感受到猶如「鄉關」般的適切感褫奪後，另一開端就是要重新尋找「鄉關」這份情懷。所謂因病求藥，在《論「人文主義」書簡》中，海德格即有如此說法：「鄉關的根本在如下的意向中表露無遺：就是循著存在歷史對現代人的鄉關淪喪加以思索。尼采是首先察覺到鄉關淪喪這回事的。本身浸淫於形而上學中的尼采，除了把形而上學反過來外，便再也沒法找到其他出路了。但這樣做，正只能把鄉關淪喪推到最盡頭而已。反而在荷爾德林身上，當他賦出〈還鄉吟〉

（Heimkunft）這詩篇時，卻能關顧到如何令『鄉人』（Landesleute）於詩中找到根本。」（GA-09: 338; GA-04: 13ff, 105）

海德格透露的特別期待：人類在深切地重新思慮存在的路途上，詩人將要扮演一特別的角色。在眾多德國詩人當中，海德格向來對荷爾德林最為心儀，甚至把後者視為「德國的詩人」（Dichter der Deutschen）。海德格特別解釋說，此中的「所有格」der 並非 genitivus subiectivus，而是 genitivus obiectivus 解，即意謂荷爾德林並不只能賦詩的眾多德國詩人中的一員而已，而是那最能藉著詩歌把德國民族作為「對象」，或他一再強調的「祖國」（das Vaterländische）予以詠嘆的詩界翹楚，為的是為祖國那「最遙遠的未來」尋找其所應走的道路云云。（GA-39: 220）海德格最喜歡徵引的荷爾德林詩句，是出自〈麵包與酒〉（Brot und Wein）中的一句：「在這貧乏的世代，詩人何為？」（GA-05: 269; GA-39: 219）這裡所謂的貧乏，指的當然是現代物質豐盛，但精神萎頓崩解的陵夷世代。對海德格來說，詩人的天職，除了「留意隱匿諸天神的孑遺」這神祕莫測的任務外，便是那更神祕的「道說作為那帶指引性的啟示」（Sagen in der Art des weisenden Offenbarmachens）（GA-39: 30），而這也就是於原始的緘默中聽候那「隱匿天神的孑遺」或那「終極神明的邁過」。

除了最熱衷的荷爾德林，海德格還常談及他的「鄉人」赫伯爾（Hebel）。在一次紀念赫伯爾的演講中，海德格同樣地讚揚赫伯爾並不只是一般的「鄉土詩人」（Heimatdichter），而乃「鄉關的吟詠者」（Dichter des Heimats），因為詩人並不只秉其「簡樸直率的言詞去刻劃鄉土」，而是藉「詩的道說」（dichterisches Sagen）讓「鄉關的漫衍得以言詮」（das Wesen des Heimats zur Sprache kommt）（GA-16: 494; GA-13: 123），關鍵是在於詩人能

「開啟一作好準備的耳朵和那準備得更好的心靈」（GA-16: 492）。有時海德格也會換一種方式，說若要領悟詩的語言，吾人所需的，是「內在的耳聰和心靈的眼」（GA-16: 567）。以上有關赫伯爾的幾句簡單按語，可說是海德格獨特的以存在為本的「語言觀」在詩的場合的重點體現。

這樣看來，海德格加諸荷爾德林和赫伯爾等詩人身上的，並不只是單純的吟詠者的任務，而是包含了歷史、文化，乃至政治方面的重責；海德格期之於荷爾德林的，是要扮演「德意志存有的奠基者」（Stifter des deutschen Seyns）的角色！（GA-39: 220）而其中的契機，又要回到對那隱匿的神明的「留意」與聆聽之上。這樣一份重擔，詩人是否真的能扛得起呢？

不難設想，海德格後來對荷爾德林等詩人的傾心，或與他參與納粹而導致的挫敗有關。荷爾德林成為了海德格的代言人，而詩人與詩意的詮釋乃成為他行動的代替品；與其透過政治，詩意的浸淫乃成為他找回「鄉關」（Heimat）底「源頭活水」（Quelle）的新法門（GA-04: 132）。平心而論，詩意帶來對世界的鮮活的感知，雖肯定對詩人自身和某一具有相同氣質的「小眾」有受用之處，從而有不移的精神價值，但如進一步認為詩能把海德格眼中已分崩離析的世道撥亂反正，卻肯定言之過甚！專研德國美學的蓋特曼斯弗（Gethmann-Siefert）在論及海德格對荷爾德林的解讀時，即有類似的判斷。蓋氏有名的論文的副題為「對『貧乏世代的詩人』的苛求」，可謂把這一大關鍵一語道盡！ [59]

59　參 Annemarie Gethmann-Siefert, "Heidegger und Hölderlin. Die Überforderung des 'Dichters in dürftiger Zeit'," *Heidegger und die praktische Philosophie*（hrsg.）A. Gethmann-Siefert und Otto Pöggeler（Frankfurt/M: S, 1988）, pp. 191-227. 又

　　論者談及海德格「第一」及「另一」開端，大都會猜想這到底屬人類歷史的哪一階段！當知海德格雖認為現代形而上學帶來了第一開端的終極崩解，然而第一開端即使已是尸居餘氣，誰說它不能繼續演化下去，事實上自海德格提出這一警惕以至今天，已過了大半個世紀，科技機栝的瘋狂只見有增無已，而且極大可能會持續激化下去，讓存在離棄愈加積重難返。至於那「另一」的開端，其「何時」啟動，更不應該是一歷史認知的問題。因為，「另一開端」當然也不必以海德格為實踐的標準，也不一定非要循海德格心儀的荷爾德林或特拉克爾去考量，而大可由以前或以後每一世代的人去實踐，甚至借助東方思想資源以達成。唯一重要考慮，是有關的詩人哲者是否能洞悉「第一開端」式微背後的機栝的掣肘，並與之「拆招」，從而擺脫理性的樊籬！所以歸根究柢，第一和另一開端根本不是歷史階段，而只是海德格對西方主導的人類文明的根本不滿，而設想是否可推倒重來，讓西方文明重新領略和親近存在那同一造化的一套比論！然則，海德格這一種態度是否吾人對治科技文明之機栝所能倚仗的善法呢？

　　後期海德格這一種對「另一開端」的詩意般的期許是否值得我們追隨這問題，我是向來都懷疑的，而他為了營造這一種需要，卻先把歷史發展至今的世界極力的予以否定。對他來說世界史無疑是一個巨大的「錯誤」，用他自己的講法，就是 Irrtum, Irrnis。他對現世這種敵意，於《黑色筆記本》中有更露骨的表述。海德格認為，現代科學根本就是一個「怪胎」（Mißgeburt）

參 Annemarie Gethmann-Siefert, "Verführerische Poesie. Zu Heideggers Dichtungsinterpretation," *Phänomenologische Forschungen,* 1990, Vol. 23（1990）, pp. 104-165.

（GA-94: 99），哲學固然應要「結束」、大學必須予以「摧毀」
（Zerstörung der Universität）（GA-94: 115），因為迄今的歷史發
展就是一個「根本的錯誤」（Grundirrtum）（GA-94: 483），為了
迎接另一開端而把這一歷史現實摧毀，將會是一偉大的墮落的見
證，而西方現階段文明的「墮落」（Untergang）乃其得以向另一
開端「過渡」（Übergang）所必須云云（GA-94: 502, 277, 298）。
總而言之，海德格對於現實世界的一切，都充滿了怨毒與忿恨，
務求把一切搗碎而後快。這一種極端地反現世的態度，當代學者
滕格義（László Tengelyi）提出了一個很到位的批評，就是「憤
世主義」（Acosmism）。[60] 誠然，現代文明發展至今已千瘡百孔
是識者所共見的，但用極端到這一地步的態度去摒棄現世，然後
把救贖期之於虛無縹緲的詩的世界，是我們唯一的選擇嗎？

十三、海德格與尤拿斯對科技理解的極大反差

　　海德格在 1955 年在家鄉 Messkirch 於鄉里作曲家的克萊澤
（Conradin Kreutzer）的紀念會上作紀念演說，後經整理發表，
即有名的〈泰然任之〉（Gelassenheit）一文。演講中他再次提出
了現代人於科技掣肘一切的世代如何能重新尋回某一意義的「鄉
土」的問題。他又再引用了同屬阿勒曼尼語系（Alemannisch）

60　參見 László Tengelyi, "Time and Place in Historial Thinking. A Critical
Interpretation of Heidegger's *Contribution to Philosophy*," paper presented at
Sixth International Conference of P.E.A.CE（Phenomenology for East-Asian
CirclE）, May, 2014. Manuscript, pp. 11-12. 滕格義這篇文章讓作者受益良多，
其在香港中文大學宣讀時，正是由作者當主持人。很遺憾的是，滕氏完成會
議回到德國後，不到兩週便已因病身故，作者於此謹致懷念！

的廣義的鄉親赫伯爾（Hebel）的文句：「無論我們願意承認與否，我們都有如一些植物，在植根於大地之餘，得拔地而起，並於太虛中開花結果」。（GA-16: 521）此中，大地指的當然就是鄉土根株之所在，而太虛指的則是精神的領域。但在這個「美麗新世界」一般的科技橫行的世代裡，人們最大的挑戰，就是因風靡於科技的算計已放棄了鄉土的根株，更遑論深思吾人存活於世上的意義與精神價值！經過一番推敲，海德格終於提出了兩手心法去面對這挑戰：就是他有名的「對事物泰然任之」（Gelassenheit zu den Dingen），和「對奧秘敞開胸懷」（Offenheit für das Geheimnis）。前者指的就是對科技文明帶來的種種新事物採取一種既肯定又否定（ja und nein）的態度。所謂肯定，是讓我們對這些新事物隨緣樂用；所謂否定，就是要於使用之餘能不執著和能「隨時放棄」。至於後者則指對科技世界背後隱藏著的那無法為人知曉的奧祕及其可能的意義心存戒懼！海德格認為泰然任之與敞開胸懷二者必須合璧，才能讓世人免於莫大的危險。海德格說到這裡還賣關子的說：科技對人類莫大的威脅並不在於會引發第三次世界大戰（他言下之意或指若果真如此，一切問題亦將因為人類文明滅絕而得以消解），而是「原子世代的技術革命將把世人縛架、迷惑、眩晃，甚至最後使人類盲目到一個地步，以為那算計的思維（das rechnende Denken）是世上唯一的和持續地有效和有意義的運作方式。」（GA-16: 528）

關於當代文化危機的問題，後期海德格固有一系列的想法，如前文分別論及的「另一開端」、對那「終極神明的邁過」的期待、「四合」、「物物」的思維等，這些「法門」在海德格同一性思維極盡玄奧的氛圍下，到底是否真的是一條可予依隨的「道路」（Weg），本來便是一大疑問。今再看海德格〈泰然任之〉這

篇文字，其中所提出的兩手心法，作為大道理來看，當然不能說
是錯的。但作為面對科技的掣肘而提出的「對策」而言，我經再
三閱讀，最後的結論只能是那四個字：乏善足陳！

　　就有關問題，海德格的博士生尤拿斯（Hans Jonas）也認為
海德格的存在史理念根本就是某一意義的宿命論，即把現代西方
科技文明之桎梏視為存在底神祕而詭詐的漫衍，自古希臘之「第
一開端」之崩壞以來的必然結果，而這一發展中，人類在存在的
駕馭下只在扮演了一些人類自身無法駕馭的角色。循著尤拿斯這
一批評，我們不禁還是要問：那麼在這一切中，人類的理性到底
還有一些怎樣的角色可以扮演呢？海德格除了自己對人類理性能
力的高度不信任外，是否非要把世人於亂世中唯一仍可倚仗的一
絲理性也要徹底否定而後快呢？[61]

　　從文化反思方面看，尤拿斯固與海德格一樣地感受到建基於
主體之上的現代性思維於文化上的潛在危機。但與其像海德格一
樣，因此便遁入荷爾德林詩意般的「另一開端」中，尤拿斯選擇
了對理性的效用作更深入和更根本的反思，讓理性未被充分開發
的積極性得以顯出。這涉及海、尤二人文化批判態度的根本差
異。

　　此外，尤拿斯與海德格一樣對科技文明極盡關懷，但二人採
納的對策卻是南轅北轍！尤氏 1979 年出版的《責任原則》（*Das
Prinzip Verantwortung*）一書學界知之者眾，然而較少被提及的
是六年後的 1985 年尤氏亦曾著有《科技、醫學及倫理》一書，
其中對科技作更深入的反思之餘，更詳細地論述了現代科技與人

61　David J. Levy, *Hans Jonas: The Integrity of Thinking*（Columbia: University of
　　Missouri Press, 2002）, p. 26.

類的各種交接面，而該書的副題正是「責任原則的實踐」。[62] 書中尤拿斯一方面論及較原則性的問題，如科學是否有「價值中立」這回事，科技的責任應作何考慮，研究的自由與公共利益如何可共量等問題；但另一方面，也從一哲學的高度反省了許多直到今天仍備受關注的實踐倫理學議題：如複製人（克隆）[63]、優生學與基因技術、微生物、配子和受精卵之處理、大腦死亡與器官銀行、醫學中死亡的重新界定、生命之延續及與之相對的死亡的權利問題等！這些駁雜紛陳的議題，對於一心一意只求思考「存在」問題的海德格來說，是不屑一顧呢，抑無力置喙呢？尤拿斯在撰寫上書時，唯一提到海德格的，不過是以下區區數語：「面對〔科技〕這讓人不安的發展，當然引起了一些思辨性的解釋，例如史賓格勒（Oswald Spengler）把這一發展動力，視為西方文化浮士德精神底意志推陳出新地開出的無休止的可能性；又或如海德格一樣，把這一動力同樣地瞭解為西方精神文明獨特的宿命，就是誓要對物質世界施以無限制的操控的這一種意志的抉擇。」[64] 除此之外，上書便完全把海德格的「宿命觀」擺在一旁，而全力於對科技所帶來的業力於「實踐」層面作條分理析的對治，二人在同一份關懷下，態度和風格的迥殊，由是得見！

　　同是 1979 年，當時一位現象學學者艾達（Don Ihde）於發

62　Hans Jonas, *Technik, Medizin und Ethik. Praxis des Prinzips Verantwortung*（Frankfurt/Main: Insel, 1985）.

63　無獨有偶，多年後哈伯瑪斯也曾循多方面反思複製人問題。參 Jürgen Habermas, *Die postnationale Konstellation. Politische Essay*（Frankfurt/Main: Suhrkamp, 1998）. 見該書第四部分 Ein Argument gegen das Klonen von Menschen. Frei Repliken。

64　參見 Hans Jonas 上引書相關論述。

表其論述海德格的專著《技術與實踐》時，把該書獻給剛逝世才三年的海德格。[65]但 27 年後，他在一篇紀念文字中卻對當年自己的決定深感後悔，並提出如下的理由：「我對獻書感到懊悔……把毒氣室的受害者與生物技術上的玉米相比擬實在令人遺憾，但我對海德格的反感還不只在乎道德的差別，而更因為我看到在海德格的處理下，每一種科學最後都分析出完全相同的結果。」[66]

海德格的思想後來儘管經歷了不少變化，但直到他逝世前才六星期，在為美國芝加哥舉行，並標題為〈現代自然科學與現代科技〉的研討會歡迎詞的寥寥數語中，還留下了這樣的一句話：「在這個飽受科技踐踏的世界文明中，存在的遺亡無疑是對我們要處理的存在問題的一種很特別的壓抑。」（GA-16: 747）看來，如果尤拿斯對海德格的批評是對的話，則海德格是否終其一生也擺脫不了「存在」這個他為自己的思想所羅織的「桎梏」？

十四、海德格主體性批判的再思考

承上所述，海德格對主體性之批評雖有一定道理，但有過當之嫌。與此同時，他對所謂交互主體性的討論便更顯得支離和不足。因為在社會中，人際的溝通、衝突的妥協、共識之達成等重大議題，在在都涉及一己的主體與他者的主體都先擱下自身的利害而循一交互的觀點去觀察事理，俾能於差異之中彼此共容。

65　參見 Don Ihde, *Technics and Praxis: A Philosophy of Technology*（Dordrecht: Reidel, 1979）.

66　Don Ihde, "Forty Years in the Wilderness," in: Evan Selinger ed., *Postphenomenology: A Critical Companion to Ihde*（Albany: SUNY Press, 2006）, p. 271.

《存在與時間》書中的「此在」（Dasein）一詞，固是用以重新改造和超越傳統主體論的重要概念。但即使考慮了「此在」同時涉及「與共存在」（Mitsein）這一關於他者的元素，「此在」還是指向個人的存在問題為主的。而與之相關的「本真性」與「非本真性」之分野，除了區別出兩種生命模態外，於一社會存在論的層面看，只能於群體中區別了某一意義的「存活的獨我」和那「獨裁的別人」[67]，但對於後來愈為世人重視的「溝通理論」模式的跨主體探討並沒有很大的助益。哈伯瑪斯遂認為，由於海德格《存在與時間》中的「獨我論」令人無法正視社群生活中的道德責求問題，也因而無法對納粹提出有力的反對。[68] 基於同樣原因，布柏認為海德格雖於《存在與時間》中放言「與共存在」，但由於其一直不重視人際間「我與汝」式的「交談」或「溝通」，而只知從「一己」的觀點看人我關係，故自始至終不能擺脫某一意義的個人主義，甚至「獨我論」。因此，布柏批評海德格的「存活」（Existenz）歸根究柢只是一「獨白式」（monological）的概念。[69]

　　海德格對西方現代的主體性理念極力批評，在學界是人所共知的。他批評主體性之最，從許多文本看來，主要是不滿意主體性理論把現代人類的自大與驕矜表露無遺。海德格的一個最主要的，而且是反覆申明的論點，是現代的主體性理論「把人類定為

67　參見本書「從別人的獨裁到存活的獨我」章。與作者這篇三十年前的「少作」相比，作者今天對海德格於社會存在論方面的批評當然會嚴厲許多。

68　Jürgen Habermas, "Work and Weltanschauung: The Heidegger Controversy from a German Perspective," op. cit., p. 439.

69　Martin Buber, "What is Man?" 1938 Inaugural Lecture in Jerusalem, *Between Man and Man* trans. Ronald Gregor-Smith（New York: Routledge, 2002）.

唯一的主體」，和作為「萬物中帶決定性的關係中心」
（Bezugsmitte）（GA-46: 326-329）[70]，從而催生了現代文明桎梏
的「主客對立」，包括人與自然的對立，和每人的「一己」與一
己以外的「他者」之間的對立。哲學把人升格為「主體」這份自
矜與自大，海德格曾以「人的擬神化」（Theomorphie des
Menschen）一語嚴詞譴責。（GA-85: 235, 261）

　　然而我一直認為，海德格之所以對主體性有如此深的敵意，
是因為他談主體性時，只知把重點放在主客對立意義下去理解。
對他來說，主客對立下的主體性正是那秉持技術優勢以「眈視」
對象的主體，而這即是「最高形態的主體性」云云（GA-76:
300）[71]。他認定這理解下的主體性實乃現代文明的捕獵性、攫
奪性或擺布性的源頭。然而這一個論題是大有爭議餘地的。我的
疑問是：主體是否真的像海德格設想那麼負面？

　　首先，主體性這個概念當然出自西方，但在西學東漸的大勢
下，近幾十年不少中國學者都愛以「主體性」去說明「自我」。
但他們所謂的「主體性」，一般都不限於認識論中心或主客對立
關係下的主體，而泛指人類於各種活動中體現「自主自由」的普
遍原則。如勞思光便以這一意義的主體性原則去評價傳統儒、
釋、道學說的精神境界。若順此回顧中國古代文獻中談論自我的
各種場合，則不難發見，當古人言及「己」、「吾」、「自」、
「我」、「身」、「躬」等廣義的自我概念時，幾乎絕不涉及海德

70　此外參看 GA-05: 88, 94; GA-06.2: 24; GA-65: 427; GA-95: 23, etc.

71　"Nur die Technik kann diese Objektivität betreiben, nicht etwa begründen, da die
　　Technik selbst als S[ubjektivität]-Objektivität die höchste Gestalt der Subjektivität
　　ausmacht — als Sichbehaupten im vorstellenden Herstellen."（GA-76: 300）

格視為文明大患所由出的主體的攫奪性。[72] 相反地，中國傳統文化中談到自我時，都離不開克己、自制、自律、反躬、無我、忘己、甚至舍生等導向。

　　即使回到西方哲學的角度看，主體的功能其實也不限於對象認知，而起碼可有道德主體、品美主體等其他層面的意思[73]，都不能輕易責之以單純的攫奪性。而更重要的是，即使認知主體性有海德格所責難的「自矜」和演變出「攫奪」的可能，但這並非絕對和不可超越。

　　關於主體與對象認知的關係問題，我們若回溯西方心靈哲學的發展，當可指出，自柏拉圖提出「靈魂三分說」（Tripartition of the soul）以來，歷亞里斯多德一直到康德，人類廣義言的「心靈」主要可從「知」（cognition）、「情」（passion）、「意」（volition）三方面設想，已成為一基本理路。所謂知、情、意乃靈魂的三部分，這到底是怎樣個分法？這點循常理很難明白，但如借用胡塞爾「抽象部分」（abstract parts）概念去解讀所謂「靈魂三分」的話[74]，則不難理解。這其實可指知、情、意乃「人心」的三個抽

---

72 楊朱主「為我」、「貴己」等議論，當然是罕見的異數！分別參見《孟子・盡心上》及《呂氏春秋・審覽分・不二》。

73 當代學者瞿勒（Zöller）即批評海德格太籠統地攻擊「主體性的形而上學」，導致康德以來主體性於理論之外的實踐功能被完全忽略的缺憾。參見 Günter Zöller, "Schelling ohne Heidegger. Zur Schätzung und Einschätzung der Freiheitsschrift," Diogo Ferrer and Teresa Pedro eds., *Schellings Philosophie der Freiheit. Zum 200-jährigen Jubiläum der "Philosophischen Untersuchungen über das Wesen der menschlichen Freiheit*, （Würzburg: Ergon, 2012）, pp. 261-75.

74 參 Husserl, *Logische Untersuchungen*, 3. Untersuchung. Zur Lehre von Ganzen und Teilen. 2. Kapitel, §17-18. Husserliana, Band 18-1, p. 272ff. 此中，胡塞爾區別了「整體的獨立部分」解的「塊件」（Stücke）與「整體的非獨立部分」解

象構件（Momente），其功能雖可抽象地辨別，但不能實質地分割。用之於主體性理論，這其實是指人類心智正常發展下，認知心是不會完全孤立地運作的，而會與意志與情感等元素彼此依傍，交互支援的。換言之，主體的知、情、意根本是統一運作的。這問題，從康德的心靈學說去看，亦最清楚不過。[75]換言之，根本不會有絕對孤立的對象認知這回事。當然，就個人而言，不同人由於稟賦各異，知情意三者或有偏重，但不應偏廢。[76]由此可見，海德格筆下西方現代主體理論的「捕獵獸」本質，雖是重要觀察，但只是主體性問題的片面，若以此而對主體性作全面否定，是以偏概全，其對社會文化造成的影響，是功不補患。

的「構件」（Momente）二者，後者又稱為「抽象部分」。抽象部分不能像一個實物一般可以真的切割為多個分離的獨立部分；即其雖可予或甚應予辨別，但不能死硬地分割。胡塞爾的經典例子是一個物體可視為具有以下的抽象部分：首先是該物的形狀與該物的表面，然後是該表面的顏色，乃至該顏色的亮度等。這些都是該物體可資區別的「部分」，但這些部分都不可彼此分離切割，而必須彼此依存而共同決定該物的性質。

75 認知理性必須與人心智其他能力（如道德情感）相協調一問題，當代討論中，亨利希有名的〈主體性的統一性〉一文可謂首開先河，參 Dieter Henrich, "The Unity of Subjectivity," Richard Velkley ed., *The Unity of Reason: Essays on Kant's Philosophy*, op. cit.。此外，伽達瑪亦曾借人類美感經驗的反思提出如下觀察：「我們藉著美——無論是自然美或是藝術美——所經驗到的，是吾人所有心智能力的激活及其自由交相操作。」參 Gadamer, "Heidegger's Later Philosophy," *Philosophical Hermeneutics*（Berkeley: University of California Press, 1976）, p. 219。

76 對康德來說，美感往往是建築於感性經驗上的「判斷樣式」（Beurteilungsart），則這形同說，感性經驗也不一定是孤立運作的。從文學體驗中，同一個對象，如「雪」、「月」、「巷」、「沙」、「橋」等，不同素養的吾人，憑著不同的想象力，可「看」出不同景致，即是同一道理。

　　由是觀之，只要不把「認知主體」和其「對象」過度狹窄地只從「兩極對立」的角度理解，則海德格談主體時所指出的種種危機並非不能克服。再退一步說，我們也不應因認知主體有走偏鋒的可能，便乾脆否定之，並把認知本身的種種正面的功能也一概摒棄，不然，就猶如西諺所譏諷的 to throw the baby out with the bathwater 了。因為「認知性」說到底基本上是中性的，至於海德格一直耿耿於懷的理性的「算計」，其實本也是中性的，其固可用之於惡，但何嘗不可藉以為善[77]，而且「算計」所賴的「判斷力」其實是一切「事理」之所本！而事理之掌握對人類的一切行事都是最重要的。

　　海德格批評西方現代的主體性理念時，曾多次指出，本來泛指一切事物的希臘文概念 ὑποκείμενον 在現代被詮釋為 Subjekt 後，其原初的廣泛意義乃漸趨模糊，於哲學中更被用以獨指人的「主體」（Subjekt）。即是說：人成了「唯一的主體」（zum alleinigen subiectum）（GA-46: 329）。而作為主體的「反面」（Kehrseite, GA-66: 160）的「對象」（Objekt/Gegenstand）概念乃應運而生。換言之，主體和對象或所謂「主客對立」其實是同一枚硬幣的兩面。所以海德格多番指出，在現代文明中，Subjektivismus 與 Objektivismus 根本是同一回事。海德格這種講

77　一個很好的參考是佛家唯識傳統「五位」中的「心所有法」。查心所有法共有 51 種，分別是「遍行」5、「別境」5、「善法」11、「煩惱」6、「隨煩惱」20，和「不定」4。若以西方的知識論對衡之，則人類的許多心智活動（包括認知和意志活動）皆可於其中找到對應。其中的「遍行」、「別境」和「不定」中，便不乏特別和計算有關的理性活動。此外亦可見佛家有把這些認知活動直接地歸入「善」、「煩惱」和「隨煩惱」等範疇。參見世親，《大乘百法明門論》，見《大正藏》T31n1614。

法雖有一定理論所指，但卻大有可商榷的餘地。因為 object 除可引出海德格批評下的帶張力的、眈視性的，和帶工具意義的「主體的對象性」（subject-objectivity）外，亦可引出帶中立意味的「科學客觀性」（scientific objectivity），和防範現代人於群體生活中徇私枉法的「程序客觀性」（procedural objectivity）；又或可帶出吾人於公共空間謀求共識時的「溝通客觀性」（communicative objectivity），消息傳播上的「事實中立性」（factual neutrality），和人際管理上公正不阿的「無偏倚客觀性」（impartial objectivity）。[78] 如為了摒棄主體〔對象〕性而把這些有正面意義的「客觀性」也一概摒除，人類社會將難以理性地和有效地運作。海德格只循對象認知性即對主體性全面撻伐，其嚴重偏頗，及其要付出的代價，由是可見！

在這裡我想強調一點，是海德格對主體性的批評，總是要上綱上線到一「存在」的層次提出。他給主體性最大的「污名」，就是要為所謂存在遺忘（Seinsvergessenheit）乃至「存在離棄」（Seinsverlassenheit）負上責任。他指的是：當吾人自矜得忘記了暗地裡一直孕育著吾人的存在的同時，存在也將隱遁得對人再不構成意義，猶如與人的存活再無瓜葛，即對人類而言猶如完全「退場」。存在離棄的後果，就是人類再不深究事物於對象呈現外的真正意義，海德格認為這境況就是真正的「虛無主義」（nihilism）。[79]在〈形而上學的克服〉文中，海德格有如下的說明：

---

78 參見 John Rawls, *Political Liberalism*（New York: Columbia University Press, 1993），特別是第三章 § 5 "Three Conceptions of Objectivity", pp. 110-116.

79 海德格與尼采對「虛無主義」的理解有相通處，但並不相同。對尼采而言，虛無主義的關鍵在於自柏拉圖以來西方形而上學以某種他世界的絕對價值凌駕了現實，並因而使本來鮮活的現實生活世界顯得虛幻（GA-06.2: 83）。對

「存在離棄乃虛無主義於存在史發展下的本質，因為存在本然地
釋放出機栝。而這一釋放又把人類無條件地徵用。」（GA-07: 89）
從句子結構來看，這番話的主語很明顯不是人類，而是存在、存
在史及其機栝；至於人類，相比之下，原來只居於一被動的位
置。這又再帶出了一極重要的疑問：海德格一方面固極力批評主
體性，但存在跟前主體性是真的能主動嗎？抑其實是被動呢？若
堅持主體性在存在史及其機栝跟前只能是被動的話，則主體是否
真的有為自己的驕矜負責的可能呢？若在海德格的構思下，主體
真的無法為自己的言行負責，則儘管他口口聲聲要批判主體性，
但這整套與同一性思維配合的理論是否曲線地和潛在地反而有為
主體開脫之嫌呢？這一個莫大弔詭，海德格將如何面對？

　　海德格對主體性理論的偏頗固如上述，但我認為其主體理論
還有更大的困難，這便要從他對社群的構想去分析了。在現代哲
學發展過程中，「主體性」的訂立，基本上是以「個體」為依據
的，笛卡兒「我思故我在」一思想實驗就是一經典範例。但海德
格（特別是後期）談論主體性，愈來愈傾向於指一群體的主體
性，例如說：「主體主義必須按其形而上的全面本質去理解。主
體主義涉及的是人的設定（無論作為『我』或是『我們』，作為
『個人』或作為『群體』，作為『精神』或作為『身體』，作為『單
純的生命』或作為『民族』），即設定之為 Sub-jektum（即基礎，
the underlying）一般的一個存在物，而萬事萬物之存在意涵都要
從這意義的主體出發和朝向這意義的主體加以解析。」（GA-66:

海德格來說，尼采並不明白虛無主義的真正原委是「存在離棄」，故認為尼
采積極的價值自我置定只是把柏拉圖以來的消極的虛無主義推向另一極端，
故未能克服由存在遺忘而形成的真正的虛無主義。

160）如此一來，海德格構想下「主體」的捕獵獸性與眈視勢將從個體漫延到群體意義的民族和國家的層次，而人類社會的前路看來便更堪虞了。

海德格身後發表名為《存在的歷史》的文稿中，有一段題為「主體性與存在離棄」的文字，其中海德格對主體性與機括及其於現實世界所造成人類社會的張力有很詳細的陳述：「人類的主體性〔乃〕藉形而上學得以實現的存在離棄的重要確保。現代本身乃由形而上學的實現來定性的。這所謂實現，是指存在的權力本質以機括的方式獲授予權柄。主體性漫衍的結果是各民族的民族主義和人民的社會主義。〔…〕主體性這一發展史的結果就是為了鞏固權力而進行無約束的鬥爭，和隨之而起的無止境的戰爭，和以戰爭決定權力的授予。〔…〕是主體性和只有它可時間化（zeitigt）得出最高的（〔表現為〕科技此一形態的）對象性。」（GA-69: 44）

以上這番話正是說，主體性借助形而上學之力一方面把人類定於一尊，以便把萬物對象化，和施以機括的暴力：「每一種民族主義從形而上層面看都是人類〔中心〕主義，而因此也是主體主義。」（GA-09: 341）由此可見在海德格的設想中，現代文明機括發展之下，主體性對世界施行的暴力遂演變為民族與民族間的敵對，也即人類世界衝突之源。

在海德格積極參與納粹運動的 1933/34 年以還，由於對當時的社會運動日益嚮往，「此在」（Dasein）一詞明顯地也有指向群體的伸延使用。如指「西方的此在」（GA-38: 145; GA-40: 123），特別是從民族層面和從黨國革命層面談的「德意志的此在」（GA-16: 766; GA-36/37: 14, 89; GA-94: 119）。「『德意志』〔這概念〕並非讓舉世欣賞德國事物而對世界說的，而是對德國人說

的，為的是讓德國人藉著對民族底宿命的歸屬感與這民族一起面對世界史。這種棲身於歷史中的鄉懷，讓存在顯得親近。」（GA-09: 338）海德格這一改變表面上把個人帶出到社會，但他納粹時期宣揚這一種以消解個人的自主性為前提的社會性卻帶出更大的危機，就是助長了政治機栝對社會的掣肘和帶出集體的瘋狂。而最諷刺的，是隨著海德格對納粹的失望，與其因此而對德國民族的戰爭罪行提出應作集體的和深切的反省，海德格卻又把這一切通通塞進「存在史」及其「機栝」的淵藪之中，並藉著顯出人於存在的「擺布」跟前的「無助」，把德國作為一民族的罪責，乃至其國民的罪責問題一概都塞給「存在」，從而讓德國的個人（包括他自己）與民族皆得以搪塞和開脫。

面對這一個疑竇，我想借用學者柏德生（George Pattison）的一種想法去說明，就是可以把海德格後期的思想視為一種為逃避 1933 年災難的「心靈出走」（inner emigration from the catastrophe of 1933）。[80] 這概念表面看來自相矛盾，但其實正好

---

80 參見 George Pattison, *Routledge Philosophy Guidebook to the Later Heidegger* （London: Routledge, 2000），pp. 42f, 76, 84, 137… 對比柏德生 "inner emigration" 這一判斷而言，許多年前業師蒲格勒亦已提出海德格的所謂「退守於內心最深處的一領域」的說法。見 Otto Pöggeler, *Der Denkweg Martin Heideggers*（Pfullingen: Neske, 1963），p. 59. 此外，美國現象學者哈里斯已經有類似想法。參見 Karsten Harries, "Heidegger as a Political Thinker," *The Review of Metaphysics*, June, 1976, Vol. 29. No. 4, pp. 642-669; 見 p. 668。Inner emigration 一概念最先於二戰後由Frank Thiess 提出，用以刻劃戰爭創傷下的德國人無法面對戰爭事實而生逃避的心理境況。在現象學傳統中，這個觀念用得最到位的，就是鄂蘭（Hannah Arendt）：「在那個最黑暗的年代，在德國內外，面對着似乎無法忍受的現實，有一種誘惑來得特別強烈，就是要從世界及其公共空間遁入一內斂的生命之中，或乾脆無視那曾經存在的世界，而

是後期海德格思想的最佳寫照。Emigration 本指「移居外地」，但移居的去向卻是「內心」（inner），這無疑指作為哲學家的海德格最終無以面對現實世界中的一切，包括自己從中曾扮演過的角色，終於遁入自己羅織的存在的「同一性」之中。柏德生「心靈出走」這概念或許有一些「誅心」的意味，但觀乎後期海德格在談論的無論是反猶問題也好，是政治的責任也好，或甚至是人類主體性的自決可能也好，最後都被納入存在史這個讓人盡感無奈的框架中，則只能讓人對他底學說的疑竇加深。

那麼，如果我們不願意接受海德格這一套借存在史為主體性開脫的策略的話（無論是為了集體的主體性、為了個體的主體性，或甚至為了海德格個人），則我們剩下的出路，就是把他後期的整個「存在史」構想拆除（也可說是非神話化），並重新思考主體於人類文明中有沒有較「正面」的角色可以扮演，讓人類對自身行為的責任重新回到人類自己身上。

十五、結語

利科與伽達瑪論列黑格爾時曾指吾人當肯定黑格爾的問題而放棄黑格爾的答案。此語用之於海德格似亦正合宜！說到最後，儘管歷史上的海德格於品格和於行宜上確實有不少瑕疵，但人誰無過，我們亦不必因為他哲學家的身分而特別指責。綜觀人類當前的處境，在生態失衡、科技失控、種族間瀰漫讎恨、政經日趨紊亂、軍事對立日益嚴峻等問題鋪天蓋地般震撼着人類社會這鉅

選擇逃遁入一個想像的世界之中。」參見 Hannah Arendt, *Men in Dark Times*（New York: Harvest, 1970）, p. 19.

大挑戰，海德格對西方乃至全人類的歷史文化危機的洞燭而提出的警告，是絕未過時，亦不會因為他個人的失誤或其理論的盲點而減損其價值！然而，吾人對海德格之警告發為深省便已足夠，唯海德格構想中藉著理性的懷疑和借仗詩意的啟示以圖「開新」的對策顯然很「不合時宜」，並根本與社會群眾難以達成溝通，和更有實踐的困難。至於他要求把現代文明全面否定，要求推倒重來，也談不上是一有建設性的另類選擇，吾人根本難以跟隨。總而言之，海德格晚後提出的對現代文明的回應，儘管千迴百折，幾乎盡是空中樓閣，實非世人所能倚賴而對吾人面對的危機得以紓解者！

海德格固一直排拒主體性哲學，和不齒於帶驕矜意向的現代性文化。相比之下，後期海德格的思想風格，隱逸得來似乎「謙和」多了。但這一種思想卻把哲學（或此在）置身於一極無奈的境地，因為在後期海德格思想的籠罩下，一切世界中的努力都無從說起，和無從著手。雖然較悲觀地看，人類的未來或許真的將極盡灰黯與無奈，但作為一套思想來說，若其能做到的只是顯出一切之灰黯與無助，而無法從實踐上指出任何現實可行的改善方向，則這肯定不是一套好的思想，和起碼不是吾人能輕易選擇跟隨的思想；因為這不是對錯問題，而是一息尚存的吾人於世上應如何存活，和應持甚麼態度去面對挑戰的問題。

我常認為，海德格思想自始至終的確表現了許多鮮明的特色，它一方面緊扣哲學應有的對終極問題的關懷，另一方面以最嚴厲的方式把傳統形而上學的「病源」連根挖出（onto-theology, ontological difference, analogy of being），甚至甘願把早期一手營造的寫作綱領也放棄，以開始新的思想旅途（雖然，海德格放棄了的方案是否真的沒有價值是另一回事）。

　　改弦易轍後的海德格思想，為求恪守「有限性」的原則，和為免踰越他心目中的存在的奧祕，一步一步發展出同一性思維。整體而言，海德格式的同一性思維，在後現代危機逐漸展現，和在人類文明因技術泛濫面臨空前割離的背景下，不失為一盞警世明燈。但同一性思維恣意地宣揚的和跡近奧密的思想內視性（esoterism）卻帶有高昂的代價。首先，同一性思維求上通於存在這理念的瀰漫之下，哲學思想向來倚重的「分別」功能被大大削弱，久而久之，對世界只會弊多於利，這使得哲學自古以來藉著「分別」以處理世間種種議題的功能被全面壓抑甚至否定。我常認為，同一與分別二者，猶如哲學智慧之二極，二者各有所司，各有不可取代之處，吾人貴能兼收並蓄。[81] 徒知片面地強調「同一」，玄則玄矣，但若因此而犧牲了對世中事的「分別」，則不能「善巧世俗」。這也即阿佩爾（Apel）謂海德格為免於存在的遺忘，卻蹈入「事理的遺忘」（Logosvergessenheit）這責難之所指，而這一損失是無人能夠承擔的。阿佩爾除了提出「事理的遺忘」的指責外，還指出海德格過度衝擊了哲學語言應盡量使自身可合理地被理解（Geltungsrechtfertigung）和能溝通的底線。用簡單的話去講，是說海德格晚後的存在史理論玄祕到了一個地步，猶如自說自話，無法有效溝通，一至於「不容許於存在史以外就哲學思想之『事理』作任何反建議」！[82] 如借用阿倫特於《人

81　參見關子尹著：〈虛己以遊世──早期希臘哲學的非自然哲學解讀〉，《中山大學學報》社會科學版，廣州，2010-4 期（總第 226 期），pp. 124-150。特別是結語部分。

82　參見 Karl-Otto Apel, "Meaning constitution and justification of validity: Has Heidegger overcome transcendental philosophy by history of being," *From a Transcendental-Semiotic Point of View*, op. cit., pp. 119-120. 阿佩爾原文： "…

間境況》中的分判,則後期海德格思想作為一難以溝通的「作品」（Werk）本身已是一種缺憾之餘,更難以真正進入公共世界,並因此與其意欲藉「另一開端」改變世界這一「行動」的初衷相違背了。[83]

其次,同一性思維背後極度的反主體傾向,其最大的失誤,就是把人類的一切責任無形中都給架空了。就德國傳統而言,海德格有關存在史的反思及其對科技文明的批判,其實在費希特（Fichte）的《告德意志國民書》已見先聲,蓋費希特所見到的危機,亦乃一文化政治危機,在時代的威脅下,其起而呼籲德國必須進行文化政治之革新,與海德格藉存在反思所作出之呼籲,可謂遙相呼應,一脈相承!二者之主要差別在於,對費希特來說,一切的責任要落入人類自身,但對後期海德格來說,在存在跟前,責任問題早已無從說起了。其實在《存在與時間》中,海德格藉著「存活」、「此在作為在世界中存在」、「存活的獨我」等理念的闡揚,已為哲學尋得一讓人的自我得以自省和安立的土壤,這本是一重大成就。然而,海德格隨即因為一個自己未看通的和只能虛立的「存在」問題而回頭指責其存活理論凌駕了「存在」而必須放棄,從而走上了後期「同一性」思想的不歸路。試想為何吾人不能於存活的「土壤」繼續耕耘,讓吾人反躬自省去處理人類自身的問題呢?為何必須把這問題完全交托於一個吾人

there was no *logos* of the philosophical thought itself that could be counterposed to the history of being."（原作者的斜體）此外參見前文引述學者艾達（Ihde）的批評。

83 參見 Hannah Arendt, *The Human Condition*, 2nd edition（Chicago: University of Chicago Press, 1958）. 當然,從這個角度批評海德格或稍嚴苛,但就其「另一開端」的思想實有行動的訴求而言,卻又似有一定道理。

可堪「敬畏」，但其實從來都無法參透，而卻又處處支配著吾人的「存在」呢？

海德格無疑是一很敏銳的文化診斷者，他指出人類或過於樂觀地以為科技可被吾人充分駕馭，並因而不知不覺地反而陷入科技的機栝中，走向了自毀之途。海德格許多大半世紀前的預警，印之於今日，不但一一應驗，而且從近年國際強權爭霸的愈演愈烈，和以科技制敵這歪念的頻於失控，人類步向自毀的威脅已逼近眉睫！然而海德格對現當代危機診斷敏銳之餘，其為人類提出面對這危機的方案卻極有疑問，其中最大的問題在於他對人類理性欠缺一全面的和持平的理解，便即太輕易地宣告放棄。人類理性有走向工具性的偏鋒而對人類自身反噬固是事實，但吾人可以因此而全然拋棄理性嗎？正如當年休謨曾慨嘆人類的理性只能是感情的奴隸，如今海德格設想下人類理性更不堪之處，是其只能扮演「存在的暴虐」的馬前卒的角色。休謨對理性的不信任，後來引出波柏如下的批評：「我可以承認若沒有感情，偉大的事情從來都難以成就，但我的看法和休謨正好相反：無論我們的理性是多麼有限，以此有限的理性對我們的感情予以約束，是人類唯一的希望。」[84]海德格似乎只知強調理性「算計」的一面，而忽略了理性其他正面的功能。就此而言，波柏對休謨的回應，其實也是海德格的「當頭一棒」！他經常引用荷爾德林 Patmos 詩句：「然而哪裡有危機，拯救便也在那裡滋長！」結果卻忘記了，出於同樣道理，作為一能「反思」的動物，人類的理性無論如何有限，和即使容易走上偏鋒，亦總不能排除其有自我檢討與自我糾

---

84 參見 Karl Popper, "How I See Philosophy", *In Search of a Better World: Lectures and Essays from Thirty Years* (London: Routledge, 1992), p. 200.

正之途。哈伯瑪斯提出「現代性作為一未完成的方案」，其實即有循交互主體的溝通理論，為有瑕疵的啟蒙理性作一重建的意圖，其對人類理性的堅持態度，與海德格可謂涇渭分流。[85]海德格弊在對人類理性太極端地採取一全然不信任的態度，從而把危機中藉理性以轉危為安的轉機也扼殺了。

在傾心於納粹，甚至不惜投身於納粹運動的三〇年代，海德格在種種職務的要求下，在許多文件和演說中都表現出積極的入世態度和政治訴求。納粹主義的最終失敗和釀成人類文明浩劫，又似乎把海德格逼上一條完全相反的「心靈出走」的道路。他曾於極權主義跟前妥協同流，但納粹夢破後，卻只知把世上所有現存制度都一概否定。他固反對共產主義，也反對資本主義，但更始終如一的反對民主制度。他對人類的理性不信任之餘，對民主賴以運作的公民社會的溝通理性更不屑一顧，又從根本處過分反對主體性，故對未來的指望完全無法建基於一套合乎公共理性的政治制度的重新思考之上。後期海德格的思想若仍有某一意義的「政治向度」的話，則亦只是一些「漫長的和不合時宜的囈語」而已。[86]作為一位現代文化危機的「吹哨人」，海德格最後只能建議吾人寄託予「只還有一個上帝」或「終極神明的邁過」所將

---

85 Jürgen Habermas, "Modernity: an Incomplete Project," trans. Seyla Benhabib, in Hal Foster ed., *Postmodern Culture*（London: Bay Press, 1983）。此外，更重要的論述當數 Habermas, *The Philosophical Discourse of Modernity* trans. Frederick Lawrence（Cambridge: Polity Press, 1990, 1998）。

86 我這個按語一定程度與上引哈里斯（Karsten Harries）的說法相近，雖然哈里斯 "extended untimely meditation" 一語說得比較含蓄。參 Harries, "Heidegger as a Political Thinker" op. cit., p. 642。

應允的文化上的「另一」開新。[87]他一生於天人之際的徘徊，經過多番轉折，終於擺盪到一個似乎完全沒有迴斡可能的極端。這種態度真能解決人類社會的種種危機嗎？就這問題，蒲格勒曾作觀察如下：「其危險處就是一方面對政治要求過多（例如〔先是〕奢求政治可帶來全面的轉變，又如把一切孤注一擲地託付於領袖的行動），而另一方面對政治的要求又過分鬆懈，（例如倒過來對現存狀況是否有經營的可能輕易地來個一概否定）！」就此我們不禁要問，作為哲學家的海德格，在其對人類理性失去信任的條件下，秉其號稱能「言盡一切」的同一性思維，其對人類社會中各種實務的理解會不會是歪曲到了一個危險的境地呢？[88]

　　總言之：海德格思想富於革新，對西方哲學傳統帶傾覆性的疏釋，能振聾發聵，儼然當代西方哲學一大巨靈。而其存在思維暗通於東方言造化之妙，更有無盡蘊藏。然以他學術性格之剛愎，其戰後就反猶議題言辭之閃爍，特別是其存在思維鎮攝一切之乖張，和由此帶出其對人類理性之輕慢，凡此種種，對於普世哲學社群而言，可謂功不補患。我們今日誦讀其著作，欣賞之餘，豈能不慎思再三！

87　海德格這種把整個世界流程視為一種錯誤，卻在政治層面放棄理性操作之可能，而只思退守入終極神明或「只還有一個上帝」的「期待心態」（Erwartungshaltung），本書殺青前夕重讀數十年前波鴻大學政治系學者於《法蘭克福大眾報》的一篇文章，深有同感。參 Bernard Willms, "Politik als Geniestreich? Bemerkung zu Heideggers Politikverständnis," *Martin Heidegger. Fragen an sein Werk. Ein Symposion*（Stuttgart: Reclam, 1977），pp. 16-20.

88　參 Otto Pöggeler, "Heidegger's Political Self-Understanding," trans. Steven Crowell, Richard Wolin ed., *The Heidegger Controversy: A Critical Reader*（Cambridge: MIT Press, 1993），p. 237.

後記

　　這本蹉跎了超過十年的書稿，本來於去年 10 月便已初步完成，真想不到又要再延擱多半年才真正定稿。這段期間，因為新冠狀病毒疫情所向披靡，數月以來困坐家中，終於促成了本書最後的殺青，這般情境，殊難逆料！

　　海德格思想卷帙浩繁，相關議題千絲萬縷，作者直到這一刻還是覺得有許多改善的空間。但霎時而來的瘟疫帶來的啟示，就是時間真的不由人自己掌握。為了不影響將來其他剩餘的著作計劃，海德格書稿改到這裡，儘管主觀上仍不滿意，真的不能再耽誤下去了。

　　本書雖是駑馬鉛刀之作，但也希望用以獻給我最敬重的兩位老師……

　　正如作者於序言中所交代，本書終於能出版，主要是為了圓滿對先師勞思光教授的一份承諾。今書稿終於就緒，而哲人已遠！我在寄出這份書稿之前，重新撿拾先生多年前得知本書暫訂書名後為本書的題字，念及先師數十年關愛提攜之情，真是百感交集。可惜的是，先生當年本來很熱衷說要為本書寫序言一事已不再可能。為了彌補這個缺憾，我原本的構想是把多年前承孫善豪君之邀約與張燦輝君合編《思光少作集》時寫的序言——〈論歷史心魂〉——收入本書作為附錄，以存紀念。這篇序言成稿於 1986 年，分為一、二兩節，其中第二節是論述勞先生的「歷史

動態觀」者，而第一節則以海德格的歷史性概念作切入點。這篇文章，算起來可能是作者以中文討論海德格的最早的一篇文字。可是後來發現該文早已收於多年前已發表的拙著《從哲學的觀點看》書中，故附錄的計劃只能作罷。

兩年前於國立政治大學哲學系客座期間，曾寫了與思光先生有關的七律兩首。本書今將付梓之際，謹抄錄於下，聊表對思光先生的懷念：

〈戊戌秋日次韻思光先生癸亥舊作〉（2018-10-20）
　　大壑深山計已遲，莫嗟星鬢漸成絲。
　　群賢薈萃情堪慰，累牘蹉跎事可嗤。
　　寶地重遊欣作客，餘生夙習患為師。
　　春風秋雨差還記，知己恩深未遇時。

〈戊戌深秋宜蘭謁思光師墓〉（2018-12-02）
　　君故乘風駕扁舟，問今誰克棹中流。
　　肯將道骨埋山塚，豈效靈狐尚首丘。
　　理事胸懷馳奧宇，春秋肝膽繫神州。
　　師恩歷歷當猶記，習習薰風石點頭。

蒲格勒教授是作者在德國魯爾大學的指導教授。回想我未負笈德國之前，在中大研習的，主要是康德和黑格爾的哲學，至於現象學諸家（包括海德格的思想），則主要是在德國於蒲教授的薰陶下開始的。蒲教授學生眾多，我能躋身入其門牆，可真是我的幸運。蒲教授當年以同時精嫻於黑格爾及海德格之學知名於世，但我很快便領會到他學問的淵博，實遠不止於是黑格爾或海

德格專家。我親炙蒲教授課業之初，曾向他詢及他曾寫過的伽達瑪《真理與方法》的書評，他點頭許諾，下一回上課後竟親貽我一公文袋，內有不下 60 篇他多年來曾寫過的各式書評的校對稿，其覆蓋範圍之廣，讓我大開眼界！我在德國留學的五年裡，除定期參加他在黑格爾資料館（Hegel Archiv）開設的研討班外，曾修過他不少課程。記憶所及，關於海德格的反而只有一門，而且還是與康德時間觀念的比較研究。其他課題的則包括有柏拉圖 *Sophist*、「青年馬克思」（Der junge Marx）、胡塞爾《歐洲科學危機與超越論現象學》、維柯《新科學》、亞里斯多德《尼哥馬可倫理學》，還有「詮釋學基本問題」等！他對我影響的深遠可以想見。博士畢業後，曾先後回去看望蒲教授五次，每次他都以近作見贈，包括單篇論文及專著多種，這對於作者，是一份持續的鞭策與鼓勵。

　　蒲教授最為學界樂道的，是他曾於六〇年代獲海德格賞識並得睹一些海氏未發表的著作，包括其身後才出版的《哲學論集》，故他與海德格的深厚交誼我是素知的。但直到畢業許多年後我在德國休假的 2009 年，我到蒲府探望時，竟獲蒲教授親貽他與海德格自 1957 至 1976 年間雙邊達 95 通信函的未發表的輯印本，讓我對他與海德格於學術上的關係加深了認識，特別是從中得見他於理解海德格的同時在一些理論關鍵上時有質疑，和他作為後輩對海氏敬重與關懷的同時於一些學術事務安排上（如紀念會議成員與專集編輯組稿等）敢於堅持自己的不同判斷等等。另一特別值得記念的事發生於 1991 年的一次探訪中，當時由於蒲教授尚未退休，結果我便和老師於他的辦公室拍了一幀照片，結果我是多年後才發覺其中原來大有乾坤，就是除見到上方兩個分別裝裱好的康德和黑格爾的相片外（只見框），於右側牆上竟

然是一個書有漢字的條幅。我後來放大一看，原來是老子《道德經‧15 章》：「孰能濁以靜之徐清、孰能安以動之徐生」一句，而下面幾行細字則為「海德格師懸書齋老子語敬贈蒲格勒兄-1987 七月熊偉」。查北京大學的熊偉教授曾於弗萊堡師事海德格，輾轉回國後，終於成為中國海德格研究的鼻祖。由此看來，1991 年偶獲的這幀照片，或堪成為中德學術交流的一個難得印記！多年後的 2014 年當我察覺到這事情的重大意義，曾到波鴻欲找蒲老師深究，卻因蒲老師中風後在療養院靜養而無緣晤面，待我回港欲去信問候時，已傳來老師離世的噩耗。

　　本書最後終能出版，除得力於為本書賜序的楊儒賓兄，還必須感謝為書中兩章作滙編與翻譯的黃浩麒、劉保禧、婁振業、楊德立、謝昭銳、李康廷、伍一勤、馮顯峰諸生，和於成書不同階段曾協助校稿諸友儕如曾誦詩、余國良、盧傑雄、韓曉華、駱俊廷、關焯堯、王奕騫等。此外，必須感謝聯經出版公司承諾出版一本如此「厚重」的學術書籍，聯經同仁的專業性早有口碑，今次我是親身的感受到了。最後，必須感謝內子林靄蘭多年來勤儉治家，相濡以沫，讓我能花這許多時光浸淫在自己的觀念世界中。

2020 年 8 月 13 日初訂於香港中文大學哲學系
2021 年 2 月 24 日終訂於國立清華大學哲學所

2011年勞思光先生自臺赴港應邀作錢穆講座。

作者和勞思光先生2001年的合影。

1991年作者藉參加布拉格「計算語言學工作坊」之便回到德國波鴻魯爾大學探望業師蒲格勒教授。此照攝於黑格爾資料館的蒲教授辦公室。相片右側是北大熊偉教授以《老子》第十五章書贈蒲教授的條幅。

海德格著作總目

Sein und Zeit, Zwölfte unveränderte Auflage（Tübingen: Niemeyer, 1972）. 簡略作 [SZ]

Gesamtausgabe,（hrsg.）Frankfurt/Main, Klostermann Verlag（海德格全集- 簡略作 GA，計劃出版 102 卷，至 2020 年已出版了 97 卷。以下 102 項列表中，凡未出版之卷目，於書名後予以注明；凡本書曾徵引過的卷目，於卷數後標以星號（*）。本書一些成稿較早的篇章在徵引海德格著作時，往往使用作者一向慣用的縮略表式。本書結集時，雖把海德格原著卷數及頁碼按《海德格全集》重訂，但一些原有的書名縮略表式大都盡量保留，以其於讀者鑽研海德格卷帙時或有一定幫助故。為方便讀者，於以下列表中，上述縮略表式於相關的書名後置於方括號之中。至於本書所收較晚近的篇章，在徵引原文時，則只注以《海德格全集》卷數及頁碼。

I. Abteilung: Veröffentlichte Schriften 1910-1976

01*　　Frühe Schriften （1912-1916）

02*　　Sein und Zeit （1927）, 本書徵引使用 Niemeyer 版

03*　　Kant und das Problem der Metaphysik （1929）- [KPM]

04*　　Erläuterungen zu Hölderlins Dichtung （1936-1968）

05*　　Holzwege （1935-1946）- [Hw]

6.1　　Nietzsche I （1936-1939）

6.2*　　Nietzsche II （1939-1946）- [N-II]

07*　　Vorträge und Aufsätze （1936-1953）- [VA]

08*　　Was heißt Denken? （1951-1952）[WhD]

09*　　Wegmarken （1919-1961）- [Wegmarken]

II. Abteilung: Vorlesungen 1919-1944

Marburger Vorlesungen 1923-1928

Freiburger Vorlesungen 1928-1944

27　　Einleitung in die Philosophie

28*　Der deutsche Idealismus（Fichte, Schelling, Hegel）

29/30*　Die Grundbegriffe der Metaphysik. Welt - Endlichkeit - Einsamkeit

31*　Vom Wesen der menschlichen Freiheit. Einleitung in die Philosophie

32*　Hegels Phänomenologie des Geistes

33*　Aristoteles, Metaphysik IX, 1-3. Von Wesen und Wirklichkeit der Kraft - [AM]

34　　Vom Wesen der Wahrheit. Zu Platons Höhlengleichnis und Theätet

35*　Der Anfang der abendländischen Philosophie

36/37 Sein und Wahrheit

38*　Logik als die Frage nach dem Wesen der Sprache

39*　Hölderlins Hymnen »Germanien« und »Der Rhein«

40*　Einführung in die Metaphysik - [EiM]

41*　Die Frage nach dem Ding - [FD]

42*　Schelling: Vom Wesen der menschlichen Freiheit - [SAMF]

43　　Nietzsche: Der Wille zur Macht als Kunst

44　　Nietzsches metaphysische Grundstellung im abendländischen Denken

45*　Grundfragen der Philosophie. Ausgewählte »Probleme« der »Logik«

46*　Zur Auslegung von Nietzsches II. Unzeitgemäßer Betrachtung

47*　Nietzsches Lehre vom Willen zur Macht als Erkenntnis

III. Abteilung: Unveröffentlichte Abhandlungen, Vorträge-Gedachtes

IV. Abteilung: Hinweise und Aufzeichnungen

本書各篇原始出處說明

1. 〈海德格論「別人的獨裁」與「存活的獨我」〉

   本文首先於 1990 年 12 月 29-31 日在鵝湖月刊社及財團法人東方人文學術研究基金會主辦，並假台北市中央圖書館舉行的第一屆「當代新儒學國際學術會議」上發表，後刊登於《鵝湖學誌》，卷 6（台北，1991），頁 113-164，刊登時原帶副題「從現象學觀點看世界」，今已刪除。本章乃據舊本新訂之版本。

2. 〈存在類比與海德格《存在與時間》著作計劃的廢止—兼論《存在與時間》的理論布局〉

   本章成文應在 1987 年，原稿達五萬字，是作者最後一篇用紙筆撰寫的文字。由於寫作習慣的徹底改變，這個稿本從此被束諸高閣，經閒置二十年後，幸得學生麥弘毅及王耀航君以電腦代為輸入，始得大幅刪節後刊登於《現象學與當代哲學》創刊號，（台北，2007），頁 21-76。本章乃據舊本新訂之版本。

3. 〈人文科學與歷史性——海德格與西方人文傳統的自我定位〉

   本篇首先以英文發表如下："The Human Sciences and Historicality: Heidegger and the Self-Positioning of the Western Humanistic Tradition," presented November 21, 2000 in Hong Kong at the international Conference on Phenomenology: "Time, Space and Culture",（21-24 November, 2000）, organized by the Philosophy Department of CUHK and co-organized by Center for Advanced Research on Phenomenology, U.S.A. Published in *Time, Space and Culture*,（eds.）David Carr and C.F. Cheung, Series: *Contributions to Phenomenology*（Dordrecht: Kluwer, 2004）, pp. 31-55. 後以中文重寫並發表於《現象學與人文科學》，卷 1，（台北：城邦，2004），頁 11-50。本章乃據舊本新訂之版本。

4. 〈「主體」與「人格」——西方傳統的兩個「自我」形象〉

　　本章的部分內容節自作者〈康德與現象學傳統——有關主體性哲學的一點思考〉，《中國現象學與哲學評論》，第四輯（上海：上海譯文出版社，2001），頁 141-184。該文於 2002 年經重組後，於假捷克布拉格舉行的 Organization of Phenomenological Organizations（OPO）國際會議上以英文發表，後再先後應邀於德國柏林自由大學（2007）及於慕尼黑大學（2009）以德文作講演，並多年後刊登如下：Tze-wan Kwan, "Subjekt und Person: Zwei Selbst-Bilder des modernen Menschen in kulturübergreifender Perspektive," *Yearbook for Eastern and Western Philosophy*, Vol. 4, de Gruyter, 2020, pp. 349-378. 本章是依據英文及德文本改寫的中文重校本。

5. 〈海德格的生命圖式學說及其康德遺風〉

　　本文首先於 2008 年 9 月 27 日以英文於香港中文大學及柏林自由大學德港雙邊合作研究計劃（Germany-HK Joint Research Scheme）下的工作會議 Temporality and Human Existence 中發表，後於 2009 年 10 月 28 日應德國弗萊堡大學 Husserl-Archiv 邀請以德語（Heideggers Schematismus des Lebens und dessen Kantisches Erbe: Eine kritische Bestandsaufnahme）為題作公開演講。後以英文刊登如下："Heidegger's Schematism of Life and its Kantian Inheritance: A Critical Appraisal（for Otto Pöggeler on his eightieth birthday）", *The New Yearbook for Phenomenology and Phenomenological Philosophy*, Vol. 12（Issue 2012），Acumen Publishing, pp. 38-68. 後來於 2012 年 12 月 18-19 日以中文於香港中文大學「海德格哲學主要著作研究與翻譯工作坊」上作演講，後由劉保禧、婁振業、楊德立據已發表

的英文稿譯成中文，經作者校閱後刊登如下：〈海德格爾的「生命圖式程序」學說及其康德遺風〉，王慶節、張任之編，《海德格爾：翻譯、解釋與理解》（北京：三聯，2017），頁69-115。本篇由作者據上述各版本重校及新訂而成。

6. 〈《形而上學導論》一書透露的「存在」問題〉

本篇乃從本書第 8 篇原刊之前小半部分增訂及重校而成。

7. 〈黑格爾與海德格──兩種不同形態的同一性思維〉

本文首先於 2004 年 8 月 17 日於美國 World Phenomenology Institute 假英國牛津大學 Wadham College 舉辦的 Third World Phenomenology Congress 中以英文發表，並於 2005 年 10 月 21 日應愛爾蘭 Galway 愛爾蘭國立大學哲學系邀請再作演講。後以英文發表如下："Hegelian and Heideggerian Tautologies," *Analecta Husserliana,* Vol. 88（Dordrecht: Springer, 2005）, pp. 317-336. 本文的英文版發表後多年，作者據之於 2013 年 3 月 20-23 日以中文於上海同濟大學歐洲文化研究院與德國 DAAD 基金會同濟中心合辦之「海德格爾論壇」上作公開演講，最後由劉保禧、謝昭銳、李康廷據已發表的英文稿譯成中文，經作者校閱後刊於《同濟大學學報（社會科學版）》, Vol. 25, No. 1（總 62）（上海：同濟大學出版社，2014），頁 1-14。本書現收錄的是作者據已刊登的中文本重校及新訂之版本。

8. 〈海德格的「同一性」思維與道家哲學〉

本文首先於 2003 年 3 月 14-15 日於香港中文大學哲學系與現象學與人文科學研究中心合辦之「現象學與道家哲學」會議上發表，後刊登於《現象學與人文科學》（Phenomenology & the Human Sciences），第 2 期（台北：城邦，2005），頁 211-259。該文前小部分被分拆及修訂為本書第 6 篇。餘下大部分

經修訂及重校後收入成本書第 8 篇。

9. 〈海德格思想與神學前後的轇轕及其晚後的「天地人神」四合
學說〉
本篇乃近年未發表之新作。

10. 〈海德格的納粹往跡及其「反猶」爭議〉
本篇乃近年未發表之新作。

11. 〈海德格的文化批判──「存在史」、科技「機栝」及文明
的「桎梏」〉
本篇乃近年未發表之新作。

人名索引

C

D

主題概念索引

I

T

U

希臘文、拉丁文及其他古文字索引

本書徵引海德格主要著作索引